Bernardin de Saint-Pierre
Colonial Traveller,
Enlightenment Reformer,
Celebrity Writer

OXFORD UNIVERSITY STUDIES IN THE ENLIGHTENMENT
– formerly *Studies on Voltaire and the Eighteenth Century* (*SVEC*),
is dedicated to eighteenth-century research

General editor
Gregory S. Brown, University of Nevada, Las Vegas

Associate editors
Jenny Mander, University of Cambridge
Alexis Tadié, Sorbonne Université

Editorial board
Katherine Brading, Duke University
Jean-Luc Chappey, Université de Paris Panthéon-Sorbonne
Nicholas Cronk, University of Oxford
Andrew Curran, Wesleyan University
Elisabeth Décultot, Martin-Luther-Universität Halle-Wittenberg
Nathalie Ferrand, École normale supérieure
Amy Freund, Southern Methodist University
Charlotte Guichard, Centre national de la recherche scientifique
Catherine Jaffe, Texas State University
Andrew Jainchill, Queen's University, Canada
Andrew Kahn, University of Oxford
Lawrence Klein, University of Cambridge
Avi Lifschitz, University of Oxford
Christophe Martin, Sorbonne Université
Pierre Musitelli, École normale supérieure
Christy Pichichero, George Mason University
Kate Quinsey, University of Windsor
Glenn Roe, Sorbonne Université
Ayana O. Smith, Indiana University
Karen Stolley, Emory University
Geoffrey Turnovsky, University of Washington

Bernardin de Saint-Pierre
Colonial Traveller,
Enlightenment Reformer,
Celebrity Writer

SIMON DAVIES

Published by Liverpool University Press on behalf of
© 2021 Voltaire Foundation, University of Oxford
ISBN 978 1 78962 248 5
Oxford University Studies in the Enlightenment 2021:01
ISSN 2634-8047 (Print)
ISSN 2634-8055 (Online)

Voltaire Foundation
99 Banbury Road
Oxford OX2 6JX, UK
www.voltaire.ox.ac.uk

A catalogue record for this book is available from the British Library

The correct style for citing this book is
Simon Davies, *Bernardin de Saint-Pierre: colonial traveller, Enlightenment reformer, celebrity writer*
Oxford University Studies in the Enlightenment
(Liverpool, Liverpool University Press, 2021)

Cover illustration: *Voyage à l'Isle de France, à l'Isle de Bourbon, au Cap de Bonne-Espérance, etc. avec des observations nouvelles sur la nature et sur les hommes, par un officier du Roi.*
Frontispice. Henri Bernardin de Saint-Pierre (1737-1814), auteur; Jean-Michel Moreau dit Moreau le Jeune (1741-1814), illustrateur; Amsterdam, Ed. Merlin, 1773.
© Bibliothèque nationale de France.

Printed and bound by TJ Books Limited, Padstow, Cornwall,
PL28 8RW

OXFORD UNIVERSITY STUDIES IN THE ENLIGHTENMENT

BERNARDIN DE SAINT-PIERRE
COLONIAL TRAVELLER, ENLIGHTENMENT REFORMER, CELEBRITY WRITER

Although posterity has generally known Bernardin de Saint-Pierre for his best-selling *Paul et Virginie*, his output was encyclopaedic. Using new sources, this monograph explores the many facets of a celebrity writer in the *Ancien Régime*, the Revolution and the early nineteenth century.

Bernardin attracted a readership to whom, irrespective of age, gender or social situation, he became a guide to living. He was nominated by Louis XVI to manage the Jardin des plantes, by Revolutionary bodies to teach at the Ecole normale and to membership of the Institut. He deplored unquestioning adherence to Newtonian ideas, materialistic atheism and human misdeeds in what could be considered proto-ecological terms. He bemoaned analytical, reductionist approaches: his philosophy placed human beings at the centre of the universe and stressed the interconnectedness of cosmic harmony. Bernardin learned enormously from travel to eastern Europe and the Indian Ocean. He attacked slavery, championed a national education system and advocated justice for authors. Fresh information and interpretation show that he belonged to neither the *philosophe* nor the *antiphilosophe* camp. A reformist, he envisioned a regenerated France as a nation of liberty offering asylum for refugees.

This study demonstrates the range of thought and expression of an *incontournable* polymath in an age of transformation.

Contents

Acknowledgements	ix
List of abbreviations	xi
Introduction	1
Chapter 1: Science	27
Chapter 2: Colonies and overseas initiatives	63
Chapter 3: Regeneration	89
Chapter 4: Education	131
Chapter 5: Celebrity culture	173
Chapter 6: The professional writer	215
Conclusion	259
Bibliography	297
Index	313

Acknowledgements

Recent decades have seen a wealth of valuable scholarship devoted to Bernardin de Saint-Pierre. It has been increasingly recognised that he cannot simply be regarded as the author of *Paul et Virginie*. I am indebted to insights from many publications, most of which will be listed in the bibliography. Over the years, personal exchanges with colleagues about Bernardin have also proved invaluable. Here I wish particularly to record my gratitude to Malcolm Cook, Jean-Michel Racault and Gabriel Thibault.

I have debts to many librarians and archivists who have facilitated my work on Bernardin. In no particular order, I thank staff who work at the Bibliothèque nationale de France, the Bibliothèque de l'Institut, the Bibliothèque Armand Salacrou in Le Havre, the British Library, the Archives diplomatiques du ministère des Affaires étangères, the National Library of Russia in Saint Petersburg.

My involvement in the scholarly editions of Bernardin's correspondence (published in *Electronic Enlightenment* at the University of Oxford) and his *Œuvres complètes* (Classiques Garnier) has been generously funded by the Arts and Humanities Research Council (UK), the British Academy and the Modern Humanities Research Association. I am grateful to the former editor of this series, Jonathan Mallinson, for accepting the idea of this study, and to its current editor, Gregory Brown, for his subsequent support and suggestions. My thanks go also to Emma Burridge at Liverpool University Press for her advice on presentational matters.

I should also like to pay tribute to the memory of Professor Haydn Mason who, in the early 1990s, first suggested that I take an interest in Bernardin. Finally to my wife, Anne, who has stoically endured a *ménage à trois* with Bernardin over many years.

Abbreviations

BnF	Bibliothèque nationale de France, Paris.
BSPOC	*Œuvres de Jacques-Henri-Bernardin de Saint-Pierre, mises en ordre par L. Aimé-Martin*, 2 vols (Paris, 1840).
D	*Correspondence and related documents*, ed. Th. Besterman, in *Œuvres complètes de Voltaire*, vol.85-135 (Oxford, 1968-1977).
EE	*Electronic Enlightenment* (Oxford).
EN	Bernardin de Saint-Pierre, *Etudes de la nature*, in *OCBSP* 3.
HN	*Harmonies de la nature, par Jacques-Bernardin-Henri de Saint-Pierre*, [...] *publiées par Louis Aimé-Martin*, 3 vols (Paris, 1815).
LH	Bibliothèque Armand Salacrou, Le Havre.
OCBSP 1	Bernardin de Saint-Pierre, *Œuvres complètes*, vol.1: *Romans et contes*, ed. Jean-Michel Racault, Guilhem Armand, Colas Duflo and Chantale Meure (Paris, 2014).
OCBSP 2	Bernardin de Saint-Pierre, *Œuvres complètes*, vol.2: *Voyages*, 2 parts, ed. Philip Robinson, Izabella Zatorska, Angélique Gigan, Vladimir Kapor and Jean-Michel Racault (Paris, 2019).

OCBSP 3	Bernardin de Saint-Pierre, *Œuvres complètes*, vol.3: *Œuvres scientifiques: Etudes de la nature et textes périphériques*, ed. Colas Duflo, with Joël Castonguay-Bélanger and Jean-Michel Racault (Paris, 2019).[1]
OCV	*Œuvres complètes de Voltaire* (Oxford, 1968-).
ROUSSEAU	*Correspondance complète de Rousseau*, ed. R. A. Leigh, 52 vols (Geneva, Madison, WI, Banbury and Oxford, 1965-1989).
VIF	Bernardin de Saint-Pierre, *Voyage à l'île de France*, in *OCBSP* 2.

---

1. Volumes 2 and 3 of the *Œuvres complètes* appeared in late 2019 after this monograph was finished. No account has thus been taken of their critical analysis and annotation. However, page references have been changed to these volumes for facility of access to reliable, modern editions. The two parts of *OCBSP* 2 have continuous pagination.

Introduction

Bernardin de Saint-Pierre was one of the few prominent cultural figures in eighteenth-century France to see the following century. Until recently he was primarily associated with *Paul et Virginie*, a novel which has been published in more editions than any other in the history of French fiction. However, this predominant focus has changed in the twenty-first century with the appearance of a monograph, collections of essays and review articles.[1] Furthermore the first critical editions of his *Œuvres complètes* and correspondence are underway.[2] Bernardin's

1   Malcolm Cook, *Bernardin de Saint-Pierre: a life of culture* (London, 2006); *Autour de Bernardin de Saint-Pierre: les écrits et les hommes des Lumières à l'Empire*, ed. Catriona Seth and Eric Wauters (Rouen and Le Havre, 2010); *Bernardin de Saint-Pierre et l'océan Indien*, ed. Jean-Michel Racault, Chantale Meure and Angélique Gigan (Paris, 2011); *Bernardin de Saint-Pierre au tournant des Lumières: mélanges en l'honneur de Malcolm Cook*, ed. Katherine Astbury (Louvain, 2012); Jean-Michel Racault, *Bernardin de Saint-Pierre: pour une biographie intellectuelle* (Paris, 2015); *Nottingham French studies* 54:2 (2015), special issue: *Bernardin de Saint-Pierre and his networks*, ed. Rebecca Ford; *Bernardin de Saint-Pierre: idées, réseaux, réception*, ed. Sonia Anton, Laurence Macé and Gabriel Thibault (Rouen and Le Havre, 2016); Gabriel-Robert Thibault, *Bernardin de Saint-Pierre: genèse et philosophie de l'œuvre* (Paris, 2016); *Lumières et océan Indien: Bernardin de Saint-Pierre, Evariste Parny, Antoine de Bertin*, ed. Chantale Meure and Guilhem Armand (Paris, 2017); *Les Aventures de l'harmonie: Bernardin de Saint-Pierre entre lettres et sciences aux XIXe et XXe*, ed. Guillaume Métayer (forthcoming); Simon Davies, 'Etat présent: Bernardin de Saint-Pierre', *French studies* 69:2 (April 2015), p.220-27.
2   His *Œuvres complètes* are being published under the general editorship of Jean-Michel Racault (Classiques Garnier, Paris). This will be the first scholarly edition of his complete works and will contain material not found in the editions published by Louis Aimé-Martin in the nineteenth century. His correspondence is being edited by Malcolm Cook *et al.* in *Electronic Enlightenment* (henceforward *EE*) (Oxford), http://www.e-enlightenment.com. Whereas his correspondence, without annotation, was published in four volumes by Louis Aimé-Martin

works deal with a vast range of topics including agriculture, astronomy, botany, zoology, education, geology, oceanography, political systems and theology. He was born in the port of Le Havre in 1737 and spent his early years there.[3] The coming and going of ships must have given him a sense of being connected to a wider world. Whereas Rouen had once regarded Le Havre as a 'simple filiale', by the second half of the eighteenth century it had become a 'véritable rivale commerciale'.[4] Le Havre became wealthy through colonial trade but also through the slave trade.[5] It was, however, 'directement exposé à la menace anglaise' at times of conflict.[6] At the age of twelve, Bernardin sailed to Martinique under the care of an uncle, a sea captain. After adventures in eastern Europe and the Indian Ocean, Bernardin[7] spent most of the remainder of his life, from 1771 onwards, either in Paris or just outside, before dying in Eragny in January 1814.[8] He witnessed the major events affecting France, the Seven Years War, the American War of Independence, the French Revolution and the Napoleonic era. On 27 March 1759 his youngest brother, known as Dutailli, was taken prisoner at a sea battle having joined the French East India

---

(Paris, 1826) and contained fewer than 400 letters, *EE* will present approximately 2900. Where manuscripts have been utilised (sometimes rough drafts), the spelling has not been modernised nor have grammatical errors such as lack of agreements, misspellings or punctuation been corrected. In the absence of manuscripts, letters from printed sources have been reproduced. In most cases the references to letters in *EE* are by their dates; where dates are unknown, the reference is to the number of the letter (prefixed by BSP).

3   He rarely refers to Le Havre in his later life. This was perhaps because his closest relative, his sister, Catherine-Dorothée, spent many years residing in Dieppe. The town of Le Havre started acquiring his manuscripts in the nineteenth century (see Sonia Anton and Dominique Rouet, 'Bernardin de Saint-Pierre et Le Havre, d'hier à aujourd'hui', in *Bernardin de Saint-Pierre: idées, réseaux, réception*, ed. S. Anton, L. Macé and G. Thibault, p.219-34).

4   Christine Le Bozec, *La Normandie au XVIIIe siècle: croissance, lumières, et révolution* (Rennes, 2002), p.17.

5   Le Bozec claims that, in 1789, after Nantes 'Le Havre était devenu le second port négrier du royaume' (*La Normandie au XVIIIe siècle*, p.57).

6   Jean-Baptiste Gastinne, *Le Havre 1517-1789: histoire d'une identité urbaine* (Mont-Saint-Aignan, 2016), p.44.

7   I shall refer to him as Bernardin, which is generally used nowadays, rather than Saint-Pierre, which was employed in his own day.

8   The same year saw the disappearance of a number of noteworthy authors: the marquis de Sade, Louis-Sébastien Mercier, Evariste Parny, the prince de Ligne, Palissot.

Company.[9] He was aware of the impact of the American War of Independence through the involvement of the same brother. The latter had offered his services to the American insurgents, and Bernardin wrote to Benjamin Franklin on his behalf on 19 August 1777:

> un de mes freres cadets vient d'entrer au service de votre république et j'ai cru cette occasion favorable en vous demandant le service de lui faire passer une lettre dont je vous prie de prendre lecture, de me procurer l'honneur de vous connoitre personnellement.

Dutailli was to be accused of treason, and Bernardin conducted a campaign with the French authorities on his behalf.[10] He was also in frequent contact with the career diplomat Pierre-Michel Hennin who became a *premier commis* of the foreign minister, the comte de Vergennes, during the American war. The under-researched activities of Bernardin during the Revolution will be accorded due weight in this study. In this introduction, largely based on his correspondence, I shall outline salient features of his early years which formed and informed his personal development before he embarked on a career as a writer. These features will be situated in their social and political context.[11]

Before settling in Paris in 1771, Bernardin had experienced a varied existence. He was educated by the Jesuits in Normandy, receiving a prize for mathematics and drawing.[12] From 1756 to 1758 he studied

---

9   On 4 August 1759 Bernardin wrote to Jean Rodolfe Perronet, the director of the Ecole des ponts et chaussées: 'Le plus jeune de mes frères agé de 17 ans est entré il y a 2 mois volontaire au service de la compagnie; il alloit chercher aux indes une fortune et des secours qu'il ne trouvoit plus dans la maison paternelle, mais par un coup bien funeste il a été pris par les anglais, conduit à lisbonne d'où il est de retour depuis un mois environ.' The '2 mois' may be a mistake for twelve months or at least a longer period, as the chronology does not make sense. Bernardin was seeking an opening for his brother at the School.

10 See Odile Jaffré-Cook, 'The Bastille or the "Enfer de Dutailli de Saint-Pierre"', *SVEC* 2013:10, p.161-75.

11 I have investigated various elements in 'Letters pertinent and impertinent: the early career of Bernardin de Saint-Pierre', *Nottingham French studies* 54:2 (2015), special issue, ed. R. Ford, p.140-53. Some of what follows is drawn from this article. These social aspects are compared to a recurrent desire to escape the pressures of society for a rural retreat. He was to realise this in concrete fashion during the early years of the Revolution (see Thibault, *Bernardin de Saint-Pierre: genèse et philosophie de l'œuvre*, p.365-85).

12 See *Bernardin de Saint-Pierre, ou l'éducation d'un citoyen*, ed. Gabriel-Robert Thibault, (Paris, 2008), p.xi-xvii.

at the Ecole des ponts et chaussées in Paris. He left without a formal qualification, a fact that discredited him in the eyes of several contemporaries. He nevertheless acquired technical knowledge which was to underpin his early writings in descriptions of landscapes.[13] In 1760 he participated in the Seven Years War, serving in the army of the comte de Saint-Germain as an *ingénieur géographe*, a position he would seem to have acquired through personal recommendations.[14] The maréchal de Bellisle wrote to him on 11 May:

> Sur le Compte que l'on m'a rendu de Votre capacité Monsieur et du desir que vous avez de servir le Roy en qualité d'Ingenieur Geographe attaché a la suitte du Departement de la Guerre, je me suis determiné a vous envoier a l'armée d'allemagne pour y servir surnuméraire en cette qualité pend^t la campagne prochaine, et en conseq.^{ce} vous partirez incessament pour vous rendre a Wesel le premier de Juin au plus tard, ou vous trouverez le Sr Lhuillier de la Source avec lequel vous travaillerez conjointement a lever le pays, les camps et les marches des troupes du Roy dans cette partie, je suis persuadé que vous ne negligerez rien pour remplir l'opinion que l'on m'a donnée de vous ainsy que pour mériter d'etre Employé par la suitte dans la meme qualité.

The comte de Beausobre wrote to him in Dusseldorf on 4 June 1760 explaining his tasks and those of his companions:

> une des choses les plus essentielles messieurs dans vos reconnoissances locales ce sont les eaux et l'usage qu'on pourroit en faire pour les enfler et les etendre par le moyen des barrages. Les moulins, les ponts sy propres à apuyer un barrage de quelque espece qu'ils soyent, les endroits où les rives d'un ruisseau se raprochent en s'elevant un pan, donnent des moyens de sureté en procurant promptement une inondation.

Due to obscure, seemingly conflictual circumstances, he was dismissed. The following year he obtained a post as an engineer on the island of Malta, then threatened by a Turkish invasion. He was not accepted as an equal by his fellow engineers; as a result, this appointment was not a success and might be the starting point of Bernardin's enduring

---

13   See Thibault, *Bernardin de Saint-Pierre: genèse et philosophie de l'œuvre*, p.315-35.
14   See Philip Robinson, 'Bernardin à la guerre de Sept Ans: l'apprentissage des réseaux et l'épreuve du patriotisme', *Nottingham French studies* 54:2 (2015), special issue, ed. R. Ford, p.131-39 (132).

dislike of *corps*. Hennin was informed on 3 December 1766: 'Le corps des ingénieurs est très-respectable, mais il y règne une jalousie qui ne me pardonnerait pas d'être entré par une autre porte que celle des écoles.' He was inclined to even highlight his outsider status. He tells Vergennes in October 1778 (BSP_2155) of his 'eloignement' through 'l'intrigue des corps et des cabales'. Furthermore, he uses his exclusion as proof of his integrity: 'ce nest pas que je suis bien scavant, mais ne tenant a aucun corps ni [*mot illisible*], je pourais etre trompé mais je ne tromperais pas.' In defending Dutailli to an unknown addressee in authority in 1779 (BSP_0458), he describes himself as being: 'Solitaire, ne tenant à aucun corps, à aucun grand'.[15]

Despite his unqualified situation, Bernardin succeeded in getting a letter of introduction from Jean-Antoine de Mirabeau (bailli de Mirabeau) to his more famous brother, the marquis de Mirabeau, the author of *L'Ami des hommes* (1756). The letter is dated 31 August 1761 and penned in Malta:

> Pendant la première année de la retraite du bailli [de Mirabeau] à Malte, il eut occasion d'y voir un homme, alors jeune et inconnu, et qui, depuis, acquit une juste célébrité: 'Ma lettre te sera remise par un jeune homme qui retourne en France, après être venu ici pour servir d'ingénieur-géographe; il a été lanterné ici par les ingénieurs et officiers français, qui y ont été autorisés par une platitude des bureaux de Versailles; ce pauvre jeune homme te verra en arrivant; il a de l'esprit, de l'instruction, une bonne conduite et n'est pas heureux; c'est assez pour s'intéresser à lui; il s'appelle Saint-Pierre, il est d'une bonne famille du Havre'.[16]

The marquis did indeed meet the young man as he tells his brother on 20 November 1761: 'J'ai vu ton petit protégé, ingénieur amphibie; je ferai ce que je pourrai pour lui auprès de Trudaine' (p.204, note). Whether he contacted Trudaine or not we do not know, but Bernardin

---

15 On 3 April 1782 Hennin is again apprised of the 'inimitiés des corps'. The marquis de Castries, the minister for the Navy, received a similar complaint in a letter of 28 January 1785.
16 *Mémoires biographiques, littéraires et politiques de Mirabeau écrits par lui-même, par son père, son oncle et son fils adoptif*, vol.1 (Paris, 1834, p.203-204, note). In this study it will be the general practice to insert bracketed page numbers in the text when the same work is cited consecutively to avoid a superabundance of footnotes. When the same page is cited in consecutive quotations, the page reference will appear only on the first occasion.

valued the acquaintance. He told an unidentified correspondent on 10 February 1762:

> Mr de Mirabeau qui me fait l'honneur de s'intéresser à moi, m'ayant chargé pour vous d'une lettre de recommendation, j'ai pris la liberté de vous l'envoyer, de crainte qu'un trop long delay ne rendit inutile et la recommendation que j'ay employee et les circonstances favorables des mouvements qui se font en Espagne. J'ose me flatter, Monsieur, que vous voudrés bien vous interesser en ma faveur, auprès du chef du genie, et que il ne me sera pas difficile de trouver du service, lorsque vous paraitrés répondre de mes talens.

The edited letter states that the Mirabeau mentioned here is the bailli de Mirabeau, but it could be the marquis.[17] At all events, despite help and the ongoing war, Bernardin could not obtain a position in France and in 1762 he moved to Holland with the initial idea of seeking service with Portugal, an opponent of France.[18]

Instead he set off for Saint Petersburg, arriving in September 1762. Catherine had recently been proclaimed empress. To his chagrin he discovered that the court was in Moscow.[19] Almost penniless, he was befriended by the governor of Saint Petersburg, von Münnich, another expatriate, who told him in a letter of 20 March 1763: 'je ne négligerai aucune occasion de vous rendre service'. He also met and impressed the French ambassador, the baron de Breteuil. The latter introduced him to the Austrian ambassador, the comte de Mercy-Argenteau, who later held identical posts in Warsaw and Paris. Resourceful out of dire necessity, Bernardin headed for Moscow where he achieved employment through newly made contacts. He was engaged as an engineer in an inspection of *places fortes* in Finland, a geographical area which was to feature frequently in his writings. He was also presented to the empress, Catherine. He later submitted a scheme to the empress which met with no success. Nevertheless, she remained in his mind

---

17   Writing to Hennin on 5 June 1765, Bernardin talks of 'lettres de recommandations' from two Mirabeau.
18   Robinson, 'Bernardin à la guerre de Sept Ans', p.135-36.
19   Bernardin was one of many expatriates seeking their fortune in eastern Europe during this period. See Alexandre Stroev, *Les Aventuriers des Lumières* (Paris, 1997), and *Les Français en Russie au siècle des Lumières*, ed. Anne Mézin and Vladislav Rjéoutski (Ferney, 2011). For his reaction to Russia, see Sophia Mehrbrey, 'Bernardin, les Russes et la Russie', in *Bernardin de Saint-Pierre: idées, réseaux, réception*, ed. S. Anton, L. Macé and G. Thibault, p.33-48.

and, years later, he sent her a copy of his first publication, the *Voyage à l'île de France*,[20] with a letter of 2 February 1773:

> un officier françois qui a eu l'honneur de servir dans le corps des ingenieurs de votre Majesté en 1763 prend la liberté de vous offrir un exemplaire d'un voyage qu'il vient de faire imprimer. il vous devoit cet homage comme a une souveraine egalement distinguée par son courage et par son esprit; il vous devoit ce tribut de reconnaissance pour les bienfaits qu'il a recus en Russie de votre Majesté.

His motives for this gift are not clear and he does not appear to have received a response.[21]

Bernardin's Russian escapade ended with the disgrace of a patron, Villebois. The latter, an officer from a Breton background, but then in the imperial army, had obtained a post for him.[22] Possibly on the advice of Breteuil, he crossed the border to Poland in 1764.[23] There he met the French resident, Pierre-Michel Hennin (1727-1807), who would become an assiduous correspondent for over twenty-five years.[24] The latter would play a significant role during Bernardin's sojourn in Poland. The political situation in eastern Europe was a hot topic at the time[25] and Bernardin arrived at a pivotal moment. Preparations were in hand for the election of the nation's new monarch. The election

20 *OCBSP* 2, p.301-1001.
21 This presentation copy can be consulted in the National Library of Russia in Saint Petersburg. I have done so but found no evidence that Catherine read it.
22 In the *Etudes de la nature*, he records: 'Lorsque j'étais au service de Russie, j'allais souvent dîner chez son excellence M. de Villebois, grand-maître de l'artillerie, et général du corps du génie où je servais.' This frequently cited work will be referenced in footnotes by initials in an established practice as *EN* (hence *EN*, *OCBSP* 3, p.364). In similar fashion the *Harmonies de la nature* will be referenced as *HN* and the *Voyage à l'île de France* as *VIF*.
23 For a study of contemporary French travellers to this country, see Michel Marty, *Voyageurs français en Pologne durant la seconde moitié du 18ᵉ siècle: écriture, Lumières et altérité* (Paris, 2004).
24 See Simon Davies, 'Pierre-Michel Hennin, le correspondant le plus fidèle de Bernardin', in *Autour de Bernardin de Saint-Pierre*, ed. C. Seth and E. Wauters, p.13-19. Hennin was also to prove a faithful correspondent for the geographer, d'Anville (see *Une Carrière de géographe au siècle des Lumières: Jean-Baptiste d'Anville*, ed. Lucile Haguet and Catherine Hofmann, Oxford University Studies in the Enlightenment, Oxford, Voltaire Foundation, 2018, *passim*).
25 See H. M. Scott, *The Emergence of the eastern powers, 1756-1775* (Cambridge, 2001); Larry Wolff, *Inventing eastern Europe: the map of civilization on the mind of the Enlightenment* (Stanford, CA, 1994); Stanislaw Fiszer, *L'Image de la Pologne dans l'œuvre de Voltaire*, SVEC 2001:05, and Jean-Jacques Rousseau, *Considérations sur le*

provoked a struggle between two camps. One, championed by the Russian empress, supported the candidacy of Stanislaw Poniatowski, a former lover, the other viewed itself as the defender of Polish liberty. Each camp drew the support of rival European countries, underscoring the international ramifications of the contest.

Hennin was a member of the official French diplomatic organisation but also the clandestine branch of Louis XV's diplomacy, the Secret du roi.[26] Bernardin recounts a misadventure in a document sent to Hennin on 23 July 1764. He claims that the events happened on 29 June 1764 (but see below):[27]

> je venois d'arriver à Varsovie, lorsque j'apris que le prince Radjivil palatin de Vilna se disposoit a deffendre l'entrée de son pays [...] je pris la resolution d'aller lui offrir mes services. je communiquai mon dessein à M.ʳ l'ambassadeur de vienne[28] et à M.ʳ Hennin resident de france[.] ils l'aprouverent beaucoup.

Bernardin was engaged in anti-Russian activity while hoping for reward from the French authorities. However, his initiative ended disastrously as he was captured and imprisoned. He was freed on his word of honour. He undertook to desist from future actions of a compromising nature. He reproduces this commitment in a letter to Hennin on 23 July 1764:

> je soussigné, Chevalier jacques De S.ᵗ Pierre, Capitaine dans le corps de genie, cy devant au service de l'empire de Russie, promets sur ma parole d'honneur, de ne prendre aucun service en pologne pendant l'interregne d'apresent et de n'entretenir aucune correspondance ou communication directe ou indirecte, avec qui que ce soït au desavantage des etats confédérés de la même republique. à Varsovie ce 15 juillet 1764.

---

gouvernement de Pologne, ed. Jean Fabre, in *Œuvres complètes de Jean-Jacques Rousseau*, vol.3 (Paris, 1964), p.951-1041.

26 See Gilles Perrault, *Le Secret du roi* (Paris, 1992). Breteuil was also a member of the Secret while Bernardin was almost certainly not.

27 See also the autobiographical letter that Bernardin wrote to Prince Czartoryski the same month. Bernardin sums up the political imbroglio in a letter to Louis David Duval, a Swiss jeweller in Saint Petersburg, on 28 July 1764. In this letter he refers approvingly to the elective monarchy of Poland: 'j'auraï vu ce qu'on devroit voir dans tous les royaumes, et ce qu'on ne voit qu'en pologne, un homme choisy par la nation pour la gouverner.'

28 The Austrian ambassador was Mercy-Argenteau whom he had met in Saint Petersburg.

His activities had placed him in the public gaze, and his presence was sought in fashionable circles:

> j'ai eté invité à diner chès le prince Xatorinsky qui m'a fait beaucoup d'amitiés. la princesse Strasnik m'a envoyé inviter par un de ses gentilshommes. j'ai eté successivement chès la grande chambellane de lithuanie chès la palatine de Volnie, chès le grand Mareschal enfin je vas et viens dans les deux parties. il y a huit jours j'etois à peine connu je logeois en prison, je mangeois seul et tristement; à present je suis dans un tourbillon de jeunes princesses, et je me promene dans des apartements délicieux. la vie est un songe bien bizarre.

His sudden celebrity was an illustration of the law of unintended consequences. Equally unexpected was the need for Hennin to leave Poland for Vienna on account of French political manoeuvring. The diplomat's absence provided Bernardin with the opportunity to act as his informant, almost as a spy. He could thus tell Hennin on 25 July 1764:

> j'ai soupé le 21 chez la grande chambellane. Il y avait César et sa fortune, et tout le parti de Pompée. On s'est salué si poliment, si respectueusement et si froidement, qu'il était facile de voir que tout le monde était fort bien élevé. On s'est mis à table ensemble, et on ne s'est point mêlé. Je me trouvais entre l'abbé Poignatoski et le comte d'Argenteau. Je ressemblais à ces poteaux de démarcation qu'on voit sur les frontières. Là finit un royaume et un autre royaume commence.

Here Hennin was presented with a picture of the rival factions jockeying for influence in support of their candidates for the Polish throne. 'César' is presumably Stanislaw Poniatowski[29] while 'Pompée' suggests a henchman of Charles Radziwill. Bernardin depicts himself as a barrier between the brother of Stanislaw Poniatowski (favoured by the Russians) and Mercy-Argenteau who advocated the cause of his opponent. Bernardin is conveying information in an urbane manner while simultaneously seeking support for his own career:

> Vous m'obligerez de me donner le plus tôt qu'il sera possible des nouvelles de Versailles, où votre recommandation peut me mener à quelque chose de réel. Lorsque vous me parlerez de ce pays-là je vous entendrai à demi-mot. Faites-leur bien sentir que si je n'ai pas mérité

---

[29] Bernardin recounts being presented to Stanislaw in a letter to Hennin on 24 September 1764. Stanislaw had been elected king on 7 September.

les faveurs de la cour, ce n'est pas faute de zèle, et que j'ai cherché à être utile dans une autre carrière, comme vous pourrez en juger lorsque je vous verrai à Vienne.

Bernardin knows that Hennin must be discreet but stresses that he will read between the lines and consequently understand the implications of his correspondent's reply.

If he had a grasp of the situation in Poland, Bernardin was ignorant of his reputation in Versailles. Hennin's relationship with him was causing the diplomat problems with his superiors. He felt obliged to inform Versailles on 28 June 1764 of his friend's arrest[30] and told the duc de Choiseul Praslin, the Secretary of State for Foreign Affairs:[31]

> Il vient d'arriver un petit fait dont je me crois obligé de vous rendre compte. Au sujet d'un gentilhomme francois cy devant ingenieur au service du Roy nommé le Ch.^{cv} de St Pierre [...] Cet officier avoit passé a Petersbourg ou M. le C. de Mercy l'a beaucoup vû, et ou M. le Baron de Breteuil lui temoignoit de l'amitié, il a quitté le service de Russie comme capitaine par ce qu'on a voulu le circonscrire dans un travail de copiste et est arrivé icy il y a quinze jours. M. le C. de Mercy l'a recu chez lui et l'a présenté a quelques personnes. Je lui ai fait la politesse sur la parole expresse de cet ambass^r. et depuis j'ai eû occasion de connoitre, que c'est un homme tres instruit et fort sensé. Dans les circonstances actuelles M. le Ch^{cv} de St Pierre au lieu de passer directement a Vienne ou M. le Cte de Mercy l'assuroit qu'il auroit du service a temoigné vouloir s'attacher au P.^{ce} Radziwil auquel il pouvoit etre utile en s'enfermant dans sluck, L'Amb^r Imperial a beaucoup applaudi a ce projet.

Hennin had made enquiries about Bernardin's situation and urged his release. He attempted to reassure Choiseul Praslin by stating that he had been 'informé que M. de St Pierre ni son compagnon de voyage n'avoient pas un mot de moy ni rien où il fut mention de la france'. France would not be embarrassed by Bernardin's problems which were really prompted by Mercy-Argenteau. The latter claim was reinforced the same day in another letter:

---

30 It is difficult to reconcile the date of this letter with Bernardin's claim that he was arrested on 29 June (see above). What is certain, however, is that he was taken prisoner.
31 Choiseul Praslin was Secretary of State for Foreign Affairs but was not a member of the Secret du roi. His orders could thus differ from those of the parallel diplomacy (see Perrault, *Le Secret du roi*, p.543).

> M. le C. de Mercy ne m'a pas caché que son empressement à aider le P.^{ce} Radziwil venoit 1.° de ce quil est le plus courageux des Patriotes, 2.° du danger qu'il y avoit qu'un homme aussi puissant ne se jettat entre les bras du R. de Prusse qui outre les liens de parenté a beaucoup d'autres motifs pour se l'attacher c'est cet amb^r. qui a engagé M le Ch^{ev} de St Pierre a aller joindre le P^{ce} Radziwil et il a pris le parti de le dire hautement hier en pressant pour que cet officier fut mis en liberté.[32]

Hennin outlines his predicament to a fellow French diplomat, Dumont, in Gdansk on 2 July:

> J'etois destiné M^r à rester seul icy mais tout m'annonce que je ne vivrai pas l'Election. Je ne puis vous dire avec quel plaisir je quitterai un Pays que j'aurois beaucoup regretté en tout autre tems et qui devient inhabitable pour un Ministre de France. La petite affaire de M. de S^t. Pierre m'a fait essuyer de la part du P.^{ce} Palatin de Russie un propos fort dur. Après l'avoir prié de mettre en liberté un officier auquel on n'a rien à reprocher.

Bernardin thus acquired a reputation in ministerial circles in France as someone who was impetuous and not someone worthy of automatic support.

Given his precarious situation in Poland, Bernardin sought a post in Vienna in the autumn of 1764, but to no avail. On 2 January 1765 he wrote to Hennin from Warsaw with the claim that 'il y a deux mois que je suis de retour ici'. He travelled to Dresden, profiting from the financial help of Hennin as he tells his benefactor on 5 June: 'vous m'avés donné à Vienne, Monsieur, une forte preuve de votre amitié.' Moving on to Berlin brought him no satisfactory employment although it initiated a long-lasting friendship with the Prussian official Carl Ludwig Friedrich von Taubenheim. Bernardin's adventures in eastern Europe probably explain the lack of official posts in France, if indeed any were available. On 20 February 1766, just back in Paris, he had informed Hennin that 'je ne voudrais pas changer d'etat, mais dans le corps de genie de france tout est remply, il en est de même de l'armée.'

In straitened circumstances towards the end of 1766, he drafted reports based on knowledge acquired in northern Europe with the hope of gaining reward in administrative circles. These received

---

32 Hennin repeats the assertion on 30 June: 'C'est M. de Merci qui a engagé M. de Saint-Pierre à aller joindre le prince Radziwil.'

posthumous publication as the *Voyages en Hollande, en Prusse, en Pologne et en Russie*[33] but achieved nothing at the time. He encountered a similar setback in 1766 (or possibly 1767) with his observations on desertion composed to deal with a significant military problem[34] and aimed at Choiseul.[35] Bernardin writes to Hennin *c.*15 April 1766 with the news that Marie Miesnik, a friend in Poland, had given him a letter for M. Durand de Distroff, a *commis des Affaires étrangères* and a member of the Secret du roi, with the latter's support in mind. On 16 February 1767 Bernardin tells Hennin that he had visited Choiseul on the recommendation of Mercy-Argenteau:

> j'ai volé chès le Ministre qui m'a dit de revenir un autre jour, sans pouvoir se rappeller ni qui j'etois ni ce que je voulois. si le contraire fut arrivé j'aurois été étonné. il y a tant de monde si considérable et si importun qu'il n'y a pas moyen de se faire jour. après plusieurs allées et venües j'ai renoncé à l'emploi très ruineux de faire ma cour.

The same correspondent is informed on 9 July 1767 that 'il n'y a point eu de promotion dans les troupes des colonies' and that he had been advised to discover whether there were any openings in 'le génie des colonies'. Eventually his persistence paid off as he informs Hennin on

---

33 *OCBSP* 2, p.51-202.
34 One recalls the eponymous hero of Voltaire's *Candide* (1759) deserting in chapter 2 of that tale and Louis-Sébastien Mercier's play *Le Déserteur* (1770). André Corvisier states: 'Tout autant que les épidémies, la désertion était le mal des armées de l'Ancien Régime, mal d'autant plus obsédant qu'on ne pouvait en accuser que les hommes ou les institutions. On lui attribuait à la fois beaucoup et peu d'importance. Beaucoup sur le plan militaire, car il entrait toujours plus ou moins dans les résultats d'une campagne ou le sort d'une bataille [...] assez peu sur le plan moral, car, malgré les avertissements, on avait fini par en prendre l'habitude à tel point que tous les remèdes proposés paraissent dangereux' (*L'Armée française de la fin du XVIIe siècle au ministère de Choiseul: le soldat*, 2 vols, Paris, 1964, vol.2, p.693).
35 A letter dealing with desertion, estimated to have been penned at an unspecified date in 1766 (BSP_0084), was sent to Choiseul. However, the date of 1767 would appear more appropriate as Bernardin tells Hennin on 9 July 1767 that 'Je m'occupe à présent d'un Mémoire pour M. le duc de Choiseul, [...] Cet essai a pour objet de prévenir la désertion.' Hennin congratulates him for this initiative on 30 August 1767: 'J'espere quelque chose de votre memoire sur la desertion[.] M. le Duc de Choiseul a à ce qu'on m'assure cet objet fort a coeur, et c'est une chose qui luy meritera la reconnoissance de tous les hommes sensibles et de tous les bons francois. Je suis plus à portée que personne de voir combien de sujets le Roy perd tous les jours.' Bernardin took his manuscript to Mauritius as Mme Poivre mentions his 'memoire sur la desertion' in a letter of 1769 (BSP_0126).

20 November 1767: 'je suis enfin placé à l'isle de france en qualité de capitaine ingenieur du Roy.' It was Breteuil who had supported him and even presented him to Choiseul Praslin. He is again full of praise on 24 November 1767 in writing to Duval in Saint Petersburg: 'c'est au baron de breteuil [...] que jai obligation de ma place. il m'a servi et obligé avec toute l'amitié d'un pere.'

Bernardin's job-seeking in eastern Europe was seemingly forgiven by this posting to a French colony (unless it was a ploy to get rid of him). However, the adversity of his first adventure was only paralleled by his experiences in the Indian Ocean where correspondence took months to arrive. He sailed for Mauritius (Ile de France)[36] in February 1768 and arrived the following July. He had orders to go on to Madagascar but refused to obey them, remaining instead in Mauritius.[37] On 6 December 1768, he tells Hennin that he has met Bougainville on the latter's return from Tahiti, and begs his correspondent to send 'gazettes' as one lives 'dans une ignorance absoluë des affaires publiques'. He was also to learn of the tensions between the governor charged with political and military matters and the *intendant* responsible for financial matters. The latter was Pierre Poivre who had physiocratic leanings[38] and introduced Bernardin to botany. Hennin is again treated to a bad-tempered missive on 22 January 1769. Bernardin has received 'aucunes nouvelles de l'europe' since his arrival and pleads for such information, particularly about Poland. He relates the lamentable events in Madagascar and also those in India: 'les anglois sont toujours en guerre dans l'inde avec les Marattes. nos affaires n'en prosperent

---

36 The English name for the island will be used throughout except where 'l'île de France' appears in quotations.
37 The Madagascar expedition proved to be a disaster leading to many deaths, including that of Hugary de La Marche Courmont whom Bernardin had known in Poland as he recounts to an unidentified correspondent *c.*January 1769 (BSP_0146). Additional remarks on Madagascar will be made in chapter 2.
38 Poivre was interested in agricultural and commercial improvement. Bernardin's relationship with his wife has been subject to investigation and speculation. Philip Robinson has published a series of articles on their relationship: 'Mme Poivre's letters to Bernardin de Saint-Pierre: biography between the lines', in *The Enterprise of Enlightenment*, ed. Terry Pratt and David McCallam (Oxford, 2004), p.115-24; 'La datation des lettres de Mme Poivre à Bernardin de Saint-Pierre', in *Bernardin de Saint-Pierre et l'océan Indien*, ed. J.-M. Racault, C. Meure and A. Gigan, p.103-13; 'Ce que Mme Poivre nous apprend sur Bernardin de Saint-Pierre', in *Bernardin de Saint-Pierre au tournant des Lumières*, ed. K. Astbury, p.17-25. Widowed, Mme Poivre would later marry a correspondent of Bernardin, Pierre Samuel Dupont de Nemours.

pas mieux. on dit que tout manque à pondichery. le vaisseau *le petit choiseul* a peri à l'embouchure du gange.' Hennin, who is now the French resident in Geneva (where he will maintain relations with Voltaire), sent a reply on 16 June 1769 full of political news. He talks of the war between Turkey and Russia: 'Le P.^{ce} Gallitzin qui commande une des armeès Russes a passé le Niester prez de Choczim dans le dessein de prendre cette Place.' Dispatches from Vienna claim that the Turks have defeated the Russians. Poland is in disarray: 'Une partie de la nation veut dethrôner Stanislas Auguste et si les Russes sont battus j'ai peine à croire qu'il puisse se soutenir.' Bernardin is informed of the activities of acquaintances and conflicts on his native continent. Claude Joseph Girault, a career diplomat, supplied Bernardin with abundant news, particularly in a letter of 28 June 1769. Girault has left Poland where 'les horreurs de la Guerre ont deja exterminé une Partie de ses habitants qui se dechirent comme des betes cruelles.' King Stanislaw, elected, as Bernardin knows, 'contre le vœu de la Nation', has been induced by his 'protectrice', the empress Catherine, to introduce 'des innovations dans le gouvernement qui l'ont rendu insupportable'. Revolt has ensued from the 'confédérés' who incurred further problems through their contacts with the Russians. Girault details the complexities of the circumstances which empowered the Russians. Austria and France are involved. Scenes of brutality are common: 'l'Ukraine Polonaise a eté entierement depeupleé et ravagée pendant l'Eté dernier par les Zaporaviens et les Cosaques du Sich [...] ont egorge hommes femmes et petits enfants.' The picture is far from clear: 'on ne scait ce que le Roy de Prusse va faire il paroist que le parti qu'il va prendre donnera la guerre en Allemagne et peut etre a l'europe.' The impact on Sweden is explained as well as the consequences for the territorial integrity of Poland: 'il est a croire que la Pologne va subir un Traité de partage entre les Turcs, l'autriche, le Roy de Prusse, et la Russie.' Bernardin was treated to details about a country that he knew well and the general insecurity of contemporary Europe.

Girault, now in Rouen, admits that he has limited knowledge about what is happening in France: 'de nos affaires de France mon ami jen suis tres mal informé les affaires de Corse varient beaucoup [...] je vois icy des gens occupés de petits interests, de variations des papiers de finances. je vois leurs craintes leurs esperances qui me semblent ridicules.' Such bleak comments on European turmoil must have added to Bernardin's dispiriting experience in Mauritius. Moreover, Girault continued his jeremiad in a letter, without a precise date, but probably also composed in 1769 (BSP_2209). There he supplied yet another panorama of strife. He tells Bernardin in a world-weary fashion that 'je m'afforcerois de vous peindre les manœuvres et les violences par lesquelles les hommes y sont tour a tour trompés ou trompeurs et souvent l'un et l'autre a la fois':

> Dans la Pologne et sur la Frontiere des Turcs vous verriés regner l'atrocité des Temps les plus barbares et tour a tour les cruautés la souplesse les perfidies et le mensonge concourrent dans des projets d'envahissement qui tendent a renverser le sisteme d'equilibre des puissances d'Europe, tandis qu'a quelque distance d'autres gens sont profondement occupés du mauvais succés d'un Opéra et des petites anecdotes de la Cour au milieu d'une subversion presque generale dans les Finances et les fortunes des particuliers.

He comments that England, 'le plus sage des gouvernements actuels', is 'prete a subir une revolution [...] par l'art et les brigues de la Cour', a reference to the actions of George III which provoked the attacks of John Wilkes. Girault also informs him of the controversy in the public domain affecting the Compagnie des Indes:

> vous avés sans doutte apris deja la ressurrection de notre bonne Compagnie des Indes. Jamais on na fait tant d'ecrits contre aucun Etablissement pour le conserver et le faire revivre ensuitte d'abord on a discuté si le Commerce des indes etoit avantageux ou onereux a l'Etat en general.

Such information must have been of considerable moment for Bernardin in the Indian Ocean.

On 18 April 1770 Bernardin stresses his delight at receiving Hennin's letter of 16 June 1769 (cited above) but complains: 'tout est ici dépravé, si vous voyés la condition des malheureux noirs!'.[39] The fractious society and the plight of slaves make him long to return to France. He wonders whether he might use:

> le credit du baron de breteuil à m'obtenir en france quelque emploi honnete.[40] ne valoit il pas mieux se jetter au fonds d'une campagne sur la terre d'un bon et simple paysan dont j'aurais épousé la fille. j'aurois

---

39 Bernardin's attitude to slavery will be examined in chapter 3.
40 Breteuil had written an encouraging letter to him on 24 March which he had not yet received.

> trouvé des amis, des vertus, de la liberté, un peu d'aisance et l'espoir d'acroitre ma fortune, biens qu'on ne trouve point ici.

Poorly paid and seeing no future in Mauritius, he declares ' je renonce pour la vie à etre ingenieur des colonies.' Yet he has not forgotten eastern Europe: 'La guerre desole donc cette pauvre pologne. vanité des vanités. le roy de pologne ne seroit il pas plus heureux d'etre un simple particulier.' This letter also contains evidence of his desire to compose the text which will become the *Voyage à l'île de France*: 'mon intention est de faire un ouvrage sur l'isle de france, j'y travaille, j'espere qu'il me vaudra par les credit de mes patrons une recompense du ministre, à mon retour.' One notes that the motive is primarily for career advancement through ministerial support rather than publication. On 12 June 1770, but too soon to be a reply to the letter just discussed, Hennin offers him a synopsis of current affairs.[41] He cites the 'guerre civile' in Geneva which is causing him more grief than the election of the monarch in Poland in 1764. He provides an overview of European affairs, beginning with the war between Russia and Turkey:

> La grande affaire est la guerre entre les Russes et les Turcs, L'année derniere Les Turcs ont perdu par la crüe des eaux du Niester une partie de leur meilleure infanterie et ont èté obligés de se retirer par dela le danube abandonnant Choczim et la Moldavie. Cependant tout l'hyver s'est encore passé en action entre eux et les Russes en deca du Danube et dans la Valachie. Bender n'est pas pris non plus qu'*Ibrail* ou *Brailons* sur le Danube quoique les gazettes ayent donné le detail de la prise de ce fort et jusqu'au dernier clou que les Russes y avaient trouvé, mais ce qui fixe le plus les yeux des politiques et qui a tous egards le mérite est la marche d'une flotte Russe de trente vaisseaux partie successivement pour la Mediterranée et qui parait menacer l'archipel et Constantinople même. Cette flotte ou comme vous pouvez bien le croire il y a beaucoup d'etrangers et sur tout d'anglois est encore eparpillée[.] Si vous voulez que je vous dise ce que j'en pense, cette entreprise plus brillante que solide ne doit tout au plus que faire tort a quelques Iles, les maladies doivent detruire les Russes, la mer rendre inutiles leurs vaisseaux mal construits et à moins qu'ils ne s'emparent d'un Port comme Rhodes je ne crois pas qu'ils en retirent d'autre avantage de cet armement que d'avoir a grands fraix produit une terreur passagere. La Porte arme ce qu'elle a de vaisseaux

---

41 On the same day Hennin was writing to Voltaire about events in Geneva (D16411).

et dans peu nous entendrons la nouvelle de quelque combat. Il paroit aussi que la grande armée Russe se met en mouvement pour passer le Danube, ce n'est pas une petite entreprise, et il y a encore bien loin de la a Constantinople. Vous connoissez la forfanterie de cette nation, ainsi si les gazettes vous parviennent vous y aurez moins de foy que japrends que les Turcs n'ayant point d'ecrivains à leurs gages il est impossible de peser les probabilités de part et d'autre.

As ever he knows that his correspondent will wish to learn about Poland:

La Pologne est dans un état dont on ne peut gueres se faire d'idées. Les Confederations fourmillent. On n'entend parler que de combats entre les confederes et les Russes. Tout ce qui merite attention dans cette petite guerre, c'est que les Polonais s'aguerissent. Ils en avoient grand besoin. Le Roy reste tranquile en apparence. Il y a un projet nouveau de confederation que je crois n'a d'autre objet que debarasser les Russes de la necessité de guerroyer en Pologne. On dit que le R de Prusse entre dans ce projet. plusieurs de ce prince ayant dejà avorté je ne pense pas que ce soit encore une chose faite.

Back home all is not well but a royal wedding may take attention away from the problems: 'En france on s'occupe à reformer les finances, beaucoup de gens y ont perdu. L'esperance d'une meilleure administration dans cette partie, console la plus part. Le mariage de M. le Dauphin va faire distraction[.]' As for the German-speaking world:

L'allemagne est tranquile mais encore [?] l'Emp^{re} qui paroit aimer la guerre s'occuppe d'avoir la plus belle armée possible. Il n'y a pas apparence qu'il songe de si tot à se mesurer avec le R de Prusse, mais comme la fortune aime la jeunesse, je crois que S. M. Prussienne fera prudemment de [ne pas] s'endormir sur ses lauriers.

The emperor was Joseph II who had assumed the role relatively recently in 1765 and his policies were of interest to diplomats. Like Girault, Hennin also draws attention to discord across the English Channel:

L'angleterre est divisée au point de faire craindre une guerre civile, il y a cependant apparence que le parti de la cour l'emportera et que le gouvernement ne tournera pas encore tout a fait a la democratie comme c'est le but de ceux qui forment le parti de [l'opposition].

In southern Europe there would appear little for him to report apart, possibly, for the uncertainty over the future of the Jesuits:

> L'Espagne s'occupe beaucoup du militaire et Surtout de mettre ses possessions lointaines hors de tout danger. L'Italie n'offre rien d'intéressant qu'un Pape qui pouroit aspirer au titre de grand Politique. Detruira t'il les Jesuites ou non, c'est ce qu'on ignore encore. Qu'il [*mot illisible*] les moines et qu'il se marie, je le mettrai au nombre des bienfaiteurs de l'humanité.

This panorama illustrates not just the knowledge of a well-informed diplomat but his recognition that it would interest Bernardin as a worthy recipient of such information. Bernardin eventually obtained permission to return to France on leave, signalled in a letter of Louis XV on 8 July 1770. He left on 9 November 1770, spent some six weeks on the île de Bourbon (now Réunion) and then a comparable period at the Cape in South Africa.

Bernardin was back in France in early June 1771. On 3 July he wrote to Hennin from the French capital but had little to relate except that the duc d'Aiguillon, the minister for Foreign Affairs, 'a ecrit au nom du roy à M.^{r} Le b.^{on} de breteuil une lettre où il lui promet une des 1.^{eres} grandes ambassades vacantes. Le public croit que c'est celle d'angleterre.'[42] He also noted that 'j'ai beaucoup d'observations sur linde, lisle de france, le cap de bonne esperance. mais j'ai besoin de tranquilité pour les mettre en ordres.' Whether, at this stage, he intended these as a document to send to a minister is not clear. Nonetheless, in a letter to Hennin on 29 December that year, this intention seems likely: 'Je m'occupe à mettre en ordre le Mémoire de mon journal, non pas que je veuille devenir auteur.'[43] From his post in Vienna, Girault had written to him on 16 July 1771: 'depuis quelques années, tout est révolution en Europe; tant dans le sisteme general que dans l'interieur de chaque gouvernement.' Bernardin is thus made aware that power relations in Europe are still in flux. For

---

42 In fact, Breteuil was posted to Naples. Bernardin wrote to Hennin on 29 December: 'M. le baron de Breteuil part dans trois mois pour son ambassade de Naples. Il n'y a pas d'apparence que je l'accompagne.' Evidently Bernardin saw this as a setback.
43 A few months later, he had changed his mind as he writes to Duval on 29 July 1772: 'Je me suis amuse à écrire des Mémoires sur l'ile de France qui seront imprimes vers la fin de l'année.'

someone seeking employment, such instability could be alarming but also advantageous for someone willing to take risks.

His return to Paris brought him high-profile contacts. Through Claude Carloman de Rulhière, a diplomat and writer, he met Jean-Jacques Rousseau with whom he would remain in contact, despite occasional disagreements, until almost the end of the latter's life in 1778. Of more practical use, he became acquainted with luminaries such as D'Alembert and attended the salon of Mlle de Lespinasse.[44] It was D'Alembert who aided him in getting the *Voyage à l'île de France* published in January 1773. He sent Hennin a copy accompanied by a letter on 17 March 1773 with the comment that 'mon livre me fait des amis.' Characteristically, he does not elucidate who these 'amis' are. Nevertheless, in the same communication, he provides an inkling of his attitude to those in power: 'si j'ai renoncé à l'amitié des grands, le souvenir de ceux qui m'ont obligé y penetrera toujours. ce sera dans tous les temps une pensée consolante de me rapeller que je n'ai rien à envier à ces grands si trompeurs et si faux.' Notwithstanding this assertion, Bernardin writes to Mme Necker on 11 May 1773 seeking help:

> J'ai retrouvé dans de vieux papiers un manuscrit sur lequel je voudrois consulter des personnes qui eussent des lumières, du goust et surtout de la sincérité. Je ne scaurois mieux m'adresser qu'à vous, madame, qui pensés si noblement et qui écrivés si bien.

We are given no idea of the nature or provenance of the manuscript, but he was clearly thinking of writing about history. Also on 11 May, he wrote to his former drawing teacher in Rouen, the painter Jean Baptiste Descamps, regarding the supposed success of the *Voyage à l'île de France* and conveying some thoughts on history. On an unspecified date later in the same month, Descamps replied:

> Votre ouvrage me fait le plus grand plaisir, je l'ay lu plus d'une fois, toujours avec le meme interret. Vous merités de bons amis, un seul comme M. Dalembert (quoiqu'en dise Mr Linguet) suffit pour vous consoler et vous tenir lieu de bien d'autres. Vous avez un stile a vous et une maniere de peindre propre aux objets, si l'Isle de France peut etre sterile, votre description ne l'est pas. Quant au precepte, que le

---

44 See Irène Passeron, 'Liberté, vérité, pauvreté: Bernardin de Saint-Pierre chez D'Alembert et Mlle de Lespinasse', in *Autour de Bernardin de Saint-Pierre*, ed. C. Seth and E. Wauters, p.31-51.

stile de l'histoire doit etre noble et majestueux, rien ne vous manque pour tout cela, je le crois par la seulle description de votre cabane dans l'Isle de france, dont la vue auroit surement degouté notre peuple frivole; mais avec l'œil philosophique on voit tout autrement, et ce n'est qu'avec de l'ame que l'on peut peindre ce que l'on sent. Je crois comme M. Dalembert que vous etes bien propre a ecrire l'histoire, meme par la variete de vos connoissances.

Bernardin had previously shown a preoccupation with history in a letter to Hennin on 9 July 1767:

Outre mes observations sur les pays que j'ai vus, j'ai fait, pour m'occuper, une espèce de chronologie des souverains des huit principaux Etats de l'Europe avec le caractère de chaque prince, la durée de son règne et l'état de la nation. Tout cela, si abrégé que dans une ligne de papier à lettre, j'ai tout ce qui regarde le prince, et dans la ligne de la contre-page le développement de la puissance de son royaume. Cela me forme une espèce de médailler qui m'amuse et m'instruit plus que vous ne sauriez croire. Ce sont des matériaux qui pourront me servir. Je m'occupe à présent d'un Mémoire pour M. le duc de Choiseul, afin de lui rappeler, s'il se peut, le souvenir d'un homme dont il a dit qu'il ne fallait pas laisser le zèle de côté. Cet essai a pour objet de prévenir la désertion.

This activity has taught him much about French 'esprit militaire' from the time of Clovis to that of Louis XIV. He claims that French soldiers have been 'des fanatiques', although the expressions of such a mentality are decreasing. Desertion rates, nevertheless, are increasing.

To return to the letter written to Mme Necker on 11 May, it ends with a request:

Si M. Necker veut me prêter son Mémoire sur la Compagnie des Indes, je lui serai très obligé. Je crois que j'aurai le temps de le lire. Du moins je le désire beaucoup, j'en ai ouï dire tant de bien et jai une si bonne opinion de son goust, que je serai fort sensible à cette marque de confiance.

Doubtless some flattery but also probably evidence of Bernardin's engagement in a contemporary issue, that of the Compagnie des Indes, manifest in letters already cited.

Mlle Girault (the sister of his friend Claude Joseph Girault) writes from Rouen to Bernardin on 4 February 1773. She has been delighted to read the *Voyage à l'île de France* which appeared only the previous month:

> votre systeme sur les arbres, et les fruits, me plait infiniment, mes yeux n'en apperceveront jamais la certitude entierre, mais ma raison la sent, et mon cœur l'adopte – je vous scai gré de cette nouvelle création, dont je ne me serois jamais doutté; elle augmente mon admiration et ma reconnaissance Envers l'auteur de tout – il me seimble que j'aurois peine a désigner les endroits de votre ouvrage qui m'ont plut de prefferance; touttes vos observations, sont d'un vray philosophe, elles ne s'arette que sur des objets interessants pour la sociétée; et les reflections qui en naissent, m'ont parut justes, belles, et bien appliques – votre tableau sur les premiers habitans du nord, est de la plus grande beauté; le cœur est vivement remueé par la pinture vraye et touchante que vous faittes de leur malheureuse position, et cette sansation que jay Eprouvé, sera je crois la meme, sur tous les gens sensibles et pensants – je crois que vos conjectures sur le sol de l'assencion et son ancienete, parroiteront des certitudes, car elles persuade; et il ny a que la verité qui ait ce privilege là – la description de cette epouventable tempest ma peut-etre plus emue que vous, qui en etiez temoin oculaire et interesseé; vous peignez bien tous les objets.

It is Bernardin's skill in depicting a variety of situations which strikes her. He manifests the capacity of 'un vrai philosophe' in convincing both her reason and her feelings. One should, however, pause to consider what she may mean by 'philosophe'. Its usage at the time is hard to define categorically. Bernardin himself often employs it in the sense of a *savant* rather than the combative role associated with figures like Voltaire or Diderot. Mlle Girault may well be thinking of someone like Buffon, a scientist who writes well. Yet another favourable appreciation of his work from Rouen is supplied by an acquaintance, Pierre Gallot, on 19 March 1774. He has been re-reading the text where 'la touchante sensibilité de Votre âme, qui a Passé dans cet Ecrit mEncourage'. Gallot will not be alone, as we shall see, in identifying the sentiments located in Bernardin's works as a transparent expression of the author's sensibility. Gallot details his reactions:

> Que j'aime a vous Entendre soutenir la cause de Lhumanité gemissante aux indes sous la tirannie de Certains monstres a figure dhomme qui les habitent! que vous faites une peinture touchante des mœurs du Cap. combien ces bons hollandois sont Estimables. Dapres le portrait que vous tracés qui ne desireroit passer ses Jours dans leur société celui du Gouverneur sil est fidèle comme je nEn doute pas est une belle Leçon pour les hommes revetus de Lauthorité combien ils augmenteroient leur Bonheur sils en faisoient un semblable usâge. Ce bon Conseiller Jouissant en paix des plus doux plaisirs de la Nature

> Entouré de sa famille, de ses enfans nest il pas le tableau le plus seduisant quon Puisse offrir a un homme sensible. Et la naÿveté de Mlle. Nedling Elle est digne de LAge d'or! Mais que Mlle. Berg est aimâble que d'Excellentes qualités. ah quand aurai Je une compagne qui lui ressemble? Je vous la souhaite aussi a vous qui savès si bien en Connoitre le mérite.[45]

Gallot's sensitivity to the appeal of the work is underlined in his choice of verb at the start of the cited passage: 'Que j'aime a vous Entendre soutenir la cause de Lhumanité gemissante.' It is as if Bernardin is speaking directly to him.[46]

The generally positive response to the *Voyage* is corroborated by Duval writing from Saint Petersburg on 24 June 1773:

> J'aime les leçons d'humanité que vous nous donnez; l'élévation de vos sentiments et la douceur de vos moeurs et de votre caractère me sont bien connues; je sais que chez vous l'expression part du coeur avec la pensée. S'il y a dans quelques endroits de votre livre une imitation de Rousseau, de Voltaire ou de Montesquieu, cette imitation allait si bien au sujet, qu'il n'y avait pas moyen de l'éviter; en un mot, une Relation qui devait être assez aride suivant la manière dont les hommes voient pour la plupart, est devenue très-intéressante sous vos mains.

Duval's comparison with the writings of major authors illustrates a common culture with Bernardin.

These early years were thus marked by a struggle to make a living, to acquire a status in society and find a sense of direction in his

---

45 He continues: 'Je ne peux surtout me Lasser de Lire et Relire votre derniere Lettre sur les voyageurs et les voyages que de connoissances et de Philosophie elle renferme. vous y Prouvès Combien peu vous Est nècessaire L'indulgence du Lecteur auquel vous En demandés. que j aime a vous suivre En finlande. quel Paysâge intérèssant vous y Peignez. Je defie a le Prinçe et a nos meilleurs paysagistes de varier davantage leurs sites et de faire plus d'illusion par la magie de leur palette que vous par le coloris de votre stile. Ce Paÿs (la finlande) que nous regardons comme très maltraité de la nature devient Charmant sous votre Pinçeau. vous nous presentes aussi page 107 & suivantes avec beaucoup d Energie un contraste bien frappant de ce tableau.'

46 On 5 August 1764 probably the same Pierre Gallot had written to Jean-Jacques Rousseau from Rouen: 'Vous serés Peuetre Etonné d'abord de voir un Etranger, qui a Son grand regret n'a jamais Eu aucune Relation avec vous; vous Ecrire, vous traiter deja comme un amy accoutumé a Partager Ses Sentimens. Mais votre surprise cessera sans doute lorsque vous Connoitrés son Caractere, et que vous verrés qu'il est susceptible de cet Enthousiasme, que doivent inspirer vos Ecrits' (*ROUSSEAU*).

life. Relatively short-term appointments, the search for government *gratifications* (occasionally successful), the publication of a book which was not a best-seller and led to legal strife[47] were hardly conducive to a feel-good factor. Bernardin had, however, gained invaluable experience in the social and political domains. His first-hand acquaintanceship with international rivalries in eastern Europe, the problems of colonisation,[48] his contacts with diplomats and ministers, with leading intellectuals, all constituted a remarkable range of experiences from someone of his modest background. They would equip him with concrete examples which underpinned a worldview which permeated his subsequent output.

As has been stated, this study draws significantly from Bernardin's correspondence published in *Electronic Enlightenment*. From references in some letters, it is obvious that certain communications have not come down to us. It is possible that all the letters of some correspondents have completely disappeared, leaving lacunae in our knowledge. Due attention must be paid to the nature of particular letters. To people in authority, known or unknown to Bernardin, he composed his missives with care. Communications to individuals with whom he had cordial relations often provide more intimate insights into his personality. The surviving correspondence, covering over fifty years, proves an invaluable tool for investigating Bernardin's life, thought and works. In the last context, his writings will not be examined generically. With his synthetic cast of mind, Bernardin's works are marked by a hybridity which makes generic classification inappropriate. He admitted that the composition of the *Etudes de la nature* was based on 'les fruits de plusieurs années [...] malgré de longs et cruels orages' where he brought together 'Descriptions, conjectures, aperçus, vues, objections, doutes, et jusqu'à mes ignorances' (*EN*, p.116-17). While it would be foolish to suggest that Bernardin learned nothing new over the years, the fundamentals of his beliefs were already in evidence in the *Voyage à l'île de France* (1773). In general, many of his writings were in gestation during long periods, including *Paul et Virginie*.[49] Indeed a good number

---

47 See chapter 6.
48 I shall return to this subject in chapter 2.
49 The one noteworthy exception were texts published in the early years of the Revolution: the *Vœux d'un solitaire*, the *Suite des Vœux d'un solitaire*, *La Chaumière indienne*, *Le Café de Surate*. In them Bernardin is responding to the new political and social situation as he yearned to play a role in the public sphere (see chapter 3).

were not printed during his lifetime, such as the *Harmonies de la nature* which went through several revisions and was read aloud to friends.[50]

However, before outlining the choice of chapters, it is essential to stress three fundamental aspects of Bernardin's philosophy. The first is his conviction in the centrality of humankind. He declares that 'L'homme par toute la terre est au centre de toutes les grandeurs, de tous les mouvements et de toutes les harmonies' (*EN*, p.134). Humans are different from animals: 'les divers genres d'animaux n'ont que des rayons des divers genres de sensations; l'homme en a la sphère entière: c'est cette universalité qui le distingue d'eux, même physiquement, en l'harmoniant seul avec toute la nature' (*HN*, vol.1, p.200). It is religion which distinguishes humans from animals: 'L'homme n'est point homme parce qu'il est animal raisonnable, mais parce qu'il est animal religieux' (*EN*, p.737).[51] Man alone 'a connu qu'il y avait un dieu' (*EN*, p.135). The second is the priority that he accords to feelings. He does not concur with Descartes's 'cogito, ergo sum' but states: 'Je sens, donc j'existe' (*EN*, p.729). The third is his unshakeable belief in the existence of harmony. Whereas in ancient times, through astronomy, harmony tended to be associated with the heavens, for instance the harmony of the spheres, Bernardin applied this Pythagorean idea to earth in envisioning harmony as a basis for relationships in the natural environment and in human societies. He believed that it was crucial to view the world as characterised by 'convenances' and 'compensations'.[52] He considered the cosmic order as the product of divine creation, and told Hennin in a letter of 13 January 1786 that God was 'le moteur et le centre universel de touttes les harmonies'. The concept of harmony was not confined to the physical world, as he informed an unknown correspondent on 21 July 1791: 'cette première harmonie formée de contraires me paroit vraie au moral comme au phisique.' Bernardin's works frequently include the noun 'harmonie' in the singular or plural and the unusual verb 'harmonier'.

In one sense, analysing Bernardin's writings in distinct chapters betrays his synthetic approach where diverse features of the world

---

50 This was first published by Louis Aimé-Martin in 1815 in several printings although a pre-publication subscription had been launched in August 1796. I am leading a team producing an edition of this substantial text for his *Œuvres complètes*.

51 On the same page he asserts that 'Le sentiment de la Divinité est naturel à l'homme.'

52 For the context of these beliefs see Jean Svagelski, *L'Idée de compensation en France 1750-1850* (Lyon, 1981).

are envisaged as being interconnected. In composing these chapters, multi-purpose quotations could have found appropriate slots through illustrating interdependent aspects. This monograph will thus evaluate aspects of his output in a thematic fashion. It will strive to encapsulate Bernardin's role as a witness to an age in transformation. To begin, I look at his depiction of science, an element of his views which drew much disapproval in his own time and subsequently. Bernardin's concerns are revealed in his observations on overseas activities, international trade and colonisation. The underlying political dimensions of this chapter are a key component of Bernardin's thinking, the idea of regeneration. An essential ingredient in regeneration is education, broadly understood, which merits a separate treatment. Given the wide spectrum of his themes, it is unsurprising that his works reached a receptive public who regarded him as a celebrity. Taking into account his eventual status and experience, Bernardin proves to be an informative case study to evaluate the role of the professional writer in this age.

This study seeks to reposition Bernardin as an *incontournable* figure in the cultural scene, broadly defined, in the final three decades of the eighteenth century and the first of the nineteenth. The following chapters move from the biographical emphasis in the introduction to explore his publications, correspondence and public presence on a thematic basis. Many of his fundamental beliefs were established by the 1770s. He reacted to events with this basic set of convictions. One cannot speak of any straightforward, unilinear development of his thought in his later years. As a result, references and quotations from his life and works will not be made in a neat chronological fashion, indeed sometimes going back and forth. Just as he clung to his heterodox views on science which earned him disapprobation, even scorn, he also held on to moral beliefs which won him admiration, even adulation.

The following six thematic chapters have been selected to provide a wide-ranging investigation and illustration of an individual who achieved fame, more or less by accident. Entering scientific debate without formal qualifications was a challenge to authority. Bernardin's dissident, anti-Newtonian assault on the view of attraction and the elongation of the poles brought him indifference, contempt or vituperation from the scientific establishment. For him the closed shop of the Académie des sciences was another example of the *corps* mentality that he had encountered among the military engineers. Proposing commercial and agricultural initiatives to French government officials, when morale in his *patrie* was not high, evidenced resourceful thinking. His innovative ideas were an integral part of his enactment of *vertu* as a citizen, and motivated his reformist agenda in terms of social and political regeneration. In recognition of his commitment, he was recruited as a champion of national education, a central function in an epoch of radical change. Such a post further enhanced his status as a celebrity who fostered the moral well-being of individuals as well as his nation.

1. Science

Science was an integral part of eighteenth-century culture in France[1] and large sections of the reading public were increasingly eager to learn about it.[2] It became a noteworthy component of fiction.[3] Peter Hanns Reill contends that the eighteenth century 'extended, and completed the intellectual and social project usually characterized as the "Scientific Revolution", a movement initiated by figures such as Kepler, Galileo, Descartes, Leibnitz and Newton'.[4] Bernardin was familiar with the publications of these scientists as well as those of many others such as the volumes on natural history of Buffon. Bernardin envisioned knowledge as a unified whole and deplored analytic tendencies which tended to fragment knowledge

1   The standard history of its principal institution remains Roger Hahn, *The Anatomy of a scientific institution: the Paris Academy of Sciences, 1666-1803* (Berkeley, CA, 1971). For the role of science in the late eighteenth century, see two monographs by Charles Coulston Gillespie, *Science and polity in France at the end of the Old Regime* (Princeton, NJ, 1980), and *Science and polity in France: the Revolution and the Napoleonic years* (Princeton, NJ, 2004).
2   See Michael L. Lynn, *Public science and public opinion in eighteenth-century France* (Manchester, 2006), and Fabrice Chassot, *Le Dialogue scientifique au XVIIIe siècle: postérité de Fontenelle et vulgarisation des sciences* (Paris, 2013).
3   See Joël Castonguay-Bélanger, *Les Ecarts de l'imagination: pratiques et représentation de la science dans le roman au tournant des Lumières* (Montreal, 2008). Descriptive techniques from science also entered the world of fiction as demonstrated by Christof Schöch in *La Description double dans le roman français des Lumières (1760-1800)* (Paris, 2011).
4   'The legacy of the "Scientific Revolution": science and the Enlightenment', in *The Cambridge history of science*, vol.4: *Eighteenth-century science*, ed. Roy Porter (Cambridge, 2003), p.23-43 (23). For a re-evaluation of the significance of the Scientific Revolution, see David Wootton, *The Invention of science: a new history of the Scientific Revolution* (London, 2015).

into separate domains. Jean-Michel Racault observes that he distrusts 'l'esprit analytique et privilégie toujours une approche synthétique des phénomènes envisagés comme un tout et saisis dans la complexité infinie de leurs interactions mutuelles'.[5] He would have endorsed Reill's assertion that 'nature served as the basic model informing all human activities, the grand analogue upon which existence was grounded.'[6] Studying nature was a prerequisite for studying human beings, even if Bernardin thought humans occupied a privileged place. He would have had general sympathy for the thrust of Mary Ashburn Miller's assessment: 'If the physical and moral worlds operated according to the same laws, then understanding the natural world was a necessary step towards improving the lives of man.'[7] The study of the Book of Nature, rather than holy scripture, was viewed as pre-eminent as the source of authority. However, such an exercise should not diminish the focus on God, as Nathalie Vuillemin explains: 'La nature n'était pas faite pour satisfaire les sens, mais pour contenter l'âme, en permettant au contemplateur un retour sur soi, et un cheminement spirituel vers le Créateur.'[8] Here one must bear in mind that Bernardin thought that an inner belief in God preceded a reaction to nature. He states in the *Etudes de la nature*:

> Ce n'est point, comme on le croit, la nature qui a d'abord montré Dieu à l'homme, mais c'est le sentiment de la divinité dans l'homme qui lui a indiqué l'ordre de la nature. Les sauvages sont religieux bien avant d'être physiciens. (*EN*, p.451)

Bernardin opposed mechanistic philosophy and was inclined to vitalism, the notion of a vital principle or force. François Duchesneau states: 'D'essence spéculative, ce courant méthodologique aurait vu le jour au milieu du dix-huitième siècle par opposition à l'application au vivant de modèles mécanistes, hérités de la physique des modernes.'[9]

---

5 'L'amateur de tempêtes: physionomie, métaphysique et esthétique de l'ouragan dans la philosophie de la nature de Bernardin de Saint-Pierre', in *L'Evénement climatique et ses représentations (XVIIe-XIXe siècle)*, ed. E. Le Roy Ladurie, J. Berchtold and J.-P. Sermain (Paris, 2007), p.194-214 (197).

6 *Vitalizing nature in the Enlightenment* (Berkeley, CA, 2005), p.2.

7 *A Natural history of Revolution: violence and nature in the French Revolutionary imagination, 1789-1794* (Ithaca, NY, 2011), p.6.

8 *Les Beautés de la nature à l'épreuve de l'analyse: programmes scientifiques et tentations esthétiques dans l'histoire naturelle du XVIIIe siècle (1744-1805)* (Paris, 2009), p.278.

9 In the preface to Roselyne Rey, *Naissance et développement du vitalisme en France de la deuxième moitié du XVIIIe siècle à la fin du Premier Empire*, SVEC 381 (2000), p.ix-x.

What was essential for Bernardin and others was the 'point de vue anti-réducteur du vitalisme'.[10] Jessica Riskin argues that 'A mechanical explanation of nature made no reference to any purpose or end, to any agency or act of will.'[11] Such a view was inimical to Bernardin's confidence in a divinely created universe guided by providence. A belief in sensibility was not incompatible with the sharp observation of nature. His biological, botanical and geographical descriptions of nature tended to be à literary terms rather than in matter-of-fact terminology. Joanna Stalnaker states that, in the *Etudes de la nature*, Bernardin 'intended not just to invent a new language for description but also to set a new course for the study of nature'.[12] In his writings, Bernardin wanted his readers to see, to understand and to admire.

His approach was very much grounded in physico-theology. Stephen Gaukroger declares that physico-theology embodied a 'concerted effort [...] to combine the resources of natural philosophy and theology. [...] Its primary application was in the history of the formation of the earth.'[13] If physico-theology was predominantly a phenomenon of the English-speaking world, the main thrust of its arguments was paralleled by a multivolume best-seller in France, *Le Spectacle de la nature* of the abbé Pluche.[14] Contemplating nature was a form of contemplating God's work. Vuillemin claims: 'Il paraît [...] évident que de nombreux penseurs tentèrent de préserver, sous la notion de contemplation, l'équilibre entre l'application d'une méthode empirique dans l'examen de la nature, et l'admiration suscitée par l'ouvrage d'une Intelligence suprême.'[15]

It is uncertain from which sources Bernardin derived his ideas of vitalism. Vitalism was particularly associated with medical training in Montpellier. In the late 1780s Bernardin was friendly with Jean Antoine Gay, a Montpellier-trained doctor, who even accompanied him on walks (see Gay's letter to him on 22 April 1788). However, he had adopted this position some years earlier.

10 Rey, *Naissance et développement du vitalisme en France*, p.9.

11 *Science in the age of sensibility: the sentimental empiricists of the French Enlightenment* (Chicago, IL, and London, 2002), p.70.

12 *The Unfinished Enlightenment: description in the age of the encyclopedia* (Ithaca, NY, 2010), p.69.

13 *The Collapse of mechanism and the rise of sensibility: science and the shaping of modernity, 1680-1760* (Oxford, 2010), p.2.

14 See D. Trinkle, 'Noël-Antoine Pluche's *Le Spectacle de la nature*: an encyclopedic best-seller', *SVEC* 358 (1997), p.93-134, and *Ecrire la nature au XVIIIe siècle: autour de l'abbé Pluche*, ed. Françoise Gevrey, Julie Boch and Jean-Louis Haquette (Paris, 2006).

15 *Les Beautés de la nature à l'épreuve de l'analyse*, p.282.

As we saw in the introduction, Bernardin propounded the idea of harmony as an essential feature of the world, a view shaped by Pythagoras amongst others. Harmony was not established by uniformity but by the *convenance* between *contraires*. It was found equally in the earth and the heavens. For Bernardin, contemplating creation is not limited to the earth but extends necessarily to the heavens – these are not separate domains (one recalls Christian concern with the heavens). Astronomy is integral to his philosophy of nature. He is enthused by the discoveries of the German-born astronomer William Herschel, who researched in England. He often alludes to the latter's discovery of the planet Uranus in 1781, a further revelation of God's creation. He notes that 'Elle parcourait notre carrière depuis la création, et elle nous était inconnue' (*EN*, p.769). Bernardin refers infrequently to contemporaries, but Herschel is an exception. Marco Menin delineates Bernardin's standpoint:

> Il s'oppose fermement à la méthode analytique typique de l'astronomie contemporaine qui conduit les astronomes à identifier de fausses lois générales au lieu de la seule loi véritable qui anime à ses yeux la nature, à savoir la Providence, mais il n'oppose jamais la science à la religion ou à la morale, comme le feront souvent les romantiques.[16]

In relation to the earth, Jean-Michel Racault states that: 'à la manière d'un Buffon, Bernardin entend faire œuvre tout à la fois de savant, de philosophe et d'écrivain, il a construit une théorie de la Terre qui est aussi une philosophie de l'Histoire.'[17] As early as 9 July 1767, he informs Hennin in a letter: 'j'ai recueilli sur le mouvement de la terre des observations, et [...] j'en ai formé un système si hardi, si neuf et si spécieux, que je n'ose le communiquer à personne.'[18] His age was marked by significant terrestrial events, such as the Lisbon earthquake of

---

16 'La morale des étoiles: pluralités des mondes et providentialisme anthropocentrique dans la pensée de Bernardin de Saint-Pierre', *Revue des sciences philosophiques et théologiques* 98:4 (2014), p.705-31 (710). See also Jean-Michel Racault, 'La cosmologie poétique des *Harmonies de la nature*', in *Bernardin de Saint-Pierre: pour une biographie intellectuelle*, p.313-29.
17 'L'île et le continent dans l'œuvre de Bernardin de Saint-Pierre: une dialectique de l'un et du multiple', in *Des îles en archipel: flottements autour du thème insulaire, en hommage à Carminella Biondi*, ed. Carmelina Imbroscio, Nadia Minerva and Patrizia Oppici (Bern, 2008), p.271-87 (272).
18 In his reply of 30 August 1767, Hennin advises him to show caution if he publishes his idea: 'Faites toujours paroitre votre sisteme sur le mouvement de la terre sans y mettre votre nom. vous sonderez le sentiment des Scavans et si on

1755 and volcanic eruptions in Iceland and Sicily in 1783. Assessments on volcanoes in the late eighteenth century broadly divided opinion into two camps. One, the *vulcanistes/plutoniens*, believed that the earth's topography was generated by fire, the other, the *neptunistes*, held that water played the dominant role.[19] Bernardin supported the *neptuniste* argument. Buffon, by contrast, having originally advocated *neptunisme*, moved to the *plutonisme* position in his *Epoques de la nature* (1779).[20] Bernardin notes changes in the earth which parallel those of humankind. An issue which concerned Bernardin, along with other contemporaries, was the matter of the universal flood. In *La Chaumière indienne*, the English scientist questioned 'le brame sur l'universalité du déluge, qui a excité tant de disputes' (*OCBSP* 1, p.850). He treats it particularly in the fourth *Etude* of the *Etudes de la nature*. Maria Susana Seguin suggests that he offers here:

> une nouvelle explication de la catastrophe biblique qui associe l'inclinaison de l'axe du globe à la fonte totale des glaciers polaires et des neiges éternelles des chaînes montagneuses, sans compter l'eau dispersée dans l'atmosphère, que l'auteur suppose d'un volume important.[21]

---

vous bat avec de trop fortes armes, vous garderez l'incognito.' Bernardin would wait until 1784 to air his ideas in the *Etudes de la nature*.

19 Mary Ashburn Miller, 'Mountain, become a volcano: the image of the volcano in the rhetoric of the French Revolution', *French historical studies* 32:4 (2009), p.555-85 (561). After mentioning the mountains of the Auvergne, Vesuvius and Etna, Bernardin claims that 'les basaltes, qui ne sont que des laves cristalisées, ont été dans l'origine des productions des eaux marines, puisque c'est aux bitumes dont elles sont chargées et à leurs fermentations, que les volcans doivent leurs feux et leur entretien' (*HN*, vol.2, p.41). Furthermore, he asserts that 'L'océan souterrain contribue sans doute à l'entretien des volcans. [...] Les volcans sont donc formés et entretenus par les eaux fluides' (p.72-73). He also makes a general observation: 'L'Europe presqu'en entier [...] est sortie du sein des mers' (p.46).

20 Jean-Michel Racault, 'Géologie, vulcanologie et imaginaire chez Bernardin de Saint-Pierre', in *Bernardin de Saint-Pierre: pour une biographie intellectuelle*, p.299-312 (301). See also for the significance of volcanoes for these two writers: Christian Chelebourg, 'Histoire naturelle et rêveries volcaniques chez Buffon et Bernardin de Saint-Pierre', in *L'Imaginaire du volcan*, ed. Marie-Françoise Bosquet and Françoise Sylvos (Rennes, 2005), p.149-64. For a study of the contemporary interest in volcanoes, consult David McCallam, *Volcanoes in eighteenth-century Europe: an essay in environmental humanities*, Oxford University Studies in the Enlightenment (Liverpool, Liverpool University Press / Voltaire Foundation, 2019).

21 *Science et religion dans la pensée française du XVIIIe siècle: le mythe du déluge universel*

He appears to accept that it happened without necessarily relating it to the biblical account. Nonetheless, his views would appear to have found converts among the clergy, as he tells Hennin on 15 October 1785:

> hier M^r l'abé de Vigneras qui a mis mon explication du déluge dans sa majeure de Sorbonne m'est venu voir. il ma dit que mon opinion avoit éprouvé dabord beaucoup de contradiction parmi ses confreres, mais qu'elle les avoit à la fin gagnés, qu'elle etait soutenue dans plusieurs écoles de théologie et qu'il connoissoit deja quinze de mes partisans parmi ses camarades.[22]

Unsurprisingly he is unable to claim any approval from scientists.[23]

Bernardin would have no truck with antiquated views which could be classified as simply superstition. For instance, he wrote to Mme Necker on 11 May 1773: 'On attend ici la comete pour demain; il y a des églises dont les confessionaux ne désemplissent pas; le peuple est

---

(Paris, 2001), p.119.

22 The abbé de Vigneras was a strong supporter of Bernardin's ideas. Over two years later, on 26 December 1787, he informed him: 'je prends tous Les jours des informations pour savoir exactement, quels sont Les professeurs qui dictent à Leurs ecoliers vos sentimens sur Le deluge et sur Les marées. j'ai un parent au college de Louis Le grand, etudiant de phisique, qui prend Les renseignemens Les plus positifs, il M'a ecrit plusieurs lettres, dont je vous ferai part, à La premiere entrevüe; il m'assure qu'on donne dans leur college votre ouvrage pour prix aux ecoliers vertueux; quel eloge du Livre et de L'auteur. M^r tonnelier professeur de phisique du college de Navarre, enseigne publiquement vos sentimens sur Le flux et Le reflux; M^r duport qui n'est pas encore asses hardy peut-être pour Les dicter, L'enseigne de vive voix, il professe a Louis Le grand, Mr Marty, professeur au plessis, a Le plus grand respect pour vos idées, Mais il n'ose Les enseigner encore, il reste sept colleges, sur Les quels j'aurai dans peû des eclaircissements, vivéz en paix dans votre paisible solitude, que L'aimable et douce sagesse, L'embellisse toujours comme celle du Malheureux socrate. apprenés nous a vivre, a souffrir, et a Mourir comme Lui, et Le chemain de La vertu, ne paroîtra rude, qu'aux ames indignes d'elle.' One notes that Vigneras sees him as a victim of injustice, as another 'Malheureux socrate'.

23 Bernardin's ideas were also taken seriously by the doctor and astronomer Claude François Le Joyand. The latter writes that not all are convinced by the Newtonian view that the earth is flattened at the poles, 'M. de Saint-Pierre ayant démontré tout récemment que les preuves de fait tirées des mesures de la terre sont autant d'argumens contre le système newtonien' (*Précis du siècle de Paracelse*, vol.1, Paris, Impr. de Monsieur, 1786, p.739-40). Bernardin had seemingly read this work, as Le Joyand told him on 21 September 1787 that he would not expect him to 'le lire une seconde fois' and that 'j'ai prouvé dans tout mon ouvrage que les Attractionnaires ont fait de vains efforts pour soutenir l'équilibre au milieu du progrès des découvertes.'

fort inquiet de sçavoir si la terre sera brûlée ou noyée, c'est ce qu'on sçaura demain.' Here he is in tune with Voltaire. Condorcet wrote to Voltaire from Paris on 16 May 1773:

> Le bruit s'est répandu il y a quelques semaines que m. de Lalande avait dit qu'il n'était pas absolument impossible qu'une comète vînt choquer la terre. Aussitôt La frayeur s'est emparée des esprits, les femmes de La cour et celles de La halle ont couru à confesse. (D18372)

Voltaire in turn wrote to one of Bernardin's correspondents at this time, D'Alembert, on 20 May 1773:

> A propos de folies, on m'a mandé que la moitié de Paris croyait fermement, que ouï le rapport de M. De la Lande une comète passerait aujourd'hui 20e de mai au bord de notre globule & le mettrait en miettes. (D18383)

Voltaire wrote a mocking pamphlet, *Lettre sur la prétendue comète*, to mark the non-event (*OCV*, vol.75A, 2009, p.101-19). Bernardin's writings are generally devoid of Voltairean irony, but, in the letter quoted above, his dismissal of superstition is scathing to his Protestant correspondent.

Bernardin has gone down to posterity as the champion of dated or erroneous scientific ideas. His unshakeable belief in providence fits uneasily with that of Enlightenment thinkers who had 'supplanté la physico-théologie et ses avatars, par une conception de la science dépouillée, ou presque, de la notion de cause finale, et qui esquive, plus ou moins habilement, la dérive métaphysique'.[24] His advocacy of his theory of tides and that of the elongation of the poles attracted resolute opposition in his own time and subsequently. While he could refer without irony to 'le sublime Newton' (*HN*, vol.3, p.354), he also attacked the English scientist's theories.[25] Joël Castonguay-Bélanger notes that Bernardin 'a osé expliquer le mouvement périodique des marées par la fonte des glaces polaires plutôt que par l'attraction'.[26]

---

24 Guilhem Armand, *Les Fictions à vocation scientifique de Cyrano de Bergerac à Diderot: vers une poétique hybride* (Pessac, 2013), p.674.
25 Armand remarks, however, that, although he rejects Newtonian cosmology, he admires the English scientist 'pour la partie métaphysique de son œuvre, partie volontairement laissée sous silence par les savants français de son siècle (Voltaire en tête)' (*Les Fictions à vocation scientifique*, p.677).
26 'Une icône en procès, à propos de quelques résistances tardives à Newton', in *La Fabrique de la modernité scientifique: discours et récits du progrès sous l'Ancien Régime*,

A sense of modernity can be attached to Newton,[27] yet Bernardin was not afraid to challenge the authority of such a towering figure. He held unbendingly to these beliefs and defended them in private correspondence and in the public sphere.

However, at first, it is appropriate to consider further the basis of Bernardin's hostility to the scientific establishment and his conception of science. He is concerned that so-called knowledge has led people astray: 'Les systèmes de nos sciences nous ont ramenés précisément aux opinions qui jetèrent les peuples barbares dans l'idolâtrie, comme si la fin de nos lumières devait être le commencement et le retour de nos ténèbres' (*EN*, p.263). Here Bernardin is asserting that it is human misjudgement which is at fault. Elsewhere in the *Etudes de la nature* he states:

> La nature est elle-même la source de tout ce qu'il y a d'ingénieux, d'utile, d'aimable et de beau. En lui appliquant de force les lois que nous imaginons, ou en étendant à toutes ses opérations celles que nous connaissons, nous en masquons de plus admirables que nous ne connaissons pas. Nous ajoutons au nuage dont elle voile sa divinité, celui de nos erreurs. Elles s'accréditent par le temps, les chaires, les livres, les protecteurs, les corps, et surtout par les pensions, tandis que personne n'est payé pour chercher des vérités qui ne tournent au profit du genre humain. Nous portons dans ces recherches si indépendantes et si sublimes les passions du collège et du monde, l'intolérance et l'envie. Ceux qui sont entrés les premiers dans la carrière, forcent ceux qui viennent après eux de marcher sur leurs pas ou d'en sortir: comme si la nature était leur patrimoine, ou que son étude fût leur métier où il n'y eût pas de place pour tout le monde. (*EN*, p.114-15)

Bernardin loathes what he deems the status quo where scientists' ideas cannot be challenged and where they occupy a privileged, self-regarding position. He despises the arrogance of scientists, preferring modesty:

---

ed. Frédéric Charbonneau, Oxford University Studies in the Enlightenment (Oxford, Voltaire Foundation, 2015), p.111-27 (115). For Bernardin's reaction to Newton, see Anastase Ngendahimana, 'Flux et reflux du newtonisme dans l'œuvre de Bernardin de Saint-Pierre', in *The Transmission of culture in western Europe, 1750-1850*, ed. David Bickerton and Judith Proud (Bern, 1999), p.159-72. Castonguay-Bélanger has also examined the anti-Newtonian sentiments of an acquaintance of Bernardin's, 'Comme un dindon à la broche: la campagne de Louis-Sébastien Mercier contre Newton', in *Bernardin de Saint-Pierre au tournant des Lumières*, ed. K. Astbury, p.45-61.

27 J. B. Shank, *The Newton wars and the beginning of the French Enlightenment* (Chicago, IL, 2008), p.11.

'le savant éclaire ce qui l'environne, et reste lui-même dans l'obscurité' (*EN*, p.416). In a letter to Hennin on 28 October 1779, Bernardin explains his convictions:

> La nature a un ensemble magnifique, et nos sciences ne nous en présentent que les débris. Nos académies ne recueillent que des phénomènes et des monstres qu'elles exagèrent. Si je peux montrer la douce chaine de ces lois, j'aurai servi, ce me semble, la religion et l'humanité, en rendant l'empire à la Divinité, et à l'homme sa confiance.

He has a sense of wonder at the divinely planned organisation of nature which, he contends, is not shared by contemporary scientists who observe it in piecemeal fashion and draw attention to its supposed abnormalities. For the manuscript of the *Etudes de la nature*, the chemist and mineralogist Balthasar-Georges Sage was appointed the censor. Bernardin took the manuscript to Sage who was not at home, and so he left it with some of his friends. What he saw alarmed him, as he informs Hennin on 25 January 1784:

> j'ai vu son magnifique laboratoire, et à la vue de cette multitude de petites fioles, j'ai douté en moi-même qu'un savant qui décompose ainsi la nature, fût bien favorable à un ouvrage qui blâme les procédés partiels, et qui veut qu'on l'étudie, non pas dans les causes et en détail, mais dans l'ensemble et dans les résultats. Chacune de nos sciences n'est qu'un cul-de-sac, qui mène au matérialisme. Je ne dis pas ceci de la chimie seulement, mais de toutes les autres prises en particulier. Il me semble donc que d'être examiné sur un ouvrage sur la nature, par un chimiste, un botaniste, un astronome, ou un géomètre, c'est comme si, ayant écrit sur la politique, on donnait mon Mémoire à examiner à un marchand, à un laboureur ou à un marin. Chacun de ces hommes de condition particulière, ne manquerait pas de l'apprécier suivant les relations qu'il aurait avec son état, et s'il y en apercevait peu ou qu'il y remarquât qu'on voulait même y apporter quelques restrictions, il finirait par le blâmer, sans faire attention que l'étude de la politique n'est pas de donner à quelque état de citoyen en particulier une grande extension, mais de répandre de l'harmonie dans leurs différentes classes, et que leur ensemble soit heureux. Je m'exprime rapidement, mal, sans brouillon, mais je sens bien ce que je veux dire.

This extract provides the fundamentals of Bernardin's beliefs. Furthermore he was convinced about the validity of his discoveries, as he tells Hennin on 28 June 1786:

> je n'ai donc éprouvè que des persecutions en tout genre pour mes travaux relatifs à la marine et les verittés que jai osé dire. jai lieu de croire que l'erreur de ses astronomes que j'ai mise dans un jour évident au sujet de l'aplatissement des poles et ma nouvelle theorie des mareés apuyée de tant d'observations curieuses et convaincantes, ne produiront pas un meilleur effet pour moi dans un departement dont, j'ose dire, j'ai particulierement bien meritté.

But his anxiety about compartmentalised science is linked to his hostility against the overweaning power of *corps*, 'l'intolérance des corps' as he puts it in the *Vœux d'un solitaire* (*BSPOC*, vol.1, p.690a).

He felt alienated by the indifference of the scientific establishment to his ground-breaking theories on the impact of tides and the elongation of the poles. In a letter of 22 June 1786, he tells Hennin that he is not complaining about:

> des academies. ce n'est point parce que mon sisteme sur les marées presente des <u>discussions épineuses</u> qu'elles gardent le silence, mais parce que j'ai demontré evidement qu'elles avoient imbu toutte l'europe d'une erreur fondamentale en prouvant que la terre etoit aplatie sur ses pôles par une opèration qui demontre précisement le contraire. ma preuve a èté saisie par tout le monde tant elle est simple. [...] je ne parle pas des preuves que jai aportee[s] sur la cause des courans et des marées, connaissance j'ose dire, plus utile à la phisique et a la navigation que l'invention des globes aérostatiques, [...] touttes ces decouvertes si verifieront un jour.[28]

It seems that he has convinced himself that the silence of scientists has been prompted by their acquiescence in his views and their reluctance to confess their mistakes. Almost two years later his view has not changed. In the *Avis sur cet ouvrage* that he attached to the third edition of the *Etudes* (1788) he asserts:

> Je pourrais remplir un volume de nouvelles preuves en faveur de la fonte alternative des glaces polaires, et de l'allongement de la terre aux

---

28 Bernardin wrote to Duval on 23 December 1786: 'dittes-moi aussi ce que vous pensés de ma théorie des marées. nos academies gardent a ce sujet un profond silence, d'autant que j'ai mis au jour leur erreur si etrange au sujet de l'aplatissement de la terre aux poles qu'ils ont conclu de ce qui prouve son alongement, je veux dire de la grandeur même des degrés polaires. Neuwton, qui le croiroit, a mis le 1er cette erreur en avant. je n'aurai donc pas nos scavants pour moi. ils n'encensent que les systemes acreditès et qui font obtenir des pensions.'

pôles, qui sont des conséquences de l'un de l'autre; mais j'en ai cité dans mes volumes précédents plus qu'il n'en faut pour constater ces vérités. Le silence même des Académies sur des objets si importants, est une preuve qu'elles n'ont rien à m'objecter. (*OCBSP* 1, p.59-60)

However, he was deluding himself and he was soon the target of a rejoinder by the astronomer Lalande.[29]

In the *Vœux d'un solitaire*, he suggests that the election of membership to 'académies' should be more open:

Si les sciences et les lettres influent sur la prospérité d'une nation, [...], peut-être conviendrait-il que la nation élût les membres de ses académies [...]. Les lumières doivent être en commun, ainsi que les autres richesses de l'état. Lorsque les académies élisent leurs propres membres, elles deviennent des aristocraties très nuisibles à la république des sciences et des lettres. Comme on ne peut y être admis qu'en faisant la cour à ses chefs, il faut s'astreindre à leurs systèmes; les erreurs se maintiennent par le crédit des corps, tandis que la vérité isolée ne trouve pas de partisans. C'est ainsi que les universités apportèrent de si longs obstacles aux progrès des sciences naturelles, en maintenant la doctrine d'Aristote contre le progrès des lumières. (*BSPOC*, vol.1, p.710a)

He cites the universities' detrimental effect on 'le progrès des lumières' through their support for the authority of Aristotle against the astronomical discoveries of Kepler. The astronomer complained at the way his publications were marginalised. What would Kepler say today if the universities had had 'comme les académies de notre temps, à leur disposition tous les journaux' (p.710b)? Galileo was persecuted by theological bodies for his theory of the movement of the earth. The latter's fatherland is still suffering: 'Voyez aujourd'hui dans quelle stupeur les académies maintiennent les sciences et les lettres en Italie' (p.710b).

Similar sentiments appear in *La Chaumière indienne* (1791). In the 'Avant-propos', he pretends that he had no intention to 'jeter quelque ridicule sur les académies, quoique j'aie beaucoup à m'en plaindre, [...],

---

29 Lalande's counterattack appeared in a review in the *Journal des sçavans* in August 1788: 'il ose dire aujourd'hui que le silence des Académies sur des objets si importans est une preuve qu'elles n'ont rien à lui objecter, nous croyons donc devoir le détromper ou plutôt détromper ceux de ses lecteurs à qui tant d'assurance pourroit en imposer' (p.540). Despite this riposte, Bernardin wrote Lalande a polite letter on astronomical matters on 23 February 1791.

mais à cause des intérêts de la vérité, qu'elles persécutent souvent quand elle contrarie leurs systèmes' (*OCBSP* 1, p.808).[30] He depicts himself in an almost heroic light: 'Comment lutter seul contre les académies coalisées entre elles, qui ferment les yeux à l'évidence et leurs journaux à mes preuves?' (p.829).[31] Elsewhere he affirms that 'ce ne sont ni les climats ni les langues qui divisent les hommes: ce sont les corps et les patries. Partout j'ai trouvé les corps intolérables' (*BSPOC*, vol.1, p.717b).[32] The scientific establishment is a hindrance to scientific advances: 'Ce n'est [...] point la science en elle-même que je blâme; mais j'ai voulu faire voir que les corps savants, par leur ambition, leur jalousie, et leurs préjugés, ne servent que trop souvent d'obstacles à ses progrès' (*OCBSP* 1, p.809). He assimilates the privileges of academies to that of aristocracies. He begins his first note to the 'Avant-propos' in unambiguous terms: 'La science, cette commune de l'esprit humain, a aussi ses aristocraties; ce sont les académies' (*OCBSP* 1, p.819).[33] In a letter to the Convention nationale on 7 July 1793, he refers to himself as 'né sans fortune, persecuté Par les Aristocraties savantes dont jai attaqué les sistèmes'. He had already told Hennin in a letter of 19 January 1785: 'il est difficile a un *solitaire* de renverser une opinion fondamentale soutenue par touttes les academies de l'europe.' Portraying a member of an English academy was hardly likely to prevent his readers from applying the lessons of his tale to the French situation in the early years of the Revolution. Bancal Des Issarts,

---

30 Jean-Michel Racault elucidates Bernardin's concerns on this matter, 'Le solitaire contre les "corps": l'imaginaire politique de Bernardin de Saint-Pierre et la fin de l'Ancien Régime', in *Bernardin de Saint-Pierre: pour une biographie intellectuelle*, p.69-93.

31 Even the scientific establishment abroad would not accept his ideas. Regarding the second edition of the *Etudes de la nature* he told Hennin on 22 April 1786: 'J'aurois bien envoyé un exemplaire de mon ouvrage à la société royale de Londres, pour qu'elle en porte un jugement, mais le même esprit y regne sans doutte et d'aîlleurs les anglois ont deux grands griefs contre moi, le 1er d'avoir mis en evidence une erreur capitale en géométrie de Neuton leur idole, et le 2e d'etre françois, puisque je ne peux demander justice ni aux amis ni aux ennemis je l'attendrai de tout lecteur à qui il reste du sens commun et une Conscience.'

32 In the *Suite des Vœux d'un solitaire* (1792) he is still waiting for 'l'intérêt national' to replace 'l'intérêt des corps' (p.724b). He commented on this sequel to Anne Marie Audoin de Pompéry in a letter of 12 June 1792 (BSP_1284): 'Cet ouvrage que vous désirez connaître [...] n'est pas fait pour plaire aux gens de parti. Mais il a le suffrage des hommes qui s'intéressent au bonheur de l'humanité.'

33 The terms 'aristocrate' and 'aristocratie' invariably have a negative connotation in Bernardin's writings (see chapter 3).

a fervent admirer of Bernardin, spoke at the National Convention on 24 December 1792. He thundered that 'Toutes les corporations tendent à l'aristocratie' while the 'grands hommes [...] n'ont d'autres maîtres que la nature et le monde; ils s'élèvent d'eux-mêmes [...] comme le soleil perce tous les nuages pour éclairer la nature.'[34] He gave an example of such a great man, Jean-Jacques Rousseau (same page):

> Rousseau ne fut d'aucune académie, et son génie en a fondé une, où sont inscrits maintenant tous les amis de la vérité et de la liberté. Il fut errant, proscrit, persécuté; il vécut et mourut pauvre, et ses ouvrages ont affranchi et enrichi le monde.

Whether Bernardin was familiar with this speech or not, he would certainly have approved its sentiments. One should, however, see this not as 'an attack on science or learning itself' but rather as 'the culmination of anti-aristocratic and antiroyalist fervour'.[35] On 8 August 1793 the abbé Grégoire presented a decree to the National Convention abolishing academies which:

> mettait un point final [...] à la politique qui, depuis près d'un siècle et demi, faisait du roi le protecteur officiel des gens de lettres, des artistes, des savants. Elle était, enfin, l'aboutissement d'un processus de contestation qui s'était engagé pendant les dernières décennies de l'Ancien Régime et auquel la Révolution avait donné un tour plus aigu.[36]

Bernardin feels beholden to no-one and stresses to Pierre Augustin Guys on 29 January 1786 that it is the living world that he studies:

> je me communique cependant à tout le monde mais je ne me livre à personne; aux savants et aux gens de lettres moins qu'aux autres. les collections des naturalistes n'ont pas plus d'attraits pour moi que leur

---

34 *Procès-verbaux du Comité d'instruction publique de la Convention nationale*, ed. M. J. Guillaume, vol.1 (Paris, 1891), p.253.
35 Martin S. Staum, *Minerva's message: stabilizing the French Revolution* (Montreal, 1996), p.36. The anti-royalist charge would not have been appropriate in Bernardin's case.
36 Françoise Waquet, 'La Bastille académique', in *La Carmagnole des muses: l'homme de lettres et l'artiste dans la Révolution*, ed. J.-C. Bonnet (Paris, 1988), p.19-36 (19). In a lighted-hearted fashion, Bernardin poked fun at academic eulogies in his *Eloge historique et philosophique de mon ami*, probably drafted in the early 1770s (*OCBSP* 1, p.903-27).

société; parce que c'est la nature vivante que j'etudie et non la nature morte.

The same correspondent is told on 21 February 1786: 'lorsque nos naturalistes à sisteme, parlent de la nature vivante ils la tuent.' Bernardin did not claim to be a botanist or a zoologist but simply someone who observed the natural world. In the 'Avant-propos' of the *Voyage à l'île de France*, he admits:

> J'ai écrit sur les plantes et les animaux, et je ne suis pas naturaliste. L'histoire naturelle n'étant point enfermée dans les bibliothèques, il m'a semblé que c'était un livre où tout le monde pouvait lire. J'ai cru y voir les caractères sensibles d'une providence; et j'en ai parlé, non comme d'un système qui amuse mon esprit, mais comme d'un sentiment dont mon cœur est plein. (p.444)

The appeal to sentiment is paramount and could be shared by his readership. His observations committed him to a synthetic approach to the world stressing interconnections. Bernardin distrusts reductionist classification, which betrays the variety and vitality of nature. Botanists are targets of his ire:

> Les botanistes nous égarent encore davantage. J'ai parlé des variations perpétuelles de leurs dictionnaires; mais leur méthode n'est pas moins fautive. Ils ont imaginé, pour reconnaître les plantes, des caractères très compliqués, qui les trompent souvent quoique tirés de toutes les parties du règne végétal, et ils n'ont jamais pu exprimer celui de leur ensemble, où les ignorants les reconnaissent d'abord. Il leur faut des loupes et des échelles pour classer les arbres d'une forêt. Il ne leur suffit pas de les voir en pied et couverts de feuilles. (*EN*, p.111)

Botanists show him a flower 'sèche, décolorée, et étendue dans un herbier' while he wants to see it in its glory in its natural habitat. Plants must be studied in their environments:

> Il me semble impossible de connaître les plantes, si on n'étudie leur géographie et leurs éphémérides; sans cette double lumière qui se reflète mutuellement, leurs formes nous seront toujours étrangères. Cependant la plupart des botanistes n'y ont aucun égard; ils ne remarquent en les recueillant, ni la saison, ni le lieu, ni l'exposition où elles croissent. Ils font attention à toutes les parties intrinsèques, et surtout à leurs fleurs; et après cet examen mécanique, ils les enferment dans leur herbier, et croient bien les connaître, surtout s'ils leur ont donné quelque nom grec. (p.637)

For Bernardin, information must be gathered *in situ*, effectively on a field trip. Some botanists may well be 'très riches en faits' (p.425) but are misguided in their practices. They have observed:

> des parties sexuelles dans les plantes, et ils sont uniquement occupés à les recueillir et à les ranger, suivant le nombre de ces parties, sans se soucier d'y connaître autre chose. Quand ils les ont classées dans leurs têtes et dans leurs herbiers, en ombelles, en roses ou en tubulées, avec le nombre de leurs étamines; si avec cela ils peuvent y joindre quelques noms grecs, ils possèdent, à ce qu'ils pensent, tout le système de la végétation.

Others go even further in their investigation of the 'principes' of plants:

> ils les pilent dans des mortiers, ou les décomposent dans leurs alambics. Quand leur opération est achevée, ils vous montrent des sels, des huiles, des terres et vous disent: Voilà les principes de telle ou telle plante. Pour moi, je ne crois pas plus qu'on puisse montrer les principes d'une plante dans une fiole, que ceux d'un loup ou d'un mouton dans une marmite. Je respecte les procédés mystérieux de la chimie; mais lorsqu'elle agit sur les végétaux, elle les détruit.

Once more Bernardin deplores an attitude which undermines the possibility of a comprehension of plants (or indeed animals) in their entirety. Trees do not grow 'par les simples effets de l'attraction, ou de la colonne d'air verticale, comme le prétendent plusieurs botanistes' (*HN*, vol.1, p.185). Botanists are also chided for the limitations in their fields of enquiry:

> Les harmonies végétales du blé sont celles que les différentes parties de sa plante ont entre elles, et qui en constituent les proportions, l'ensemble, le port et les attitudes. Les botanistes ne les ont encore guère étudiées; cependant ce sont elles qui, du premier coup d'œil, la font connoître aux paysans. (*HN*, vol.1, p.25-26)

Bernardin delights in highlighting the greater wisdom of peasants over scientists,[37] of those imbued with the handed-down knowledge

---

37 In the same work and volume, he writes: 'Les naturalistes modernes n'en sont pas d'accord; mais l'expérience des laboureurs et des marins est plus sûre que la théorie imparfaite des physiciens' (p.450). The views of 'physiciens' are also called into question in volume 2 of this work: 'Les physiciens expliquent le jeu de leurs machines par les lois de la nature, et ils ont sans doute raison; mais ils

of generations.[38] He judges that botanists are imprecise in their terminology:

> Les botanistes emploient le mot de genre d'une manière très vague et souvent contradictoire. Ils l'attribuent à une famille, à une classe, à une section, à une espèce même, et lui donnent rarement sa signification. Tâchons d'être plus exacts. Le mot de genre vient d'engendrer: or, engendrer, dans un ordre de choses, signifie créer. Le genre est donc un ordre nouveau qui a des caractères essentiellement distincts des autres ordres dans la même puissance. Le genre, selon nous, se rapporte, d'une part, à une des harmonies principales de la nature, et, de l'autre, à un des premiers besoins de l'homme. L'espèce n'est qu'une modification du genre, et se rapporte aux besoins d'un animal. (*HN*, vol.1, p.43)[39]

Irrespective of the validity of his remarks, this passage shows Bernardin engaged in responding to current issues in botany. Elsewhere he suggests that flowers may be patterned on features of the sun, a possibility worth investigating. However, he records disdainfully: 'C'est aux botanistes qu'appartient le soin de ces recherches curieuses, quoique plusieurs fois ils aient foulé aux pieds les vérités les plus communes, sans les apercevoir' (*HN*, vol.1, p.123). Botanists are again targeted for confining their researches to the faculty of sight:

> Il est bien étonnant que la botanique n'ait employé jusqu'ici que la vue pour en étudier les caractères apparens, souvent variables et incertains, tandis que le goût en distingue une infinité qui en constituent la nature. Un docteur, avec la meilleure loupe, ne voit qu'une espèce de prune dans tous les pruniers du monde, mais un enfant, fût-il aveugle, en différencie toutes les espèces avec son palais. (*HN*, vol.1, p.166)

---

    expliquent aussi les phénomènes de la nature par le jeu de leurs machines, et c'est en quoi ils se trompent souvent' (p.248).

38 Again, in the same work, he declares: 'les plaisirs que donne la botanique aux savans riches, n'approchent pas de ceux que donne la nature aux ignorans pauvres, mais sensibles' (vol.1, p.157).

39 He asserts: 'La botanique, avec ses systèmes, ne nous présente, comme l'astronomie, qu'une triste et sèche nomenclature, et que des divisions sans intention et sans but' (*HN*, vol.1, p.8). Astronomy is also condemned for the impact of its current materialist inclination: 'l'astronomie fait descendre le matérialisme des astres jusque dans notre botanique, et l'apathie qu'elle leur suppose jusque dans notre morale' (p.7-8).

As in the reference to the superior competence of peasants already noted, the supposed inferiority of botanists in their knowledge to a blind child is a withering comment.[40] The limitations of botanical procedures in ignoring relevant senses are again signposted further on in this text: 'La botanique ne peut [...] déterminer, par ses méthodes ordinaires, les qualités essentielles des plantes, c'est-à-dire les rapports qu'elles ont avec notre vie, puisqu'elle n'appelle ni l'odorat ni le goût pour les caractériser' (*HN*, vol.1, p.194-95). He points out the terminological inadequacies of current practice: 'Les dictionnaires botaniques manquent même de termes propres qui puissent exprimer les odeurs primitives' (p.195). To enjoy the 'spectacle magnifique de la nature, il faut en laisser chaque objet à sa place' (*EN*, p.115). We can appreciate nature only *in situ*: 'Nous ne pouvons connaître que ce que la nature nous fait sentir, et nous ne pouvons juger de ses ouvrages que dans le lieu et dans le temps où elle nous les montre' (p.145-46). Elsewhere he contends:

> Il me semble impossible de connaître les plantes, si on n'étudie leur géographie et leurs éphémérides; sans cette double lumière qui se reflète mutuellement, leurs formes nous seront toujours étrangères. Cependant la plupart des botanistes n'y ont aucun égard; ils ne remarquent en les recueillant, ni la saison, ni le lieu, ni l'exposition où elles croissent. Ils font attention à toutes les parties intrinsèques, et surtout à leurs fleurs; et après cet examen mécanique, ils les enferment dans leur herbier, et croient bien les connaître, surtout s'ils leur ont donné quelque nom grec. (p.637)

Again, Bernardin vents his displeasure at the 'examen mécanique' and the elitist practice of attributing a Greek term to a plant, a process which excludes common people. There is an order:

> Les plantes ne sont [...] pas jetées au hasard sur la terre [...] Si nous examinons de même superficiellement leur développement, leur attitude et leur grandeur, nous verrons qu'il y a autant d'harmonie

---

40   In the *Fragment sur la théorie de l'univers*, Bernardin talks of how France has benefited, or often not benefited, from discoveries made elsewhere: 'Combien de sciences et d'arts nous sont venus des peuples civilisés, et même des sauvages, dont nous nous sommes approprié l'invention! Combien d'autres plus utiles avons-nous persécutés et rejetés, parce qu'il y allait de l'intérêt de nos docteurs!' (*BSPOC*, vol.2, p.380b). The term 'docteurs' is employed ironically with the implication that French scientists are not prepared to accept new ideas which challenge their authority. The 1762 edition of the *Dictionnaire de l'Académie française* (Paris, Brunet) defines 'docteur' as someone who is 'promu dans une Université au plus haut degré de quelque Faculté'.

> dans l'agrégation de leurs parties, que dans celle de leurs espèces. Elles ne peuvent, en aucune manière, être considérées comme des productions mécaniques du chaud et du froid, de la sécheresse et de l'humidité. Les systèmes de nos sciences nous ont ramenés précisément aux opinions qui jetèrent les peuples barbares dans l'idolâtrie, comme si la fin de nos lumières devait être le commencement et le retour de nos ténèbres. (p.263)

Here is an endorsement of a purposive order to nature and a rejection of any mechanistic evaluation of plant life. One notes the insistence of the presence of harmony and the perils of 'lumières' not enlightening but, on the contrary, fostering darkness. He insists that 'il règne une grande harmonie dans la distribution du globe, que nous croyons abandonné aux simples lois du mouvement et du hasard' (p.415). Here Bernardin includes himself in the pronoun 'nous' to indicate that he himself had been misled but has now discovered the truth which he is passing on. He is dismayed that people have been led astray: 'C'est nous qui nous égarons avec nos sciences vaines' (p.440) and 'la science nous a menés par des routes séduisantes à un terme aussi effrayant' (p.441). For Bernardin, natural phenomena must not be considered in isolation: 'Pour étudier la nature avec intelligence, il en faut lier toutes les parties ensemble' (p.441). The analytical approach separates whereas a synthetic methodology unifies, an epistemological viewpoint which also permeates the *Harmonies de la nature*. He has learned this approach from Pythagoras who was 'le père de la philosophie' (p.443, note de l'auteur) and whose disciples were exceptional interpreters of the natural sciences.

He provides an illustration of how nature should be observed: 'Il suffit à l'homme, pour étudier la nature avec fruit, de se borner à l'étude d'un seul végétal' (p.680). He suggests that a suitable choice would be an ancient tree 'dans quelque lieu solitaire' (p.681). It would be easy to see that it was growing in its 'site naturel' from its beauty and its 'accessoires' 'dont la nature l'accompagne toujours, quand la main de l'homme n'en dérange point les opérations'.[41] One should first observe:

> ses relations élémentaires et les caractères frappants qui distinguent les espèces du même genre, dont les unes naissent aux sources des fleuves, et les autres à leurs embouchures. On examinerait ensuite ses convolvus, ses mousses, ses guis, ses scolopendres, les champignons

---

41 Here Bernardin is attacking human interference in the processes of nature.

> de ses racines, et jusqu'aux graminées qui croissent sous son ombre. On apercevrait dans chacun de ses végétaux de nouveaux rapports élémentaires, convenables aux lieux qu'ils occupent et à l'arbre qui les porte ou qui les abrite. On donnerait ensuite son attention à toutes les espèces d'animaux qui viennent y habiter, et on serait convaincu que, depuis le limaçon jusqu'à l'écureuil, il n'y en a pas un qui n'ait des rapports déterminés et caractéristiques avec les dépendances de sa végétation.

Here Bernardin outlines the interdependence of the natural world and thus, for him, the ineptitude of studying and describing plants and animals in isolation since they form interlinking ecosystems.

Bernardin judged the world that he inhabited and visited with considerable powers of observation.[42] Reading the Book of Nature could bring knowledge and sometimes compensation. In the *Voyage à l'île de France* Bernardin contends: 'L'étude de la nature dédommage de celle des hommes: elle nous fait voir partout l'intelligence de concert avec la bonté' (p.643).[43] Painting the diversity of nature gives readers a sense of divine power and beneficence. Bernardin hopes that his portrayal of nature will promote a more harmonious basis for human relations and mutual understanding. Where he could not experience parts of the world at first hand, he devoured travel accounts. He wanted to show his readership the wonders of creation in its interrelationships. He sought to be all-inclusive in his would-be universal panorama. Jean-Michel Racault summarises Bernardin's philosophy of harmony of nature by stating that he considers 'la nature comme un ensemble unique dont tous les éléments font système et dont aucune partie ne saurait être étudiée isolément'.[44] Everything was worthy of comment as 'la nature n'a rien fait en vain' (*EN*, p.98),[45] and 'tout

---

42 Bernardin stresses the primary importance of observation: 'ce génie créateur que nos beaux-esprits croient apporter en venant au monde, et perfectionner dans les cercles ou dans les livres, n'est autre chose que l'art d'observer' (*EN*, p.291).

43 The connection with nature is further suggested in the assertion that 'Un peu d'histoire naturelle servirait à écrire l'histoire des hommes' (p.856).

44 'L'homme et la nature chez Bernardin de Saint-Pierre', in *Bernardin de Saint-Pierre: pour une biographie intellectuelle*, p.331-50 (331). For complementary remarks, see Valérie Wernet, 'De la sacralisation de la nature à la naissance de l'écologie chez Bernardin de Saint-Pierre', in *Nature et progrès: interactions, exclusions, mutations*, ed. Pierre Lagayette (Paris, 2006), p.133-50.

45 This essential element of Bernardin's philosophy is omnipresent in his works, e.g. again in *EN*: '[La nature] n'a rien fait en vain' (p.285); 'Rien n'a été fait

est lié dans la nature' (p.126). Jean-Marc Drouin has highlighted the source of his vision: 'Sa conception de l'harmonie de la nature n'en est pas moins un avatar de la théologie naturelle, un avatar dominé par l'idée d'une harmonie parfaite dont le moindre élément a son importance.'[46] Louis Roule has claimed:

> une idée surgit, haute et pure, des œuvres de Saint-Pierre: celle de l'existence, dans la nature, d'un accord institué entre ses objets, d'une aide qu'ils se donnent pour permettre à leur ensemble de se conserver, d'une harmonie régnant entre leurs actes et leurs efforts.[47]

Bernardin thus set out to depict flora and fauna, fish and molluscs, stones and minerals, in their native habitats and their transfers to other places.

His fundamental anthropocentric view was nevertheless highlighted in his delineation of human beings. Human beings were for Bernardin an extraordinary species: 'Le seul caractère qui distingue essentiellement l'homme des animaux, est celui d'être un être religieux' (*EN*, p.451). One notes the insertion of the adverb 'essentiellement' implying an exclusive feature of humanity, yet still part of nature. Their omnipresence is highlighted:

> L'homme, considéré nu, n'a ni fourrure comme les animaux, ni ailes comme les oiseaux, ni nageoires comme les poisons, ni plusieurs pieds comme les quadrupèdes; cependant il est le seul des êtres vivants qui puisse habiter par tout le globe. Ce n'est point une machine ordonnée à un seul élément; c'est un moteur de toutes les machines, que l'intelligence humaine, de concert avec celle de la nature, peut assortir à tous les éléments. (*HN*, vol.2, p.150)

The capacity to live all over the world is exceptional. He remarks, however, that 'L'homme est le seul des animaux qui soit obligé de se vêtir' (*EN*, p.756). Yet man alone has the talent to do so. In the

---

en vain' (p.455); 'La nature n'a rien fait en vain' (p.546); 'Lecteur [...] DIEU N'A RIEN FAIT EN VAIN' (p.581); 'la nature n'a rien fait en vain (*HN*, vol.1, p.56); 'La nature, qui ne fait rien en vain' (p.163); 'la nature ne fait rien en vain' (vol.2, p.6); 'rien n'est fait en vain' (p.20); 'la nature qui ne fait rien en vain, a fait l'Océan plus grand que la terre' (p.55); 'la nature non seulement ne fait rien en vain, mais elle tend sans cesse à faire de mieux en mieux' (p.66); 'la nature n'a rien fait en vain' (vol.3, p.278); 'la nature n'a rien fait en vain' (p.335); *Fragment sur la théorie de l'univers*, 'Dieu ne fait rien en vain' (*BSPOC*, vol.2, p.401a).

46 *L'Ecologie et son histoire: réinventer la nature* (Paris, 1993), p.48.
47 *Bernardin de Saint-Pierre et l'harmonie de la nature* (Paris, 1930), p.198.

opening paragraph of the *Etudes de la nature*, he writes that he has been planning for some time to compile an 'Histoire générale de la nature' (p.95). Nature has invited people through all ages to undertake this task. While major discoveries may be reserved for geniuses, less gifted people like himself can offer a contribution. Studying nature is serving mankind. Human beings are distinctive in their ability to survive in all known climates, through their adaptability and their inventiveness. For example, the human being has learned 'dans tout pays' to use fire with which 'il prépare ses aliments, fond les métaux, vitrifie les rochers, durcit l'argile, pétrit le fer, et donne à toutes les productions de la terre les formes et les combinaisons qui conviennent à ses besoins' (*EN*, p.128). Likewise the human being can use air in ways unknown to other creatures:

> Il est le seul être qui lui donne toutes les modulations dont il est susceptible. Avec sa seule voix, il imite les sifflements, les cris et les chants de tous les animaux, et il n'y a que lui qui emploie la parole dont aucun d'eux ne peut se servir. Tantôt il rend l'air sensible, il le fait soupirer dans les chalumeaux, gémir dans les flûtes, menacer dans les trompettes, [...] il le force de moudre, de broyer et de mouvoir à son profit une multitude de machines: enfin il l'attelle à son char, et il l'oblige de le voiturer sur les flots même de l'océan.

It is the ocean which allows Bernardin to expand on the multiplicity of human capabilities:

> Cet élément où ne peuvent vivre la plupart des habitants de la terre, et qui sépare leurs différentes classes d'une barrière plus difficile à franchir que les climats, offre à l'homme seul la plus facile des communications. Il y nage, il y plonge, il y poursuit les monstres marins dans leurs abîmes, il y darde la baleine jusque sous les glaces, et il aborde dans toutes ses îles pour y faire reconnaître son empire. (p.128-29)

He enumerates the wide range of physical qualities peculiar to mankind and absent in other species. Physical and intellectual attributes are combined in the human pursuit of agriculture, a development unknown to other species: 'l'homme est le seul des animaux qui exerce l'agriculture et les arts innombrables qui en dérivent' (*HN*, vol.1, p.187). Landscapes are changed to satisfy human needs and desires. The human being 'couvre de vignes et de moissons les lieux destinés aux forêts. Il dit au pin de la Virginie at au marronnier de l'Inde:

"Vous croîtrez en Europe'" (*EN*, p.130). Only humans possess the technical know-how to arrange such transplantations.

Bernardin associates final causes with anthropocentrism: 'Ce sont les intentions finales de la nature qui ont donné à l'homme l'intelligence de ses ouvrages' (p.799). Nature is essentially attuned to satisfy human needs: 'La nature ne nous présente de toutes parts que des harmonies et des convenances avec nos besoins'(*EN*, p.430).[48] Mankind is a privileged beneficiary of nature: 'Il y a dans la conduite de la nature envers l'homme, une bonté bien digne d'admiration' (p.293). Nature has supplied mankind with a rich diversity of creations: 'C'est pour lui qu'elle a couvert la terre de plantes; et quoique leurs espèces soient en nombre infini, il n'y en a pas une seule qui ne tourne à son usage' (*EN*, p.130). Plants grow to 'subvenir à sa nourriture et à ses plaisirs, partout où il voudrait habiter [...] une multitude innombrable de fruits, de graines et de racines comestibles sont distribués pour lui dans toutes les familles des végétaux, et sous toutes les latitudes du globe'(p.130-31).[49] 'Végétaux' have been 'ordonnés aux quatre tempéraments de l'homme et à ses principaux besoins dans les différentes latitudes de la terre' (*HN*, vol.1, p.178). Bernardin even wonders whether the centipede's sting is to human benefit: 'Les cent-pieds se trouvent fréquemment dans les lieux obscurs et humides. Peut-être cet insecte fut-il destiné à éloigner l'homme des lieux malsains. Sa piqure est très douloureuse' (*VIF*, p.564).

Animals are likewise designed for human purposes. In the far north of Europe, in addition to creating opportunities for feasting on multicoloured mushrooms, Bernardin declares:

> La nature a mis dans ces climats un animal à cornes ramifiées, qui en tourne les substances aux principaux besoins des hommes. Le renne moussivore offre au Lapon, dans ses quatre mamelles, un lait plus épais que celui de la vache; dans sa toison, une fourrure plus chaude que celle de la brebis; et dans sa course, un service plus rapide que celui du cheval. (*HN*, vol.1, p.97)

---

48 Cf. 'Toutes les lois de la nature sont dirigées vers nos besoins' (p.497); 'Tous les ouvrages de la nature ont les besoins des hommes pour fin' (p.798); 'C'est principalement pour l'usage de l'homme que la nature a distribué des eaux potables par toute la terre' (*HN*, vol.2, p.179).
49 Cf. 'Il n'y a pas une seule plante sur la terre qui n'ait quelques rapports avec les besoins de l'homme' (p.698); 'Tous les ouvrages de la nature ont les besoins de l'homme pour fin' (p.798).

While at sea there is equally substantial support for humans: 'c'est la nature seule qui est digne de nos louanges et de notre admiration [...] et qui a renfermé sous le cuir de la baleine tout ce qui était nécessaire aux besoins de l'homme' (p.99).

Bernardin stresses the interrelationship of plants and animals: 'Les plantes sont les habitations des insectes, et on ne fait point l'histoire d'une ville sans parler de ses habitants' (*EN*, p.97). This judgement had been prompted by his description of a strawberry plant which had settled on his window sill and had attracted flies. He portrays their variety:

> Les mouches que j'avais observées étaient toutes distinguées les unes des autres, par leurs couleurs, leurs formes et leurs allures. Il y en avait de dorées, d'argentées, de bronzées, de tigrées, de rayées, de bleues, de vertes, de rembrunies, de chatoyantes. Les unes avaient la tête arrondie comme un turban; d'autres, allongées en pointe de clou. (p.96)[50]

This detailed evocation at the beginning of his first voluminous work underscores the pleasure of looking at the diversity of nature even in its humblest forms and of recognising the necessity of its relationships:

> Qu'on se rappelle que chaque espèce de plante est un point de réunion pour différents genres d'insectes, et qu'il n'y en a pas une seule qui n'ait en propre une espèce de mouche, de papillon, de puceron, de scarabée, de gallinsecte, de limaçon etc. (p.105)

Bernardin explains reciprocal relationships:

> les animaux rendent, par leurs excréments sulfurés, la fécondité aux plantes dont ils se nourrissent; souvent ils en ressèment les graines avec eux. Si le buisson donne à l'oiseau un asile fortifié dans ses rameaux épineux, et des vivres dans ses baies pierreuses, l'oiseau, à son tour, ressème les semences indigestibles du buisson. Ainsi la nature entretient les harmonies de ses puissances les unes par les autres. (*HN*, vol.1, p.173)

Yet this seemingly joyful picture is torn asunder by the depiction of another relationship, creatures serving as nourishment for others:

---

50 Cf. 'Mettons-y les habitants naturels au saule et à ses plantes, leurs papillons, leurs mouches, leurs scarabées et leurs autres insectes, avec les volatiles qui leur font la guerre, [...] vous verrez naître d'une seule espèce d'arbre une multitude d'harmonies agréables' (p.148).

> Ces insectes servent de pâture à d'autres espèces très nombreuses [...] à celles des araignées, des demoiselles, des fourmis, des formicaleo, et aux familles immenses de petits oiseaux, dont plusieurs classes, telles que celles des piverts et des hirondelles, n'ont pas d'autre nourriture; que ces oiseaux sont mangés à leur tour par les oiseaux de proie, tels que les milans, les faucons, les buses, les corneilles, les corbeaux, les éperviers, les vautours etc. (*EN*, p.105)

Bernardin does not portray nature through rose-tinted spectacles.[51] Natural relationships are often illustrative of a supply chain in food. However, his commentary does not end there as the chain continues:

> la dêpouille générale de ces animaux, entraînée par les pluies aux fleuves, et de là dans les mers, devient l'aliment des tribus presque infinies de poissons, à la plupart desquels les naturalistes de l'Europe n'ont pas encore donné de nom; [...] des légions innombrables d'oiseaux de rivière et de marine vivent aux dépens de ces poissons: on sera fondé à croire que chaque espèce du règne végétal sert de base à un grand nombre d'espèces du règne animal qui se multiplient autour d'elle, comme les rayons d'un cercle autour de son centre. (p.105-106)

Nature needs to be appreciated in its living environment. Bernardin is horrified at the practice of displaying animals in a post-mortem fashion:

> Quel spectacle nous présentent nos collections d'animaux, dans nos cabinets? En vain l'art des Daubentons leur rend une apparence de vie: quelque industrie qu'on emploie pour conserver leurs formes, leur attitude raide et immobile, leurs yeux fixes et mornes, leurs poils hérissés, nous disent que les traits de la mort les ont frappés. C'est là que la beauté même inspire l'horreur, tandis que les objets les plus laids sont agréables lorsqu'ils sont à la place où les a mis la nature. J'ai vu plus d'une fois aux îles, avec plaisir, des crabes sur le sable, s'efforcer d'entamer avec leurs tenailles un gros coco; ou un singe velu se balancer au haut d'un arbre, à l'extrémité d'une liane toute chargée de gousses et de fleurs brillantes. Nos livres sur la nature n'en sont que le roman, et nos cabinets que le tombeau. (p.113)[52]

---

51 Roselyne Rey asserts: 'Dans l'univers de Bernardin, ni la douleur ni la mort ne sont éludées', 'L'animalité dans l'œuvre de Bernardin de Saint-Pierre: convenance, consonance, et contraste', *Revue de synthèse* 3-4 (1992), p.311-31 (322).
52 Through the patronage of Buffon, Louis Jean Marie Daubenton had been appointed the *garde et demonstrateur* of the Cabinet d'histoire naturelle in Paris in 1745 and showed prowess as an anatomist. Jean-Jacques Rousseau passed

1. Science

The basis of his conviction is linked here to what we would now connect to geobotany:

> Cet ordre, en plaçant chaque végétal dans son lieu naturel, nous donne encore les moyens de reconnaître l'usage de toutes ses parties, et j'ose dire, les raisons qui ont déterminé la nature à en varier la forme et à créer tant d'espèces du même genre, et tant de variétés de la même espèce, en nous découvrant les convenances admirables qu'elles ont dans chaque latitude avec le soleil, les vents, les eaux et la terre. On peut entrevoir par ce plan, quel jour la géographie peut répandre sur l'étude de la botanique, et de quelle lumière à son tour la botanique peut éclairer la géographie. (p.112)

Drouin writes that, from the beginning of the *Etudes de la nature*, Bernardin:

> parle des rapports qu'il faut établir entre la géographie et la botanique; il appelle de ses vœux la réalisation de cartes sur lesquelles seraient indiqués par des couleurs les végétaux qui dominent le paysage. […] il regrette que la plupart des botanistes ne remarquent ni la saison ni le lieu où ils cueillent une plante et qu'ils se contentent de la faire sécher et de la mettre en herbier.[53]

Colas Duflo, while recognising the dangers of anachronistic interpretations, suggests that it is possible to locate in Bernardin's writings 'des perspectives écologistes avant la lettre'.[54]

For Bernardin, death is a necessary, natural process: 'Tout ce qui naît doit mourir' (*EN*, p.285). In addition, it is an environmental issue: 'Sans la mort, de nouveaux êtres ne pourraient renaître dans le monde; et si on suppose que ceux qui existent maintenant pouvaient être éternels, leur éternité entraînerait la ruine des générations' (p.146).[55] Even at sea, nature exercises control on unlimited growth:

---

remarks similar to Bernardin's: 'Vos philosophes de ruelles étudient l'histoire naturelle dans des cabinets; ils ont des colifichets; ils savent des noms, et n'ont aucune idée de la nature. Mais le cabinet d'Emile est plus riche que ceux des rois; ce cabinet est la terre entière. Chaque chose est à sa place: le naturaliste qui en prend soin a rangé le tout dans un fort bel ordre: Daubenton ne ferait pas mieux' (*Emile*, ed. F. and P. Richard, Paris, 1964, p.523).

53 *L'Ecologie et son histoire*, p.62-63.
54 In the introduction to his edition of the *Etudes* (*EN*, p.13).
55 Cf. 'les hommes se plaignent de la mort; mais si les hommes ne mourraient point, que deviendraient leurs enfants? Il y a longtemps qu'il n'y aurait plus de place pour eux sur la terre. La mort est donc un bien' (p.400); 'La mort est une

> Il y a apparence que la nature, encore plus féconde au sein des eaux qu'à la surface des terres, sait mettre un frein à la population des animaux, qui rempliraient en peu d'années tout l'Océan de leurs travaux et de leurs générations. (*HN*, vol.2, p.56)

In the grand scheme of things, predators dispose of the remains of dead animals: 'les bêtes de proie sont nécessaires. Que deviendraient les cadavres de tant d'animaux qui périssent dans les eaux et sur la terre qu'ils souilleraient de leur infection' (*EN*, p.285).

Bernardin suggests that 'il est toujours dangereux à l'homme de déranger les plans de la nature' (p.194). Holland has suffered unintended consequences and now 'se trouve exposée aux inondations' because it has 'empiété sur le lit même de la mer' (p.195). The Dutch are further berated as they destroy trees 'dans tous les lieux où ils ne servent pas à leur commerce' (p.612). Bernardin bemoans the deforestation which he had witnessed in Mauritius: 'L'île est arrosée de plus de soixante ruisseaux dont quelques-uns n'ont pas d'eau dans la saison sèche, surtout depuis qu'on a abattu beaucoup de bois' (*VIF*, p.541). He returns to the theme in the *Etudes*:

> Ces mêmes défrichements augmentent [...] la chaleur dans les pays chauds, comme je l'ai observé à l'île de France, sur plusieurs côtes qui sont devenues si arides depuis qu'on n'y a laissé aucun arbre, qu'elles sont aujourd'hui sans culture. L'herbe même qui y pousse pendant la saison des pluies, est en peu de temps rôtie par le soleil. Ce qu'il y a de pis, c'est qu'il est résulté de la sécheresse de ces côtes le dessèchement de quantité de ruisseaux; car les arbres plantés sur les hauteurs y attirent l'humidité de l'air et l'y fixent, [...]. De plus en détruisant les arbres qui sont sur les hauteurs, on ôte aux vallons leurs engrais naturels, et aux campagnes les palissades qui abritent des grands vents. Ces vents désolent tellement les cultures en quelques endroits, qu'on n'y peut rien faire croître. (*EN*, p.272)[56]

---

suite nécessaire des générations de la vie. Si le papillon ne mourait pas, s'il vivait seulement la vie d'un homme, la terre ne suffirait pas à sa postérité' (*HN*, vol.2, p.414); 'la nature se renouvelle sans cesse; et si elle détruit successivement chacun de nous, c'est pour tirer de notre mort de meilleures vies' (*HN*, vol.2, p.75). Although with different resonances, the Vieillard tells Paul in *Paul et Virginie*: 'La mort, mon fils, est un bien pour les hommes: elle est la nuit de ce jour inquiet qu'on appelle la vie' (*OCBSP* 1, p.303).

56 Elsewhere he talks about 'forêts qui ont été dévastées par leurs premiers habitants' (p.640). Pierre Poivre organisa a programme of reafforestation in the mountains of Mauritius. Deforestation became a topic of concern in late-eighteenth-century France: see J. L. Caradonna, 'Conservationism *avant*

Dessication was a significant problem, provoked by human carelessness. Richard H. Grove stresses Bernardin's recognition of the negative impact of human activity: 'It was the awareness of the destruction of the endemic fauna and flora of Mauritius which stimulated Saint-Pierre's particular discourse on nature.'[57] Bernardin notes that there were 'autrefois beaucoup de flamants; [...] On dit qu'il en reste encore trois. Je n'en ai point vu' (*VIF*, p.560). He talks of the 'cultures intolérantes de l'homme' (*EN*, p.638), destroying animal populations and seeing 'des contrées souvent dégradées par les mains des hommes' (*HN*, vol.1, p.47).[58] Bernardin contends that uninhabited islands are healthy, untouched by the impact of human activity: 'Je ne crois pas qu'il y eût un seul lieu de malsain sur la terre, si les humains n'avaient mis la main.' He is withering in his condemnation of human wrong-doing:

> L'homme seul dérange les plans de la nature; il détourne le cours des fontaines, il excave le flanc des collines, il incendie les forêts, il massacre tout ce qui respire; partout il dégrade la terre qui n'a pas besoin de lui. (*EN*, p.396)

Roselyne Rey declares that Bernardin believes that one must study nature 'd'un point de vue éthologique et écologique' and appreciate 'les symbioses entre animal et plantes'. What is important for him:

---

la lettre? Public essay competitions on forestry and deforestation in eighteenth-century France', *SVEC* 2012:08, p.39-54. The same volume treats some of Bernardin's reactions to trees (Giulia Pacini, 'At home with their trees: arboreal beings in the eighteenth-century French imaginary', p.103-15, particularly p.106-11).

57 *Green imperialism: colonial expansion, tropical island Edens and the origins of environmentalism, 1600-1860* (Cambridge, 1995), p.248. It would seem likely that Bernardin learned much from the *intendant* of Mauritius, Pierre Poivre. Diana K. Davis suggests that Poivre's thinking is reflected in his works, especially ideas of deforestation and dessication ('Deserts and drylands before the age of desertification', in *The End of desertification: disputing environmental change in the drylands*, ed. Roy Behnke and Michael Mortimore, New York, 2016, p.203-24, 208). Bernardin has also been depicted as incorporating environmental issues into his fiction (see Giulia Pacini, 'Environmental concerns in Bernardin de Saint-Pierre's *Paul et Virginie*', *Interdisciplinary studies in literature and environment* 18:1, 2011, p.87-103). She writes: 'When read as an integral part of the *Etudes*, *Paul et Virginie* emerges as a scientifically informed, albeit poetically constructed, commentary on the effects of current economic and agricultural practices on the Ile de France', p.87).

58 Cf. p.176. Bernardin mentions the disappearance of turtles in Mauritius without overtly attributing this phenomenon to man (*VIF*, p.85). He does not appear, however, to have mentioned the extinction of the dodo.

> Ce n'est ni l'individualité animale, ni les caractéristiques de l'espèce dans une perspective de taxinomie ou d'anatomie comparée, mais la sphère d'action dans laquelle l'animal évolue, se déplace et entretient des rapports, le réseau des relations qui constituent son écosystème.[59]

One should nevertheless not identify Bernardin uncritically with modern ecological thought when, despite his close observation of the natural environment, his ideas are formed through a belief in an all-powerful deity's benevolence towards humanity. Similarly, the use of ecocriticism applied to a general analysis of his works would be inappropriate.

In his consideration of science, Bernardin often evinces his opposition to the materialistic ideas of some astronomers, most notably Joseph Jérôme de Lalande. Without naming him or those with similar views, he links an earth-bound plant to the heavens in the *Harmonies de la nature*:

> La plus petite mousse, par ses harmonies, élève notre intelligence jusqu'à l'intelligence qui veille aux destins de toute la terre, et l'astronomie fait descendre le matérialisme des astres jusque dans notre botanique, et l'apathie qu'elle leur suppose jusque dans notre morale. (*HN*, vol.1, p.17-18)

In promoting his notion of the significance of tides, he judges that he is fulfilling a civic duty as well as acquiring, he hopes, overdue recompense for his activities. In the very month that the *Etudes de la nature* was published, he writes to Hennin to act on his behalf (27 December 1784):

> je crois que je dois profiter de ce vent favorable pour tenter d'obtenir quelque chose d'assuré de la marine que j'ai servie jose dire a mes depens, et que mon ouvrage interesse particulierement puisque j'y assigne une cause tout a fait nouvelle aux marées et trés importante à la navigation, si j'ai trouvé la verité. en consequence j'ecris non seulement à M^r le M.^{al} de Castries et à M^r blouin, mais à M^r le Cte de Vergennes que je regarde comme mon protecteur afin que Cte de Vergennes me couvre de son influence et m'obtienne une pension de la marine suivant le grade que j'y ai rempli aux colonies. j'espere bien que vous mettrés tout ce monde en mouvement…

---

59 'L'animalité dans l'œuvre de Bernardin de Saint-Pierre', p.329.

He acknowledges to the same correspondent on 3 July 1785 that Castries would not help him, although:

> Ce Ministre ne peut pas se plaindre que mon ouvrage ne fait pas de bruit. avant hier un Ecclesiastique apellé Mr de Vigneras m'aporta une these pour Sa Majeure en sorbonne ou je fus fort surpris de voir mon nom en oposition à celui de Mr de Buffon et les Etudes de la nature en contraste avec les époques de la nature. cette these se soutiendra mercredy 6 juillet et si vous me connoissés des antagonistes vous pouvés les inviter à aller attaquer mon sisteme des marées qu'on a appliqué au déluge universel. si M^r le M.^{al} de Castries ne fait donc rien pour moi ce n'est donc pas parce qu'on ne parle pas de mon ouvrage, mais par quelque calomnie secrette jettée sur moi par quelqu'un de mes anciens patrons qui en reconnaissance de l'amitié que je leur ai portée ont trouvé plus commode de s'acquitter en disant du mal de moi qu'en me faisant du bien. en ce cas c'est me rendre un service essentiel d'engager M^r le M.^{al} de vous en instruire afin que je puisse me justifier, et obtenir enfin quelque récompense de mes travaux.

In a letter, again to Hennin, on 6 July 1785, Bernardin claims to have found further support for his theory:

> on lit dans le dernier volume des transact. phil. que herschel a decouvert des taches de neige sur les poles de mars qui fondent alternativement a mesure qu'ils se presentent au soleil. voila une grande authorité pour mon sisteme des marées de la terre. joignés y la these de sorbonne quon soutient aujourdhui. dieu benit mon ouvrage.

It is not clear why Bernardin believes that Herschel's observations bolster his case, although he pictures himself in the vanguard of scientific advance. The new edition of the *Etudes* will contain additional proof of his theory, as he informs Hennin on 26 December 1785: 'mon ouvrage interesse particulierement la marine. j'ajoute à la fin de ma seconde édition de nouvelles preuves à ma théorie des marées et des courans qui y mettront le dernier degré d'évidence.' A sympathetic correspondent in Marseilles, Guys, is told on 29 January 1786 that the second edition of his work will appear in March. This will be:

> corrigée et augmentée d'une figure de la terre qui prouve evidement son allongement aux poles daprès les operations mêmes de nos astronomes; avec de nouvelles preuves que les courans de la mer et les marées viennent alternativement des poles et non pas de l'equateur comme on la cru jusqu'ici.

Allied with his theory of the effect of tides is his belief in the elongation of the poles. The same correspondent is regaled in similar fashion on 21 February 1786:

> les preuves que jai ajoutées sur le courant semi annuel et alternatif de l'ocean atlantique qui coule en hyver vers le nord et qui en descend en eté sont si curieuses et si authentiques que j'oterai toutte espece de doutte sur la cause des courants et des marées que j'attribue a la fonte alternative des glaces de l'un et l'autre pole quand à l'erreur de nos astronomes qui ont affirmé que la terre etoit aplatie aux pôles, je demontre d'aprés leurs propres operations qu'elle y est allongée. par une figure si simple que l'evidence ne peut manquer de faire impression sur ceux même qui n'ont aucune notion de la geometrie.

Since the winter of 1785-1786 has been harsh, Bernardin hopes that the weather will further validate his theory and that he will receive recognition in the press. He tells Hennin on 19 March 1786:

> comme cette année il y a eu une bonne quantité de neiges sur notre hemisphere, vous verrés si nos grandes marées de l'equinoxe ne seront plus fortes qu'a l'ordinaire et si nos papiers publics ne feront pas á ce sujet, des observations qui confirmeront ma theorie.

Hennin is told on 6 September 1786 that Bernardin deserves reward from the ministry for the Navy not just for his 'theorie des marées adoptée aujourd hui par la sorbonne' but for insights supplied by 'la relation meme de mon voyage' (i.e. the *Voyage à l'île de France*). Bernardin is indefatigable in promoting his ideas and his own cause.[60]

It would be difficult to argue that he was an experimental scientist, although he placed great store on the evidence supplied by his advocacy of learning about tides and their effects through casting bottles into the sea.[61] What is incontrovertible is that Bernardin read extensively

---

60   He will continue to do so in letters to Hennin on 12 February 1787, 2 January 1788 and 29 March 1788, to the *Journal de Paris* on 23 December 1787. He will also receive numerous letters endorsing his views, e.g. from Gellée de Prémion on 17 November 1786 and Mme de La Berlière on 14 October 1788.

61   See the extensive, general editorial note to Bernardin's letter published in *Le Bien informé* on 16 September 1797 (BSP_1566). There it is stated that the issue of the 'bouteilles à la mer' appears in at least fifteen letters while appearances in his printed works are also signalled. His championing of the idea even crossed the English Channel where the poet Robert Southey became a convert (see Simon Davies, 'Bernardin de Saint-Pierre et le monde anglophone: panorama', in *Bernardin de Saint-Pierre: idées, réseaux, réception*, p.149-68, 163).

on scientific matters, as did so many other eighteenth-century writers such as Voltaire. Writing in connection with his brother's involvement in the American War of Independence, Bernardin informs Benjamin Franklin on 19 August 1777:

> il y a longtems, Monsieur que je vous connoissois comme grand physicien, comme grand orateur, et ce qui passe tous les talents par ce qu'il exige touttes les vertus, comme grand patriotte. j'aurois pu aisement dans les relations que vous donnent vos travaux trouver ici des personnes de votre connaissance et de la mienne, mais j'aime les sciences et je frequente peu les savans car il me semble qu'il y a des choses a acquérir plus estimables que les lumières.

Their common acquaintances would have included, for example, Condorcet and Rulhière.[62]

Given his maverick views on the role of tides, Bernardin's remarks on extraterrestrial life could be envisioned as another form of eccentricity. However, such a standpoint would be unhistorical. Steven J. Dick proclaims that 'the concepts of other worlds and extraterrestrial life deserve a prominent place in the history of scientific thought.'[63] Giordano Bruno (1584-1600) believed 'in the plurality of worlds, that is, the existence of other planets with inhabitants evidently not traceable to Adam'.[64] Johannes Kepler (1571-1630) was likewise to admit the possibility of inhabitants on the planets.[65] If these inhabitants were akin to humans and not traceable to Adam,

---

62 Claude-Carloman de Rulhière is credited with being the recipient of the earliest known letter composed in French by Franklin (2 March 1777).
63 *Plurality of worlds: the origin of the extraterrestrial life debate from Democritus to Kant* (Cambridge, 1982), p.176. For a particular application to Bernardin, see Colas Duflo, 'Les habitants des autres planètes dans *Les Harmonies de la nature* de Bernardin de Saint-Pierre', *Archives de philosophie* 60 (1997), p.47-57. In support of the idea of the plurality of worlds, Bernardin enlists Herschel who concludes that 'le soleil, n'étant ni un globe de feu, ni une mer ignée, mais un corps planétaire semblable au nôtre, est habitable' (*HN*, vol.3, p.264). Mercury has vegetarian inhabitants: 'Les habitants fortunés de Mercure n'ont pas besoin de soutenir leur vie par la mort des animaux, ni de se livrer aux rudes travaux de l'agriculture. Des fruits mille fois plus délicieux que ceux de nos vergers croissent spontanément sur une planète dont les poles, par leur température, doivent produire les litchis et les mangoustans' (*HN*, vol.3, p.283). He also talks about inhabitants on Jupiter (p.317-18).
64 David N. Livingstone, *Adam's ancestors: race, religion, and the politics of human origins* (Baltimore, MD, 2008), p.23-24.
65 Dick, *Plurality of worlds*, p.69-70.

Tommaso Campanella observed in 1662 that they could not be tainted by original sin.[66] Gone was thus the idea of monogenesis in favour of the acceptance of polygenesis with consequential repercussions for scriptural authority. The heliocentrism advocated by Copernicus had already posed problems for Christian theologians with its evocation of the possibility of plural worlds popularised by Fontenelle.[67] Bernardin asks rhetorically in the *Etudes de la nature*: 'Ces planètes qui tournent autour [de notre soleil], ont-elles comme nous des habitants' (*EN*, p.769). Bernardin, in book 9 of the *Harmonies de la nature*, drew on the astronomer William Herschel in support of his claim that there was life on the sun.[68] Here the reference to the discoverer of Uranus supplied credibility to the claim. Furthermore, his conviction that nothing could have been created without a purpose added yet another underpinning to the assertion.

A preoccupation with extraterrestrial beings did not diminish Bernardin's concern, not just for the moral but also for the physical well-being of his fellow residents on earth. He is not afraid to challenge orthodox medicine: 'Je le répète, contre tous les systèmes reçus par nos médecins et nos moralistes, je ne connois de médecines utiles au physique et au moral, que celles qui nous sont agréables' (*HN*, vol.1, p.324). His correspondence contains numerous references to health issues, albeit predominantly his own. He developed an interest in vegetarianism, perhaps on account of its association with Pythagoras.[69] He generally abstained from meat in Mauritius for financial reasons. One recalls the lines from *Paul et Virginie* where it is stated that their 'repas champêtres' 'n'avaient couté la vie à aucun animal' (*OCBSP* 1, p.222).[70] In the *Vœux d'un solitaire*, Bernardin highlights the benefits of such a regime for children:

---

66 Livingstone, *Adam's ancestors*, p.24. They did not, accordingly, require Christ as a redeemer.
67 Bernard de Fontenelle, *Entretiens sur la pluralité des mondes*, ed. Alexandre Calame (Paris, 1966), introduction, p.xxxv.
68 Michael J. Crowe, *The Extraterrestrial life debate 1750-1900* (Cambridge, 1986), p.179. Herschel's own beliefs on this matter were not exempt from speculation rather than based on objective observation.
69 In the *Vœux d'un solitaire*, he describes Pythagoras as 'le plus bel homme de son temps, et sans contredit le plus éclairé, puisqu'il fut le père de la philosophie chez les Grecs' (*BSPOC*, vol.1, p.711a).
70 In the *Histoire de l'Indien*, published for the first time in *OCBSP* 1, p.961-1023, the protagonist finds himself from necessity obliged to kill for food: 'La nécessité de pourvoir à nos premiers besoins me fit abjurer un des principes fondamentaux

On accoutumera les enfants au régime végétal, comme le plus naturel à l'homme. Les peuples qui vivent de végétaux sont, de tous les hommes, les plus beaux, les plus robustes, les moins exposés aux maladies et aux passions, et ceux dont la vie dure plus longtemps. Tels sont, en Europe, une grande partie des Suisses. La plupart des paysans, qui sont par tout pays la portion du peuple la plus saine et la plus vigoureuse, mangent fort peu de viande. Les Russes ont des carêmes et des jours d'abstinence multipliés, dont leurs soldats mêmes ne s'exemptent pas; et cependant ils résistent à toutes sortes de fatigues. Les nègres, qui supportent dans nos colonies tant de travaux, ne vivent que de manioc, de patates et de maïs; les brames des Indes, qui vivent fréquemment au-delà d'un siècle, ne mangent que des végétaux. (*BSPOC*, vol.1, p.710b-11a)

Bernardin maintains that the 'régime végétal [...] influe si heureusement sur la beauté du corps et sur la tranquillité de l'âme. Ce régime prolonge l'enfance, et par conséquent la vie humaine.' He claims to have met an English boy who displayed admirable health and a gentle temperament. He had been raised by his father 'dans le régime pythagorique, il avait reconnu les bons effets par sa propre expérience' (p.711a). The father was Robert Pigott, who had visited Bernardin. He tells Hennin in a letter of 16 May 1788 that Pigott was 'un anglais de beaucoup de meritte' who wanted to 'fonder en Amérique une école de Pythagoriciens'. It was he who converted another acquaintance and correspondent of Bernardin, the marquis de Valady, to vegetarianism.[71]

Bernardin learned much from his sea trips to the Indian Ocean about that nautical scourge, scurvy. He recounts the difficulties of the outward voyage. In his journal for 4 April 1768, he declares: 'On jeta à la mer un matelot mort de scorbut. Plusieurs autres en sont affectés. Cette maladie qui se manifeste de si bonne heure répand la terreur dans l'équipage' (*VIF*, p.480) and 'Nos matelots sont fort tristes, le scorbut gagne insensiblement' (p.481). On 1 July he announces that 'Le scorbut fait des ravages affreux. On compte 36 malades hors de service' (p.511). On 3 July it is getting worse: 'Ce soir un charpentier mourut du scorbut. On compte aujourd'hui quarante scorbutiques. Ce mal fait des progrès à vue d'œil.' In the succeeding days the number goes up to about sixty, then seventy and 'un jeune homme de dix-sept

---

  de notre religion qui nous défend de manger rien qui ait eu vie' (p.998). He goes fishing and catches a large eel which he kills and cooks over a fire.

71 See note 1 of the letter of Valady to Bernardin composed between 1790 and 1792 (BSP_0711).

ans' is thrown overboard on 11 July (p.512). He drafts a section entitled 'Observations sur le scorbut' where he asserts that scurvy is 'occasionné par la mauvaise qualité de l'air et des aliments' and what is needed is the 'usage des végétaux frais' (p.515). He dismisses the idea that the consumption of turtles is helpful as just an example of 'un préjugé' of sailors.[72] He simply got better by eating 'des végétaux frais'. Having reached Mauritius, he wrote to Hennin on 3 August: 'nous arrivames le 14 juillet à lisle de france malgré le scorbut qui nous enleva neuf hommes et mit tous les matelots à l'exception de sept hors de service. les passagers et les officiers faisoient la manoeuvre.' His experiences prompted Bernardin to propose:

> c'est une observation digne de votre humanité de representer à ceux a qui il apartient de réformer les abus[,] que la compagnie des indes pour épargner une relache qui ne couteroit pas mille ecus sacrifie la vie de quantité d'hommes qu'elle expose à une navigation de près de cinq mois sans aborder à aucune terre. cette perte est si réelle qu'elle se monte année commune à vingt hommes par vaisseau.

Here is an example of Bernardin's reformist and humanitarian principles. Hennin followed up on Bernardin's recommendation that ships put into port during long voyages. He tells him on 16 June 1769:

> Je ferai usage, ou plustot je l'ai deja fait de votre remarque sur la nécessité d'une Relache pour les vaisseaux qui vont a l'Ile de france. Il doit y avoir de si grands changements dans cette partie qu'il faut esperer qu'on pensera aux inconvenients qui resultent de l'usage dont votre Equipage et ceux du Massiac et de la Paix ont fait la triste Epreuve. Mais vous sçavez ce que peut chez nous la voix d'un Particulier qui ne veut rien imprimer et qui n'approche des Ministres que pour leur parler de sa partie. Quoi qu'il en soit ceux qui nous gouvernent veulent le bien et quand l'interet particulier ne ferme pas l'accès a la verité, elle est sure de se faire entendre. Ici c'est une faute d'administration mercantile qu'un mot peut reformer, et que personne n'est directement interessé à soutenir, ainsi on peut se flatter d'etre ecouté.

One may surmise that in employing the expression 'grands changements' Hennin was alluding diplomatically to the problems

---

72 Later in the same work, he states that at the Cape of Good Hope: 'Il règne peu de maladies au Cap. Le scorbut s'y guérit très vite, quoiqu'il n'y ait pas de tortues de mer' (*VIF*, p.751).

of the Compagnie des Indes, which was to lose its privileges in 1769.[73] His seafaring brother, Dominique, was later stricken with scurvy in the Caribbean.[74]

Bernardin was not anti-science, but questioned what he deemed the acceptance of misleading notions. He appears, for instance, to attack the idea of the *emboîtement des germes*:

> en soutenant que tous les hommes étaient renfermés dans leurs ancêtres, [...] nos écoles ont égaré les esprits pendant des siècles. Combien de conséquences dangereuses n'a-t-on pas tirées de cette métaphysique pour le malheur des hommes! Car, je le répète, il n'y a point d'erreur qui ne produise de mal, ni de mal qui ne provienne de l'erreur. (*OCBSP* 1, p.841)

What he advocated was a better-organised society which would welcome new ideas and contributions from its citizens, irrespective of their backgrounds, and the challenges such opinions might present to established views.[75] Bernardin criticises in particular the manner in which recent generations have examined nature and established what he regarded as falsehoods:

---

73 At a much later date, in August 1800, he had the Institut adopt his instructions for the expedition of Captain Baudin: *Expériences nautiques et observations à proposer au capitaine Baudin dans son voyage autour du monde, présentées par le citoyen Bernardin de Saint-Pierre et adoptées par un arrêté de la classe des sciences morales et politiques*. It was published in the *Décade philosophique*, 1er trimestre (1800), p.141-45. His friend Pierre Marie Claude Robin read the article 'avec intérêt' (27 October 1800). Note 3 to this letter supplies a substantial commentary on Baudin's expedition. See also François Moureau, 'Bernardin de Saint-Pierre et Baudin à l'île de France et au Muséum: une rencontre improbable', *Etudes sur le 18ᵉ siècle* 38 (2010), special issue: *Portés par l'air du temps: les voyages du capitaine Baudin*, ed. Michel Jangoux, p.107-18, as well as the special issue of the *Australian journal of French studies* 41:2 (May-August 2004), *The Baudin expedition 1800-1804: texts, contexts and subtexts*.

74 His sister told Benardin on 24 December 1785: 'Mon frère le capitaine a donné de ses nouvelles de la Martinique, se plaint de sa santé par le scorbut qui l'a fait rester à cet endroit pour un temps de rétablissement.'

75 Bernardin was wont to collect material which he could use in his writings. He jotted down the following: 'M. de Voltaire a remarqué que de tant d'académies pas une n'avait imaginé seulement l'art de faire les épingles' (LH 122a, f.13). This is taken from ch.25 of *Candide* (*Contes en vers et en prose*, ed. Sylvain Menant, 2 vols, Paris, 1992, vol.1, p.298). Clearly he noted this as a possible barb from a prominent source to buttress his attacks on academies but does not seem to have used it.

> C'est bien plus pour en faire l'anatomie que pour en composer des tableaux. Depuis la botanique jusqu'à l'astronomie, toutes nos sciences ne nous présentent que de tristes analyses. La physique a fini par nous rendre métaphysiciens. Cependant, ceux de nos écrivains qui ont étudié la nature dans la nature même, et telle qu'elle se montre à nous avec toutes ses harmonies, vont de pair avec les plus célèbres de l'antiquité. Leur style est rempli d'images, de mouvement et de vie: tels sont, entre autres, Fénelon, Buffon et Jean-Jacques. (*HN*, vol.1, p.313)

It is perhaps surprising to see Buffon in this list as Bernardin does not always agree with his ideas, although the emphasis here is on the composition of 'tableaux'. All in all, Bernardin wanted people to marvel at the wonder of nature as a whole and not restrict their vision by concentrating on minutiae. In his writings he displays his vast knowledge of natural phenomena through the precision of his nomenclature of flora and fauna as well as celestial bodies. If he noted coherence in the natural world, he also hoped to see it in France's endeavours abroad, as will be examined in the next chapter.

2. Colonies and overseas initiatives

As outlined in the introduction, Bernardin did not secure an acceptable post in eastern Europe. If his escapades to the east bore no fruit, his posting to the Indian Ocean proved a disaster in its turn. Bernardin relates at length the impact of colonisation in Mauritius. Here it should be noted that the island had no indigenous population. It had been eventually settled by the French East India Company, which deemed it appropriate to 'devenir l'entrepôt du commerce de l'Inde' (*VIF*, p.597). The first employees of the Company in Mauritius lived like 'les nobles à Venise' who 'joignirent à ces mœurs aristocratiques un peu de cet esprit financier qui effarouche tant l'agriculteur'. A different cohort of colonisers came to the island following the French defeat in the Seven Years War:

> Enfin la dernière guerre de l'Inde y jeta, comme une écume, des banqueroutiers, des libertins ruinés, des fripons, des scélérats, qui chassés de l'Europe par leurs crimes, et de l'Asie par nos malheurs, tentèrent d'y rétablir leur fortune sur la ruine publique. (p.599)

The island is riddled with strife:

> La discorde règne dans toutes les classes [...]. Tous sont mécontents, tous voudraient faire fortune et s'en aller bien vite. A les entendre chacun s'en va l'année prochaine. Il y en a qui depuis trente ans tiennent ce langage. (p.601)

Those sent to the island are often undesirables:

> Souvent dans les recrues qu'on envoie d'Europe, il se trouve des misérables, coupables des plus grands crimes. Je ne conçois pas la politique d'imaginer que ceux qui troublent une société ancienne peuvent servir à faire fleurir une nouvelle. Souvent le désespoir prend

> ces malheureux: ils s'assassinent entre eux à coups de baïonnette. (p.602)

Bernardin's negative depiction is unrelenting: 'De tant d'hommes de différents états résulte un peuple de différentes nations qui se haïssent très cordialement' (p.603). He offers a cameo of a coloniser encountered during a walk around the island:

> Cet homme était européen et avait joui en France d'une fortune considérable qu'il avait dissipée. Il menait là une vie triste et pauvre au milieu des forêts avec quelques Noirs, et sur un terrain qui n'était pas à lui. (p.670)

Bernardin returned to France thoroughly disillusioned.

In 1771, at the age of thirty-four, what was he to do? He was reluctant to assume another position in the French colonies, yet all openings in France seemed closed. Before citing observations on this matter, let us look at his most celebrated portrait of colonial life, the fictional evocation in *Paul et Virginie*. No one can state precisely when Bernardin first thought of composing this tale. However, it was a long time before its publication in 1788, at some date in the 1770s. Although the horror of slave exploitation is often mentioned in commentaries, the general image of French colonies is often underplayed.

For instance, the colonies could be envisaged as a refuge or, as recorded above, even a dumping ground for those deemed to have infringed European values. In *Paul et Virginie*, Marguerite, a peasant from Britanny, had been seduced by a local 'gentilhomme'. Discovering her pregnancy and thus forfeiting her reputation, she sets forth to 'cacher sa faute aux colonies' (*OCBSP* 1, p.188). Mme de La Tour's aunt, meanwhile, is uncompromising in the condemnation of her niece:

> la mort prématurée de son mari était un juste châtiment de Dieu; [...] elle avait bien fait de passer aux îles, plutôt que de déshonorer sa famille en France; [...] elle était, après tout, dans un bon pays, où tout le monde faisait fortune. (p.200-201)

Her opinion that her niece will make a fortune is naïve and ill-informed. Elsewhere the aunt is brutal, showing her disgust at the 'grand nombre de misérables dont Paris est rempli' and asks: 'Que n'envoie-t-on, s'écriait-elle, ces fainéants périr dans nos colonies?' (p.310). The governor of Mauritius, M. de La Bourdonnais, has received instructions from 'les bureaux' (meaning here officials) to use his authority to encourage the departure of Virginie to France with the idea of benefiting from her great-aunt's wealth. He employs a winning argument: 'Pourquoi vient-on aux îles? N'est-ce pas pour y faire fortune? N'est-il pas bien plus agréable de l'aller retrouver dans sa patrie?' (p.242). With the prospect of a marriage to Virginie, thoughts are turned to sending Paul to India to earn money: 'en faisant passer Paul dans l'Inde pour un peu de temps, le commerce lui fournira de quoi acheter quelque esclave' (p.239). At this stage Paul makes a reasoned objection:

> Pourquoi voulez-vous que je quitte ma famille, pour je ne sais quel projet de fortune? Y a-t-il un commerce au monde plus avantageux que la culture d'un champ, qui rend quelquefois cinquante et cent pour un? Si nous voulons faire le commerce, ne pouvons-nous le faire en portant notre superflu d'ici à la ville, sans que j'aille courir aux Indes? (p.240)

Paul's argument carries the day. La Bourdonnais's advice may be judged well-intentioned, but all governors may not be so scrupulous as the Vieillard contends: 'Que savez-vous, si dans une colonie qui change si souvent d'administrateurs, vous aurez souvent des La Bourdonnais? s'il ne viendra pas ici des chefs sans mœurs et sans morale?' (p.301). In nostalgic tones, the Vieillard in *Paul et Virginie* talks about the past of Mauritius, when 'cette île faisait peu de commerce aux Indes' (p.188) and 'Il y avait alors tant de bonne foi et de simplicité dans cette île sans commerce, que les portes de beaucoup de maisons ne fermaient point à la clef' (p.230).

Nevertheless, before going to the Indian Ocean, Bernardin saw opportunities for himself in the French colonies. While still in Warsaw, he had 'quelques vuës sur nos colonies' and was counting on the help of Hennin in 'les bureaux de Versailles', as he told his friend on 14 November 1764. He asks Hennin for help on 2 January 1765:

> employés vous pour moi dans les bureaux où vous avés tant de credit et que je vous doive mon retour dans ma patrie, mon ètat. on fait des etablissements dans nos colonies, pourquoi n'y trouveroi[s-]je pas du service si vous en demandés pour moi.

Hennin told him on 6 August 1766 that 'Vous avez des avances dans les sciences qui peuvent vous rendre utile dans les colonies.' Again he encouraged his colonial aspirations on 30 September 1766:

> Je suis tres aise, Monsieur et tres cher ami, que vous preniez le parti de passer aux Indes s'il n'y a rien à faire pour vous dans ce continent. Un homme sage et instruit comme vous l'etes devient precieux dans les Colonies, et je me flatte de vous en voir revenir bientot assez riche pour ne faire que ce qui vous plaira.

Such advice is repeated on 20 December 1766:

> Mon avis est toujours que vous preferiez les Colonies, ou vous pouvez plus aisement vous faire un nom et une fortune. Vos talens y seront plus necessaires et par consequent plus recompensez et comme vous l'observez les occasions d'y être utile doivent se presenter plus facilement qu'en france.

Bernardin must therefore have felt that an appointment to a colonial post would be a stroke of good fortune.

However, he would be marked by what he regarded as the iniquitous aspects of colonisation. While still in Mauritius, he told Hennin on 18 April 1770:

> quand aux desagremens de mon ètat je renonce pour la vie à etre ingenieur des colonies. il est plus honnete d'etre maitre maçon à paris. je ne vous fatiguerai point de mes inquietudes ni de mes chagrins, que je suporte avec l'esperance de les voir finir en retournant en europe.

Having returned to France, he informed his friend on 29 December 1771: 'On veut m'engager à retourner aux colonies, mais j'ai trop souffert pour y penser. D'ailleurs, je n'y pourrais jamais faire une fortune contraire à mes principes.' Julie de Lespinasse learns in a letter of 29 July 1774 that 'je ne veux point vivre aux colonies. je l'ai dit plusieurs fois. qui a lu mon voyage peut le penser mais qui me connoit doit le croire.' One notes that he stands by his scathing observations in the *Voyage à l'île de France*, published some eighteen months earlier. He was apparently familiar with Raynal's *Histoire des deux Indes*.[1] However, he could still envisage overseas expeditions and well-planned colonisation, often linked to trade. At a much later date, he proposed in his *Vœux d'un solitaire* that the National Assembly should send some 'familles indigentes' to 'nos colonies et les terres nouvellement découvertes' where they would prosper[2] while maintaining a

---

1   *OCBSP* 1, p.568, note 2.
2   In the *Harmonies de la nature*, he evokes a positive picture of colonial development: 'l'homme est le seul qui varie à son gré les paysages de son horizon, au moyen du

sense of their French identity (*BSPOC*, vol.1, p.704b). He believed that the British attitude to colonisation differed from that of the French. The French tended to regard themselves as foreigners and wanted to return to their homeland, while the British were more inclined to settle and establish themselves in their new lands. The American War of Independence was caused by the oppressive nature of the British government. Moreover, Bernardin conceded that its colonies might in the long term be 'séparées de la France' (*EN*, p.840).

Returning to his early experience, on his journey from the Indian Ocean, his reaction to the Dutch colony at the Cape of Good Hope was in marked contrast to that in Mauritius. He had already formed a generally favourable impression of the Dutch from his stay in Holland. His manuscript observations on the country were first published by Aimé-Martin, entitled *Voyage en Hollande*.[3] He found its people to be 'riche' and 'sage', and claims: 'On n'y voit point de monuments élevés à la gloire des rois; mais l'industrie des hommes y a travaillé à l'utilité publique' (p.100). Dutch women are praised for their domestic management while their husbands are depicted as 'sérieux dans leurs plaisirs comme dans leurs affaires'; their marriages are 'tranquilles et suivis d'une nombreuse postérité' (p.102). Bernardin is impressed by their commitment to trade in an almost Voltairean manner, as he remarks: 'l'intérêt l'emporte sur les préjugés: on voit des juifs converser avec des Espagnols; des Anglais traitent avec des Français, des Turcs avec des chrétiens. Aucun objet de commerce n'y est exclu' (p.103). Such praise for Holland is continued in the *Etudes de la nature*: 'le citoyen qui procure à sa patrie un nouveau moyen de subsistence et une nouvelle branche de commerce, mérite d'être mis sur la même ligne que ceux qui l'éclairent ou qui la défendent' (*EN*, p.828).[4]

Recalling his first impressions upon arrival at the Cape in January 1771, he recounts a scene where seals, penguins and sea birds appear to live in harmony, prompting him to declare: 'Je concevais une bonne

---

feu et de son intelligence. C'est un spectacle digne de l'attention d'un philosophe, de voir les défrichés d'une colonie naissante' (vol.1, p.184).

3   *OCBSP* 2, p.97-110. He composed this manuscript just outside Paris in 1766. He tells Hennin on 18 July 1766: 'je suis au milieu des bois, j'employe le temps de ma solitude à rassembler quantité d'observations sur les pays etrangers. j'en ai sur la hollande, la prusse, la saxe, la pologne et la russie.'

4   Positive words are also found in his unfinished novel, *L'Amazone*. Early on, the narrator recounts: 'nous avons fait notre entrée en Hollande. Je me sens de l'amitié pour les Hollandais; ils sont propres, ils aiment l'ordre; leur pays me plaît; il me paraît riche' (*BSPOC*, vol.2, p.493b).

opinion d'une terre dont le rivage était hospitalier même aux animaux' (*VIF*, p.739). As in Holland, he appreciated the orderliness of the town and houses. He was welcomed by the governor, M. de Tolback, who sympathised with his difficulties. Visiting the East India Company's garden, he was struck by the co-existence of 'plantes de l'Asie et de l'Afrique', but especially by 'arbres de l'Europe couverts de fruits dans une saison où je ne leur avais jamais vu de feuilles' (p.742).

His initial reaction was summed up as follows: 'C'était pour moi une distraction bien agréable qu'une société tranquille, un peuple heureux et une terre abondante en toutes sortes de biens' (p.743). He visits the vineyards of Constantia where he admires the landscape and the thriving agricultural activity, noting 'une abondance extrême de fruits et de légumes' (p.744). He meets a happily married couple, 'unis comme Philémon et Baucis' (p.746). The wife, a descendant of 'un Français refugié', is delighted to meet 'un homme de son pays' (p.745). Is Bernardin implying that this woman from the Huguenot diaspora is enjoying her 'exile' far more than the French dispatched to colonise Mauritius?[5] In sum, Bernardin is smitten with this European colony, which is 'habité par un peuple utile à tous les autres par les ressources de son économie et l'étendue de son commerce' (p.750). Unlike the inhabitants of the Barbary coast of northern Africa, plagued by pirates, 'les Hollandais ont porté l'agriculture et la concorde à l'autre extrémité de l'Afrique.' This is an example of successful colonisation, creating a land of plenty, fostering agriculture (a key activity for Bernardin) and also social harmony, conveyed by a crucial term, 'concorde'.[6]

At the time of his appointment to the Indian Ocean, Bernardin had been expected to go to Madagascar under the leadership of Maudave. Louis Laurent de Féderbe, chevalier (later comte) de Maudave (or Modave), was a decorated army officer who had had experience in India. Indeed D'Alembert had recommended to Voltaire the latter's 'grande lettre sur l'Inde' in a missive of 10 September 1760 (D9214). Voltaire signalled his appreciation of Maudave and his 'commentaires

---

5   He pens a few sentences on the 'réfugiés français' on p.767.
6   Bernardin does mention the presence of imported slaves in the Cape (p.210-11) but does not comment on their situation as extensively as he does elsewhere in this text (see chapter 3). Indigenous blacks, the Hottentots, are also noted. Bernardin's views on black Africans still owed much to his readings from travellers' accounts (see Hélène Cussac, 'Bernardin de Saint-Pierre lecteur de récits de voyages, ou la circulation de quelques savoirs sur l'Afrique du 17e au 18e siècle', *Dix-huitième siècle* 44, 2012, p.201-19).

sur le Veidam' on 8 October 1760 (D9289).[7] In 1767 Maudave convinced the duc de Praslin (minister for the Navy) of the benefits to France of another attempt at the colonisation of Madagascar.[8] One must remember that France had lost overseas territories after its defeat at the end of the Seven Years War in 1763, and was anxious about the English presence in the Indian Ocean.

However, Bernardin's relations with Maudave were to make his assignment to Madagascar impossible. Before his voyage, Bernardin appeared to be impressed by his companion, as he informed Hennin on 18 February 1768: 'nous avons pour principal passager un colonel, M.ʳ de Modave qui à tout l'esprit qu'on peut avoir. je le crois chargé d'un commandement.' Indeed Bernardin had apparently written to Maudave's father on 17 February 1768 (a letter now lost) and received the following reply:

> Je voudrois bien pouvoir meritter les choses que vous me dites si obligeamment, mais je vous prie de croire, que j'honore infiniment votre merite, et les bonnes Etudes que vous avez faites sur votre metier. vous reconnoitrés avec le tems que le bon sens, l'aplication Et un travail obstiné surmonte tout et qu'il y a peu de chose dont l'on ne viennent à bout avec un peu de reflexion et d'industrie. Je suis bien satisfait que vous soyez content de mon fils, Et comme il me paroit qu'il l'est infiniment de vous, je vous crois parfaitement bien Ensemble. Je vous souhaite une bonne santé, beaucoup de fortune Et que je sois reservé a vous revoir revenir riche content Et decoré. (21 February 1768)

Bernardin told Hennin in a letter composed in Mauritius on 3 August 1768:

> il paroit que l'intention de la cour étoit de m'employer a relever l'etablissement de Madagascar mais celui qui en est chargé en chef et dont je vous ai parlé dans ma derniere est un méchant homme, jaloux à l'excés et qui a eu pour moi beaucoup de mauvaises façons.

---

7   Voltaire was impressed by Maudave's writings; see the introduction to Voltaire's *Fragments sur l'Inde* (*OCV*, vol.75b, 2009, p.29-30).

8   See Damien Tricoire, 'Maudave and the imaginary colonization of Madagascar', in *Enlightened colonialism: civilization narratives and imperial politics in the age of reason*, ed. Damien Tricoire (Basingstoke, 2017), p.49-53, and B. Foury, *Maudave et la colonisation de Madagascar* (Paris, 1956).

J'ai prié M.ʳ Dumas de m'employer ici ou d'ailleurs je suis attaché par ma commission.⁹

The reason for the disaffection is far from clear, but one cause might have been a supposed humiliation of Bernardin during the journey.[10] The expedition was to prove a disaster which cost many lives.[11] Informed of the fiasco, Hennin told Bernardin on 12 June 1770: 'Votre détail sur Madagascar m'a intéressé. [...] Le mauvais succès de cette entreprise doit la faire abandonner pour jamais.'

Yet in a manuscript, possibly drafted for a revised edition of the *Voyage à l'île de France* in the early 1790s or even some years before, Bernardin muses about colonising possibilities for Madagascar.[12] He states that Madagascar is strategically placed between Africa and Asia. The *grande île* is subject to wars between 'une multitude de petites nations', a situation that could be exploited by France: 'je pensois qu'il

---

9 Maudave wrote to the duc de Praslin from Mauritius on 5 August 1768: 'M. de Saint-Pierre, que vous m'avez donné pour ingénieur, ne paraît pas disposé à venir à Madagascar. M. Dumas a quelque envie de le retenir à l'île de France, où en effet il peut être plus utile qu'à Madagascar. J'ignore le motif de son dégoût. Ce que je sais, c'est que son exemple n'est pas contagieux et que tous ceux que vous avez désignés pour me suivre s'y portent avec le plus grand empressement' (H. Pouget de Saint-André, *La Colonisation de Madagascar sous Louis XV d'après la correspondance inédite du comte de Maudave*, Paris, 1886, p.18).

10 'Bernardin de Saint-Pierre et Maudave avaient fait ensemble la traversée de Lorient à l'île de France. Ils passaient d'abord une partie de leurs journées à causer et à discuter sur le pont du vaisseau. Les officiers faisaient souvent cercle autour d'eux, et écoutaient ces deux hommes dont la conversation était toujours intéressante et instructive. Un jour, on se met à causer physique. Maudave affirme qu'il est facile d'enflammer de la poudre à canon au moyen d'une lentille de verre, à travers laquelle passerait un rayon de soleil. Bernardin de Saint-Pierre s'écrie que c'est absurde, et, mettant une grosse pincée de poudre dans le creux de sa main, il défie Maudave de l'enflammer par ce moyen. L'expérience est faite, la poudre prend feu et brûle légèrement la main de l'illustre écrivain, à la grande hilarité des officiers présents. Bernardin de Saint-Pierre avait un caractère susceptible et ombrageux; il en voulut toujours à Maudave d'avoir fait rire à ses dépens' (Pouget de Saint-André, *La Colonisation de Madagascar*, p.20). The authenticity of this anecdote is questionable as Pouget de Saint-André, a descendant of Maudave, was keen to portray his ancestor in a favourable light.

11 For observations on Maudave's relationship with Madagascar, see Izabella Zatorska, *Discours colonial, discours utopique: témoignages français sur la conquête des antipodes XVIIᵉ-XVIIIᵉ siècles* (Warsaw, 2004), particularly ch.8, 'Un civilisateur à tour de bras: le comte de Maudave', p.232-53.

12 LH 147b 70 B18-75 B23. The following quotations will be taken from these manuscripts until stated otherwise.

serait bien plus aisé de les unir à nous par l'exemple de la concorde et le spectacle de notre bonheur.' One again notes the inclusion of the noun 'concorde'. The island offers opportunities for the disadvantaged French:

> c'est un préjugé que les blancs ne peuvent cultiver entre les tropiques. a Bourbon ils exercent les metiers de charpentiers, de maçons, de tailleurs de pierre, de soldats d'artillerie qui demandent des travaux bien plus rudes que l'art du cultivateur. Je pensois donc que ce pays a demi desert offriroit d'ailleurs un jour quantité de retraites et d'asiles a nos compatriotes puisque la France si remplie de pauvres ne peut nourrir ses habitants, que la population y va toujours croissant ce qui exige des emigrations qui ne peuvent avoir lieu dans nos colonies ou l'esclavage a oté cette ressource unique a nos pauvres cultivateurs.

Overpopulation is a problem for metropolitan France, and Madagascar could provide a satisfactory outlet:

> C'est une vérité que tout pays libre va en se peuplant de plus en plus car le nombre de ceux qui naissent surpasse partout le nombre de ceux qui meurent. or quand un pays ancien na point de débouché pour son excedent de population il est nécessaire que les péres y exposent les enfant nouveau-nés comme à la Chine, ou qu'ils en fassent des moines comme aux indes en italie et en espagne, ou qu'ils les chatrent comme a naples, ou qu'ils les envoyent périr dans les guerres etrangères comme en suisse a moins d'en faire de florissantes colonies comme en hollande et en angleterre. mais l'esclavage de nos iles ayant été jusqua présent un obstacle insurmontable aux emigrations de nos compatriotes, je regardois madagascar comme un asile ouvert par la nature a notre nombreuse et miserable population. Je me regardois comme un des agents que la bonté divine appelloit a y jetter les fondements d'un etablissement humain.

Religion would not prove a divisive issue, as 'une espece de temple' could be constructed which would attract 'des peuples de toutes les religions et de toutes les nations pour y prier en commun'. Bernardin believes that the implementation of his ideas in founding this new colony would serve as an example because 'l'homme est un être imitateur'. The manuscript concludes with a joyful evocation:

> qu'il suffiroit de montrer l'exemple d'une colonie heureuse de blancs pour engager les noirs a nous imiter puisque tant de genres de vie malheureux et contre nature trouvent dans la société tant de gens qui les embrassent et les propagent aux noirs par leurs exemples. Je voyois

donc de petits hameaux se former autour de nous un peuple heureux. des alliances entre les noirs et les blancs, je voyois beaucoup de nos pauvres cultivateurs accourir dans notre ile, et les bergeres francoises faire raisonner de leurs chants les bocages de l'afrique. J'invitais tous mes amis pauvres et mes pauvres parents a venir être heureux.

Nevertheless, Bernardin was open to other opportunities. He was ready to involve himself in a fact-gathering expedition to Asia. He tells Hennin on 29 December 1771:

> Si le ministre était curieux d'avoir sur les Indes des observations de ma façon j'en ferais volontiers le voyage par terre, mais je voudrais bien être assuré d'une récompense lucrative et honorable; on regardera peut-être ce projet comme imaginaire, cependant j'ai fait seul et au milieu de nations plus barbares que les Indiens une assez longue pérégrination.

Given his past experiences, payment for his services would be essential, but his aptitude for such a task was unquestionable. Here one must bear in mind the French position regarding India as a consequence of its defeat in the Seven Years War.[13]

Nothing was to change for Bernardin in the following months as he wrote to Julie de Lespinasse. D'Alembert replied on her behalf in a letter of 19 or 26 October 1773. Bernardin was experiencing trouble with the publisher of the *Voyage à l'île de France* (1773), and D'Alembert apologises for recommending him. He suggests that he might find service in Sardinia or Spain.[14] D'Alembert states in a letter of 3 or 10 November 1773 that he and Julie de Lespinasse will do their utmost to help him. Another useful contact, Condorcet, promotes his cause in a letter of 25 July 1774 to Turgot. With a new king, Louis XVI, with new ministers, there were opportunities for Bernardin. Within a letter dealing with a variety of matters, Condorcet devotes a paragraph to Bernardin's cause:

---

13 See Kate Marsh, *India in the French imagination: peripheral voices, 1754-1815* (London, 2009).
14 'Si vous vouliez, monsieur, entrer dans le service de Sardaigne, le roi va faire de grands changements dans les troupes, et sûrement il accueillerait bien un officier français. Dans ce cas, je connais deux personnes qui pourraient vous donner des recommandations: [...] cependant si vous préfériez le service d'Espagne, si c'est celui où vous vous promettiez le plus d'avantage, je connais quelqu'un ici qui peut-être serait à portée de vous obliger.'

> Vous vous souvenez du livre du chevalier de St Pierre, et quoique vous n'ayez point partagé notre enthousiasme vous devez convenir que c'est l'ouvrage d'un home d'esprit et d'un home honete. Il a même des vertus, de la noblesse, du desinteressement, de la reconnaissance, il souffre le malheur et la pauvreté avec courage. Il depend de votre département, et vous pourrez le servir et l'employer. Vous avez un si grand besoin de gens honetes pour opposer à toute la canaille des colonies, des ports, et des bureaux que je me crois obligé de vous annoncer tout ce que je conais d'honetes gens.

On 29 July 1774 Bernardin writes to Mlle de Lespinasse expressing his anxieties about meeting Turgot whom he did not know. He cannot go empty-handed to the minister, but needs to show him some viable proposal:

> j'ai cru donc, Mademoiselle que si j'allois chés Monsieur turgot ce devoit etre avec un memoire et quelque projet utile et je n'en ai point imaginé qui le fut davantage à la marine qu'un voyage par terre aux indes pour connoitre le golfe persique, la mer rouge les bords du gange et d'autres lieux mal connus et même tout à fait abandonnés. quand a demander des consulats des pensions, ou quelqu'autre place en france c'est le fruit de la faveur et je n'ai point de titre pour la demander. comment pourai je la solliciter moi qui vis sans brigue, loin des protecteurs et des protegés. combien ces illusions m'ont fait perdre de temps et de pas! combien je me suis troublé, de l'inquiétude et de la mauvaise foi d'autruy. j ai nagé trop longtemps [vers] ses faux rivages ou l'on se noye dix fois avant de mourir. maintenant je laisse faire ma destinée. tout enfin tombe dans l'ocean.

He is willing to engage in what he believes will benefit France, but where he can be responsible for his own existence and not be subservient to potential discord in the colonies.

On 31 July Condorcet forwards a letter from Bernardin to Turgot: 'Je vous envoie aussi une lettre du chevalier de St Pierre à qui Melle de lespinasse avait ecrit d'aller vous trouver.' On 4 August, Bernardin offers a detailed project of some 1000 words to Turgot which begins:

> Si je propose à la marine un projet d'observation par terre, c'est que celles qui se font par mer sont fort couteuses. elles exigent souvent un vaisseau pour un seul observateur: souvent aussi l'inconstance des vents les rend inutiles et d'ailleurs la connaissance d'une cote ne donne point celle du Pays comme on peut s'en convaincre par les relations des voyages maritimes et en dernier lieu par celles de Solander et Cook ces voyages cependant avaient été entrepris par des hommes

éclairés et par les ordres d'une nation qui n'épargne rien pour l'execution des projets utiles a sa marine et a son commerce. J'offre donc, Monseigneur, d'aller par terre jusqu'au fleuve indus d'observer la partie de l'asie aujourd'hui la moins fréquentée des peuples de l'Europe.

Bernardin underscores the superior British commitment to projects which produce maritime and commercial advantage in his opening gambit to a new French minister keen to make his mark. He then stresses the material benefits of exploiting Asian resources: lapis lazuli, silks, coffee, spices. He explains that he has overcome perils in eastern Europe and returned unscathed. He trusts that he will experience 'le même bonheur en voyageant de la part du Roi et sous les auspices de votre ministere'. He adds that the accounts provided by the journeys of Cook and Banks concentrate on the coast and not the hinterland. Going by land will allow Bernardin to arrive at the 'fleuve indus', where he will be able to observe 'la partie de l'asie aujourd'hui la moins fréquentée des peuples de l'Europe, et la moins connue, avec les cinq mers qui l'environnent, la méditérannée, la mer noire, la mer caspienne, le golfe persique et la mer rouge'. He underlines Britain's support for such ventures, 'une nation qui n'épargne rien pour l'execution des projets utiles a sa marine et a son commerce'. The Black Sea could also offer opportunities since 'c'est la premiere route du commerce des indes'. Although the Caspian Sea is rather isolated, during his visit to Moscow Bernardin had seen 'une caravanne de Tartares boukariens qui avoient aporté plus de deux milliers pesant de lapis Lazuli, qui disoient quil y en avoit de grands rochers dans leur pays'. Here was another source of commerce. If feasible, he would travel to Tibet, 'cette partie de l'Asie si riche en productions vegetales', already exploited by the Greeks and Romans, and which might contain other natural products 'tres utiles a exporter'. The Persian Gulf has been abandoned by French ships, although Surat 'fait un commerce immense' and manufactures 'une étoffe de soie mélée d'or et d'argent' much worn as belts by Polish noblemen. The belts are imported to Danzig by the Dutch and sold at 'un prix excessif'. It would be possible to set up 'comptoirs' on the Persian Gulf which might 'procurer au commerce de la france des etablissements considérables et de grands priviléges'. The Red Sea would also be of interest, while Bernardin knew of exports of coffee from Bourbon (Réunion) to Surat which might help to further develop the 'colonies de l'isle de france et de bourbon'.

He estimates that his expedition will last five or six years, allowing him to collect all he can 'sur les monuments, les arts, les mœurs, les productions de ces differents pays, mais surtout sur la nature et sur les hommes'. He suggests that even if he brought back 'une plante utile aux landes de bordeaux j'aurai assez fait pour ma patrie'. He would require 'guides, interpretes, transports, présents a faire, droits à payer', but his reward would be at the minister's discretion. He enumerates his experience and initiatives in eastern Europe, and highlights his potential success. His project would bring glory to Louis XVI and be 'utile à la marine, au commerce, et à l'humanité'. It would enhance Turgot's reputation and be an 'époque mémorable' for his ministry.

The proposal received strong support from Condorcet. He wrote to Turgot twice on 14 August 1774 with the request that 'Le chevalier de Saint-Pierre vous demande une réponse; il est prêt à partir si vous adoptez son projet' (BSP_2761). He then outlined the benefits of Bernardin's expedition in a second communication (BSP_0283) with the assertion 'Je crois qu'il résulterait un grand avantage du voyage de M. de Saint-Pierre':

> 1° Il vous rapporterait des plantes très utiles.
> 2° Il pourrait deviner le secret de plusieurs préparations et l'origine de plusieurs substances qui sont des objets de commerce ou qui servent aux arts.
> 3° Il nous éclairerait sur l'histoire naturelle et politique de l'intérieur de l'Asie, et il pourrait en résulter de nouvelles vues pour le commerce.
> 4° Il examinerait si, actuellement que le commerce de la mer Noire est libre, il nous sera aussi utile qu'on le croit. M. de Bori prétend qu'il y aurait de l'avantage à faire venir par là nos bois de construction. Cela seul mériterait un voyage jusque-là. Le Chevalier de Saint-Pierre se contenterait d'une récompense modique.

On an unspecified date during the same month, Julie de Lespinasse writes to Condorcet to urge him to use his good offices with Turgot for 'ce malheureux chevalier de Saint-Pierre'. This Condorcet did again on 18 August:

> le chevalier de St Pierre attend une réponse. Si come on le dit la paix des Turcs laisse libre la mer noire, il s'y formera de nouvelles branches de commerce, et le voyage du chevalier de St Pierre dans ces contrées sera fort utile.

Bernardin would be contributing to France's commercial well-being through profiting from opportunities offered by the Russo-Turkish peace treaty of 21 July 1774. Unfortunately, in a letter the previous day, Turgot had informed Condorcet: 'Je ne crois pas trop possible ce que me propose M^r de St Pierre, mais je chercherai sûrement à l'employer.' D'Alembert writes, on behalf of Julie de Lespinasse, to Bernardin on 29 August:

> Mlle de Lespinasse est bien touchée des marques de confiance de Monsieur le chevalier de St Pierre. Elle y répond par le plus grand désir de l'obliger. Elle a remis sa lettre à M. de Condorcet qui voit à tous les momens M. Turgot, et qui fera de cette lettre tout l'usage que M. le Chevalier de St Pierre peut désirer. Nous sommes surs du désir que M. Turgot a bien réellement de lui être utile. Dans ces premiers moments il est accablé.

Turgot was 'accablé' because he had been promoted to the post of *contrôleur général des finances* on 24 August. He did not find employment for Bernardin.

Turgot was replaced as *secrétaire d'Etat à la marine* by Antoine de Sartine. Approaches had been made to him on Bernardin's behalf but the latter's ideas had proved impractical. D'Alembert advises Bernardin to make a personal approach on 30 March 1775:

> Je crois donc que vous ne devez pas balancer à lui écrire directement; c'est l'avis de Mlle de Lespinasse, et celui de M. le chevalier de Magallon. Il a déjà répondu à ce dernier et à Mme d'Epinay qu'il va voir ce qu'il lui est possible de faire pour vous, en conséquence de la demande que vous faites, et qu'il souhaite que les circonstances secondent l'empressement qu'il a de leur donner des preuves de ses sentiments. Je garde les deux lettres que je vous remettrai à votre retour.

Bernardin now had additional advocates: Ferdinand de Magallon, a former Spanish *chargé d'affaires* in Paris, while the marquise d'Epinay was renowned for her high-society contacts. Sartine did not oblige, as a letter from Julie de Lespinasse to Bernardin, probably in May 1775, attests:

> je suis très affligée de ce que vous m'aprenés monsieur. sur ce qui vous regarde, je croyois Mr de Sartine mieux disposé en votre faveur; je suis sure que M^r le chevalier de Magallon lui a parlé de vous, avant son depart, avec le plus vif interet; si vous croyés que de lui parler encore put vous être utile, je prierois Mme depinai, amie de Mr de Sartine, de le presser encore pour vos interets; soyés du moins bien

persuade, que rien ne refroidira mon zèle, mais malheureusement il ne suplée pas au credit.

Early in 1776, his supporters have not given up. Condorcet writes to Turgot:

> Melle de lespinasse est toujours souffrante elle n'en est que plus ardente pour tirer les malheureux de peine, elle m'a reparlé du chevalier de St Pierre. Tachez donc de faire quelque chose pour lui [...]. Il sait d'ailleurs assez de mathématiques pour conduire des travaux pour lever des plans, et vous pourriez l'emploier.

Sadly for Bernardin no position was offered, another harsh lesson in the ways of the world.

Hennin had felt on 12 June 1770 that Bernardin should benefit from the dissolution of the Compagnie des Indes and would be happy to hear his views. He had learned of the fiasco in Madagascar, and pondered the possibility of dispatching deserters and malefactors there:

> Votre détail sur Madagascar m'a intéressé. Je connoissois M. de La Marche depuis l'enfance. Il avoit eù une bonne charge qu'il avoit mangée ainsi que tout son bien. Il m'importe quelques livres que je lui avois fait passer lors qu'il travailloit au journal etranger; je n'en plains pas moins son desastre et celui de ses compagnons. Le mauvais succès de cette entreprise doit la faire abandonner pour jamais, peut etre cependant pourroit on maintenant que les Vaisseaux iront en plus grand nombre de vos cotes faire passer des secours en ce lieu et y destiner les deserteurs et autres gens qui ont merité punition, quelque malheureux honete homme se chargeroit de les conduire et il est à croire que le Pays defriché deviendroit plus sain.

During his stay in Russia, as observed in the introduction, Bernardin had proposed a scheme, the *Projet d'une compagnie pour la découverte d'un passage aux Indes par la Russie* (1763).[15] This was a geopolitical proposal, sketching historical commercial links between Europe and Asia, to set up a colony of foreigners near the Aral Sea in Central Asia. While the colony would enjoy a certain independence, it was designed to aid the Russian empire: this 'petite république d'Européens [...] deviendrait bientôt l'entrepôt du commerce des Indes' (p.218-19). He flattered the empress:

---

15   It is presented in *OCBSP* 2, p.203-38.

> Si sa majesté impériale approuve ce mémoire, que nous soumettons entièrement à la sagesse et à la profondeur de ses lumières, [...] nous osons assurer que le succès en sera très glorieux au règne de sa majesté, très profitable à l'empire, et très utile à beaucoup d'étrangers auxquels il serait difficile de procurer des établissements convenables. (p.233)

Bernardin presents his proposal as a no-risk venture:

> si cette entreprise réussit, elle peut servir d'exemple et d'encouragement pour en former une semblable sur les frontières de la Chine et sur celles de la Perse, où on trouverait également de grands avantages. Si elle ne réussit pas, tout le malheur et le danger tombent sur quelques étrangers. (p.234)

Her majesty has nothing to lose and will gain 'le renom immortel d'avoir tenté une entreprise glorieuse à son règne'. The proposal did not find favour with Catherine if indeed she ever considered it.

Bernardin's proposals for France were of a more practical nature. His schemes relate to three areas: Corsica, Asia and America. In relation to Corsica, one recalls that Jean-Jacques Rousseau had drafted a *Projet de constitution pour la Corse* in 1765. This was unpublished in his lifetime, and it is not known whether Bernardin had sight of it or talked about it to his friend. Of more immediate relevance was the takeover by France of the island in 1768. As we have already seen, while he was in the Indian Ocean, Bernardin received a letter from the diplomat Claude Joseph Girault, dated 28 June 1769, detailing current affairs. The letter asserted that 'les affaires de Corse varient beaucoup et vont lentement.' It is in this context that Bernardin made proposals, more especially as he claimed in a letter of 17 March 1773 to Hennin that the *Voyage à l'île de France* had recently gained him admirers: 'mon livre me fait des amis.' (The choice of the term 'amis' is eloquent given his relationship with his readers.) He sent Condorcet, almost certainly in 1774, some 'Nottes pour servir au projet d'un etablissement en corse' for onward transmission to the minister, Turgot.[16] In the first place, he suggests the creation of a hybrid force of soldier-farmers which would be sent from France:

> si l'on se propose d'établir des agriculteurs en corse qui puissent se deffendre contre les bandits, faire des defrichés sans qu'il en coute au

---

16 Since the notes are located with Turgot's papers, Condorcet clearly obliged. It is probable that Bernardin sent the notes to Turgot in the summer of 1774 (BSP_2851).

roi des frais trop considerables, et qui s'attachent à leur culture sans regretter leur patrie il me semble necessaire de créer une compagnie de soldats ouvriers qui soient tenus de donner pendant six ans la moitié de leur temps pour le roi et l'autre pour leur compte.[17]

He remarks that a similar scheme had been tried out in Mauritius without success. However, his would be subject to greater scrutiny and organisation:

on emploieroit leur temps pour le roi à defricher un grand terrain propre a faire une pepiniere ou l'on essayeroit touttes les plantes qui peuvent reussir en corse, a equarir les bois qui peuvent servir à la construction des vaisseaux, a batir logis, magasins, hopitaux et autres batimens necessaires a lusage commun de cette petite colonie.

on employeroit leur temps pour eux a defricher, planter batir et mettre en valeur pour chacun d'eux une habitation qui leur seroit donnée après le terme de leur service, promesse qu'on a faitte à quantité de soldats et qu'on na jamais executé.

il est a presumer que dans ce double travail qui tourne a leur avantage et leur donne lesperance d'etre proprietaire de six ou 7 arpens, ils se porteroient avec la plus grande activité a ces travaux qui se faisant en commun seroient bien plus faciles que celles qu'entreprennent des cultivateurs isolés.

One notes that he points out that the French authorities had not kept their promise to the colonisers, as fulfilling such a commitment was essential for good government. These new colonisers would be more disciplined than 'simples cultivateurs'; they would be 'dhonnetes paysans, ayant femmes, enfans' and not 'engagés comme la pluspart des soldats par libertinage'. Bernardin is criticising current methods of recruitment for the colonies based on his experience in Mauritius. He makes a further suggestion:

mais avant de former cette compagnie, si le ministre m'honore de cette comission, il me semble que pour former un projet raisonnable, il convient que je sois envoyé dans cette isle, pour connoitre la nature du lieu, les difficultés a eprouver, de la part des habitans, et meme des compatriotes. pour eviter les frais inutiles, il convient de faire preparer

17 Bernardin envisaged advantages if the French dispossessed had been sent to islands overseas: 'Que de retraites heureuses eussent trouvées, dans ces îles fortunées, nos pauvres soldats et nos paysans sans possessions! [...] Il n'en eût guère coûté à l'Etat que les frais d'établissement des premières familles' (*EN*, p.838).

> davance les cases, logemens, magasins, et vivres pour leur arrivée, sans quoi on les exposeroit à de grands inconveniens. il est expédient de connoitre si les corses peuvent entrer dans cette compagnie, si les mariages entre les deux nations peuvent avoir lieu etc…etc…

He cites his experience in Russia and Mauritius, and claims that he would return to France the following February to 'presenter au Ministre mes observations conformes aux instructions quil aura la bonté de me donner'. He ends by declaring that 'le retablissement de cette isle' is worthy of France, of Turgot and Louis XVI.[18] Yet he was to be disappointed in Turgot, as he later told Mme Necker on 26 January 1780:

> les philosofes étoient, dit-on, mes amis. voici à qu'elle occasion je me suis séparé d'eux. un frere imprudent persuadé que j'avois fait fortune parce que j'avois fait un livre, vint de l'amerique se jetter dans mes bras et implorer mon crédit. il comtoit faire un riche mariage à s^t domingue, si je lui obtenois en france une commission de capitaine. il n'avoit pas de soutien. j'étois malade et sans argent. c'étoit vers le tems ou le Roi m'accorde une gratification de cent pistoles, le seul revenu que j'aye au monde. Mr turgot avoit dit chés les philosofes, avant d'etre Ministre, qu'il souhaitoit etre un jour en place, pour etre a portée de me faire du bien. il étoit alors controleur général: l'occasion ne pouvoit etre plus pressante. je fis donc part de mon embaras aux amis de M^r. turgot qui se disoient les miens. je demandois qu'on augmantât de quelque chose ma gratification afin de me donner les moyens de faire retourner mon malheureux frère à s^t domingue, ayant épuisé pour lui mon crédit auprès de Mr. de Sartine. Ils m'envoyerent en réponse, un fragment de lettre du 1er commis des finances leur ami intime et celui de M^r. turgot, qui m'annoncoit que ma gratification ne me serait payée que dans deux ans.

---

18   The abbé Bergier would later write to Bernardin on 15 May 1776 with extended remarks on Corsica: 'M. l'abbé Roubeau pendant son séjour de huit ou dix jours en Corse a parcouru l'isle avec ce coup d'oeil d'aigle qui voit tout, embrasse tout, conçoit tout, au premier instant; il revenoit avec la tête grosse de projets, de plans économiques et politiques, de changemens salutaires a faire pour la prosperité de cette conquête. Si tout cela est autant de spéculations perduës et de desseins avortés avant terme; quel malheur pour l'humanité. Un des plus sublimes que l'on ait conçu a cet égard étoit le projet d'envoyer un bon nombre de filles de Marseille et de provence en Corse pour y porter les moeurs pudiques de nos climats et la maladie qui en est le salaire ordinaire.'

He continues in the same vein, although surely aware that he was addressing the wife of an enemy of Turgot:

> s'ils avoient été mes amis, en auroient ils agi ainsi? les pensions, les emplois faciles, les bagues au doigt se distribuoient à leurs clients. ils ne me parloient à moi que de m'expatrier, quoique je leur en eus témoigné la plus grande repugnance. M^r. turgot avoit été un moment ministre de la Marine et alors il m'avoit fait inscrire pour un consulat; j'avois beau leur dire qu'il y avoit bien des personnes sur la liste des consuls, que M^r. de Sartine ne rempliroit pas les engagements de son prédécesseur, ils me parloient toujours de M^r. turgot Ministre de la marine, et jamais de M^r. Turgot controlleur général. quelquefois, il est vrai, ils me disoient, nous chercherons quelque chose pour vous dans l'almanach royal, mais ils ne trouvoient jamais rien qui put me convenir dans toutte la finance. j'ai cru longtemps qu'ils en agissoient ainsi pour complaire à un grand seigneur qui m'avoit voulu faire retourner à l'isle de france, et qu'ils avoient conté m'y forcer en me coupant les vivres où au moins en m'en faisant la peur. j'ai sçu depuis par un homme de bien de leurs amis que le chef des philosophes ne m'avoit pas servi parce que je n'avois pas ses opinions.[19]

Manifestly Bernardin felt a sense of grievance and yearned for better treatment.

If Bernardin had not succeeded with Turgot, he returned to his project under a new regime, that of Jacques Necker, in 1778.[20] He tells Mesnard de Conichard, a government official, on 27 February 1778 that if the king would pay the expenses of a journey to Corsica:

> je tacherois d'en raporter quelques vues utiles, au commerce, à l'agriculture a sa population et sa deffence je m'occuperois particulierement des objets qui merittent votre attention et qui me seroient déterminés par vos instructions. en attendant, Monsieur, je prepare un plan raisonné des choses que je me propose d'examiner dans ce voyage.

---

19 While the 'chef des philosophes' would almost certainly be identified in most contexts as Voltaire, here it probably refers to D'Alembert.
20 Corsica was still on his mind in 1777, as he passes a remark on the destructive power of contemporary females: 'des nations entieres ont vu leurs liens se dissoudre par leur malignité et de nos jours meme la Corse voit encore les femmes de ses habitans eterniser ses malheurs en inspirant a leurs enfans des vengeances implacables' (manuscript of the *Discours sur l'éducation des femmes*, Bibliothèque municipale de Besançon, Ms Académie 38, no.6, f.557*v*).

In June 1778, Bernardin tells Hennin, now a *premier commis* of the foreign minister, Vergennes, that 'depuis 6 ans jai jetté sur le papier un grand nombre d'idées qui ne demandent plus qu'à etre mises en ordre'. He reminds Hennin of his travels abroad, of the disorders encountered. Were he to enjoy the time and means, he would 'laisser à ma patrie quelque moyen de subvenir a tant de malheureux dont chaque année accroit le nombre. j'avois meme proposé de realiser ce projet en Corse par une constitution nouvelle de colonie.' A rather dispirited Bernardin laments to the same correspondent on 2 July 1778 regarding projects which have received no backing, 'tantost a faire un voyage dans le nord de l'inde, tantost a fonder une colonie dans lisle de corse'. Once again to Hennin on 5 September 1778, he bemoans the French government's ineptitude at founding colonies in Corsica and elsewhere:

> mais voici une grande difficulté, les concessionaires de la corse ainsi que Mr de Chaumont concessionaire en amerique n'etabliront jamais d'habitant[s] dans leurs proprietes, 1° faute des moyens, 2.° par ce que de toutes les nations nous sommes celle qui entendons le moins a fonder et a faire fleurir une colonie.
>
> nous ne connoissons qu'un moyen très dispendieux, très inconsequent et très inhumain. cest d'envoyer une multitude incroyable d'employés inutiles, d'y joindre les plus mauvais sujets en tout genre des femmes de mauvaise vie, des libertins de Bonne famille, et de poser pour baze de ces societés les malheureux noirs.

In the letter to Mme Necker on 26 January 1780 detailing his setbacks, Bernardin states that he had asked her husband to allow him to undertake a 'voyage en corse', which he would have described in the manner already deployed in his account of Mauritius.[21] In an undated letter to the same correspondent, seemingly composed between 1777 and 1781 (BSP_0343), but probably in the earlier part of that period as her husband had been appointed as the *directeur général des finances*

---

21   He had possibly forgotten that Mme Necker had told him on 2 July 1778 that his project had not met with success: 'M. le Controlleur general n'a pu se charger, Monsieur de faire agréer a M. du Mui le projet sur la Corse.' In an undated letter to an unknown correspondent (BSP_2326), Bernardin states: 'que de maux a entrainé a la malheureuse corse cette haine de famille en famille. qui chercheroit la perte de cette nation voit quelle vient des familles les chemises ensanglantées de lassassinat des peres montés sur leur [*trois mots illisibles*] veroit que la ruine de la nation a eu pour racine une malheureuse plaisanterie un dedain.'

in June 1777, Bernardin makes proposals. He states that the king is reputedly repossessing some lands which might usefully be exploited:

> on dit que le roy va rentrer dans ses domaines engagés. quon m'en accorde une la portion la plus inutile et qu'on me permette de choisir quelques familles dans la classe du peuple le plus malheureux, je m'offre d'augmenter les revenus du roy de rendre une terre feconde et des hommes contents de leur sort. et Si mon essay ne reussit pas, il aura peu couté, la terre et les hommes n'en seront pas plus miserables.

Were his scheme to succeed, it 'peut servir a reformer nos colonies, a y detruire les abus et a en etablir de mieux ordonnés a offrir de l'emploi pour cette multitude infinie dont la misere augmente a proportion de lopulence des riches'. Furthermore, it might provide employment for those sheltered in institutions for the destitute and foundlings. In a letter of 11 November 1780 to Hennin, he doubtless refers to the proposal sent to Mme Necker some time before that her husband 'm'obtint une concession dans les domaines du roi pour y etablir en forme de colonie quelques pauvres familles de paysans. on ne me repondit rien.' Here Bernardin was using the term 'colonie' to refer to uncultivated land in France.

In the first few weeks of October 1778, probably 6 October,[22] Bernardin wrote to the foreign minister. He knew that Vergennes was heavily involved in France's commitment to the American War of Independence. He had discussed his proposal with Vergennes's assistant, Hennin, as is evidenced in a letter on 5 September 1778 where he appeals to his 'patriotisme' and declares:

> si [...] jetois envoyé en amerique pour l'objet dont nous avons parlé[,] un de mes plus grands soins seroit de bien conoitre la qualité des terres concedées a la couronne, de m'occuper des moyens peu dispendieux et tres nouveaux d'y etablir une colonie heureuse, et den faire resulter pour vous et vos amis des seigneuries honorables et lucratives.

The letter to Vergennes begins by stating that America, 'notre alliée', is unlike Asia and Africa, which are 'peuplées de nations barbares' where 'le commerce seul nous conduit', as it is 'formée de peuples europeens'. He reiterates his experiences abroad and his lack of

---

22 Bernardin wrote to Hennin on that date: 'j'espere que votre amitié viendra au secours du memoire que je envoye aujourd'hui à M.ʳ Le Comte de Vergennes.'

reward, before outlining what he envisages a trip to America would reveal:

> [dans] les voyages de terre chaque pas est interessant, et les homes surtout, tous les mois je vous envoyerais un journal de ma route et de mes observations et prenant depuis le nord jusquau midi des possessions anglaises en suivant les bords de la mer, les havres, et tout ce qui interesse le comerce, je cotoyerais la partie occidentale, remplie de peuples iroquois de nations sauvages, voyage egalement utile à lamerique et à la france par les plantes quon peut lui procurer, le degré de civilisation est infiniment curieux.[23]

Having received no reply, he writes anxiously to Hennin on 20 October:

> je ne scais que penser du silence du Ministre et du votre Sur les deux objets de mon mémoire. l'a til lu, l'a til aprouvé. est il dans son portefeuille? je sens bien l'importance des grandes affaires que vous traittés et cest cette importance qui me fait craindre que vous n'oubliés la mienne. Souvenés vous donc que vous m'avés tiré des douces speculations de la nature et de la societe des muses pour me transporter dans les vastes forets de l'Amerique.

He reminds him that time should not be lost in following up his project:

> si la france n'a point renoncé pour toujours au continent de l'amerique, si elle a de la reconnaissance a attendre des colonies angloises, si celles ci a leur tour ont besoin de faire des alliances avec les nations sauvages qui les avoisinent vers la mer du sud, jamais circonstance ne fut plus favorable pour en faire la découverte. attendra ton que les espagnols toujours avides d'or, poussent leur petite garnison à l'occident des apalaches, de postes en postes, et qu'ils disent un jour à la france et aux Angloamericains, tous les rivages de la mer du sud sont a nous?
>
> vous voyés que mon projet n'est pas d'un simple voyageur, qu'il importe egalement aux deux puissances que cette découverte soit tentée le plustost possible, pour leur avantage commun.

This is succeeded by another letter on 26 October 1778 detailing his innovative ideas and urging Hennin to convince the minister of the

---

23 In what could be interpreted as an example of tactical, false modesty, Bernardin stresses his independence: 'ce nest pas que je suis bien scavant, mais ne tenant a aucun corps [...] je pourais etre trompé mais je ne tromperais pas.' Jocelyne Moreau-Zanelli draws attention to Bernardin's projects concerning America in *Gallipolis: histoire d'un mirage américain au XVIII*[e] *siècle* (Paris, 2000), p.68.

benefits which will accrue to France. On 20 November 1778 Bernardin is still seeking a ministerial reply while recognising the magnitude of Hennin's commitments – 'la multitude de vos affaires et leur poids' – and acknowledging that his scheme might provoke 'la fin de ma vie dans l'accomplissement de mes devoirs envers ma patrie et mes amis'. A Bernardin project, supported by Hennin, cannot be countenanced at a delicate time. The diplomat informs him on 23 January 1779 that he will have to wait until it is clear 'comment la grande affaire finira', a veiled reference to the American War of Independence. Notwithstanding his repeated pleas, his projects were not approved.

He suggests to his imprisoned brother, Dutailli, in a letter of 1779 (BSP_0410) that the latter might occupy himself depicting French peasants settled overseas:

> representés nous les laborieuses familles de nos pauvres paysans chassés de toutes les terres par les grands propietaires, transplantées dans ces isles si fécondes, élevant d'un travail facile leurs nombreux enfants, étendant la puissance francoise dans ces terres presque desertes, et faisant rettentir le nom de louis sur les rivages de ce vaste archipel, comme il rettentira un jour dans les montagnes de la franche comté.[24]

He reminds the marquis de Castries, the minister for the Navy, on 24 December 1780, of what he had proposed in relation to Mauritius:

> l'isle de france qui produit le bled de l'europe pouvoit etre cultivée par des européens, et que cette culture plus utile à la surabondance de nos paysans et plus humaine que celle des negres rendroit un jour cette isle plus pretieuse que celles des epiceries en la rendant une pepiniere de matelots et de soldats françois.

Later on, Bernardin proposes that poor peasants in France would be better off in French possessions across the Atlantic:

> Pourquoi forçons-nous les peuples de l'Afrique de cultiver nos terres en Amérique, tandis que nos paysans manquent chez nous de travail? Que n'y transportons-nous nos familles les plus misérables toutes

---

24 In the same letter Bernardin talks of 'le sort afreux des negres dont l'esclavage renferme tous les maux, et l'odieuse licence des blancs dont l'oisiveté produit tous les vices'. The general purpose of this letter is to encourage Dutailli to keep mentally active: 'occupés vous. le travail est un don du ciel, il bannit l'inquietude, il fixe nos idées et aporte toujours à sa suitte quelque heureux fruit.'

entières, enfants, vieillards, amants, cousines, les cloches même et les saints de chaque village [...]? (*EN*, p.359)

One should not assimilate Bernardin's strictures on slavery with comparable views about colonialism. On that matter, his feelings were mixed, taking into account the manner in which colonial activities were organised. What is evident is that he saw, at least early on, opportunities for himself in colonial postings.

Trade figures prominently in Bernardin's thoughts as an obvious link between countries and peoples: 'Il a fallu que les hommes se soient liés d'abord par le commerce dans toute la terre' (*HN*, vol.3, p.33). In the fictional *L'Arcadie* Bernardin writes: 'Jupiter, le père des hommes, a voulu lier par un commerce réciproque de bienfaits tous les peuples de la Terre, pauvres ou riches, barbares ou civilisés' (*OCBSP* 1, p.568).[25] The implication being that the world's bounty may be created in various climes, but trade facilitates their sharing as well as fostering international links. Also in *L'Arcadie*, Céphas explains that 'Chaque pays a des biens qui lui sont particuliers, et qui servent à entretenir la communication entre tous les peuples par des échanges réciproques' (p.606). For some thinkers at the time, trade could be considered as bringing the dispersal of 'gifts' ordained by divine providence.[26] For others, the *doux commerce* betokened a civilising mission.[27] Bernardin was not always so sanguine. He laments in the *Vœux*:

> Aujourd'hui que les puissances de l'Europe, éclairées par leurs intérêts pécuniaires, portent leur ambition vers le commerce, ce ne sont point les corps du clergé et de la noblesse qui nous attirent des querelles nationales; ce sont les corps du commerce. Combien de guerres ont été excitées jusqu'aux extrémités du monde par les compagnies européennes des Indes, [...]. La dernière guerre qui a mis en armes l'Angleterre, la France, l'Espagne, le Portugal, la Hollande, le cap de Bonne-Espérance, les Indes orientales, les deux Amériques, et qui a achevé le déficit de nos finances, lequel nécessite aujourd'hui nos états-généraux, doit son origine à la compagnie anglaise de la Chine, qui voulait obliger les habitants de Boston de payer un impôt sur le thé.

---

25 In the same text, at work, Bardus 'chantait les avantages de l'industrie et du commerce, qui lient tous les hommes' (p.593).
26 Anoush Fraser Terjanian, *Commerce and its discontents: eighteenth-century French political thought* (Cambridge, 2013), p.14.
27 John Shovlin, *Political economy of virtue: luxury, patriotism and the origins of the French Revolution* (Ithaca, NY, 2006), p.6.

> Ainsi les derniers orages qui ont troublé le repos du monde sont sortis d'une théière. (*BSPOC*, vol.1, p.685b-86a)

Mixed in with this jeremiad is the selfish and destructive interest of the detested *corps*:

> ce qui fait la ruine et le malheur du genre humain, c'est lorsqu'une patrie elle-même, intolérante comme les corps qui la composent, se met entre les autres patries, et veut avoir à elle seule la science, le commerce, la puissance et la raison de tout l'univers. (p.686b)[28]

By contrast, Bernardin can sing the praises of the 'plébéien' who is a 'simple commerçant':

> c'est le commerce qui vivifie les empires; c'est au commerce que les deux plus riches états de l'Europe, la Hollande et l'Angleterre, doivent leur puissance; c'est par le commerce que leurs marchands voient à leur solde non seulement une foule de gentilshommes, mais des princes et des souverains. Le commerce même élève sur le trône. (p.689a)

One can thus acknowledge that Bernardin is not some woolly thinker detached from the realities of his contemporary world. Indeed, he acknowledges, further on in the paragraph just cited, the exceptional impact of Christopher Columbus in bringing about the changes in the modern world. He notes the rivalries of the Dutch and English East India Companies and the effects on the importation of cotton in France (*Suite*, p.731a).[29]

---

28   He had already stated in the *Etudes de la nature*: 'Mais lorsque dans une société des corps tournent à leur profit les malheurs d'autrui, ils perpétuent ces mêmes malheurs, et les multiplient à l'infini' (p.852). Established authority should always be subject to challenge. A task often undertaken by Bernardin is to 'garantir la génération future de l'autorité des noms accrédités par les corps' (*HN*, vol.2, p.107).

29   Bernardin is ironic in his depiction of the English scientist sent to India in *La Chaumière indienne*. He is accorded an immense retinue by the director of the English East India Company 'pour l'honneur de sa nation et la gloire des sciences [...] On eût pris le docteur, avec son bel équipage, pour un commis de la Compagnie des Indes' (*OCBSP* 1, p.849-50). Chantale Meure detects a distinct anti-English facet in this tale: 'Bernardin met en scène une Inde qui se défait sous l'effet conjugué de rivalités intestines et de l'impérialisme anglais. Ce qui était reproché à la France dans *Paul et Virginie* est déplacé vers la puissance montante de l'époque' ('L'usage de l'Inde dans les fictions de Bernardin de Saint-Pierre', in *Lumières et océan Indien*, ed. C. Meure and G. Armand, p.193-211, 201).

Bernardin's attitude to colonisation and overseas initiatives had both personal and general dimensions. Evidently, in his younger days, he was searching for a viable career with opportunities blocked in France. His experience of the French colony of Mauritius was chastening and created a deep-felt anxiety about any future posting in French service. As a result, the *mémoires* that he drafted for government consideration tended to involve him in his own leadership role. He would thus not be subject to the whims of government officials of superior rank, far away from Versailles. In furthering these initiatives, he followed the current practice of enlisting the help of those who might exert influence, even if they did not possess power themselves. The aid of Hennin was sought over many years, first as a diplomat serving abroad, then as a *premier commis* at Versailles. In the early 1770s, Bernardin was not averse to using the good offices of a *philosophe* such as Condorcet to advance his claims with the latter's ministerial friend, Turgot. However, ever-present at least in the back of Bernardin's mind, was an anxiety, not just about his own future, but about that of France. As we saw in his depiction of the Dutch colony at the Cape of Good Hope, Bernardin had witnessed a better way of organising a society. It is to this topic that the next chapter will be devoted.

3. Regeneration

A fundamental conviction of Bernardin was that 'Le bonheur de chaque homme est attaché au bonheur du genre humain. Il doit travailler au bien général, parce que le sien en dépend' (*EN*, p.134). Human beings have organised their affairs inappropriately: 'la plupart des maux du genre humain naissent du vice de nos institutions et non pas de la nature' (*EN*, p.961). Bernardin's mission is to highlight failings and point people in the right direction: 'Je désire rappeler à des hommes ingrats la route du bonheur qu'ils ont perdue, et la tracer à leurs enfants innocents' (*HN*, vol.1, p.6-7). An improvement in society required reciprocal efforts and a raised awareness in individuals which Bernardin linked to the idea of regeneration. 'Regeneration' is a term connected with the thought of many late-eighteenth-century reformers. It possesses theological resonances. In the 1762 edition of the *Dictionnaire de l'Académie française*, it is defined as 'en parlant du Baptême, se dit figurément pour Renaissance. *Il n'y a point de salut sans la régénération en JESUS-CHRIST*' (p.571). Notwithstanding his resolute belief in God, Bernardin championed particularly the idea of moral regeneration. He advocated working towards harmonious human relationships as a necessary step to social and political reform. Through striving for virtue, not a natural quality, human beings could establish harmony within themselves and thus with others: 'La vertu est pour l'homme la véritable loi de la nature; elle est l'harmonie de toutes les harmonies' (*EN*, p.138).[1] Virtue did not depend on birth,

---

1 Cf. *EN*, p.404: 'Infortunés mortels, cherchez votre bonheur dans la vertu.' For an informative treatment of the concept of virtue, see Marisa Linton, *The Politics of virtue in Enlightenment France* (Basingstoke, 2001). See also the same author's *Choosing Terror: virtue, friendship, and authenticity in the French Revolution* (Oxford, 2013), particularly ch.1, 'The eighteenth-century man of virtue', p.26-47.

wealth or status. Its acquisition was a prerequisite for those seeking legitimacy in participating, to a greater or lesser extent, in public life. Such a moral authority embodied in an individual could be envisaged as undermining the traditional power of the Church and the monarchy in France. For Bernardin, a belief in the deity was innate and reinforced by an understanding of the order and workings of nature. It was an understanding which did not depend upon revealed religion, as nature had revealed itself before the composition of theological texts. The Book of Nature preceded the books of scripture. His thinking was thus in line with the classical republican ideal of virtue dedicated to public rather than private interest. Moreover, the thrust of his writings was designed to convince, even to seduce, his readers into seeing their lives in a new light. Through his appeal to their sensibility, readers could experience a feel-good factor, a realisation that they were or might be 'born again' in moral terms. Mona Ozouf states: 'L'idée d'homme nouveau est très loin, quand la Révolution éclate, d'être une idée neuve. Tout le XVIIIe siècle a rêvé autour des images de la seconde naissance',[2] while Antoine de Baecque asserts that 'l'appel à la régénération' needs to be understood, particularly in the final quarter of the eighteenth century, in the context of the view that France and the French were in the process of degeneration.[3] The dialogue in *Paul et Virginie* between the Vieillard and Paul highlights the decadence of France in recent times (*OCBSP* 1, p.271-83). Bernardin attributes evil to society: 'L'homme naît bon. C'est la société qui fait les méchants' (*EN*, p.371), 'l'homme est bon de sa nature' (p.451) and 'la nature a fait l'homme bon' (*HN*, vol.3, p.42).

Bernardin's preoccupation with the political scene was explored in the introduction. He had a brief acquaintance with the Seven Years War, went to Malta which was threatened by Turkish invasion, and

2 'Régénération', in *Dictionnaire critique de la Révolution française*, ed. François Furet and Mona Ozouf (Paris, 1988), p.821-31 (821). See also Robert Favre, 'La Révolution: mort et régénération, ou la France "phénix"', *Dix-huitième siècle* 23 (1991), p.331-44.
3 'L'homme nouveau est arrivé: la "régénération" du Français', *Dix-huitième siècle* 20 (1988), p.193-208 (194). France was of course affected by its defeat in the Seven Years War (see Edmond Dziembowski, *Un Nouveau Patriotisme français, 1750-1770: la France face à la puissance anglaise à l'époque de la guerre de Sept Ans*, SVEC 365, 1998). Further turmoil was provoked by the appointment of Maupeou (see Durand Echeverria, *The Maupeou Revolution: a study in the history of libertarianism, France, 1770-1774*, Baton Rouge, LA, 1985). Bernardin returned to France in 1771, just a few months into Maupeou's exercise of power.

experienced the problems of eastern Europe. While in Mauritius, he was kept up to date with events in Europe. He had knowledge of the American War of Independence through Hennin and from the peripheral involvement of his brother, Dutailli,[4] and a cousin, Pierre Godebout. The latter was an officer on board a ship which, according to a letter of Catherine-Dorothée on 8 June 1777, 'portait des munitions de guerre pour l'Amérique'.[5] She relates on 16 May 1779 that Godebout was taken prisoner 'sur parole en Ecosse' and news of his release is only conveyed on 20 February 1780: 'Notre cousin Godebout vient d'arriver de sa détention d'Angleterre à titre d'échange.'

A characteristic of Bernardin's thought is its continuity. It is therefore appropriate and more revealing to elucidate it in a thematic rather than a chronological fashion in order to maintain a coherent focus. While he developed a universal range of values, he paid particular attention to the needs and practices of France. He felt 'obligé de parler du vaisseau de l'Etat' on which he is a passenger, and compelled to concern himself with the 'prospérité de sa navigation' (*EN*, p.815). Even in the 1760s and 1770s, Bernardin demonstrated a sense of France's deficiencies, the necessity for renewal and the desirability of fresh initiatives. These initiatives were to be enacted not on the battlefield but through commerical ventures, often outside France itself. While these two decades saw Bernardin seeking primarily personal advancement, one should not neglect his disquiet at the state of his country. Although Hennin had warned him on 30 July 1778 that 'la carrière politique' was 'la pire de toutes par son incertitude',[6] Bernardin was not averse to resorting to his pen in this field.

Arguably because of his own sense of exclusion, Bernardin highlighted the misfortunes and mistreatment affecting those marginalised by established authority. Into this category he included the *peuple*, the peasants, the poor and slaves. He championed the *peuple*: 'c'est lui

---

4   Although his sister, Catherine-Dorothée, was wont to call Dutailli the 'gendarme' because of his military profession, his new role earned him the nickname 'l'insurgent', which she was still using in a letter of 15 December 1783.
5   One recalls the role of Le Havre in shipments to the American insurgents in which Beaumarchais played a significant role (see Brian N. Morton and Donald Spinelli, *Beaumarchais and the American Revolution*, Lanham, MD, 2003).
6   Hennin had expressed similar sentiments to his friend on 6 August 1766: 'quant a la politique je ne conseillerai jamais à personne de suivre cet etat. Il est trop incertain et environné de trop d'ecueils.' In this quotation, 'etat' effectively means a job.

qui me nourrit, qui m'habille, qui me loge, et qui s'occupe souvent de mon superflu, tandis qu'il manque quelquefois du nécessaire' (*EN*, p.817).[7] How therefore does he classify this substantial section of society? On the same page he offers the following description: 'J'entends par peuple, non seulement la dernière classe de la société, mais un grand nombre d'autres qui se croient au-dessus.' Bernardin dislikes the term 'tiers état', which he finds demeaning, and judges such a term impossible to imagine in Ancient Rome or contemporary England. He makes an incisive point in stressing the significance of words in the *Vœux d'un solitaire*:

> Or, comme les hommes forment à la longue leurs idées, non sur les choses, mais sur les mots, la justice demande que le surnom du tiers-état, imposé au peuple depuis quelques siècles par des corps privilégiés [...] soit remplacé par celui de communes [...] afin qu'il leur rappelle à tous l'intérêt commun. (*BSPOC*, vol.1, p.688a)

He makes an absolute assertion: 'Par tout pays le peuple est tout' (p.687b). The happiness of the *peuple* 'fait le bonheur général' (p.688a), yet 'la misère de vingt millions d'hommes' is signalled. Bernardin lived in the rue de la Reine blanche in the impoverished Saint-Marcel district on the left bank of the Seine. On 22 June 1786 he told Hennin: 'vous etes surpris que je me sois logé si loin de Versailles, mais étant dans la classe des pauvres je me suis logé dans leur quartier.'[8] It was while he lived there early during the Revolution that his fellow residents elected him to office, as Haim Burstin explains:

> Lors de leurs premiers choix électoraux, les districts s'étaient spontanément tournés vers les hommes les plus en vue, les hommes de culture influents qui dirigeaient les institutions scientifiques et académiques du quartier: cette symbiose entre les lieux de culture

---

7   Robin Howells provides a perceptive analysis of the place of the *peuple* in Bernardin's writings, including occasional inconsistencies ('Bernardin et le peuple', in *Bernardin de Saint-Pierre au tournant des Lumières*, ed. K. Astbury, p.77-90). Howells notes the increasing attention to the *peuple* in the final quarter of the century (p.77).
8   He makes the same assertion to the same correspondent on 8 July 1786: 'Vous voyés donc que quand je me suis logé dans le quartier des pauvres, je me suis mis a la plaçe ou je suis classé depuis longtems. je ne scais si Mr de Chamfort connoit des personnes qui s'interessent à moi et qui craignent pour ma sureté dans la rue de la reine blanche.' Chamfort declared that 'Les pauvres sont les nègres de l'Europe' (*Maximes et pensées*, Paris, 1968, p.168).

et sections populaires constituaient une des originalités du faubourg Saint-Marcel.[9]

Bernardin was not a member of prestigious bodies, but his reputation was sufficient.[10]

Bernardin supported the cause of the dispossessed. He had been exposed to the misery of the peasantry in eastern Europe. He tells the duc de Choiseul in a letter probably composed in 1766 (BSP_0084) that the 'paysans russes sont esclaves des seigneurs et sujets du prince'. Yet in the *Voyage en Russie*, he contends that even as 'esclaves', 'ils ne sont pas traités si durement qu'en Pologne' (*OCBSP* 2, p.173). According to the *Voyage en Pologne*, Poland is divided into two peoples: 'Il y a deux nations en Pologne, les paysans et les nobles' (*OCBSP* 2, p.141). He further asserts:

> la pauvreté des paysans passe tout ce qu'on peut en dire. Ils couchent sur la paille pêle-mêle avec leurs bestiaux. Ils sont si sales que leur malpropreté a passé en proverbe. Ils n'ont ni linge, ni chaises, ni tables, ni aucun des meubles nécessaires. Ils travaillent toute l'année pour des maîtres barbares qui ont sur eux droit de vie et de mort. (p.142)

He composes *Le Vieux Paysan polonais*, published posthumously, to stress their plight.[11] In it the Polish peasant presents himself as humble but respectful before Catherine the Great. He depicts her as the mother of her subjects and beseeches her on behalf of his distressed countrymen:

---

9 *Une Révolution à l'œuvre: le faubourg Saint-Marcel (1789-1794)* (Seyssel, 2005), p.148.
10 His aversion for enclosed spaces prohibited his extended commitment to this responsibility. He informed Baudoin on 1 March 1790: 'J'aurois fort désiré avoir part a leur gloire ainsi qu'à leurs titres, mais depuis beaucoup d'années ma santé ne me permet pas de me trouver à aucune assemblée. C'est une des principales raisons qui m'a toujours empêché d'être d'aucune Corporation. je l'objectai inutilement au District de Saint-Marcel, lorsqu'il me fit l'honneur de me nommer pour son Electeur à la Ville. le désir d'être utile à la chose publique me fit correspondre à un vœu si conforme aux miens; mais j'éprouvai bientôt qu'il y a des maux que le tems ne fait qu'accroître. il me fut impossible de rester dans la salle de l'hôtel de ville quoiqu'elle ne fut encore remplie qu'au deux tiers. je fus forcé d'en sortir pour respirer; et dès le même soir je me démis d'une fonction qu'il m'avait été si doux et si honorable de remplir. la Nature m'oblige donc de vivre dans la solitude et ce n'est que là qu'il m'est possible d'exister et de penser.'
11 *OCBSP* 2, p.239-67.

> Nos droits, si les malheureux en ont, sont plus anciens que les traités d'Oliva; la politique n'en a point de si respectables, ni la religion de plus sacrés; ce sont les droits de la nature, que deux millions d'hommes réclament par ma voix: notre misère est si grande, qu'on ne peut l'augmenter sans nous détruire; elle est si ancienne, que personne ne nous plaint. (p.256-57)

Their grievances are outlined as they are now 'privés des premiers biens que le ciel n'a pas refusés aux bêtes sauvages; nous n'avons point de liberté' (p.257). Their condition is wretched: 'nos enfants naissent au milieu des plus sales bestiaux, pauvres, nus, misérables, et n'ayant rien qui les distingue que leur sensibilité, qui en doit faire des hommes et des infortunés' (p.258), 'aux champs nous sommes des bêtes de charge, des esclaves à la ville' (p.259). He implores Catherine: 'Grande impératrice, mettez fin à tant de misères' (p.262). Peasants need land as a condition of freedom. Those who have no connection with the land that they work have no sense of allegiance. The Polish peasant repeats his request: 'Respectable souveraine: de la liberté et des terres! Voilà mes instructions; voilà l'objet de nos souhaits et le principe de tout bonheur' (p.263).[12] One remembers Bernardin's advocacy of land being allotted to settlers in Corsica. The treatment of the peasantry is superior in the *Voyage en Silésie* published in 1807 but drafted in the 1790s, where 'la liberté des paysans rendait un pays mieux cultivé, et leur seigneur plus heureux.'[13] In the *Voyage à l'île de France* we learn that

---

12   The peasant also censures the Polish nobility for their callous behaviour: 'Nobles polonais, vous avez abusé de notre liberté, et aujourd'hui vous réclamez la vôtre; vous nous avez dépouillés de nos biens, et toutes les nations se disputent vos provinces. Une partie vous a été enlevée; les Suédois, les Prussiens, les Russes se promènent tour à tour dans vos domaines. Quand nos voix suppliantes imploraient votre miséricorde, vous avez rejeté nos prières; et vous vous humiliez aujourd'hui devant des paysans semblables à nous. Vous cherchez des asyles chez ces Moscovites, si longtemps méprisés par votre orgueil injuste. Le ciel les a rendus nos vengeurs et vos maîtres. Quelle loi venez-vous réclamer ici, quand vous avez violé la nature qui nous rendait égaux, l'humanité qui veut que les hommes s'entraident, et la religion qui leur ordonne de s'aimer?' (p.260-61). In the *Vœux d'un solitaire*, Bernardin asserts in relation to Poland that 'la noblesse aristocratique de ce pays a éprouvé, dans tous les temps, une suite perpétuelle d'infortunes, uniquement pour s'être séparée de son peuple' (*BSPOC*, vol.1, p.676a).

13   *OCBSP* 2, p.291. In his comments on Finland, Bernardin underscores strife in the countryside: 'les seigneurs disent que les paysans sont paresseux, et les paisans se plaignent de la dureté de leurs seigneurs' (Malcolm Cook, 'Bernardin de Saint-Pierre: *Observations sur la Finlande*', in *L'Invitation au voyage: studies in honour*

in Brittany the peasant is 'mal vêtu, ne boit que de l'eau, et ne vit que de blé noir' (*VIF*, p.454).

Mme Delaville-Jehannin, a former host of Bernardin in Brittany, wrote to him on 4 February 1773 with the assertion: 'La misere est affreuse d'ans Ce pais icy, on entend parler tous Les jours que de pauvre gens qui meure de faim.' The plight of the poor is often evoked in Mme de Genlis's letters to Bernardin (e.g. March 1787, BSP_2404; 29 March 1787; April 1787, BSP_2405). The latter even suggested individuals for her assistance, as she confirms (11 October 1786). His Norman compatriot Mme de Boisguilbert on 24 April 1789 expresses her hopes that the 'etats generaux':

> soccupassent des moyens d'arreter cette immense disproportion qui est dans les fortunes et d'améliorer le sort du peuple, le moment present en montre assez la necessité, ou une Moitié des habitans de la france est obligée de solliciter et dattendre pour vivre les secours de Lautre, secours qui ne peuvent jamais egaler les besoins et Laissent le peuple dans un etat habituel de souffrance et de Misere.[14]

In a work not printed in his lifetime, and recently published in as full a state as possible, Bernardin recounts a journey on foot around Normandy in 1775.[15] Rural poverty proves to be a leitmotif:

---

of Peter France, ed. John Renwick, Oxford, 2000, p.119-39, 120). He states that 'il n'y a que des mains libres qui puissent faire fleurir la terre' (p.136).

14 Amongst a series of postscripts in a letter to her brother on 30 June 1789, Catherine-Dorothée declares: 'Nous faisons chaque jour des prières pour les Etats généraux.'

15 Bernardin de Saint-Pierre, *Voyage en Normandie*, ed. Malcolm Cook, MHRA Critical Texts, vol.49 (Cambridge, 2015). The wording of the manuscript is not polished, as it constitutes a form of *journal intime*, sometimes in notes (p.1). Over many years Bernardin had received information from Catherine-Dorothée about problems in Normandy. She had difficulties in both spelling and grammar. In *EE* both her original and a modernised, corrected version are presented. We are quoting the modernised version. While Bernardin was away in Mauritius, she wrote to him in a letter begun on 9 January 1769 with an additional comment on 10 January: 'Les vivres sont fort chers; le blé a été à près de 10£ le baril. On crie misère.' Some twenty years later, on 7 July 1789, she writes: 'Samedi 4 du présent un bateau fut commencé à piller. Rumeur dans la ville. En conséquence fut battue la générale. Quelque adoucissement de police et un peu d'argent distribué semblèrent faire un calme. Du 5, un pillage général par la découverte de beaucoup de magasins de froments bons et mauvais dont la plupart furent vidés par le peuple, révolté d'en avoir souffert depuis un temps.' On 19 July she recounts: 'lundi ou mardi une révolte à Rouen où quelques personnes [furent]

> La nuit vint et, me trouvant près d'un paysan, j'aime ces hommes, il se lia de conversation avec moi, parla. s'il était vrai qu'on détruisait les corvées et que la dépense des chemins fut portée sur les vingtièmes. Je lui dis que des riches s'y opposaient, que le bien était difficile à faire. (p.7-8)

He observes increasing poverty: 'pauvres très nombreux à Livarot. On remarque qu'ils ont augmenté, plus communs dans les pays de pâturage parce qu'il y a moins de moyens d'employer les enfants' (p.51). He likes to give to the poverty-stricken: 'à chaque pauvre je me fais un devoir de les aider. Moi, qui n'ai ni état ni commerce ni revenu. Il faut, en voyageant, donner partout' (p.62). He affirms the pleasure of *bienfaisance*: 'Bonheur de ceux qui peuvent faire du bien aux malheureux qu'ils rencontrent' (p.13). He encounters a widow and child at an inn. The woman laments: 'Elle me dit que nous sommes misérables. Le pain augmente chaque jour. La tourte de 12^{lt} de gros pain qui valait 24^c en vaut 33. Notre roi nous promettait un si beau règne, que deviendrons-nous?' (p.63, cf. p.14). It was the second year of the reign of Louis XVI in 1775. In similar vein, he contrasts the behaviour of the countryside with that of the city: 'A Paris, on fait semblant de s'embrasser, les bienfaisances, les passions, l'ambition tiennent les gens écartés, aux champs les âmes se touchent' (p.10).[16] Yet he is not blinkered in his comments. He learns of the revolts in April-May 1775 (the *guerre des farines*) provoked by Turgot's liberation of the grain trade (p.89-91, 94).

The benefits of a contented peasantry are signalled in the *Vœux d'un solitaire*, where Bernardin evokes the desirability of abolishing the 'servitude main-mortable des habitants du mont-Jura':

> Il est bien étrange que cette servitude se soit maintenue jusqu'à présent dans un coin du royaume, par les chanoines de Saint-Claude, malgré les invitations de Louis XVI, les prérogatives de la France, les droits de la nature et les lois de l'Evangile. La durée de cet abus prouve la puissance et la tyrannie des corps. Les chanoines de Saint-Claude se détermineront sans doute d'eux-mêmes à restituer la liberté à des paysans français, à l'exemple de leur vertueux évêque, sans y

---

tuées et [d']autres blessées pour les blés; du mercredi ou jeudi même semaine, révolte au Havre de même cause.'

16 Despite this positive observation on rural life, Bernardin stresses the dangers of the countryside. People could be murdered (p.9, 64), robbery is common (p.39, 40, 42, 77, 78, 80). He is stopped by the *maréchaussée* and obliged to allay their suspicions (p.93-94).

être constraints par l'assemblée nationale, qui a le droit de réformer toutes les injures faites à la nation. (*BSPOC*, vol.1, p.700b)[17]

Those in power are exhorted to remember that their happiness is linked to that of the people:

> Votre propre bonheur dépend de celui du peuple: si vous le haïssez, il vous haïra, il vous rendra au centuple le mal que vous le ferez: mais si vous l'aimez, il vous aimera: si vous le protégez, il vous protégera: vous serez forts de sa force, comme vous êtes faibles de sa faiblesse. Voulez-vous donc vous-mêmes vivre libres? n'attentez pas à sa liberté.

Bernardin gave fictional dignity to the underprivileged in creating the most impressive character of *La Chaumière indienne*, the pariah. Is the publication of this tale, in January 1791, so early in the Revolution, significant? It assuredly is. Louis Nouis, one of the few critics to stress the political dimensions of this text, asserts:

> Bernardin de Saint-Pierre cherche manifestement à diffuser, à travers son œuvre sa propre fable, un message politique général, en accord avec l'air du temps, où se mélangent appels à la liberté de l'individu et critiques des abus de l'Ancien Régime.[18]

Readers had been moved in 1788 by the depiction of the 'petite société' of Paul and Virginie with their single mothers living in isolation on the island of Mauritius, victims of European prejudices. In *La Chaumière indienne*, Bernardin addressed the Constituent National Assembly in the 'Avant-propos' of the first edition:

> Ce n'est qu'à vous, auguste Assemblée des représentants de la France, qu'il appartient de faire du bien à tous les hommes, en détruisant les obstacles qui s'opposent à la vérité, puisqu'elle est la source de tous les biens et qu'elle se répand sur toute la terre. Rome et Athènes ne défendirent que leur liberté. Les peuples modernes n'ont combattu que pour étendre leur religion et leur commerce. Tous ont opprimé l'univers; vous seule avez défendu ses droits en sacrifiant vos privilèges. (*OCBSP* 1, p.879)[19]

---

17   In his advocacy of the improvement of the lot of the serfs, Bernardin is echoing the example of Voltaire; see for instance, *Requête au roi, pour les serfs de Saint-Claude*, in *OCV*, vol.77B (2014), p.19-41.
18   *De l'infini des bibliothèques au livre unique: l'archive épurée au XVIII*ᵉ *siècle* (Paris, 2013), p.147.
19   This passage is placed in the variants in the Garnier edition; the last edition,

Yet even at this stage, Bernardin hopes that the monarchy can still play an effective role:

> Puisse le monarque vertueux qui vous a convoquée, et sanctionné vos travaux laborieux, en partager la gloire à jamais! Son nom sera immortel comme vos lois. [...] les peuples que vous rappelez au bonheur auquel la nature les destinait, dateront les droits de l'homme, aussi anciens que le monde, du règne de Louis XVI.

Ending the 'Avant-propos' with the name of the current king may be interpreted as both a conciliatory and a forceful gesture. However, it is the Assembly which has the legislative function, it is 'vos lois', not the monarch's, which will promote the well-being of the French nation. The representatives of the people are now legislators.

In 1792, Bernardin published a second edition of the text with an additional paratext, the 'Préambule'. He itemises various aspects of the reception of the tale and rejects, unconvincingly, the charge that he had sought to 'faire la satire de nos prêtres sous le nom de Brames' (p.833-40). As well as priests, Bernardin might well have been thinking about other groups (*corps*) who believed that their knowledge should not be disseminated to ordinary people. Also in the addition is a broadside against those who abuse their powers:

> Je ne dissimulerai pas qu'en venant au secours des malheureux, [...], j'ai tâché de renverser leurs tyrans, de quelque espèce qu'ils puissent être. Celle de leurs maximes les plus universellement répandues, est que les enfants sont héritiers des vertus et des vices de leurs pères. C'est ainsi que l'ambition a tendu les chaînes, non seulement dans le présent, mais dans le passé et dans l'avenir. Toute tyrannie est fondée sur une erreur souvent consacrée par la religion; c'est à l'influence prétendue de la naissance que sont attachés la plupart des maux du genre humain. C'est sur elle que sont fondés, d'un côté, la haine et le mépris qui accablent une foule d'hommes utiles, et même des peuples entiers, l'esclavage des nègres, les persécutions faites aux Juifs, l'ancienne servitude féodale de nos paysans. (p.835-36)

Here there would appear to be an attack on a closed hierarchical society, almost certainly also on the idea of original sin. In the tale

---

seemingly approved by Bernardin in 1807, omitted it as the political climate had changed in the Napoleonic era. In my view, the adoption of the full first edition as the base text would have been preferable for the immediacy of its message in Revolutionary times.

itself the pariah had questioned the authority of the brahmins who condemned the untouchable caste for the supposed sins of their parents:

> Dieu est juste; il ne peut rendre toute une caste coupable du crime d'un de ses membres, lorsque la caste n'y a pas participé. Mais en supposant que toute la caste des parias ait pris part à ce crime, leurs descendants n'en ont pas été complices. Dieu ne punit pas plus dans les enfants les fautes de leurs aïeux qu'ils n'ont jamais vus, qu'il ne punirait dans les aïeux les fautes de leurs petits-enfants qui ne sont pas encore. (p.865)[20]

The pariah is unnamed, like the Vieillard in *Paul et Virginie*, thus conferring a form of universal status. However, there is a significant difference. Whereas the Vieillard is a man of education and an immigrant, the pariah is uneducated and living in the country of his birth. He has been condemned through his birth to social exclusion and the impossibility of any advancement.[21] Yet, paradoxically, he is shown to be far wiser than the brahmin sect (a *corps*) with its monopolistic claim to knowledge. Moreover, it is he who has saved a widow from commiting suttee; it has not taken a supposedly civilised European as exemplified in the tragedy of Antoine Marin Lemierre, *La Veuve du Malabar* (1770).[22] This was a lesson for Bernardin's readers, the social outcast behaving in an admirable fashion, showing the inequities of a rigidly hierarchical society. By the same token, it illustrated the fact that the structure of traditional Indian society was not a model to be copied by European countries in need of change.[23] In his humility, the

---

20 There is perhaps a veiled reference to the doctrine of original sin in *Paul et Virginie*. The Vieillard declares that 'il est impossible de ne pas haïr les hommes, si on les croit méchants' (p.212). The mothers banished from their conversations the European practice of 'médisance' and, 'En vivant [...] dans la solitude, loin d'être sauvages, elles étaient devenues plus humaines.'

21 Bernardin had already highlighted this iniquity in the *Etudes de la nature*: 'Ce n'est point dans la stupide Afrique, mais aux Indes, dont l'antique sagesse est si renommée, que les maux du genre humain sont portés à leur comble. Les brames, autrefois appelés brachmanes, qui en sont les prêtres, y ont divisé la nation en plusieurs castes, dont ils ont voué quelques-unes à l'opprobre, comme celle des parias' (p.331).

22 Marsh, *India in the French imagination*, p.94-96.

23 Some aspects of Indian society could still hold lessons, as Chantale Meure suggests that Bernardin 'emprunte des itinéraires balisés et des chemins de traverse pour nous faire découvrir une Inde philosophique qui non seulement

pariah displayed universal human values in offering hospitality to his English visitor.

The concern for the well-being of peasants is linked to the prevalence of poverty. Bernardin estimates that there are 7 million poor in France (*EN*, p.816), a third of the country's population (p.357).[24] The gulf between the lot of the poor and that of the rich damages social cohesion: 'Les crimes ne naissent que de l'indigence et de l'extrême opulence' (*EN*, p.820) and 'Le premier moyen de diminuer l'indigence du peuple, c'est d'affaiblir l'opulence extrême des riches. Ce n'est point elle qui fait vivre le peuple, comme le prétendent les politiques modernes' (p.821). Writing to Hennin on 5 September 1778, Bernardin had stated:

> d'un[e] autre part, quelque soient les desirs paternels du roi pour le bonheur de ses peuples, il est certain et je peux le prouver que le nombre des pauvres croit et doit croitre chaque année en france qu'il est temps d'offrir des habitations et des retraittes a ce[tt]e multitude infinie de pauvres dont nos villages abondent. les rosieres ne remedieront a rien, dans un pays frivole et inconsequent ou le faste orgueilleux ose donner des couronnes de rose a la vertu indigente tandis qu'il couvre le vice de diamants.

His disdain for the vogue of the 'rosière', the reward for the most virtuous maiden, is striking as it did nothing to alleviate rural distress.[25] In general, poverty was a breeding ground for anti-social behaviour: 'l'indigence est la principale cause des vices du peuple' (*EN*, p.907).

In delineating the differences between the rich and the poor, Bernardin advances a perhaps surprising argument. The rich are more likely to deny the existence of God:

> c'est un phénomène moral, qui m'a paru longtemps, de voir, dans tous les siècles, l'athéisme naître chez les hommes qui ont le plus à

---

survit à l'hégémonie européenne mais révèle à l'occident ses fourvoiements et ses limites' ('L'usage de l'Inde dans les fictions de Bernardin de Saint-Pierre', p.194).

24 Olwen H. Hufton suggests that the '*pauvre* and *indigent* [...] in 1789 formed something above a third (and speculatively perhaps as much as a half) of the total population' (*The Poor of eighteenth-century France, 1750-1789*, Oxford, 1974, p.14).

25 The 'rosière' is also attacked in the *Etudes de la nature* (p.213). For an analysis of this vogue, see 'The rose-girl of Salency: from theatricality to rhetoric', in Sarah Maza, *Private lives and public affairs: the causes célèbres of prerevolutionary France* (Berkeley, CA, 1993), p.68-111.

> se louer de la nature, et la superstition chez ceux qui ont le plus à s'en plaindre. C'est dans le luxe de la Grèce et de Rome, au sein des richesses de l'Indoustan, du faste de la Perse, des voluptés de la Chine, et de l'abondance des capitales de l'Europe, qu'ont paru les premiers hommes qui ont osé nier la divinité. Au contraire, les Tartares sans asiles, les sauvages de l'Amérique toujours affamés, les nègres sans prévoyance et sans police, les habitants des rudes climats du nord, comme les Lapons, les Esquimaux, les Groenlandais, voient des dieux partout, jusque dans des cailloux. (*EN*, p.183-84)

This attribution of unbelief to the rich is linked to Bernardin's view that peasants are closer to the soil, and thus nature. However, it is the economic distress of the peasants that is of immediate concern to Bernardin: 'la misère du peuple est la principale source de nos maladies physiques et morales' (*EN*, p.363). He stresses the damaging effects of large estates:

> Il me serait possible de démontrer que les grandes propriétés sont les causes principales de la multitude de pauvres qu'il y a dans le royaume, par la raison même qui leur a mérité tant d'éloges de plusieurs de nos écrivains, qui est qu'elles épargnent aux hommes les travaux de l'agriculture. Il y a beaucoup d'endroits où on n'a aucun ouvrage à donner aux paysans pendant une grande partie de l'année; mais je ne m'arrêtrai qu'à leur misère, qui semble croître avec la richesse de chaque canton. (*EN*, p.355)[26]

Bernardin favours smallholdings which attach people to the land and provide them with a consistent livelihood: 'Les petites propriétés [...] rapportent presque tous les ans et presque en toute saison' (*EN*, p.832). One recalls the small piece of land worked by the French expatriates in *Paul et Virginie*. Bernardin laments the absence of a minister for agriculture:

> Il m'a toujours paru inconcevable qu'en France, [...] il y eût des ministres pour les affaires étrangères, la guerre, la marine, la finance, le commerce, les manufactures [...] il n'en eût pas pour l'agriculture. Cela vient, je crois, du mépris qu'on y fait des paysans. (*EN*, p.322)[27]

---

26. Cf. 'Les grandes propriétés en terre sont encore plus nuisibles que celles en argent et en emplois, parce qu'elles ôtent à la fois aux autres citoyens le patriotisme social et le naturel' (p.825; see also p.826, 831 and 832).
27. He also bemoans the effects of the lack of a minister for Agriculture in the *Voyage en Normandie* (p.90). There was no minister of Agriculture in France until the nineteenth century.

France is witnessing moral degeneration: 'L'esprit de finance a occasionné ces maux dans le peuple, en lui enlevant la plupart des moyens de subsister; mais ce qu'il y a de pis, c'est qu'il a corrompu sa morale' (p.357). He paints a damning picture of the French society of his day:

> je voudrais bien savoir s'il y a un moyen honnête de faire fortune, pour un homme sans argent, dans un pays où tout est vénal. Il faut au moins intriguer, plaire à un parti, se faire des protecteurs et des prôneurs; et, pour cela, il faut être de mauvaise foi, corrompre, flatter, tromper, épouser les passions d'autrui, bonnes ou mauvaises, se dévoyer enfin par quelque endroit. J'ai vu des gens parvenir dans toutes sortes d'états; mais j'ose le dire publiquement, quelques louanges qu'on ait données à leur mérite, [...] je n'ai vu les plus honnêtes s'élever et se maintenir qu'aux dépens de quelque vertu. (p.357-58)

Recurrent complaints are made that 'tout est à vendre' (*EN*, p.371).[28] The causes of ills derive from 'notre éducation pleine de vanité' (p.854). Bernardin gives, once again, a central role to the monarch: 'Un roi, dans ses Etats, doit être comme le soleil sur la terre, où il n'y a pas une seule petite plante qui ne reçoive à son tour l'influence de ses rayons' (p.972). Yet the monarch's conduct may be harmed by those surrounding him: 'De combien de grandes vérités nos rois sont privés par les préjugés des courtisans.' Furthermore, it is evident that kings can be tempted by easy money: 'On a persuadé à nos rois qu'il était plus sûr pour eux de se fier à la bourse de leurs sujets qu'à leur probité. Voilà l'origine de la vénalité dans l'état civil' (*EN*, p.822).

The portrayal of the misfortunes of peasants is connected to Bernardin's idea of the dignity of the individual. Nowhere is this idea more manifest than in his attitude to slavery.[29] The existence of slavery is one of the most profound problems raised in the final decades of the eighteenth century. Christopher L. Miller has argued that it was not such a major issue with French writers as is sometimes suggested.[30] However, with Bernardin, it is a crucial element in human

---

28 Bernardin complained to Mme Necker on 26 January 1780: 'la plupart des emplois s'achetent en France.' For the practice of venality, see William Doyle, *Venality: the sale of offices in eighteenth-century France* (Oxford, 1996).
29 An overview of the issue is provided by Laurette Célestine, 'L'esclavage colonial chez Bernardin de Saint-Pierre: entre esclavage, abolitionnisme et colonialisme', *Espace créole: espaces francophones, revue du GEREC-F* 10 (2000), p.45-55.
30 *The French Atlantic triangle: literature and culture of the slave trade* (Durham, NC, 2008). He briefly treats Bernardin on p.105-106, principally *Paul et Virginie*, but

relationships: can one own other human beings? It would probably be the case that his primary concern is the humane treatment of slaves and the abolition of the slave trade rather than immediate emancipation.[31] The brutal treatment in *Paul et Virginie* of a 'négresse marronne' (*OCBSP* 1, p.202-203) by her master is well known,[32] yet Bernardin was attacking slavery not simply from humanitarian ideals but from practical experience. He himself owned slaves during his stay in Mauritius, but presumably questioned the practice upon witnessing its evils. It would seem likely that he had seen slavery at first hand during his youthful trip to Martinique. Moreover, his brother, Dominique, at sea for many years,[33] was involved as a sea captain in the slave trade. His sister writes to Bernardin on 29 December 1776 with the news that 'Mon frère capitaine, on le dit sur son départ pour la côte'; in other words, he is setting sail for the coast of Africa to collect slaves. The same correspondent informs him on 24 December 1785: 'Mon frère le capitaine a donné de ses nouvelles de la Martinique, se plaint de sa santé par le scorbut qui l'a fait rester à cet endroit pour un temps de rétablissement. Il remet de la traite des nègres.' A cousin, she asserts, would likewise seem to be engaged in this trade: 'Ce parent commande pour la Guinée. Ses armements se font au Havre' (22 December 1788). The latter's demise is noted in her letter of 9 July 1790: 'notre cousin Godebout [...]. Nous venons d'apprendre sa maladie et sa mort en voyage à la traite.' (It was noted earlier that Godebout was on a ship carrying munitions to America.)

---

surprisingly makes no reference to the *Voyage à l'île de France*. For a well-informed overview, see Jean Ehrard, *Lumières et esclavage, l'esclavage colonial et l'opinion publique en France au XVIIIe siècle* (Brussels, 2008).

31 In the fictional portrayal of slavery in Gaul in *L'Arcadie*, Bernardin writes: 'L'esclavage est fort doux chez ces peuples' (*OCBSP* 1, p.579). Is this to be interpreted as a rebuke for the mistreatment of slaves in his own time?

32 In the 'Avis sur cette édition' (the separate edition of the tale in 1789), Bernardin comments on 'l'épisode de la négresse marronne' by asserting that 'cette scène si intéressante pour l'humanité, plaiderait en faveur de la liberté des noirs, devant un public déjà disposé à rompre leurs fers' (p.181). La Société des amis des noirs had been founded in February 1788.

33 On 6 March 1775 his sister informs Bernardin that Dominique is seeking redress for what he deemed unfair treatment. It was likely that he would be obliged to go to the French capital 'pour se justifier de désagréments et tracasseries que l'on lui faisait sur son voyage dernier qu'il traite de très malheureux puisque l'on lui conteste même ses gages ou salaires les plus modiques. Il accuse le commissionnaire de tout ceci, c'est pourquoi il voudrait que la Compagnie des Indes qui est à Paris, qui a fait son armement, le mandate pour s'en expliquer.'

Unlike many other opponents of slavery, Bernardin had seen it at first hand in a French colony.[34] From Mauritius, he told Hennin in a letter of 18 April 1770: 'tout est ici dépravé. si vous voyés la condition des malheureux noirs!'. The wife of the *intendant* in Mauritius, Françoise Poivre, harboured anti-slavery sentiments and told him in a letter of 1769 (BSP_0140):

> le tableau de l'isle de france est trop laid si ce pays etoit cultivé par des hommes libres ce seroit un endroit fort heureux. un climat qui ne donne pas de besoins une campagne toujours verte, une terre qui produit deux recoltes par an sans jamais se reposer, de tres beaux bois beaucoup de rivieres, peu agreables, il est vray, mais qui fertilisent toujours. ce n'est pas apprés un long sejour au port qu'il faut peindre cette isle le port ne ressemble en rien au reste du pays.

She tells him to keep his 'idées sombres pour peindre l'esclavage' but not to exaggerate his case in appealing to the feelings of 'honnestes gens'. She had been reading a draft of the *Voyage à l'île de France* and encourages him: 'votre ouvrage est parfaitement bien ecrit. fasse le Ciel que l'on goute les verités dont il sera rempli je liray avec grand plaisir le reste de l'ouvrage.' In another letter the same year (BSP_0121), she tells him: 'il semble que vous imputiés a l'isle de France la loy et les abus de l'esclavage. vous scavés cependant qu'il n'a pas été imaginé ici et qu'il est encore plus affreux en amerique.' Characters depicted in *Paul et Virginie* regard slavery as acceptable. The late husband of Mme de La Tour 's'embarqua pour Madagascar, dans l'espérance d'y acheter quelques noirs' (*OCBSP* 1, p.186) but died of fever. In the belief that his beloved will return with wealth from Europe, Paul is confident: 'Virginie étant riche, nous aurons beaucoup de noirs qui travailleront pour nous' (p.281).[35] The two families rely on 'les travaux assidus de leurs esclaves', Marie and Domingue (p.390), whom they treat humanely. Virginie aids poor whites: 'elle envoyait à de pauvres familles de blancs, nées dans l'île, qui n'avaient jamais mangé le pain d'Europe, et qui, sans aucun secours de noirs, réduites à vivre de manioc au milieu des bois, n'avaient pour supporter la pauvreté, ni la stupidité qui accompagne l'esclavage, ni le courage qui vient de

---

34 For a detailed assessment of the situation in that colony, see Megan Vaughan, *Creating the Creole island: slavery in eighteenth-century Mauritius* (Durham, NC, 2005).
35 A previous notion had been to send Paul to India to accumulate money: 'en faisant passer Paul dans l'Inde pour un peu de temps, le commerce lui fournira de quoi acheter quelque esclave' (p.239).

l'éducation' (p.230-31). These observations demonstrate the centrality of slavery in the lives of the majority of European inhabitants in Mauritius.

While Bernardin does not portray characters as condemning slavery outright in *Paul et Virginie*, the comments in the *Voyage à l'île de France* (1773) are damning.[36] The work appeared anonymously and was attributed to an 'officier du roi'. The attribution implied someone of status, an insider. The 'Avant-propos' itemises its author's aim:

> je croirai avoir été utile aux hommes, si le faible tableau du sort des malheureux Noirs peut leur épagner un seul coup de fouet, et si les Européens qui crient en Europe contre la tyrannie et qui font de si beaux traités de morale cessent d'être aux Indes des tyrans barbares. (*OCBSP* 2, p.444)

Bernardin is highlighting the iniquities of slavery and the double standards of Europeans in foreign lands from the outset.[37] Straightaway his polemical intent challenges his readers. In the first letter of the work, just setting sail for the Indian Ocean, he surveys the condition of peasants in various European countries and remarks: 'Je verrai donc le Nègre qui est le paysan de nos colonies, dans une situation déplorable' (p.454). The 'Nègre', he continues, will live under a 'gouvernement aristocratique', under a 'despote particulier', the latter term implying a slave owner. It is noteworthy again that the adjective 'aristocratique' is accorded a negative connotation. Letter 12 in this work supplies a bleak picture of the life of slaves in Mauritius:[38]

> J'ai vu chaque jour, fouetter des hommes et des femmes pour avoir cassé quelque poterie, oublié de fermer une porte. J'en ai vu de tout sanglants frottés de vinaigre et de sel pour les guérir. [...] Ma plume se lasse d'écrire ces horreurs; mes yeux sont fatigués de les voir, et mes oreilles de les entendre. [...] Ici, je vois de pauvres Négresses courbées

---

36 On 20 September 1770, while in Mauritius, Bernardin wrote to the island's *intendant*, Pierre Poivre: 'il n'y a ici aucune espece de fortune qui puisse me flatter. l'esclavage du midi me deplait encore plus que celui du nord.'

37 Bernardin acknowledges frequently the baleful effects of European activities in Africa and Asia: 'Pourquoi l'ambition de l'Europe a-t-elle fait couler le sang et les larmes des hommes dans ces heureux climats?' (*EN*, p.838).

38 For a detailed appreciation of the content and context of this letter, see David Diop, 'L'intertextualité dans la "Lettre XII. Sur les noirs" du *Voyage à l'île de France* (1773) de Bernardin de Saint-Pierre', in *Bernardin de Saint-Pierre et l'océan Indien*, ed. J.-M. Racault, C. Meure and A. Gigan, p.87-102.

sur leurs bêches avec leurs enfants nus collés sur le dos, des Noirs qui passent en tremblant devant moi; quelquefois j'entends au loin le son de leur tambour, mais plus souvent celui des fouets qui éclatent en l'air comme des coups de pistolet, et ces cris vont au cœur... *Grâce, Monsieur!... miséricorde!* (p.619)[39]

At the beginning of a postscript to this letter, the *Réflexions sur l'esclavage*, Bernardin declares:

Je ne sais pas si le café et le sucre[40] sont nécessaires au bonheur de l'Europe, mais je sais bien que ces deux végétaux ont fait le malheur de deux parties du monde. On a dépeuplé l'Amérique afin d'avoir une terre pour les planter: on dépeuple l'Afrique afin d'avoir une nation pour les cultiver. (p.621)[41]

Employing the first person, Bernardin enhances the direct appeal of his query to his reader. Brutality is the inevitable hallmark of supposed racial superiority:

Mais on ne peut contenir, dit-on, que par une grande sévérité ce peuple d'esclaves: il faut des supplices, des colliers de fer à trois

---

39 Cf. p.616: 'Quand on attrape les Noirs fugitifs, on leur coupe une oreille, et on les fouette. A la seconde désertion ils sont fouettés, on leur coupe un jarret, on les met à la chaîne. A la troisième fois ils sont pendus.'
40 In the *Harmonies de la nature*, he states: 'Ce sucre que vous aimez tant est fait avec le jus d'un roseau des îles Antilles, [...] à quinze cents lieues de la France: il est cultivé par de malheureux nègres, réduits au plus cruel esclavage, uniquement pour nous fabriquer du sucre' (vol.1, p.339). One remembers the horror of slavery evoked in chapter 19 of *Candide* (1759): 'C'est à ce prix que vous mangez du sucre en Europe' (Voltaire, *Contes en vers et en prose*, vol.1, p.278). Montesquieu had attacked slavery in book 15 of *De l'esprit des lois* (1748) and noted that 'Le sucre serait trop cher, si l'on ne faisait travailler la plante qui le produit par des esclaves' (ed. Victor Goldschmidt, 2 vols, Paris, 1979, vol.1, p.393). David Brion Davis states that by the 1770s 'the idea that sugar, a symbol of European luxury, was stained with blood and tears of slaves had become a commonplace in French and British literature' (*The Problem of slavery in western culture*, New York, 1966, p.411, note 57).
41 In the *Etudes de la nature*, Bernardin states that people in Paris do not care if 'notre sucre et notre café coûtent des larmes à l'Afrique' (p.734). Marco Menin observes that, if Jean-Jacques Rousseau contends that it is 'le fer' and 'le blé' which promoted inequality, for Bernardin 'ce sont la canne à sucre et le café qui introduisent une dynamique perverse entre les habitants des différents continents' ('De l'expérience indianocéanique au drame africain: *Empsaël et Zoraïde* entre le *Voyage à l'île de France* et les *Etudes de la nature*', in *Lumières et océan Indien*, ed. C. Meure and G. Armand, p.177-92, 184).

crochets, des fouets, des blocs où on les attache par le pied, des chaînes qui les prennent par le cou; il faut les traiter comme des bêtes, afin que les Blancs puissent vivre comme des hommes... Ah! je sais bien que quand on a une fois posé un principe très injuste, on n'en tire que des conséquences très inhumaines. (p.622)

The final paragraph of a postscript starts with a jibe: 'Je suis fâché que des philosophes qui combattent les abus avec tant de courage n'aient guère parlé de l'esclavage des Noirs que pour en plaisanter' (p.623). While Bernardin is underlining his own initiative in this attack, it is difficult to suggest the names of *philosophes* (however defined) who found the topic a joking matter. He ends with a well-targeted observation:

Ces belles couleurs de rose et de feu dont s'habillent nos dames, le coton dont elles ouatent leurs jupes, le sucre, le chocolat de leur déjeuner, le rouge dont elles relèvent leur blancheur, la main des malheureux Noirs a préparé tout cela pour elles. Femmes sensibles, vous pleurez aux tragédies, et ce qui sert à vos plaisirs est mouillé des pleurs et teint du sang des hommes!

Sensibility cannot be just a fashion but must be a moral compass to improve the lives of fellow human beings. He recounts having met a captured runaway carrying the decapitated head of possibly her lover in a bag on her back (p.690).[42] The *Voyage* ends with an address:

Pour toi, Nègre infortuné qui pleure sur les rochers de Maurice, si ma main, qui ne peut essuyer tes larmes, en fait verser de regret et de repentir à tes tyrans, je n'ai plus rien à demander aux Indes, j'y ai fait fortune. (p.859)

Bernardin accordingly leaves his reader with a plea for humanitarian change. He had set out to make his fortune in the Indian Ocean but failed in material terms. However, he would receive a moral reward in the improvement of the treatment of slaves. Years later in a missive to Hennin on 28 June 1786, he summarises what he felt the publication of this *Voyage* had cost him:

la relation de mon voyage à l'ile de france ou je presageois la prise future

---

[42] Bernardin records the presence and danger of fugitive slaves (p.690-92). For an investigation of the depiction of runaways, see Rachel Danon, *Les Voix du marronnage dans la littérature française du XVIIIe siècle* (Paris, 2015). Surprisingly Bernardin is not mentioned.

de pondichery n'a servi qu'a me faire des ennemis dans l'administration, quoique je l'eusse remplie de vues utiles à la marine. vous n'en douterés pas lorsque vous scavès que le Ministere a donné une pension de 100. à une femme apellée M.^de la Victoire qui alloit à la chasse de noirs marons, et qui n'a été connue du gouvernement, que par une esquisse que j'ai donnée de ses mœurs féroces dans mon voyage. Mais on ne m'a pas pardonné a moi, d'avoir crié contre l'esclavage des negres, contre la tyrannie des blancs, les malversions des employés.[43]

He had believed naïvely that this innovative work would prove a useful document for the powers-that-be despite the lack of response to his *mémoires*. Instead, given a second chance after his unauthorised adventures in eastern Europe, Bernardin did not win official favour through his authorised stay in a colonial outpost.

His traumatic experience in Mauritius basically put an end to any wanderlust. In the *Voyages de Codrus*, a form of transposed autobiography, published posthumously,[44] he sums up his experience of the island:

Je trouvai dans cette île plus de discorde que chez les Phéaciens, plus de pauvreté que chez les Scythes, un despotisme plus dur que dans cette cour barbare. La plupart des hommes, réduits à l'esclavage, y sont plus misérables que les bêtes. Il n'y a ni liberté, ni société, ni émulation honnête: les talents de l'esprit vous font des ennemis; les qualités du cœur vous donnent un ridicule. De tous les pays que j'ai vus, je n'en ai point trouvé où il soit plus désagréable de vivre. (p.954-55)

Evidently Bernardin is not referring to all the inhabitants of this colonial society in his blanket condemnation, but it is the insertion of the term 'esclavage' which epitomises his thought. The institution of slavery destroys the dignity of slave and master. He also draws attention to a startling possibility, the importation of the mindset of colonial exploitation into France. He states in the *Vœux d'un solitaire*:

---

43 He wrote to an unidentified correspondent (BSP_1549) in July 1794 with a similar complaint: 'lorsqu'en 1773, ma santé se trouva alterée, par de penibles travaux et de longs voyages entrepris en vain pour le service de ma patrie, [...] j'avois publié mon voyage à l'ile de france, mais cet ouvrage ou je louois les ouvrages de la providence dans un nouveau monde et ou je blamois la cruauté des Européens à l'egard des malheureux noirs m'attira à la fois pour ennemis les philosophes et les gens de cour associés la plus part d'interest avec les habitans de nos colonies. il fallut donc me contenter d'une aumone ministerielle.'
44 *OCBSP* 1, p.930-59.

> Il est de toute nécessité que l'esclavage du peuple noir soit aboli dans nos colonies, de peur qu'un jour il ne s'étende, par l'influence de l'opinion de quelques particuliers riches, jusque sur le peuple blanc et pauvre de la métropole. (*BSPOC*, vol.1, p.699b)

Bernardin was astute enough to recognise that the mistreatment of human beings in the colonies could foster comparable behaviour at home; one notes that he highlights 'le peuple blanc et pauvre'. All human beings, irrespective of wealth or colour, deserve fair treatment. In his uncompleted utopian work, *L'Amazone*, we learn of the French Quaker Antoine Benezet, 'qui passa en Angleterre après la révocation de l'édit de Nantes. Il employa en actes de bienfaisance les débris de sa fortune; son amour ne s'étendait pas seulement aux hommes de sa communion, mais au genre humain.'[45] This exiled Protestant was by no means sectarian; love of mankind was his guiding principle. He was moved by the fate of the 'malheureux noirs, si heureux en Afrique leur patrie, et réduits à l'esclavage en Amérique par les Européens toujours en guerre pour leurs colonies' (p.512b).

An interested reader of the *Voyage à l'île de France* was Condorcet, who praised it in his *Réflexions sur l'esclavage des nègres* (1781): 'Voyez l'ouvrage intitulé *Voyage à l'Ile de France*, par un officier du roi. C'est un des ouvrages où la manière dont les nègres sont traités est exposée avec le plus de vérité.'[46] Bernardin corresponded with Brissot de Warville, a founder of the Société des amis des noirs, in February 1788. A mutual acquaintance, the marquis de Valady,[47] signed him up for membership. However, Bernardin refused to join for practical and personal reasons, which were outlined to Brissot in a letter of April-May 1788:

> M. de Valady m'a proposé, contre mon consentement, à la Société pour l'abolition de la traite des noirs. il m'est impossible de recevoir cet honneur, pour plusieurs raisons dont je lui ai dit quelques-unes. Les principales sont mon éloignement du centre de Paris, mon goût

---

45 *Fragment de l'Amazone*, *BSPOC*, vol.2, p.512a. The persecution of Huguenots is condemned: 'la révocation [...] a fait tant de mal à mon pays' (p.495a). Antoine/Anthony Benezet (1713-1784) was born into a Huguenot family in Saint-Quentin. As a young child, he was taken to London before crossing to America where, as a Quaker, he played an active role in the anti-slavery movement.
46 Ed. David Williams (Paris, 2003), p.23, note.
47 Valady also introduced other acquaintances of Bernardin to the anti-slavery society, such as Jean Antoine Gay and the English radical and vegetarian Robert Pigott (see note 1 to Valady's letter to Bernardin composed between 1790 and 1792, BSP_0711).

pour la solitude, et surtout ma mauvaise santé, qui ne me permet pas d'assister à aucune assemblée en lieu clos. Je suis membre du corps du genre humain, qui comprend dans ses intérêts ceux des nègres et beaucoup d'autres, je ne désire être rien de plus; mais je n'en ferai pas moins des vœux particuliers pour le succès de votre Société, à laquelle j'ai payé mon contingent il y a longtemps, et de fait et par écrit.

Brissot wrote to him on 13 March 1790: 'Je ne suis bon à rien, mon respectable solitaire, pas même à ces malheureux noirs qui, malgré tous mes efforts, ont été si cruellement abandonnés à leurs bourreaux.' At a meeting of the Société des amis des noirs on 15 January 1790, with Brissot in the chair, the following resolution was passed:

Décrété qu'il sera fait des remerciements à M. Bernardin de Saint-Pierre pour la mention honorable qu'il a faite dans son ouvrage, intitulé Vœu d'un solitaire, des travaux de la Société, et le Président a fait lecture de différents paragraphes du même ouvrage.[48]

In the early 1790s, it would seem likely that he was composing his anti-slavery play *Empsaël et Zoraïde*.[49] On 6 May 1792 he told Rosalie de Constant (a cousin of Benjamin): 'je m'occupe a finir un drame sur l'esclavage des noirs.'

In the *Vœux d'un solitaire*, slavery is put in a historical context: 'L'esclavage ne s'établit que chez les peuples riches et policés, comme ceux de l'Asie; et il est le fruit de leur despotisme, qui est toujours proportionné à leurs richesses' (*BSPOC*, vol.1, p.673a). He is again forthright in his condemnation of slavery:

il est nécessaire d'abolir l'esclavage des noirs dans nos colonies d'Afrique et d'Amérique: il y va non seulement de l'intérêt de la nation, mais de celui du genre humain. Quantité de maladies physiques et morales dérivent de cette violation de la loi naturelle. Sans parler

---

48 Marcel Dorigny and Bernard Gainot, *La Société des amis des noirs 1788-1799* (Paris, 1998), p.262. Bernardin had written in the *Vœux d'un solitaire*: 'Il s'est formé à Paris, comme à Londres, une société amie et patronne des pauvres noirs esclaves, au moins aussi digne de l'estime publique que celle de la Merci. C'est à cette société respectable à porter les doléances de ces infortunés à l'assemblée nationale' (p.699b).

49 It is possible that he began an initial draft of the text at a much earlier date. A version of the text was published posthumously for the first time at the end of the first edition of the *Harmonies de la nature* (1815), vol.3, p.407-612, and not in 1818 as stated by Roger Little in his edition, *Empsaël et Zoraïde* (Exeter, 1995), p.viii.

de plusieurs guerres qu'occasionne la traite des noirs, et qui, comme toutes celles de l'Europe, s'étendent jusqu'au bout du monde. (p.698a)

He underlines the ravages of disease for French soldiers and sailors in Africa, although he judges 'les maladies morales' to be 'plus dangereuses, plus durables et plus expansives' (p.698a-b). Over the years, the French have become used to subservience with nobles occupying the most powerful positions. He attributes this mentality to the institution of slavery: 'cet esprit de servitude, où le peuple de tous les états court aujourd'hui de lui-même, nous vient, dans l'origine, de l'établissement de l'esclavage dans nos colonies' (p.699a). Slavery is thus not just inhumane to its victims but also corrosive for the French nation. Bernardin makes commercial arguments for the abolition of slavery whilst contending that the use of unemployed 'pauvres paysans et ouvriers' from France would work better in the colonies than that of 'esclaves étrangers' (p.700a).[50] In the *Suite des Vœux d'un solitaire*, he follows the black legend and reproaches Spain for its misdeeds in South America: 'les Espagnols ont à se reprocher d'avoir été les premiers Européens qui ont versé le sang des Américains, et ont introduit l'esclavage des noirs en Amérique' (p.727b). He advocates the admission of 'noirs libres' to the National Assembly through their potential contribution to a necessary reform: 'la convocation des noirs libres dans l'assemblée nationale préparera l'abolition de l'esclavage dans nos colonies, comme la convocation des hommes libres dans nos anciens états-généraux prépara l'abolition de la servitude féodale' (p.694b).[51]

A major impediment to reform in the national life of France was the privileges enjoyed by the aristocracy. Here was a *corps*, often if not exclusively, of an hereditary nature, which consistently drew Bernardin's ire. David Bien observes that the nobility in *Ancien Régime* France did not include 'an aristocracy in the classical sense of a governing oligarchy, as in Venice, nor a participant as in England', and could thus be envisioned as a category embodying costly and useless privileges.[52] In *L'Arcadie*, Bernardin calls the aristocrats of Gaul 'iarles' and portrays them in an unfavourable light. They are brutal,

---

50 Bernardin dismisses again the notion that whites cannot work appropriately in hot climes (*Suite des Vœux d'un solitaire*, p.729a).
51 Bernardin linked slavery to serfdom in France: the Assembly should abolish 'la servitude des habitants du mont Jura, et l'esclavage des noirs dans nos colonies' (p.695a).
52 'Aristocracy', in *Interpreting the Ancien Régime*, ed. Rafe Blaufarb, Michael

and have 'droit de vie et de mort sur leurs vassaux' (*OCBSP* 1, p.581). All their dealings and decisions are based on physical prowess: 'Ils ne décident leurs différends que par les armes, et regardent la raison comme la ressource de ceux qui n'ont pas de courage.' The nobles are hand in glove with the priesthood to oppress the people:

> Jamais un homme du peuple ne peut parvenir, chez les Gaulois, à remplir aucune charge publique. Il semble que cette nation n'est faite que pour ses prêtres et pour ses grands. Au lieu d'être consolée par les uns et les autres, comme la justice le requiert, les druides ne l'effraient que pour que les iarles l'oppriment. (p.582)

Here is a statement with resonances for France, for a knowing readership at its publication in 1788. Bernardin was fully aware of the implications of his text. He tells the Swiss writer Marie Louise Françoise de Pont Wullyamoz, on 7 October 1791:

> je m'occuperois de l'Arcadie si je pouvois me livrer à mon plaisir. vous me demandés pourquoi il a eté peu gouté c'est qu'on ne fait pas ici autant de cas de l'erudition ancienne que chés les etrangers. d'ailleurs le livre des gaules renferme une critique de nos differens ordres qui influoient beaucoup sur nos opinions litteraires avant la revolution. voila je pense pourquoi il a eté moins lu que paul et Virginie et qu'Anachasis. si je pouvois achever le second livre, il me concilieroit tous mes lecteurs.[53]

He derides nobles for clinging to their feudal privileges and abusing their underlings in the *Vœux d'un solitaire*. How can they, 'dans un siècle éclairé, mépriser cette foule d'hommes paisibles et bons qui s'occupent de leurs plaisirs après avoir pourvu à tous leurs besoins' (*BSPOC*, vol.1, p.672b)? Bernardin, who cherishes a positive view of the appropriate role of the king (see below), bemoans the conduct of the aristocracy: 'rien n'est si aisé et si commun, pour des corps aristocratiques, que d'attenter aux droits d'un peuple qui n'a point de représentants auprès de son prince, et aux intérêts d'un prince qui n'a point de liaison avec son peuple' (p.674b). Bernardin blames aristocratic misconduct for

---

S. Christofferson and Darrin M. McMahon, Oxford University Studies in the Enlightenment (Oxford, Voltaire Foundation, 2014), p.59-73 (71).
53 The recipient of this letter was stated to be Rosalie de Constant by Fernand Maury in his *Etude sur la vie et les œuvres de Bernardin de Saint-Pierre* (1892; Geneva, 1971), p.506. On the authority of Maury, the error is repeated in *OCBSP* 1, p.494, note 2.

the problems of Poland and its recent partition (p.676a): 'Voyez les discordes éternelles de la noblesse polonaise' (p.683b). He deplores a recent piece of legislation:

> une ordonnance du département de la guerre a déclaré, le 22 mai 1781, sous un roi ami du peuple, qu'aucun homme non noble ne pourrait devenir officier militaire, et a ôté ainsi à vingt-quatre millions d'hommes jusqu'à l'honneur d'être lieutenant de milice. (p.675a)[54]

One imagines that such a restriction would have further exacerbated Bernardin's anger at social exclusion. In a later passage he underscores the values of meritocracy: 'tout Français doit avoir l'espérance de monter, par son mérite, jusqu'aux premières places de son état, sans naissance, sans argent et sans intrigue' (p.697a). Aristocrats should realise that they cannot enhance their reputation without enhancing the status of their countrymen: 'O nobles qui voulez élever votre ordre, élevez l'ordre du peuple' (p.684a).

A crucial role in the regeneration of France should be played by the king. Bernardin envisages the monarch as a vital factor in the life of the nation, equivalent to a life force resembling the sun in the natural world.[55] In the *Vœux* he states that the monarch should possess a 'pouvoir modérateur' which directs the nation's operations (p.679b):

> Le clergé, la noblesse, et même le peuple, ne voient et ne régissent, chacun en particulier, que des parties détachées de la monarchie, dont ils ne sont que des membres; le roi en est le cœur, et peut seul en connaître et faire mouvoir l'ensemble. (p.679b-80a)

The monarch is the heartbeat of the nation: 'Le cœur, dans le corps humain, n'est jamais sans action: ainsi en doit-il être du monarque dans la monarchie' (p.680a). The moderating power of the ruler is always required to 'rétablir la balance monarchique' (p.680b), a form of

---

54 William Doyle states that: 'The so-called 'Ségur ordinance' of 1781 stipulated that all candidates seeking to become army officers must prove at least four degrees or generations of nobility' (*Aristocracy and its enemies in the age of revolution*, Oxford, 2009, p.13). Doyle details Bernardin's complaints about the aristocracy on p.155-56.

55 He received a voluminous letter from an unknown correspondent detailing the woes of contemporary France (BSP_1349). Sympathetic to the monarchy, the letter was probably composed in late 1792, as the massacres of September 1792 are evoked but not the execution of Louis XVI in January 1793. It is evidence that strangers felt that they could confide in Bernardin with, perhaps, the notion that he could exert some influence through his contacts or his writings.

political harmony. A solar comparison is advanced: 'l'influence royale sera semblable à celle du soleil qui balance dans les cieux les globes qui tournent autour de lui.' The king should not shut himself away, but should visit 'tous les ans ses états d'une extrémité à l'autre, comme le soleil visite tour à tour, chaque année, les deux pôles de la terre'. The king, who is only human, is not the source of all wisdom but is in a reciprocal relationship with his subjects: he 'doit non seulement répandre ses lumières sur son peuple, mais a besoin à son tour d'en recevoir de lui' (p.681a). Yet the king should always recognise an unwritten contract: 'Les peuples ne sont pas faits pour les rois, mais les rois pour les peuples' (*EN*, p.818).[56] No *corps aristocratique* must come between a monarch and the nation. The ideal of kingship is embodied by Bardus in *L'Arcadie*, whose palace is not guarded, as 'il n'avait rien à craindre de ses sujets' (*OCBSP* 1, p.592). Bardus believes that kings are 'chargés du bonheur des nations' (p.606). His sage adviser, Céphas, tells Bardus that, through exercising a 'politique humaine', his 'propre puissance [...] anéantira celle des iarles et des druides' (p.613), that is the aristocrats and priests. Furthermore, Céphas summarises the basis of royal power: 'Dans toute monarchie bien réglée, le pouvoir du roi est dans le peuple, et celui du peuple dans le roi.' In the *Voyage en Normandie* Bernardin points out the injustice affecting the lower ranks of society in the recruitment to the militia through *tirage au sort*. Soldiering should be a proper profession based on 'un long et véritable apprentissage pour tous' (p.15). The whole nation is subordinate to the monarch, there should be no privileges:

> ne sommes-nous pas tous sujets égaux du roi? N'est-ce pas à nos rois que le peuple français doit être sorti de l'esclavage aristocratique? Pourquoi faut-il voir une portion de bourgeois entrer, par intrigues ou argent, officiers, tandis que les autres se trouvent exposés à être soldat. Ou bien lions et relevons l'état de soldat en laissant carrière ouverte à la capacité, à l'éducation, plutôt qu'à la finance qui a tout corrompu. Mon but est de lier tous mes compatriotes à l'état et surtout au roi. (p.15-16)

Once again the aristocracy is condemned. A monarch exercising greater authority might aid a downtrodden people, abused by those of a superior rank:

---

56   The identical statement is contained in the *Vœux d'un solitaire* (*BSPOC*, vol.1, p.676b). Here Bernardin attributes the sentiment to Fénelon. In *Les Aventures de Télémaque* one reads: 'N'oubliez jamais que les rois ne règnent point pour leur propre gloire, mais pour le bien des peuples' (Paris, 1968, p.505).

Il y a une classe d'hommes, si avides, si durs qui croit que le peuple est fait pour lui obéir, le roi et ses ministres pour avoir des égards pour elle, si inutile en même temps, que le plus grand bien que le peuple puisse désirer soit que la lumière et la puissance du roi augmentent, afin de n'avoir qu'un maître. (p.53)

The final paragraphs of the *Vœux* depict Louis XVI calling the Estates General and leading his subjects (and indeed those of other countries) to better times. Bernardin designates disadvantaged groups of people who could be his representatives: 'femmes opprimées par les lois, enfants rendus misérables par notre éducation, paysans dépouillés par les impôts, citoyens forcés au célibat, serfs du mont Jura, nègres de nos colonies, infortunés de toutes les nations' (*BSPOC*, vol.1, p.717b).

In the rough draft of a letter of over 1100 words, probably scribbled at some time in 1792 (BSP_2317),[57] Bernardin writes to Louis XVI. While respectful, addressing the king as 'Sire', he points out problems in France, and issues a warning and a call to action. The letter begins by stating that 'chaque citoyen a droit a vous comme chaque home au soleil.' It proceeds to cite major actors in the recent history of France – Henri IV, Richelieu, Louis XIV, the regent, Louis XV – as well as political, commercial and financial matters. In their own day, he deplores the fact that 'une classe deconomiques qui dabord on crié pour le pauvre peuple' are now claiming that 'les grandes proprietes font le bled a meilleur culture'. Families which are 'prodigieusement riche[s]' have 'toutes les graces de votre majeste', while 'le tiers de vos sujets' are reduced to beggary, a percentage which is increasing year by year. His majesty should be concerned that 'un nuage invincible ne soit mis pour jamais entre vous et votre peuple'. He begs the king to forbid 'les grandes propriétés' and make 'les fortunes plus egales, en distribuant vous meme sans recommandation aux uns et aux autres'. Bernardin offers his own services, 'je mofre de vous instruire de ce qui se passe.' He informs him: 'on vous trompe si on vous dit que les peuples sont heureux. ils meurent de faim.' He begs the king to reduce the power of the 'grandes familles'; he seeks only to serve him, and asks to be taken under his 'protection immediate'. He wants to see 'les petites proprietes seules, utiles a l'etat'

---

57 The edited draft in *EE* suggests between 1792 and 1793. Given that the king lost all his authority on 10 August 1792, a date preceding that day would seem more plausible. It is just possible that Bernardin felt emboldened to write to the monarch after his appointment as head of the Jardin du roi. Whether Bernardin ever sent a polished version of this letter to the king is unknown.

flourish. He urges the monarch to have 'le courage d'Alexandre' and surround himself with a small circle of trustworthy advisers. This letter evidences its author's heartfelt concern at the plight of his country, but also his conviction that a wise ruler could change things for the better. Implicitly perhaps, who might prove a better adviser than Bernardin de Saint-Pierre?

Bernardin was concerned at the disorders caused by the Revolutionary times. He tells Mme de Krüdener on 23 September 1790:

> comment vivre tranquille dans un pays ou touttes les fortunes sont ébranlées et ou toutes les sociétés sont troublées par l'esprit de parti: avant la révolution, j'avois beaucoup d'amis, mais aujourd'hui la moitié de ces amis voudroit avoir exterminé l'autre. partout je n'entends que griefs et malédictions dont je ne suis certainement pas l'objet mais dont je suis obligé d'être le confident pour peu que j'aille dans le monde.

In the 'Préambule' to the *Vœux d'un solitaire*, he claims that most of its 'vœux' had already been formulated at the time of the printing of the *Etudes de la nature* in 1784 (*BSPOC*, vol.1, p.666a). In a sense, this established Bernardin as a brand, with readers having ideas on what to expect from his pen (this will be evident in chapter 5). Akin in some respects to an encyclopaedia, although not alphabetical in order, the *Etudes* encompassed a vast range of human and natural knowledge. Its intention was not to be simply a repository of information but rather a source of ideas on how its readers might exercise their judgement in shaping their lives and society.[58]

The *Etats généraux* had met on 5 May 1789, followed by the formation of the Assemblée nationale on 17 June and the Assemblée constituante on 9 July. These momentous changes were the backdrop for the composition and subsequent publication of the *Vœux d'un solitaire* in September 1789, just a few weeks after the storming of the Bastille. This text could be called an open appeal to the public and legislators. The title page bears the author's name, and is described as 'pour servir de suite aux Etudes de la Nature'. Bernardin chose to stress this link for a variety of motives. The first of these might simply be for publicity reasons, as the third edition of his work had been published the previous year with the original edition of *Paul et Virginie* in a new, fourth volume. Secondly, he wished to underline the

---

58 See the introduction to the *Etudes de la nature*, p.11-47.

interconnectedness of his writings. Thirdly, he knew that his name had credibility with potential readers.

Given his aversion for enclosed spaces, he could not join a public body in 'une assemblée si les portes en sont fermées' (p.666a). He wishes to defend 'la liberté publique' through writing and not through speaking in public. He desires to contribute to the 'félicité publique' and has been writing the *Vœux* for six months. To do so, he has abandoned 'des travaux plus faciles, plus agréables, et plus utiles à ma fortune; je n'ai eu en vue que celle de l'état.' As is so often the case with Bernardin, he penned a foreword outlining his ideas. In this 'Préambule', he mentions 'des têtes coupées à la Grève sans formalité', and expresses anxiety that Paris 'livré à l'anarchie' may become 'un théâtre de carnage et d'horreur' (p.666b). For Bernardin, 'il doit y avoir de l'harmonie dans toutes les parties de l'état' (p.681b). The French people have suffered because the clergy and nobility have shown no interest in their well-being. Interests must be kept in a reciprocal equilibrium: 'Il n'en est pas moins vrai qu'il faut à l'harmonie d'un état, ainsi qu'à celle de l'Europe, des puissances qui se balancent' (p.688b). The king can play a pivotal role in maintaining a balance between various constituencies: 'La nation est formée de l'harmonie des trois ordres, du clergé, de la noblesse et du peuple, sous l'influence du roi, qui en est le modérateur.' He elaborates on his argument:

> Pour rendre sensible l'harmonie nécessaire entre les diverses parties de l'état, je me servirai d'une image déjà bien ancienne. La nation peut se représenter comme un vaisseau. Le peuple, avec ses travaux, ses arts et son commerce, en est la carène, chargée d'agrès, de provisions et de marchandises dont la cargaison fait l'objet du voyage. [...] La noblesse peut se rapporter aux batteries qui le défendent; le clergé, aux voiles et à la mâture qui le font mouvoir; [...] la royauté, au gouvernail qui dirige sa course; et le roi, au pilote.

Harmonies are 'vérités qui sont toujours entre deux contraires', although natural laws are invariable 'parce qu'elles sont les bases de l'harmonie générale, qui seule est constante' (p.695b). Human beings have a mutual desire to help each other:

> L'amour de l'ambition n'est [...] pas plus naturel au cœur humain que celui de la servitude. L'amour de l'égalité tient le milieu entre ces deux extrêmes, comme la vertu, [...] il est la justice universelle; il est entre deux contraires, comme l'harmonie qui gouverne le monde.

It is only the study of nature which can 'nous éclairer sur les droits du genre humain' and it is 'le retour des lettres' which has recognised 'ses harmonies chez les peuples sensibles' and its components 'chez les peuples pensants' (p.712b).

Bernardin is seeking to foster 'harmonie' through a moderating power. On 20 September 1789 he asks Hennin about any impact the *Vœux* might have had on those charged with planning the nation's future:

> je n'ai que le tems de me rappeller à votre souvenir au milieu des nombreux envois que je suis obligé de faire des <u>vœux d'un solitaire</u>. vous me ferés le plaisir de me mander l'effet qu'ils auront produit sur vous, et sur les membres de l'assemblée qui auront le loisir de s'en occuper.

This was a successful work, which received several reprints. As will be explored in chapter 5, Bernardin cultivated an image of himself as a 'solitaire'. Here Bernardin is using his reputation as a man of moral authority to intervene in public debate. He is a sage withdrawn from society while judging it his duty to offer firm counsel. At the start of the text proper, Bernardin recounts the effects of inclement weather on plants in his garden. He muses:

> Quoique je n'aie sur le globe d'autre propriété foncière qu'une petite maison et son petit jardin d'un demi-quart d'arpent que j'habite dans le faubourg Saint-Marceau, j'aime à m'y occuper des intérêts du genre humain, car il s'est occupé des miens dans tous les temps et dans tous les lieux. (p.670a)

He specifies that some of these plants have come from foreign climes, from Armenia, from near the Black Sea, from India and so forth. The same phenonemon is found in items of everyday use:

> Quant aux choses qui sont à mon usage habituel, je dois certainement mon tabac, mon sucre et mon café aux pauvres nègres d'Afrique, qui les cultivent en Amérique sous les fouets des Européens. Mes manchettes de mousseline viennent des bords du Gange si souvent désolés par nos guerres.

Bernardin thus shows how conscious he is of global connections,[59] of the Columbian exchange.

---

59 Paul Cheney notes that French commentators at the time did not employ the

He compares the destructive effects of the weather to mistakes in government economic and financial policies (p.670b). He insists that government actions determine the character of peoples: 'ce n'est pas le climat qui fait le caractère d'un peuple, comme tant d'écrivains l'ont dit d'après Montesquieu; c'est la constitution politique' (p.673b).[60] He divides his *Vœux* into sections aimed at various orders in France, although his remarks are not exclusively compartmentalisées. In an introductory section he asks: 'Comment le clergé, ministre d'une religion amie du genre humain, voudrait-il soumettre aux anciennes formes du druidisme le peuple français sous le règne de Louis XVI?'. In the concluding paragraph of a section devoted to the *clergé*, Bernardin delineates its future role. Having divested itself of its excessive wealth and 'contribué par son superflu à détruire l'indigence', the *clergé* should fight against ambition, a 'source de vices privés et publics' that promotes 'émulation' which 'arme dès l'enfance les citoyens les uns contre les autres'. The 'prédicateurs de l'Evangile' should also denounce the ambition of kings who, 'après avoir causé les malheurs de leurs peuples', provoque 'ceux du genre humain'.[61] War

---

term 'globalisation' but rather 'progrès du commerce' (*Revolutionary commerce: globalization and the French monarchy*, Cambridge, MA, 2010, p.1).

60 He made a comparable remark in the *Voyage à l'île de France*: 'Ce n'est pas le climat qui fait les hommes' (*VIF*, p.750). Similar comments are located in the *Etudes de la nature*: 'Le climat n'altère pas plus la morale des hommes qui est la raison par excellence' (p.308); 'Le climat influe sur le moral, mais il ne le détermine pas; et quoique cette détermination supposée soit regardée, dans beaucoup de livres modernes, comme la base fondamentale de la législation des peuples, il n'y a pas d'opinion philosophique mieux réfutée par tous les témoignages de l'histoire' (p.310); and 'Ce n'est donc pas le climat qui forme la morale des hommes, c'est l'opinion, c'est l'éducation' (p.312). In the *Harmonies de la nature* he repeats this conviction by declarant qu'il ne attribue 'les vices et les vertus de chaque peuple à son climat: j'ai réfuté ailleurs par des preuves de fait cette erreur, mise au jour par de célèbres écrivains' (vol.3, p.71). In the same work he asserts: 'La chaleur du climat n'y fait rien, quoi qu'en ait dit Montesquieu' (vol.3, p.107). For the importance of the idea of climate, see Richard Spavin, *Les Climats du pouvoir: rhétorique et politique chez Bodin, Montesquieu et Rousseau*, Oxford University Studies in the Enlightenment (Oxford, Voltaire Foundation, 2018). Spavin contends that 'Le déterminisme climatique semble invoquer ce "matérialisme naturaliste" qui fait que le caractère et les capacités morales varient selon certaines causes physiques' (p.37). It is just such a possibility that worried Bernardin.

61 In his dialogue with Paul, the Vieillard asserts: 'Le meilleur des livres, qui ne prêche que l'égalité, l'amitié, l'humanité et la concorde, l'évangile, a servi pendant des siècles de prétexte aux fureurs des Européens' (*Paul et Virginie*,

should not be glorified or celebrated by the Church. Ecclesiastics are entreated to express opposition by 'tous leurs moyens à l'esclavage des nègres, qui sont nos frères par les lois de la nature et de la religion; qu'ils s'abstiennent de bénir les vaisseaux qui vont à la traite de ces infortunés' (p.683a). The mission of 'clergé français' should be to contribute 'à la concorde, à l'amour, à la paix' (p.683b). Such an exhortation contrasts with the conduct of the cleric in *Paul et Virginie* who praises wealth: 'Dieu soit loué, vous voilà riches', although he does continue by suggesting 'Vous pourrez écouter votre bon cœur, faire du bien aux pauvres' (*OCBSP* 1, p.244-45).[62] Mme de La Tour read to her extended family stories from the Bible, but these did not prompt much discussion 'car leur théologie était toute en sentiment comme celle de la nature, et leur morale toute en action, comme celle de l'évangile' (p.224). In the 'Préambule' to the 1806 edition of *Paul et Virginie*, Bernardin laments: 'Que dire des mensonges religieux qui illustraient des forfaits et consacraient des origines absurdes et criminelles encore révérées de nos jours' (p.380). He remarks in the *Etudes de la nature* that 'La terre serait un paradis, si la religion chrétienne y était observée' (*EN*, p.349). Bernardin had testified to the bad reputation of clerics in the same work: 'On a beaucoup écrit dans ces derniers temps contre la religion, pour affaiblir le pouvoir des prêtres' (p.334).[63] He does, however, state that some strides have been made against superstition in the 'Préambule' to *Paul et Virginie*: 'La superstition n'élève plus chez nous, comme autrefois, de temples à Dieu par la crainte des démons' (p.381).[64] In *La Chaumière indienne*

OCBSP 1, p.275). A manuscript version, not adopted in the printed version, is quoted on the same page and is even more scathing: 'L'Evangile a fait verser en Europe des flots de sang.'

62 Bernardin, in common with much 'philosophic' opinion, is scathing about cloistered life: 'Il est nécessaire que le clergé abolisse dans son sein ces étranges et honteux établissements [...] je veux dire les couvents qui servent en France de maisons de force et de correction' (*Vœux*, *BSPOC*, vol.1, p.682b).

63 He feels that religion has now been downgraded to be considered, as it were, the opium of the people: 'Le monde regarde aujourd'hui la religion comme le partage du peuple, et comme un moyen politique imaginé pour le contenir' (*EN*, p.335). In the same work, he contends: 'Le monde regarde aujourd'hui avec envie et, disons-le, avec haine, la plupart des prêtres' (p.907).

64 The Vieillard in *Paul et Virginie* observes about Mme de La Tour and Marguerite: 'Je n'avais jamais remarqué dans ces deux dames aucun penchant à la superstition' (p.308). Indeed, Bernardin places this characteristic on the same level as his hated atheism in relation to the great aunt who 'passa plusieurs années, tour à tour athée et superstitieuse, ayant également en horreur la mort

several barbs are aimed at superstition. It is the humble pariah who believes that each individual should search for truth: 'Je pense que tout homme est obligé de chercher la vérité pour son propre bonheur; autrement, il sera avare, ambitieux, superstitieux, méchant, anthropophage même, suivant les préjugés ou les intérêts de ceux qui l'auront élevé' (p.860). These negative qualities indicate people who have followed unquestioningly the opinions of their supposed superiors. One must be clear-sighted, as 'Le malheur jette les hommes dans la superstition' (p.863). The pariah sees pagodas with people in distress and states: 'Je me hâtai de fuir à la vue de ces monuments de la superstition et de la terreur' (p.867). The pariah falls in love with a widow on the threshold of commiting suttee, but convinces her to break links with this 'superstition' (p.873). The brahmins themselves end up as 'les premières victimes de leur religion inhumaine'; they are 'liés des chaînes de la superstition dont ils veulent captiver leurs compatriotes' (p.874).

Bernardin did not wish to assume a role in the administration of the Revolution. He was surprised to learn that he had been elected as a member of the Convention. He wrote to the abbé Grégoire on 3 October 1792, addressing him as 'Zélé Citoyen':

> J'étais à Essonnes lorsque votre lettre en date du 4 7bre et l'extrait des délibérations du corps électoral de votre département me sont parvenus. Je vous ai répondu sur le champ. Ma réponse, je crois, porte la date du 7 7bre. Je vous remerciais de l'honneur que m'avait fait le Corps Electoral du Département de Loir et Cher, dont vous étiez président, de m'avoir nommé un de ses députés à la Convention Nationale: Je vous priais de lui en témoigner toute ma reconnaissance et en même temps tous mes regrets, ma santé ne me permettant pas depuis un grand nombre d'années de me trouver dans aucune assemblée. [...]
>
> J'ai exposé depuis long temps dans mes Etudes de la nature mon genre d'infirmité physique et morale. Le tems n'a fait que l'accroître: mais, en augmentant ma sensibilité pour les maux, il m'a rendu d'autant plus cher le petit nombre de biens dont la carrière humaine est parsemée. Je mets au premier rang l'amitié dont vous me donnez des preuves: elle m'est d'autant plus chère qu'elle a pour objet le service de la patrie.

---

et la vie' (p.311). The 1762 edition of the *Dictionnaire de l'Académie française* defines superstition as the 'Fausse idée que l'on a de certaines pratiques de la religion, & auxquelles on s'attache avec trop de crainte ou de confiance'.

Bernardin alleges health considerations and his fear of enclosed spaces for his refusal to accept the appointment. Notwithstanding this attitude, in July 1792, he had made an exceptional foray into the public sphere by publishing his *Invitation à la concorde pour la fête de la confédération au 14 juillet 1792: la nation, la loi et le roi*.[65] On 7 July 1793 he wrote an address to the Convention nationale. It begins: 'j'etois occupé l'anneé derniere, à composer une invitation à la concorde, (que j'ai fait afficher depuis à l'époque de la fœdération) lorsqu'on vint m'offrir la Place d'intendant du jardin national des plantes.' The text advocated moderation in perilous times. It was posted in the Palais-Royal but also appeared in print.[66] The thrust of the poster was to plead for an end to division amongst the French people in the new era:

> La naissance avoit fait de vous des Provençaux, des Bretons, des Normands: la monarchie, des Français; la Constitution, des hommes; mais la discorde vous a rendus feuillans & jacobins.
>
> Que dira la postérité lorsqu'elle saura que des citoyens se sont détestés sous des noms de moines qu'ils ont eux-mêmes abolis? Elle croira que le fanatisme, échappé des ruines de leurs couvens, s'est réfugié dans vos assemblées, & vous a inspiré, avec leurs noms, ses fureurs contre les trones & les autels qu'il n'a pas élevés. (p.1)

Using examples from antiquity, Bernardin urges his compatriots to obey agreed laws: 'Vos assemblées légales sont suffisantes pour faire exécuter ce qui est nécessaire au salut du peuple, la première des lois' (p.4). He harbours a fear of internecine conflict: 'La guerre civile est la plus horrible des guerres; elle entraînera d'abord la banqueroute; elle anéantira votre agriculture, vos manufactures, votre commerce' (p.5). France will fall prey to foreign armies: 'Vos discordes vous perdront' (p.6). Here Bernardin has recourse to an example from his knowledge of Poland:

---

65 For an evaluation of this intervention and contemporary reactions, see Odile Jaffré-Cook, 'Bernardin et les réseaux sociaux: Bernardin s'affiche', *Nottingham French studies* 54:2 (2015), special issue, ed. R. Ford, p.194-209. The wording of the text as a poster is reproduced on p.195. In *Paul et Virginie*, the 'familles heureuses' named parts of their surroundings, one of which was 'LA CONCORDE' (*OCBSP* 1, p.218).

66 Paris, De l'imprimerie nationale, 1792, 8 pages. There were other printings, including one by Didot also in 1792. It was not reprinted in the editions of his *Œuvres complètes* by Aimé-Martin. It will appear in the new *Œuvres complètes* (Classiques Garnier).

> La discorde a, de nos jours, divisé la Pologne, & l'a livrée à ces trois mêmes puissances qui descendent aujourd'hui du nord pour partager de même la France. Aucun état n'a péri que par la discorde de ses citoyens. (p.6)

Through 'concorde', even small countries like Holland and Switzerland have triumphed. An agreed constitution is essential: 'Sans la Constitution vous ne pouvez rien, avec la Constitution vous pouvez tout' (p.7). The monarchy is 'un centre commun qui fait mouvoir toutes les forces du corps politique'. The constitution will be safeguarded in assemblies which 'éclairent & surveillent la royauté'. A monarch will reign, but his actions will be monitored. Furthermore, with the constitution:

> chaque religion deviendra citoyenne. Le juif, le protestant, le luthérien, le catholique, le prêtre assermenté & non-assermenté, se réuniront autour de l'autel de la patrie qui leur assure la liberté du culte, & reconnoîtront tôt ou tard que le Dieu qu'on y adore est le père commun des hommes.

The text concludes with an exhortation to the people of France to act in harmony, followed by an oath printed in capital letters: 'VIVE LA CONSTITUTION, VIVE LA NATION, LA LOI ET LE ROI' (p.8). The author's name is printed at the end.

Bernardin was keen that reading his text would not be confined to those who might see it on walls in Paris. Bernardin sent a printed version to Mesnard de Conichard, who penned an enthusiastic reply at an unspecified date in 1792 (BSP_1187):

> j'ay été tres sensible a la marque d'amitié que Monsieur de Saint pierre m'a donné, en m'envoyant un des 1ers exemplaires de son invitation patriotique, je l'ay lue avec une grande satisfaction c'est une production également digne de son cœur et son erudition mise a la portée de tous les Citoyens par des exemples frapans d'analogie avec la triste position ou les ambitieux mechans ont conduit le peuple de Paris et une partie des provinces; il n'en peut résulter qu'un excellent effet et un contrepoison salutaire dans le moment ou tant d'affiches incendiaires trompent sa crédulité. un temoin oculaire m'a appris qu'un de ces malheureux suppots de la calomnie et des projets les plus sinistres, ayant osé arracher hyer une de ces affiches patriotiques et de paix, au palais Royal, il en avoit été chassé a coups de pied et par des huées.

M. Trassart writes to him on 14 July 1792:

> j'ai lu, Monsieur, et je relirai, plus d'une fois, votre patriotique invitation à la concorde. Vous avez fait couler mes larmes. Oh! Combien je désire que vos sages conseils déconcertent enfin les projets insensés des factieux de tous les genres! hélas! Si vous étiez écouté, nous n'aurions pas à craindre que la Nation françoise ne s'exposat à retomber de Caribde en Scilla; une infâme licence ne s'efforceroit pas d'étouffer, dans son berceau, la bienfaisante liberté; aucune sorte de despotisme ne nous feroit sentir sa maligne influence, et franchement ralliés autour de la Constitution, vraiment libres, vraiment heureux, nous attendrions tous, en paix, que l'expérience nous éclairat sur les réformes dont cette constitution pourra être susceptible, à l'époque indiquée par elle.

We know nothing certain about Trassart,[67] yet he had met Bernardin and hoped to 'jouir du bonheur de vous revoir' and to 'vous posséder dans ma retraite'. The location of the 'retraite' is unknown, but Trassart feels confident that 'vous ne repousserez pas les épanchemens et les prieres d'un homme qui vous est tendrement et respectueusement attaché.' Bernardin is valued as a moral and political counsellor.

Pierre Félix Lécallier, a cleric in Coutances in the department of the Manche, had written to Bernardin on 15 December 1791 recounting his admiration and that of his fellow clergy, and offering to find him a residence in his area. The following year, on 21 July, he reacts to the *Invitation*:

> L'adresse au peuple que vous avez faite dans ces momens de trouble a produit le plus grand effet a opéré le plus grand bien. L'extrait que les papiers publiés nous en ont donné a fait une vive sensation dans le pays ou la providence m'a placé. Tous les amis de l'ordre vous bénissent et vous Louent, ceux qui vous connoissent d'après vos ouvrages ne sont point étonnés de cette excellente production, Ceux qui ne vous connoissoient pas ont été frapés de la force de vos raisons, nos clubistes même les plus ardens ont baissé la tête tous ont applaudi, et moi qui mets en tête de toutes mes jouissances le bonheur de connoître Le peintre Eloquent de la nature, L'ami généreux des

---

67 Could he be the abbé Pierre Trassart, a former 'vicaire général' who became a 'chef de bureau aux Messageries' and 'une sorte de prédicateur officieux' mentioned in Catherine Kawa, 'Les ronds-de-cuir républicains de 1792 à 1800', in *En hommage à Claude Mazauric: pour la Révolution française*, ed. Christine Le Bozec and Eric Wauters (Rouen, 1998), p.183-88 (187)? If so, he was born in 1750 and married in 1793.

hommes et L'appui Constant des malheureux je puis vous certifier que rien n'a jamais approché des transports delicieux dont mon ame a joui dont mon cœur a été pénétré lorsque j'ai entendu dire à Ceux qui lisent les papiers publics, <u>Le vertueux Bernardin de St pierre a parlé au peuple, tout est rentré dans L'ordre, c'est à lui qu'on doit le retour du calme.</u>

Lécallier adds that local dignitaries and 'bons citoyens' talked of what could be achieved by the employment of the 'sublime auteur des etudes de la nature'. One notes that sections of Bernardin's text have already been printed in the press. His moral authority has been transferred extensively into the political domain during a period of crisis. Even priests look to him for leadership, despite his criticisms of the Church's practice in the past.

Alexandre Nicolas Courtois, a journalist and political activist from the department of Moselle, told Bernardin on 1 August 1792 of his admiration and of an initiative:

J'ai appris que le Roi vous avait nommé à la place d'Intendant de son jardin; je vous en félicite; il vaut mieux quelquefois s'occuper des plantes que des hommes. Cependant, ne négligez pas ceux-ci; quand je les vois se vautrer dans l'anarchie, mon cœur appelle l'homme vertueux et éloquent, dont la voix fut toujours consacrée au bonheur de ses semblables, et le conjure de foudroyer les factieux. Remplissez ce devoir, Monsieur, il en est temps. Les hommes qui frappent fort, mais non pas juste, vont peut-être porter un coup effrayant et dangereux; ils vont travailler à suspendre le pouvoir exécutif. Soyez persuadé que cette mesure causera la guerre civile. Je la crois suscitée par les puissances neutres qui, ne cherchant que l'occasion de lever le prétexte de leur fausse neutralité, soudoient des écrivains pour jeter des idées funestes dans la société. J'ai fait réimprimer votre invitation *à la concorde*.[68]

Courtois's reputation as a 'feuillant', a supporter of constitutional monarchy, may well have led in part to his death on the scaffold in January 1794.

68   He adds: 'Je vous ai adressé un exemplaire; elle a circulé dans beaucoup d'endroits; cela m'a valu le titre de *feuillant*; quelques-uns ont dit même que j'avais cherché par là à semer des semences de guerre civile. Je me suis honoré de ces propos, par la cause qui les a produits; cela n'a fait qu'enflammer mon zèle. J'ai fait adopter votre écrit au Conseil général de notre département et à celui du département de la Meuse; celui-ci vient de le répandre officiellement et avec profusion; il obtient son triomphe, c'est-à-dire l'admiration.'

Correspondents believed that Bernardin could play a constructive role in the reform of society. The abbé Fauchet, a Revolutionary activist and a long-standing acquaintance, congratulates him on 2 October 1789: 'Les vœux d'un solitaire, Monsieur et cher ami, sont ceux d'un amant de la nature, de la patrie et de la vertu.' A provincial prior named Conda enthuses on 12 October 1789 that the *Vœux*, which he has 'dévoré', is the work 'd'un bon citoyen et d'un écrivain éloquent'. He predicts a lasting success for Bernardin's publications:

> Continuez, Monsieur, d'enrichir la littérature et de Servir l'humanité. Travaillés en depit des jaloux et punissez les par des Succès nouveaux. Si la genération presente est contente de vous entendre et de vous applaudir; si vous ne pouvez parvenir à la rendre meilleure, consolés vous. La generation future recueillera le fruit de vos leçons. elle vous devra son bonheur et ses vertus, vous aurez la gloire d'avoir opéré une grande révolution, une révolution desiree de tous Les gens de bien. nous verrons les mœurs de l'age d'or, si bien retracées dans votre Arcadie, succeder aux mœurs dépravées de ce Siecle de fer.

Charles Guillabert, in a communication of 9 July 1791, encourages him to intervene in the present context: 'réflechissant sur ce qui restoit encore à faire par l'assembleé nationale pour assurer notre liberté et ramener parmi nous le bonheur, je pensois que les connoissances du vertueux S^t pierre Lui seroient d'un grand secours dans cette circonstance importante.' Bernardin is thus depicted as a potential man of action in terms of forming the new nation, in the development of *l'homme nouveau*.[69]

An unknown fan writing from Bordeaux sent Bernardin an undated letter (BSP_1099), possibly composed in late 1792 or more probably early 1793. The correspondent claimed that his works were his 'lecture de prédilection', stating that it is now 'quinze mois' since the publication of 'la s^{de} partie des voeux d'un Solitaire, production digne d'un homme véritablement ami de la liberté et de légalité'. The 's^{de} partie' is clearly the *Suite*, which came out in early 1792. He describes 'une invitation à la Concorde' as a work 'pleine de force et de sagesse'.

Bernardin wrote to the recently reinstated minister of the Interior, Jean Marie Roland, on 26 August 1792. He had been appointed the previous month *intendant* of the Jardin royal des plantes, and enquired whether he should organise the removal of the 'fleurs de lis qui sont

---

[69] See de Baecque, 'L'homme nouveau est arrivé'.

dans l'écusson de france au dessus de la principale porte d'entrée du jardin des plantes et qui en terminent les pilastres dans les grilles'. In probably November 1792, to his future wife, Félicité Didot, Bernardin refers to 'les tems orageux ou nous sommes' (BSP_2324). He informs her in January 1793 that 'les malheurs publics portés à leur comble m'empechent de m'occuper de mon bonheur particulier. je vais à paris pour tacher de sauver quelques débris de ma foible fortune d'une anarchie dont les progrès augmentent chaque jour.'[70]

In a letter to Félicité on 24 April 1795 he records starvation in Paris:

> je suis entouré d'affamés. si j'ai quelques vivres il faut que je les cache. j'en fais cependant quelque part, même dans les auberges ou je mange et ou je trouve des gens pales et affamés qui quelquefois n'ont pas mangé de pain de trois jours.

There had been a disturbance in Paris on 1 April where demonstrators demanded bread amongst other grievances. Bernardin was acutely aware of the subsistence problems of the students at the Ecole normale where he was lecturing that month. The Directory took power in the autumn of 1795, at a time when Bernardin was attracted by a new form of religion, theophilanthropy.[71] This chimed with his own beliefs, and he was in contact with Louis Marie de La Révellière-Lépeaux, who was one of its most important proponents in addition to being a leader of the Directory. The abbé Grégoire wrote to La Révellière-Lépeaux on 12 November 1795:

> Je partage l'interet que vous inspire le respectable ecrivain qui a fait les etudes de la nature et il m'est doux de voir qu'au milieu de vos immenses occupations, vous noubliez pas les sciences puis que vous pensez aux personnes qui les cultivent.

In turn La Révellière-Lépeaux wrote flatteringly to Bernardin a few days later, on 15 November: 'ce sera toujours avec une satisfaction bien vraie que je saisirai toutes les occasions possibles de prouver mon attachement a un citoyen qui honore ma patrie autant par ses

---

70 Correspondents wrote to him expressing anxieties about his situation in Paris, e.g. the marquise de La Férandière (2 September 1789), Jean Antoine Gay (6 January 1790). Problems in the provinces are also mentioned, e.g. Mme de La Berlière (16 December 1789).
71 The most comprehensive investigation of this movement remains Albert Mathiez, *La Théophilanthropie et le culte décadaire 1796-1801* (Paris, 1903).

rares talents que par l'exemple des vertus.' In thanking La Révellière-Lépeaux for a gift of a book, Bernardin declares on 8 July 1797:

> je crois comme vous qu'il faut un culte à un peuple et même qu'il lui faut une religion nationale. je ne pense pas qu'elle devienne intolérante, si le sacerdoce en est confié aux magistrats superieurs comme il l'est à la chine et comme il l'etoit chés les Romains. nous voyons même des bons effets de ce double pouvoir dans les pays ou le chef de l'etat est aussi celui de la religion comme en angleterre et en Russie…

Bernardin thus supports 'une religion nationale' where the role of priests has passed to lay officials; he is advocating a practice akin to Erastian principles.

A surprising initiative is an offer made to Lazare Carnot (like La Révellière-Lépeaux, one of the five directors of the current regime). At some stage between 1795 and 1797 (BSP_1546), Bernardin suggested employing him in 'quelque mission de paix en Angleterre', as he has 'quelques amis acredits' in that country and 'dans tout etat de cause un homme de lettres choisi par le gouvernement pour professer la morale dans la republique ne sauroit etre etranger a etablir ces preliminaires de paix.' The notion of the monolingual Bernardin (if Latin is discounted), despite his dealings with both the *Ancien Régime* and Revolutionary authorities, being an international peace-broker beggars belief, but illustrates his commitment and the sense of his public status.

As has been emphasised, Bernardin's concerns are not exclusively related to France. He deplores French and European misappropriation of materials which cause distress both in the Old World and elsewhere: 'C'est avec les chanvres qui habillent nos pauvres villageoises, que sont faites les voiles des corsaires qui vont dépouiller les cultivateurs de l'Inde. Nos récoltes et nos forêts voguent sur les mers, pour désoler les deux mondes' (*EN*, p.105). Hemp and trees transformed into sails and masts have disruptive effects at home and abroad. Eurocentric arrogance has blinded people to debts to other peoples: 'En vain les nations éclairées se vantent d'avoir réuni chez elles tous les arts et toutes les sciences; c'est à des sauvages ou à des hommes ignorés que nous devons les premières observations qui les ont fait naître' (p.115-16). He asks rhetorically:

> A qui devons-nous l'usage du sucre, du chocolat, de tant de substances agréables et de tant de remèdes salutaires? A des indiens tout nus, à

de pauvres paysans, à de misérables nègres. La bêche des esclaves a fait plus de bien que l'épée des conquérants n'a fait de mal. Cependant, dans quelles places publiques sont les statues de nos obscurs bienfaiteurs? Nos histoires même n'ont pas daigné conserver leurs noms. (*EN*, p.168)[72]

The exploiters have left no acknowledgement of their debts to the exploited. Africa has given 'ses propres enfants' to serve as 'bêtes de somme par toute la terre' (*EN*, p.170). People have squandered nature's benefits: 'les biens nous ont été donnés en commun, et nous n'avons partagé que les maux' (*EN*, p.155). He adds that humankind has failed to appreciate nature's bounty: 'L'histoire de la nature n'offre que des bienfaits, et celle de l'homme que brigandage et fureur.'

I have highlighted in this chapter Bernardin's dismay at multiple aspects of contemporary France, and his anxiety at the corrosive influence of two bodies in particular: the aristocracy and the Church. Both these bodies undermine the authority of a desirably wise king, and contribute little or nothing to the well-being of the peasants and lower categories of society. The continued exploitation of slaves, and indeed serfs, is morally repugnant and, arguably, economically counterproductive for France. The country is in crisis, and remedies are imperative for its regeneration. His misgivings were deeply felt and had been expounded over several years. The Revolution gave Bernardin an unprecedented chance to display his anxieties and opinions in his favoured form, his writings. Although he felt temperamentally unsuited to join any legislative body himself, he hoped that his publications might influence those charged with changing the course of history. There remains, however, one of the most important remedies in the regeneration of France, the reorganisation of education, which will constitute the focus of the next chapter.

---

72   Cf. 'Je n'ai vu que des pays fréquentés par les Européens et désolés par la guerre ou par l'esclavage' (*EN*, p.257).

4. Education

An essential element in the regeneration of France will be the role of education. This must be understood not just as instruction in arithmetic or Latin but as a preparation for living in society. Bernardin was impressed by Rousseau's *Emile* (1762) as attested by numerous references. In his *Essai sur J.-J. Rousseau*, Bernardin claims that his friend suggested that he might continue the work: 'Il me parla d'*Emile*, et voulut m'engager à le continuer d'après son plan. Je mourrais content me disait-il, si je laissais cet ouvrage entre vos mains' (*BSPOC*, vol.2, p.452b). Yet, in many respects, Bernardin's concerns were wider in scope.

He draws attention once more in the *Vœux d'un solitaire* to the malign influence of *corps* that constitute a barrier to the education of the *peuple*:

> Il n'est pas moins nécessaire de réformer l'éducation publique, puisque les corps ne doivent leur esprit ambitieux qu'à l'éducation européenne, qui dit à chaque homme, dès l'enfance: 'Sois le premier'; et à chaque corps: 'Sois le maître.' (*BSPOC*, vol.1, p.686a)

The obsession with 'Sois le premier' is decried on numerous occasions. He attacks the importance attached to ambition and emulation, of which more below. His programme is outlined in a dedicated section: 'Vœux pour une éducation nationale'. Bernardin insists on the importance of a national education system in references in his correspondence, an idea supported even before the Revolution. He wrote to Hennin in the latter's role as 'secretaire de l'assemblee des notables' on 23 January 1787 with the hope that some 'bons reglements' will be made but they 'n'auront point d'effet durable, si on ne change l'education nationale'. Later, on 7 October 1791, he told Mme de Pont Wullyamoz:

> j'ai aussi sur le metier un ouvrage sur un sujet très important, l'education nationale. tout cela demande des loisirs, du repos, une santè et un bonheur que je n'ai pas. je m'attache a cet ouvrage comme a un devoir envers la patrie.

He wrote to the 'Commission exécutive de l'instruction publique' on 25 June 1794. He claimed that he had been busy in his 'retraite' 'recueillant des materiaux sur une education nationale', and talks of organising 'les materiaux que je rassemble depuis plusieurs années sur l'education nationale'. He provides an unknown correspondent in July 1794 with statements of his commitment: 'je dirigeai principalement mes observations vers une éducation nationale persuadé que les maux de la societe viennent pour la pluspart de ceux de l'enfance et que la beaute des vergers dépend de celle de leurs pepinieres' (BSP_1549). He also asserts the need for financial reward:

> si j'en reclame les recompenses pécuniaires c'est qu'elles sont nècessaires à mon existence, c'est a dire à mes nouveaux travaux. y en a til de plus importants à la republique que ceux qui ont pour objet l'education nationale! ce sont ceux dont je m'occupe depuis plusieurs années.

On 6 July 1794 he asks for support from Bertrand Barère, a member of the Comité de salut public until September that year: 'je te prie de l'apuyer de ton credit. occupé depuis plusieurs années du soin de rassembler des materiaux pour une èducation nationale, j'ai besoin pour les mettre en ordre de n'etre pas distrait par les soucis de la fortune.'

The 'Vœux pour une éducation nationale' opens with a fundamental demand:

> Avant d'établir une école de citoyens, on devrait établir une école d'instituteurs. J'admire avec étonnement que tous les arts ont parmi nous leur apprentissage, excepté le plus difficile de tous, celui de former les hommes. Il y a plus: l'état d'instituteur est, pour l'ordinaire, la ressource de ceux qui n'ont point de talent particulier. L'assemblée nationale doit s'occuper soigneusement d'un établissement si nécessaire. Elle choisira des hommes propres à faire des instituteurs, non parmi des docteurs et des intrigants, suivant notre usage, mais parmi des pères de famille qui auront élevé eux-mêmes leurs enfants. [...] Il ne faudra, pour remplir ces places, ni brevets de maître ès arts, ni lettres du grand-chantre, mais des enfants beaux et bons; et comme c'est à l'œuvre qu'on doit reconnaître l'ouvrier, on jugera capables d'élever des citoyens des hommes qui ont bien élevé leur famille. (p.706b)

Future teachers should be chosen from fathers who had successfully raised their children, and not from those with simply academic qualifications or 'intrigants'. They would reform 'notre éducation gothique et barbare', banish boredom, tears, corporal punishment,[1] 'pour en faire des citoyens et non des esclaves' (p.707a).[2] Emulation and ambition should likewise be banished, as they take over our lives and lead to social strife.[3] Bernardin had once regarded ambition as natural, but now considers it as 'un simple résultat de notre éducation' (p.707b). Individuals should not see themselves as either above or below their fellow human beings – everyone is equal:

> L'amour de l'ambition n'est donc pas plus naturel au cœur humain que celui de la servitude. L'amour de l'égalité tient le milieu entre ces deux extrêmes, comme la vertu, dont il ne diffère pas: il est la justice universelle; il est entre deux contraires, comme l'harmonie qui gouverne le monde. (p.708a)

Upbringing for Bernardin determines human character: 'non seulement nos lumières acquises, mais nos sentiments, qui semblent naître avec nous, dépendent presque entièrement de notre éducation' (p.709a).[4] He will repeat similar sentiments in the 'Préambule' to

---

[1] Bernardin rails against corporal punishment, 'ces punitions honteuses' (*BSPOC*, vol.2, p.459a). Bernardin is shocked that 'on voit encore dans nos écoles des maîtres et des maîtresses les mains armées de verges et de fouets' (*HN*, vol.1, p.442). He claims to have witnessed pupils caned: 'au collège, demi-pâmés de douleur, recevoir dans leurs petites mains jusqu'à douze férules. J'ai vu, par ce supplice, la peau se détacher du bout de leurs doigts, et laisser voir la chair toute vive. [...] On ne peut entrer à ce sujet dans aucun détail, sans blesser la pudeur. Cependant des prêtres les emploient. On s'appuie sur un passage de Salomon, où il est dit: "N'épargnez pas la verge à l'enfant"' (*EN*, p.369-70). He writes that birds tend their offspring with care and attention, while in schools children are treated differently. There one can only record that 'Des verges, des férules, des fouets, des cris, des larmes, sont les premières leçons données à la vie humaine' (p.927).

[2] Years later Bernardin tells his wife, Félicité, that he was engaged in a heated debate at the Institut attacking the idea that fathers had the automatic right to punish children (letter of 27 September 1806).

[3] Bernardin remarked that he had been criticised by an unnamed journalist for his disapproval of ambition: 'il me blâme d'interdire l'ambition aux enfants, qu'il veut élever, comme lui, avec des hochets académiques. Il trouve mauvais que je leur défende de chercher à être les premiers; que je substitue dans leurs jeunes âmes, l'amour de l'humanité à l'amour de soi' ('Préambule' to *La Chaumière indienne*, *OCBSP* 1, p.832).

[4] In a manuscript about Madagascar which contains reflections about his

La Chaumière indienne: 'l'expérience prouve que les lumières et les erreurs, comme les vertus et les vices, sont les fruits de l'éducation et des habitudes' (*OCBSP* 1, p.841). Children must be inspired with 'l'esprit de modération', which 'tient la balance entre les extrêmes, et maintient l'harmonie des êtres' (*Vœux*, *BSPOC*, vol.1, p.709a). Time studying Latin should be reduced, though the study of Greek should be increased. Much can still be learned from classical writers, whereas the authors of China are unknown. The curriculum should change:

> On substituera donc à une partie de nos études grammairiennes de l'antiquité, celles des sciences qui nous approchent de Dieu et nous rendent utiles aux hommes, telles que la connaissance du globe, de ses climats, de ses végétaux, des différents peuples qui l'habitent, des relations qu'ils ont avec nous par le commerce, et surtout l'étude du nouveau code constitutionnel, qui doit être un code de patriotisme et de morale. (p.710b)

The practical orientation of Bernardin's ideas is patent, adapted to the needs of the new citizen living in an increasingly globalised world. Even the children's diet receives attention. They should be accustomed 'au régime végétal, comme le plus naturel à l'homme'. (I noted Bernardin's interest in vegetarianism in chapter 1.) He reiterates the crucial function of education in the *Suite*: 'Ce n'est que sur une éducation nationale qu'on peut fonder une bonne constitution' (p.722b). On 27 March 1793 he tells Rosalie de Constant:

> j'espere bien de la chose publique et je pense qu'il en est de la santé de l'etat comme de celui du corps humain qui se retablit aprés de grandes crises par le simple effet d'un régime tranquile. quoiqu'il arrive ma plus douce pensée est d'imaginer que dans ma solitude je pourai concourir au bonheur de la posterité en m'occupant particulierement d'une education nationale.

A particularly noxious variety is 'l'ambition nationale'

> qui se manifeste dans un peuple par l'amour des conquêtes, et dans son prince par celui du despotisme. C'est de l'ambition nationale que dérivent les impôts, l'esclavage, les tyrannies et la guerre, qui seule est le fléau du genre humain. (p.707b)

---

reactions to the Indian Ocean island, he talks about civil wars being caused by 'nos éducations ambitieuses' which urge 'des l'enfance, soit le premier' (LH 147b 73 B21).

The organisation and delivery of education were matters of capital importance in the final century of what has become known as the *Ancien Régime* in France. Marcel Grandière contends that: 'la question de l'idéal pédagogique est au cœur de l'histoire du dix-huitième siècle, de l'histoire de la pensée, bien sûr, mais également de l'histoire politique.'[5] Jean-Jacques Rousseau's intervention into this debate in *Emile* was ground-breaking. Unlike Rousseau, Bernardin published no major work on education, but aired his views in a variety of writings in print and in manuscript. Contrary to the Genevan, he had a formal education as recorded in the introduction. While he benefited from the close study of classical authors whom he frequently cited, he had misgivings about this component as well as other aspects of his education. A unifying element of his writings was the desire to inform and educate what became over time a community of readers. Writing for him was a form of teaching. It is also probable that the prohibition of the Jesuit order from its pedagogical role and its expulsion from France in the early 1760s[6] gave an impetus to Bernardin's thoughts on education. The removal of Jesuit power demonstrated the pre-eminence of government over ecclesiastical authority. He felt that changes in educational practice, 'une cause morale', were indispensable. Reforms in several areas were required, but 'cette réforme [de l'éducation] me semble si nécessaire, que sans elle toutes les autres sont nulles' (*EN*, p.910). He entitled the fourteenth *étude* of the *Etudes de la nature*, 'De l'éducation', implying both upbringing and instruction. He declares: 'Je ne balance pas à attribuer à nos éducations modernes l'esprit inquiet, ambitieux, haineux, tracassier et intolérant de la plupart des Européens' (p.919). The raising of children was crucial in Bernardin's eyes in terms of the moral preparation of young people for society, as we shall see below. In the 'Préambule' to *La Chaumière indienne*, he declares that 'l'expérience prouve que les lumières et les erreurs, comme les vertus et les vices, sont les fruits de l'éducation et des habitudes' (*OCBSP* 1, p.841). Elsewhere he proclaims: 'changez l'éducation d'un peuple, vous changerez son caractère et ses mœurs' (*EN*, p.927). He is an advocate of 'éducation nationale, car l'éducation ne doit être qu'un apprentissage de

---

5   *L'Idéal pédagogique en France au dix-huitième siècle*, SVEC 361 (1998), p.1.
6   Grandière, *L'Idéal pédagogique en France*, p.214. See also Adrian O'Connor, 'From the classroom out: educational reform and the state in France, 1762-1771', *French historical studies* 39:3 (August 2016), p.509-34, and his monograph, *In pursuit of politics: education and Revolution in eighteenth-century France* (Manchester, 2017).

la vie humaine' (*OCBSP* 1, p.843). He differentiates his approach from that of thinkers whom he reveres:

> Chez nous l'éducation n'a aucun rapport avec la constitution de l'Etat. Nos écrivains les plus célèbres, tels que Montaigne, Fénelon, J.-J. Rouseau, ont bien senti les défauts de notre police à cet égard; mais désespérant peut-être de les réformer, ils ont mieux aimé proposer des plans d'éducation particulière et domestique, que de réparer l'ancien et de l'assortir à toutes les inconséquences de notre société. Pour moi, qui ne remonte à l'origine de nos maux qu'afin d'en disculper la nature, [...], je me trouve engagé à examiner l'influence de l'éducation sur notre bonheur particulier et sur la patrie en général. (*EN*, p.364)

His 'premier but' was 'd'apprendre à un enfant à se suffire à lui-même, et de le rendre indépendant des préjugés variables de la société' (*HN*, vol.3, p.108).

He felt that France was neglecting the potential talents of far too many of its citizens. In an undated letter to Lazare Carnot, estimated to have been composed between 1795 and 1797 (BSP_1546, LH 151c, f.4*r*-5*r*), he talks about the benefits which might accrue from a proposed visit to Switzerland:

> j'avois formé le projet de proposer un espece decole, ou de seminaire pour recueillir de tous les departemens les enfans qui sanoncent par des qualités extraordinaires que leur genie meme distingue que lindigence empeche de se developer. il est remarquable que de la plupart des hommes illustres en tout genre plus de la moitié sortent des dernieres classes du peuple et nont du leur developement qua dheureuses circontances, combien dautres donc ont eté etouffés par faute davoir ete apercus et transplantés dans des terrains favorables. un etablissement tel que je le conçois en feroit la recherche, les reuniroit developperoit leur talens et attacheroit la portion indigente du peuple cest a dire la plus nombreuse a la revolution lorsquelle veroit le gouvernement soccuper particulierement du sort de ses enfans, mais quand dans le voyage que je propose jusquaux montagnes de la suisse jen reviendrois sans avoir decouvert quelque vertueuse preuve jen raporterois au moins des etudes des regions simples et l'education, qui font des habitans de ces montagnes des hommes sains de corps et desprit.

Given the uncertainty over the date of this letter, it is plausible that it was drafted after Carnot became a member of the Directory in the autumn of 1795 and could thus exercise influence.[7] However, in terms of education, the principal point to retain from this letter is Bernardin's conviction that facilitating participation in education for the dispossessed would encourage support for the Revolution.

Bernardin's first formal foray in the educational debate was to enter a competition organised by the Académie de Besançon in 1777.[8] Among the other contestants was a future correspondent of Bernardin, Mme Roland.[9] No award was made, and Bernardin's entry was not published in his lifetime. The first published version appeared in the collected edition of his works by Aimé-Martin.[10] In his introductory remarks, his editor observes that the manuscript in his hands is 'surchargé de notes et de corrections' and is probably 'une première esquisse', but he has been unable to find one which is 'plus correcte'.[11] Bernardin's work is referred to as the *Discours sur l'éducation des femmes*, which was his response to the Academy's topic, 'Comment l'éducation des femmes pourrait contribuer à rendre les hommes meilleurs'. The title played a role in the formulation of Bernardin's discourse where he comments on the subordinate role of females, although the text also tackles general issues.

In his opening remarks, Bernardin asserts the positive role that women could exercise in improving men. He criticises Jean-Jacques Rousseau:

> De nos jours, un écrivain fameux semble, comme Platon, avoir espéré de l'éducation une révolution dans les mœurs; mais, ayant traité dans son *Emile* à la fois de l'éducation des deux sexes, loin de faire ressortir celle de la femme à l'utilité publique, il a séparé de la société celle

---

7   Indeed Bernardin begins the letter: 'je madresse a vous comme a mon superieur en votre qualité de membre du directoire, comme a mon collegue a linstitut, et surtout comme a un homme qui ma donné en plusieurs circonstances des marques particulières d'amitié.' He never did go to Switzerland.
8   For the significance of such prizes, see J. L. Caradonna, *The Enlightenment in practice: academic prize contests and intellectual culture in France, 1670-1794* (Ithaca, NY, 2012). See also Martin S. Staum, 'The Enlightenment transformed: the Institute prize contests', *Eighteenth-century studies* 19 (1985-1986), p.153-79.
9   See Siân Reynolds, *Marriage and Revolution: Monsieur and Madame Roland* (Oxford, 2012), p.27.
10 *BSPOC*, vol.2, p.455b-70a.
11 P.456a. The manuscript used by Aimé-Martin could be LH 441 (ten *feuillets*) in the Bibliothèque municipale in Le Havre. This shows differences with the printed version, some of a stylistic nature. The submitted manuscript is held in the Bibliothèque municipale de Besançon (Ms Académie 38, no.6, f.550-63) and is accessible online.

de l'homme même, qui semble à tant d'égards devoir être nationale. (p.457a)

This censuring of Rousseau at a time (1777) when they had been on intimate terms undermines the view that he was the Genevan's unquestioning disciple. Changes had to be implemented in antiquity when 'un petit nombre de familles s'étaient emparées des richesses de l'état, et la multitude n'avait plus rien. Ce sont les malheureux qui appellent les réformateurs.' Eighteenth-century France was targeted by implication. Women could make an impact on contemporary society if they acted differently, as 'les mœurs viennent de l'éducation' (p.457b). France has cultural prestige in Europe, but that could be enhanced through the reform of 'une éducation nationale':

> O femmes! je vous invite à reprendre votre empire; que chacune de vous fasse rentrer un citoyen dans l'ordre, et l'ordre général sera rétabli. La réforme de l'homme dépend de la vôtre: il vous redemande aujourd'hui son bonheur; mais, avant de soulager ses maux, ayez le courage de voir ceux dont vous gémissez. Ils sont l'ouvrage des temps, des préjugés, de la corruption d'autrui. (p.458b)

He divides female education into three categories: 'L'éducation des femmes peut se réduire parmi nous à trois révolutions: l'éducation domestique,[12] celle des couvents et celle du monde' (p.459a).

It is the responsibility of governments to protect children. Girls should not be sent to convents:

> Cette transplantation, qui se fait souvent dès la naissance, est un des plus grands malheurs dont la mollesse des familles ait affligé la société. Là, les premiers maux vont les suivre, sans aucun des premiers plaisirs: aucun baiser paternel, aucune main chérie n'essuiera leurs larmes. Forcées de chercher des consolations dans une amitié étrangère, elles achèveront de rompre ces chaînes naturelles dont leurs parents ont brisé les premiers anneaux. (p.459b)

Since Bernardin limits women's major function 'aux seuls soins domestiques' (p.460a),[13] they will derive no benefit from a convent

---

12 In the *Etudes de la nature*, Bernardin states that men and women have differing duties in marriage, and that virtue presents women with 'la plus sublime des carrières dans l'éducation de leurs enfants, dont [les devoirs] doivent former la raison, et recevoir les premiers sentiments' (p.138).

13 In the *Harmonies de la nature*, he declares that girls are 'destinées par la nature à avoir soin de l'intérieur de la maison' (vol.2, p.165).

education whereas they should learn the 'devoirs de la maison conjugale' in the 'maison paternelle': 'Quelle science apprendront-elles dans les couvents, qui soit digne de remplacer des devoirs si saints?' Such organisations produce a negative impact on young minds: 'D'où viennent donc ces institutions tristes qui font regarder aux jeunes filles leurs attraits comme des présents odieux?' (p.460b). Echoing a traditional criticism, he underscores the nefarious effect of novels on young girls (ironically he was working on *Paul et Virginie* at the time). He sums up similar misgivings on the effects of the theatre:

> Voilà donc les filles jetées dans le monde, armées de tout ce que leur a donné une éducation si fausse, si contradictoire, si incohérente. Elles aiment les étrangers et haïssent leurs parents; elles ne veulent du mariage que les plaisirs de l'amour, et rejettent les devoirs de la maternité. Austères dans leur morale et voluptueuses dans leur conduite, elles parlent toujours de la vertu, et cherchent sans plaisir le plaisir. Au reste, sans principes et sans plans, elles ne connaissent dans la société d'autres devoirs que les visites et le jeu: [...] Quelle différence de l'éducation des femmes sous nos Henri à celle de nos jours! (p.462b-63a)

Evidently Bernardin is describing members of high society who would not have been out of place in the fictional world of Laclos's *Liaisons dangereuses* (1782). Furthermore, he complains that 'nos couvents sont remplis de femmes séparées de leurs maris' (p.463b). Boys and girls have 'deux caractères opposés', the former active, the latter passive, which complement each other and form 'la plus belle de toutes les harmonies' (p.464b) – another illustration of Bernardin's thesis that contraries can lead to *convenance*.

As has been noted, Bernardin believed firmly that childhood experiences fashioned the individual and thus the future citizen.[14] Here a crucial role would be played in a family environment. He states in the *Etudes de la nature*:

> La sage nature, en donnant tant de force aux habitudes du premier âge, a voulu faire dépendre notre bonheur de ceux à qui il importe le plus de le faire, c'est-à-dire de nos parents, puisque c'est des affections qu'ils nous inspirent alors que dépend celle que nous leur porterons un jour. Mais parmi nous, dès qu'un enfant est né, on le livre à une nourrice mercenaire. Le premier lien qui devait l'attacher à ses

---

14   In the *Fragment servant de préambule à l'Arcadie*, Bernardin asserts: 'tant l'éducation a d'influence sur le reste de la vie' (*OCBSP* 1, p.543).

parents est rompu avant d'être formé. [...] On l'envoie aux écoles; on l'éloigne dans des pensions. C'est là qu'il répandra des larmes que n'essuiera plus une main maternelle. C'est là qu'il formera des amitiés étrangères, pleines de regrets ou de repentirs, et qu'il éteindra les affections naturelles de frère, de sœur, de père, de mère, qui sont les plus douces chaînes dont la nature nous attache à la patrie. (*EN*, p.365-66)

One notes the word which closes the paragraph, 'la patrie', thus in a stressed position. The family is highlighted as the essential building block for the nation. He attacks stuffing young minds with off-putting grammatical terms which are not appropriate for their ages: 'Apprendre à parler par les règles de la grammaire, c'est apprendre à marcher par les lois de l'équilibre' (p.366).[15] This judgement is based on personal experience: 'Je me rappelle qu'étant écolier, je fus longtemps étourdi, comme les autres enfants, par un chaos de termes barbares.' Likewise Latin authors can only be appreciated at a later age. However, what may well be his most damning criticism is the practice of inspiring in children 'des vices, on leur donne de l'ambition sous le nom d'émulation':

> Quelque beau nom qu'on lui donne, elle est l'ennemie de toute vertu. Elle est la source des vices les plus dangereux, de la jalousie, de la haine, de l'intolérance et de la cruauté; car chacun cherche à la satisfaire à sa manière. (p.367)[16]

He identifies the source of social conflict:

> Pour moi, je trouve la cause de tous ces désordres particuliers et généraux dans notre éducation ambitieuse. Quand on a bu dès l'enfance dans la coupe de l'ambition, la soif en reste toute la vie, et elle dégénère en fièvre au pied des autels. (p.920)

On the same page, he claims to be baffled how 'des royaumes soi-disants chrétiens ont pu adopter l'ambition pour base de l'éducation publique'. In his eyes, 'La vertu et l'ambition sont incompatibles' (p.921). Although contemporary Italy is 'pleine de collèges et d'académies', Bernardin

---

15 He employs similar terms in the *Harmonies de la nature*: 'Enseigner aux enfants la vertu par la théorie de la morale, c'est leur enseigner à parler par la grammaire, et à marcher par les lois de l'équilibre' (vol.3, p.9).
16 Cf. '[notre éducation] nous enseigne dès l'enfance à nous préférer à autrui, en nous excitant à être les premiers parmi nos compagnons d'étude' (p.843).

opines that one cannot find today 'quelque homme bien fameux. N'y voit-on pas, au contraire, les talents, distraits par les sociétés inégales, les jalousies, les brigues, les tracasseries, et par toutes les inquiétudes de l'ambition, s'y affaiblir et s'y corrompre' (p.367). The incoherence of what is taught scandalises Bernardin:

> Pendant qu'on déprave le cœur des enfants, on altère leur raison. Ces deux désordres vont toujours de concert. D'abord on les rend inconséquents. Le régent leur apprend que Jupiter, Minerve et Apollon sont des dieux; le prêtre de la paroisse, que ce sont des démons [...]. L'un, que Virgile, qui a si bien parlé de la Providence, est au moins dans les Champs-Elysées, et qu'il jouit dans ce monde de l'estime de tous les gens de bien; l'autre, qu'il est païen, et qu'il est damné. Ce qu'il y a d'étrange, c'est que ces contradictions, surtout dans les provinces, sortent souvent de la même bouche, et que le même ecclésiastique fait la classe le matin, et le catéchisme le soir. (p.368)

Emphasing this flagrant discordance, in a manner reminiscent of Voltaire, Bernardin demonstrates the potential psychological damage for young children. He recounts, from personal experience, how a fellow pupil was terrified by the tale of a legendary dragon with the result that his father had to pretend to kill it with a sword (p.369).

Bernardin emphasises the disastrous effects of contemporary schooling for citizenship:

> Nos enfants, bouleversés par les vices de notre institution, deviennent inconséquents, fourbes, hypocrites, envieux, laids et méchants. A mesure qu'ils croissent en âge, ils croissent aussi en malignité et en contradiction. Il n'y a pas un seul écolier qui sache seulement ce que c'est les lois de son pays; mais il y en a quelques-uns qui ont entendu parler de celles des douze tables. Aucun d'eux ne sait comment se conduisent nos guerres; mais il y en a qui vous racontent celles des Grecs et des Romains. Il n'y en a pas un qui ne sache que les combats singuliers sont défendus, et beaucoup d'entre eux vont dans les salles d'armes, où l'on n'apprend qu'à se battre en duel. C'est, dit-on, pour apprendre à se tenir de bonne grâce et à marcher; comme si on marchait de tierce et de quarte, et que l'attitude d'un citoyen dût être celle d'un gladiateur! (p.370)

Here we see an angry complaint about the concentration on the civilisation and history of the ancient world in the curriculum. What use is there for youth learning about the 'grands sentiments de républicain dans une monarchie, et ceux de désintéressement dans un pays où tout est à vendre?' (p.371). He concludes this paragraph unambiguously: 'L'homme naît bon. C'est la société qui fait les méchants, et c'est notre éducation qui les prépare.' He then cites the accounts of missionaries which, he asserts, corroborate his claims. He appeals to misguided teachers: 'Instituteurs insensés! La nature humaine est corrompue, dites-vous; mais c'est vous qui la corrompez par des contradictions, de vaines études, de dangeureuses ambitions, de honteux châtiments' (p.377).[17] He judges that it will take a courageous government minister to rectify the sorry state of education:

> si quelque ministre ose entreprendre un jour de rendre la nation heureuse au-dedans et puissante au-dehors, je peux lui prédire que ce ne sera ni par des plans d'économie, ni par des alliances politiques, mais en réformant ses mœurs et son éducation.

Bernardin makes it explicit that the Church will have no role.[18]

Education is linked to the power of *corps*, organisations which we have noted received repeated condemnation. In *La Pierre d'Abraham*, published posthumously and probably drafted in the 1770s, Henri witnesses young boys stoning a 'petit Savoyard'. Henri comes to his aid and is praised by the boys' 'maître d'école' who passes by. Henri's father, a local landowner, nevertheless passes censorious remarks on that profession: 'Les maîtres sont les flatteurs des enfants étrangers et les tyrans de ceux qu'ils ont dans leurs écoles' (*BSPOC*, vol.2, p.602a-b). The father wishes to enact a reform:

> Je placerai un autre maître d'école dans le village: je veux y changer entièrement l'éducation des enfants. En vérité, on ne rend les hommes bons qu'en rendant les enfants heureux. Je placerai à la tête de cette école, monsieur Gauthier, vicaire du village voisin. C'est un homme simple, plein de religion et doux envers les enfants comme

---

17 The term 'instituteurs' was generally adopted at the time of the Revolution. Condorcet presented to the Assemblée législative a report on public instruction on 20 and 21 April 1792. With regard to 'écoles primaires', Condorcet stated: 'On y enseignera les connaissances rigoureusement nécessaires à tous les citoyens. Les maîtres de ces écoles s'appelleront *instituteurs*' (*Œuvres de Condorcet*, ed. A. Condorcet O'Connor and M. F. Arago, vol.7, Paris, 1847, p.529).

18 Jean-Michel Racault writes in the introduction to *L'Arcadie* that Bernardin wants to 'retirer au clergé le monopole de l'éducation des enfants' (*OCBSP* 1, p.463). Bernardin doubtless felt that clerics who had renounced the world were inappropriate instructors for its citizens.

Jésus-Christ. Je suis bien sûr qu'il la préférera à un prieuré. Je sens maintenant que l'amour de l'or a renversé parmi nous les notions les plus communes de justice et de bon sens; un maître d'école est bien plus utile à la patrie qu'un prieur, et il est bien moins considéré parce qu'il est moins riche. (p.606a)

The lay occupation of a teacher is suggested to be more valuable than that of a cleric. The methods of contemporary teachers are condemned by Bernardin:

> La politique de la plupart des maîtres consiste surtout à composer l'extérieur de leurs élèves. Ils modèlent à la même forme une multitude de caractères que la nature a rendus différents. [...] Un des grands refrains de leurs leçons est de leur crier sans cesse: 'Allons, dépêchez-vous, ne soyez pas paresseux'. J'attribue à cette seule impulsion l'étourderie générale qui caractérise notre jeunesse, et qu'on reproche à notre nation. C'est l'impatience des maîtres qui produit d'abord l'étourderie des écoliers. (*EN*, p.923)

Yet parents must share the blame through their over-reliance on teachers. They believe that they have spared nothing in arranging their children's education, having given them 'des maîtres de toutes espèces' to which Bernardin retorts, 'Insensés! Vous avez oublié le point principal, qui était de vous en faire aimer' (p.926).

As we saw in the previous chapter, advice is dispensed on good government in *L'Arcadie*. Education is part of this counsel:

> Veillez surtout sur l'éducation des enfants de votre peuple; mais gardez-vous de la confier au premier venu qui voudra s'en charger, encore moins à aucun corps particulier, tel que celui des druides, dont les intérêts sont toujours différents de ceux de l'Etat. Considérez l'éducation des enfants de votre peuple comme la partie la plus précieuse de votre administration. C'est elle seule qui forme les citoyens: les meilleures lois ne sont rien sans elle. (*OCBSP* 1, p.613)[19]

Once again one encounters an attack against *corps* and priestly involvement in education in the barely camouflaged use of 'druides'. It is the 'druides' who inspire fear and 'se chargent seuls de l'éducation de la jeunesse' in order to 'lui imprimer de bonne heure et d'une manière inaltérable' frightful opinions (p.581).

---

19. In the 'Fragment du livre second' of this text, one reads: 'c'est l'éducation de nos enfants que nous soignons sur toute chose' (p.648).

Unexpectedly a letter arrived in 1792 with an invitation which would thrust Bernardin into a public role. The marquis de Terrier de Monciel, briefly minister of the Interior, wrote to Bernardin on 3 July informing him that the king had appointed him 'à la place d'Intendant du Jardin roial des plantes et de garde des Cabinets d'histoire naturelle'.[20] The minister wrote again on 16 July with the instruction that he should take the 'Serment civique'. Bernardin contacted the relevant authority to do so on 18 July, wishing to 'prêter le Serment civique suivant la constitution'.[21] Here was the solitary writer, with no managerial experience, tasked with administrating a prestigious garden in the capital. He set to work by familiarising himself with the current situation and making plans with a broadly educational mission.[22] He asked André Thouin, the head gardener, on 27 July to supply him with 'un état des personnes employées au service du jardin des plantes, de ses cabinets &c.' He told the same correspondent on 29 September that he was drafting a *mémoire* concerning a menagerie

---

20 Bernardin had given the minister's wife a complimentary copy of *Paul et Virginie*. The gift by 'son ami' is recorded on the title page and dated 25 February 1792 (BSP_2332). Louis XVI wrote to him on 24 July 1792: 'Je dispose de cette place en faveur de l'auteur des etudes de la nature & de Paul et Virginie, Monsieur Bernardin de St Pierre, & je Le Nomme intendant de Jardin & du Cabinet d'histoire naturelle: ses Livres sont d'un honnête homme et ses talents Les désignent à mon choix comme un digne successeur de Buffon.' For an excellent account of this institution, see Emma Spary, *Utopia's garden: French natural history from Old Regime to Revolution* (Chicago, IL, 2000).
21 He apprised Brissot of his appointment in a missive the same day.
22 Retrospectively he told Garat on 25 June 1794, 'avant tout je me proposai de faire dans cet établissement tout le bien dont j'etois capable. sur la simple dépense annuelle de ses entretiens j'y ai fait construire deux serres neuves et un bassin d'arrosages. j'ai, à cette occasion, introduit l'usage trés économique de mettre tous les ouvrages neufs au rabais et j'y ai attaché pour l'entretien des ouvrages anciens des ouvriers permanents. tout cela n'a pu se faire sans m'attirer des ennemis. desirant ensuite reunir dans un lieu destine à l'étude de la nature touttes les parties de l'histoire naturelle et le Regne animal aux regnes minéral et vegetal, je fis imprimer à mes frais, un memoire sur la nécessité de joindre une menagerie au jardin des plantes et à son cabinet d'histoire naturelle afin de réunir l'étude de la nature vivante à celle de la nature morte et les harmonies des trois regnes.' Charles Coulston Gillespie believes that Bernardin showed himself as 'an able advocate of the interests of the institution and its staff through the early months of the Convention' (*Science and polity in France: the Revolution and the Napoleonic years*, p.180).

and had already mentioned his intitiative to Mme Roland.[23] On 3 October he mentioned it to the abbé Grégoire:

> Je mets au premier rang l'amitié dont vous me donnez des preuves: elle m'est d'autant plus chère qu'elle a pour objet le service de la patrie.
>
> Je compte avant peu en faire usage, en vous priant d'appuyer de tout votre crédit un petit mémoire dans lequel j'établis la nécessité d'attacher une Ménagerie au Jardin des Plantes, dont j'ai été nommé l'Intendant il y a trois mois. C'est une place fort incertaine; mais je désire employer le peu de tems que je dois l'occuper à fonder un établissement longtems désiré par Buffon et qui manque à l'étude de l'histoire naturelle. Les circonstances sont favorables: on nous offre les restes de la Ménagerie de Versailles et il y a un grand terrain et des bâtimens non occupés qui appartiennent à la Nation et qui sont enclavés dans le jardin des Plantes. Je vais en achever le Mémoire et, dès qu'il sera imprimé, je vous le ferai parvenir.

Bernardin was lobbying, seeking a network of influential people to champion his proposal, more especially as he seems aware that the occupation of his post may be of a short duration: 'C'est une place fort incertaine.'[24]

He had, of course, drafted *mémoires* for ministers over many years. The circumstances of this one would be different, as Bernardin was writing from an official position. Moreover, the *mémoire* would not be made available in manuscript form, but would be printed. At a later date, in a postscript to a letter of 31 January 1793, he tells Dominique Joseph Garat: 'je l'ai fait imprimer à mes frais, afin de lui procurer assés de suffrages pour le faire réussir.' The *mémoire* was finished in October 1792. He sent a copy to Brissot on 28 October with the observation:

> j'ai répandu un bon nombre d'exemplaires de ce mémoire dans l'assemblée nationale, le département et les sections de paris, afin de disposer l'opinion publique à désirer l'établissement que je propose. j'ai prié le citoyen grégoire d'en faire la motion dans l'assemblée,

---

23 Her husband, Jean Marie Roland, was once again the minister of the Interior. Mme Roland had invited Bernardin to dine with the minister in a letter of 23 August 1792. Bernardin had visited the menagerie of the Dutch East India Company while at the Cape of Good Hope (*VIF*, p.757).

24 The post of *intendant* was abolished on 10 June 1793. Bernardin was thus not dismissed. He received formal notification of the termination of his appointment in an official letter from Garat, the then minister of the Interior, dated 3 July 1793.

parce que son département m'a fait l'honneur de me choisir pour un de ses députés, et quoique ma santé ne me permette pas depuis plus de vingt ans d'assister à aucune assemblée publique, j'ai cru, malgré ma renonciation, tenir en quelque sorte à la convention nationale par le dèpartement du cher et du loir. sans ces considérations, je vous aurois prié de faire la pétition que je desire, persuadè que vos lumieres et votre patriotisme l'auroient fait reussir. je vous prie cependant de la faire valoir par votre credit, comme si elle n'avoit que vous pour apuy. soyés persuadé qu'indépendamment de tout interest public, votre suffrage particulier sera un de ceux dont je m'honorerai le plus.

Etienne Clavière, a member of the Société des amis des noirs and a minister with financial responsibilities, wrote to Bernardin on 31 October 1792:

> J'ai recu, Monsieur, les exemplaires de votre mémoire que vous avez eu la bonté de m'adresser; et j'ai fait parvenir à leur adresse ceux qui y étoient joints.
> Il seroit difficile de résister aux vues d'utilité que vous présentez d'une maniere si séduisante, dans la réunion de la Menagerie de Versailles au Jardin des Plantes; et je ne doute pas que votre proposition ne soit acceuillie par la Convention nationale.
> Agréez, Monsieur, les sentimens qui sont dûs à vos talens supérieurs, et aux bienfaits que vous avez repandus sur l'humanité.

The text was published by Didot le jeune as *Mémoire, sur la nécessité de joindre une ménagerie au Jardin des plantes de Paris*.[25] On the title page, Bernardin inserted his name in full and his new occupation, 'Intendant du Jardin national des Plantes et de son Cabinet d'Histoire naturelle', followed by his favourite Latin tag, 'miseris succurrere disco'.

The opening sentences of the text stress the educational value of this institution: 'L'étude de la nature est la base de toutes les connaissances humaines. Le Cabinet d'Histoire naturelle et son Jardin des Plantes sont destinés, à Paris, à en renfermer les principaux objets pour l'instruction publique' (*BSPOC*, vol.1, p.755b). It is dedicated to a wide range of scientific endeavours, and Bernardin advocates the

---

25 Before publication, Bernardin claims to have read it to his 'savants collègues', including Daubenton. The latter apparently opined that his 'théorie sur l'établissement d'une ménagerie servant à l'instruction publique fût parfaitement d'accord avec sa longue expérience' (*BSPOC*, vol.1, note p.765b).

creation of a menagerie.[26] The latter is far superior to cabinets where only dead animals are displayed:

> Le cabinet ne nous présente guère que ceux auxquels il a arraché la vie par violence: la ménagerie peut nous montrer ceux à qui il la conserve par ses bienfaits. Cette école nécessaire à l'étude des lois de la nature, peut devenir intéressante pour ceux de la société, et influer sur les mœurs d'un peuple, dont la férocité à l'égard des hommes commence souvent son apprentissage par celle qu'il voit exercer sur les animaux. (p.763a)

Bernardin is highlighting not only the advantages of people observing living animals but equally the benefits of encouraging humane attitudes to one's fellow citizens.[27] The *mémoire* asserts that the proposed arrangements will be to the renown of the new regime:

> Il faut semer avant de recueillir, et les plus beaux fruits d'une dépense nationale sont des lumières; elles illustrent seules les capitales. Colbert attirait à Paris des étrangers par des fêtes qu'il donnait à Louis XIV; une nation libre doit les y appeler par les écoles utiles qu'elle ouvre au genre humain. [...] Quelle étude est plus digne de l'homme que celle de la nature, d'où émanent toutes les sciences et tous les arts. (p.763b)

The menagerie in its educational role will serve as a living focus of social regeneration in the new political dispensation; animals will no longer be kept for the sole amusement of the monarch and the rich.[28] Louise E. Robbins praises Bernardin's technique as the 'memoir is a masterpiece of persuasive prose. He presents and then demolishes one by one all the arguments against maintaining a menagerie, subtly

---

26 See Malcolm Cook, 'Bernardin de Saint-Pierre et la culture du Jardin national pendant la Révolution', in *Eglise, éducation, lumières: histoires culturelles de la France, 1500-1830: en l'honneur de Jean Quéniart*, ed. Alain Croix, André Lespagnol and Georges Provost (Rennes, 1999), p.443-49.
27 Elsewhere he stated: 'La cruauté qu'on exerce envers les animaux n'en est que l'apprentissage envers les hommes' *Suite des Vœux* (*BSPOC*, vol.1, p.733b).
28 In a letter of 17 January 1793, Couturier, an administrator at Versailles, suggests that Bernardin take the domain's rhinoceros. He claims that he has been offered money 'mais j'aimerois, que dans les mains d'un Philosophe comme vous, il devint un objet d'instruction Publique'. For an assessment of the menagerie in its political context, see Pierre Serna, 'The republican menagerie: animal politics in the French Revolution', *French history* 28:2 (2014), p.188-206. Serna provides insights on the place of the menagerie in Revolutionary thought and accords a pre-eminent role to Bernardin. However, no attempt is made to relate this initiative to his ideas in general.

appeals to feelings of national pomp and pride, and weaves a thread of populism through the whole.'[29] To an unknown correspondent on 21 January 1793,[30] Bernardin explains the state of his project:

> je peux bien faire des mémoires sur la necessité de joindre une ménagerie au jardin national des plantes, mais c'est à l'assemblée nationale à la decreter sur le raport du Ministre chargé d'en faire la demande. il m'est donc impossible de vous dire ce que deviendront le Rhinoceros et ses compagnons. j'ai plaidé leur cause de mon mieux, et mon crédit ne s'etend pas plus loin. j'ai cependant lieu d'esperer que le Ministre de l'interieur avec lequel je dois faire incessament un travail goutera le projet d'etablir une ménagerie au jardin national d'aprés le desir de la pluspart des naturalistes. je vous invite donc, par l'amour de l'histoire naturelle la mere de toutte les sciences, de différer encore de quelque tems, la vente de ces animaux qui rapporteront bien moins d'argent à l'etat que d'instruction aux naturalistes, de lEurope. les ouvrages de la nature sont plus interressans que ceux des hommes, et les lumieres valent mieux que les richesses. personne ne doit etre plus persuadé de cette vérité, que vous, qui cherchés à réunir les unes et les autres dans votre département. puissiés vous réussir dans vos vues patriotiques et seconder les notres. souvenés vous que le département de paris doit etre le centre de tous ceux du Royaume et le foyer de leur correspondance.

On the day this letter was written, Roland de La Platière was the minister of the Interior; two days later he was replaced by Garat. On the same day, Louis XVI was executed. Bernardin's proposal was made in momentous times.

A series of letters concerning the transfer of natural-history books are exchanged in the first half of 1793. Bernardin writes to Garat on 29 April:

> on pouroit meme y placer aisement une bibliotheque d'histoire naturelle que je sollicite aupres de vous comme un complement nécessaire de l'etude de la nature qu'il vous est aisé de nous procurer dans les bibliothèques des émigrés que la nation a acquise.

These would be particularly forthcoming from Chantilly, abandoned by the prince de Condé when he emigrated in 1789. There Bernardin

---

29 *Elephant slaves and pampered parrots: exotic animals in eighteenth-century Paris* (Baltimore, MD, 2002), p.215.
30 It could possibly be an official in the 'société populaire' of Versailles. In a postscript, Bernardin asks his correspondent to pass on his regards to 'votre société' and also mentions the name of the mayor of Versailles.

4. Education

has identified relevant volumes as he tells Garat on 4 May: 'j'ai visitté la bibliothèque du chateau et j'ai indiqué les livres d'histoire naturelle et de voyages qui conviennent au Cabinet national.'[31]

To return to the *mémoire*, Bernardin delights in recounting the exceptional relationship of a lion and a dog that he had seen in the Versailles menagerie. The young lion, brought from Senegal in 1788, lives in a harmonious relationship with his canine companion: 'Leur amitié est un des plus touchants spectacles que la nature puisse offrir aux spéculations d'un philosophe' (*BSPOC*, vol.1, p.757a). They play together, with the dog seemingly recognising that 'sa familiarité avec le roi des animaux était le principal objet de notre curiosité' (p.757b). Even occasional problems between them – the dog is injured by the lion – 'ont des suites moins dangereuses dans leur société que dans la plupart de celle des hommes'.[32] In relating this partnership, Bernardin is implying that human relations can also be transformed through early contact and reconciliation after violence. It should be noted that the lion and the dog were seven or eight months old when they first met. Given their upbringing, the lion did not abuse his superior power, while the dog respected his friend's status and showed traditional loyalty.[33] Bernardin has presented the deputies of the National Convention with a fable.[34]

To reinforce the point that he is a serious educational thinker, he asserts that 'La patrie doit former des citoyens: elle leur doit donc les premières leçons de la morale' (p.763b). A mother does not sell 'son lait à ses enfants' (p.764a). Primary schools should be free as they deliver 'les premières leçons du civisme' and 'les premiers devoirs de la morale'. Secondary schools merit payment as they deliver 'les sciences, les arts et les métiers'. The distinction is 'dans la nature': 'Tout ce qui

---

31 See also his letters of 7 May to Daubenton, of 10 and 14 May to Garat.
32 Bernardin's Swiss correspondent Rosalie de Constant was much taken with this portrayal of animal friendship. She writes in a letter of 30 July 1793: 'nous avons lu avec bien de l'interet votre memoire sur la menagerie ceux qui aiment vos ouvrages et qui se plaignent de ce que vous n'ecrives plus ont eu un moment de plaisir le chien et le Lion sont fort aimables on aime a voir cette union entre la force et la douceur entre la souplesse et la fierté, ce pauvre chien il a pardonné a son ami de l'avoir blessé.'
33 Bernardin took a dog to Mauritius, Favori, and depicted his fictional equivalent, Fidèle, as an exemplary companion in *Paul et Virginie*. The links between the lion and the dog have been fictionalisées in the novel by Stéphane Audeguy, *Histoire du lion Personne* (Paris, 2016).
34 Bernardin admired the works of La Fontaine.

ramène les hommes aux lois naturelles, doit être donné gratuitement, comme les éléments mêmes de la nature; mais tout ce qui rapporte de l'argent dans la société, doit coûter de l'argent.' He ends his text with a ringing appeal to the 'Ministres, honorés de la confiance de la nation', to the 'illustres membres de la Convention nationale' to grant his request in the name of the people.[35]

Bernardin proposes that education should be separated into 'trois époques de trois années chacune' (*EN*, p.932). The first will begin at seven years old or even earlier: 'un enfant est susceptible d'une éducation patriotique dès qu'il sait parler et marcher.' The second will begin with adolescence, while the third will commence at sixteen years, at an age when 'un jeune homme peut être utile à sa Patrie, et embrasser un état'. He pictures the educational establishment surrounded by plants and trees as a living environment.[36] Children will be taught about God:

> On leur parlerait d'abord de Dieu pour le faire aimer et craindre, mais craindre sans leur en faire peur. La peur de Dieu engendre la superstition, et donne des frayeurs horribles des prêtres et de la mort. Le premier commandement de la religion est d'aimer Dieu. [...] je ne pense pas, à beaucoup près, qu'un enfant ne puisse avoir l'idée de Dieu avant l'âge de quatorze ans, comme un écrivain, que j'aime d'ailleurs, l'a mis avant. (p.937-38)[37]

Bernardin believes in a God of love and detests superstition. Children should be educated together:

> Tous les enfants des citoyens seraient admis dans cette école de la patrie, sans en excepter aucun. [...] On y verrait l'enfant de l'homme de qualité conduit par son gouverneur, arriver en équipage et se placer

---

35 He pleads: 'Secondez-moi de votre faveur dans votre assemblée, comme je vous ai secondé de mes vœux dans ma solitude' (p.765a). The exhortation refers to the *Vœux d'un solitaire* which Bernardin hopes would have been familiar to several deputies.

36 Grandière records the increasing concern for the health of children as the century advances and therefore 'On veut de l'espace, de l'air pur, des jardins' (*L'Idéal pédagogique en France*, p.356).

37 Rousseau wrote: 'Il y a donc des cas où l'on peut être sauvé sans croire en Dieu, et ces cas ont lieu, soit dans l'enfance, soit dans la démence, quand l'esprit humain est incapable des opérations nécessaires pour reonnaître la Divinité. Toute la différence que je vois ici entre vous et moi est que vous prétendez que les enfants ont à sept ans cette capacité, et que je ne la leur accorde pas même à quinze' (*Emile*, p.311).

près de l'enfant d'un paysan appuyé sur son bâtonnet, vêtu de toile au milieu même de l'hiver, et portant dans un sac ses livrets et sa tranche de pain noir pour se sustenter toute la journée. Ils apprendraient alors l'un et l'autre à se connaître avant de se séparer pour toujours. L'enfant du riche s'instruirait à faire part de son superflu à celui qui est souvent destiné à le nourrir toute sa vie de son propre nécessaire. Ces enfants de toutes conditions assisteraient [...] à nos processions publiques: leur âge, leur ordre, leur chant et leur innocence y présenteraient un spectacle plus auguste que les laquais des grands qui y portent les armoiries de leurs maîtres collées à des cierges, et sans contredit plus touchant que les haies de soldats et de baïonnettes dont on y environne un Dieu de paix. (p.938-39)

Although the lower classes would receive some schooling, Bernardin's proposals would not lead to social upheaval; the rich would remain rich, the poor would remain poor.[38] However, close contacts at an early age should foster mutual understanding and greater cohesion, an example of social harmony.

Children will be taught to read, write and count. Around the age of ten or twelve they will acquire knowledge geared to the needs of society. They will learn about agriculture, bread-making, the spinning of linen and hemp, house-building, natural sciences, basic geometry, drawing and so on (p.939-40). The objective is to create informed citizens who will appreciate the work of their fellows: 'je les disposerais ainsi à aimer la classe d'hommes utiles qui pourvoient sans cesse à leurs besoins' (p.940). It is only in the third stage of their education that they will be introduced to the great writers of antiquity such as Virgil, Horace, Tacitus and others, who will be part of 'un véritable cours d'humanités' which will show them what 'les hommes de génie ont pensé de plus propre à perfectionner la nature humaine' (p.941). Moreover, they will be accorded 'les études ravissantes de la nature' which are rarely more than sketched in classical writers. In the 'écoles de la Patrie' classes will be held 'tantôt assis, tantôt debout, tantôt à la campagne, tantôt dans l'amphithéâtre ou dans le parc qui l'environnerait' (p.944). Nothing will be written down, but classes will be based on a book brought by every child who will

---

38 Although the education of the underprivileged was a topic of discussion in the later eighteenth century, thinking tended to favour programmes of basic literacy and counting skills (see Harvey Chisick, *The Limits of reform in the Enlightenment: attitudes toward the education of the lower classes in eighteenth-century France*, Princeton, NJ, 1981).

learn from discussions. Children will not be exhausted by a 'vaine et babillarde science', as in these classes 'tout nous ramène à la société, à la concorde, à la religion, et à la nature' (p.945).[39] Children will develop in relation to their own capacities: 'L'étude de la nature est si étendue, que chaque enfant peut y trouver de quoi développer son talent particulier' (*HN*, vol.1, p.320). Children will help each other in an atmosphere where competition is absent and the 'souvenir de ces liaisons du premier âge les rapprocherait encore dans le monde malgré les préjugés de leurs conditions' (*EN*, p.945). A teacher should not be chosen on the basis of dubious recommendations, but because a man is known to frequent 'plus les malheureux que les grands', is 'sensible' and renowned for 'vertu' (p.947).

Bernardin's preoccupation with education as well as his moral leadership were signalled in the publication in 1789 of the *Règlement d'éducation nationale mis sous les auspices de M. Bernardin de St. Pierre, auteur des Etudes de la nature* (A Generalif. 1789) with his motto, '*Miseris succurrere disco*' on the title page. Published anonymously, the author of this work was in fact Joseph-Alexandre-Victor Hupay de Fuveau (1746-1818?). The work begins with an opening address to Bernardin:

> Monsieur,
>
> Je remis à Mr. le Comte de Mirabeau quelques jours avant son départ de Provence pour les États Généraux, un plan de vie patriarchale pour faire mener à tous mes enfans la vie qu'auroit [*sic*] mené Paul & Virginie; [...] De plus, un plan d'Education en partie pour mes enfans & en entier pour leur postérité: éducation presque toute en jeux & en exercice à l'instar de celle de la République de Platon, & de celle que vous voudries qui fût établie dans les Écoles de la Patrie, à en juger par les principes sur lesquels vous désireriez qu'on les fondât.
>
> Après avoir tracé ce plan, je l'ai entièrement trouvé conforme à vos principes sur l'éducation.[40]

---

39 Bernardin proposes that children should be taught creative skills to 'exprimer en peinture, en vers ou en prose, les sensations que leur fait éprouver le spectacle de la nature: je parlerai d'abord à leurs yeux avant de parler à leur cœur' (*HN*, vol.1, p.265).

40 P.v. This address is reproduced in full as a letter dated 7 June 1789 in *EE*. A document of 16 February 1793 reproduced by R. A. Leigh records the 'éloges que Mirabeau et Bernardin de Saint-Pierre ont fait' of the 'Réglement sur l'Education nationale' (*ROUSSEAU*).

Bernardin replied on 9 August 1789. He began 'J'ai trouvé dans vos ouvrages un ami de l'humanité', expressed a few misgivings but thanked the author for his use of the *Etudes de la nature*. Charles Guillabert, from Marseilles, praises him in a letter of 9 July 1791 with the news that 'plusieurs bons Citoyens que je connois, me témoignoient qu'ils désiroient grandement que vous travaillassiez à un plan trés étendu d'éducation publique.' Guillabert believes that the current generation is 'trop corrompue' to acquire virtuous habits. Members of the *assemblée nationale* must look to future generations:

> Le seul moyen qu'ils Croient efficace; de faire des françois un peuple vertueux et solidement libre, est D'oublier cette génération vicieuse, à laquelle d'ailleurs la haine de l'esclavage dont ils ont porté le joug humiliant, pourra tenir lieu de grandeur d'ame, de jetter les yeux sur la france adolescente, sur cette génération pretieuse des enfants dont l'ame neuve et inexperte au vice est capable de recevoir les heureuses impressions qu'on voudra lui donner, de les former à la vertu par une éducation vraiment nationale, et d'en faire par elle des citoyens magnanimes, soutiens d'une constitution libre, et l'honneur du genre humain.

In this worthy endeavour the 'sages législateurs' will benefit 'des grandes réflexions que vous devez avoir faites dans vos méditations sur L'éducation publique'. He entreats Bernardin to share his thoughts and implores him:

> à vous sommer au nom de la patrie et de L'univers entier de communiquer à notre auguste sénat, le résultat de nos recherches sur le grand point qui nous occupe. qui peut mieux que vous, nous éclairer sur cette matiere? vous connoissez toute la defectuosité de la manière actuelle d'élever les jeunes gens. la description éloquente, frappante et vraie que vous faites des abus sans nombre de notre éducation, dans le recueil d'observations sublimes dont vous avez enrichi le public, les idées saines et grandes que vous y avez exposées, pour contribuer à une heureuse révolution dans cette partie sont pour nous une preuve certaine que vous l'avez envisagée sous son vraie point de vue.

Guillabert adds that he has read in the press that Bernardin is one of the names put forward to be the *gouverneur* of the *dauphin*.

Jules François Paré, then the minister of the Interior, was informed by Bernardin on 15 February 1794 that he was engaged as a 'simple citoyen' in 'des travaux qui ont pour objet l'éducation nationale'. The engraver Pierre Guillaume Alexandre Beljambe wrote on 16 March

1794 to offer him 'des observations relatives à l'instruction et à l'Education publique dont je sais que vous vous occupes en ce moment'. He is scandalised by the preference accorded to the use of the right hand, which he deems 'un crime de lèze-nature'. In a letter of 30 April 1790 the abbé Trenqualye urges him:

> veuillez faire pour la génèration présente ce que Je voudrois avoir eté fait, il y a long-temps; un Plan d'Education Nationale. que les Jeunes citoïens et leurs Instituteurs ne Soient pas étrangers à la chose publique. vous pourriez beaucoup dans ce genre, Monsieur, on a la plus haute Confiance dans vos Talens et vos Vertus. cette entreprise est digne de vous; et quelle Influence n'aura-t-elle pas sur le Bonheur de la Société. vous avez donné là-dessus des idées générales mais Ce n'est pas assez; achevez cette œuvre Importante.

The abbé Grégoire is thanked by Bernardin on 10 February 1794 for sending him 'plusieurs de vos raports', and told that Bernardin will be returning to the countryside 'afin de pouvoir y mettre en ordre quelques brouillons sur l'education nationale. je m'en occupe depuis plusieurs années, et il m'en faudra encore plus d'une pour y mettre la derniere main.'[41] A few days later, in a letter to Jules François Paré, on 15 February, Bernardin talks of matters relating to his former responsibilities as *intendant* of the Jardin national des plantes and adds that he is committing himself 'comme simple citoyen a des travaux qui ont pour objet l'education nationale'.

If private encouragement came from these correspondents, public recognition of this preoccupation and a public accolade were accorded by the National Convention later that year. That body created the Ecole normale[42] and appointed Bernardin to a chair of *morale républicaine*.[43]

---

41   After the closure of the Ecole normale in May 1795, Bernardin sought to enlist Grégoire's help in obtaining 'subsistances'. Writing on 5 September 1795, he reminds the abbé of his esteem and ongoing endeavours: 'je n'ai pas besoin d'insister sur ma position auprès d'un representant connu par son zele pour les gens de lettres et les savans, et qui m'a offert ses services quoique je ne fus qu'un solitaire. je ne demande pour récompense de mes anciens travaux que de continuer en repos ceux dont la convention m'a chargé et de n'etre pas distrait de ma recherche des élémens de morale par celle des Elements de la vie.'

42   For an overview of this body underlining its aims and its subsequent problems, as well as supplying extensive quotations, see Dominique Julia, *Les Trois Couleurs du tableau noir: la Révolution* (Paris, 1981), p.154-71. See also the extensive coverage by a team led by Julia in *Une Institution révolutionnaire et ses élèves: introduction historique à l'édition des Leçons* (Paris, 2016).

43   His nomination was doubtless supported by the abbé Grégoire, given his belief

Joseph Lakanal, as the president of the Comité d'instruction publique, wrote a formal letter to him on 24 October 1794:

Citoyen,

Le Comité d'Instruction publique vous a associé à ses travaux par l'arrêté que je vous envoye.

Vous voudrez bien m'en accuser la reception.

Je crois devoir vous observer que dans la Conviction ou est le Comité que nul ne peut mieux que vous faire l'ouvrage qu'il demand; il ne peut ni ne doit recevoir ni refus, ni excuse.

Je vous salue En frère

Lakanal

He answered on 30 October noting that 'ni excuse, ni refus' was understood and claiming, in a postscript, that health issues had delayed his reply. Unsurprisingly he accepted the invitation and acknowledged that 'je me sens très honoré' because he would be associated with 'citoyens qui ont accepté librement la glorieuse fonction d'affermir les bases de la liberté publique'. The same day he wrote to the abbé Grégoire:

le president de votre comité vient de m'envoyer un arreté qui me charge d'une commission dont je ne suis guere capable. je lui offre un travail plus étendu que celui qu'il attend de moi quand ma santé et mes moyens me permettront de l'achever.

From the outset therefore, he conceived the idea of 'un travail plus étendu' than the committee had expected. On 21 January 1795 Bernardin wrote to his wife, Félicité: 'l'école normale s'ouvrira demain pour moi, j'y parlerai pour lui dire bonjour et en prendre congé jusqu'à ce que je puisse lui presenter quelques pages qui meritent son attention.'[44] He was experiencing difficulties in fulfilling his new duties. He had received a letter (now lost) on 29 March 1795 from Lakanal. In his reply the following day, he sketches Lakanal's request

---

in republican morality and God (Julia et al., *Une Institution révolutionnaire et ses élèves*, p.133).

44 He will receive an account of various *séances* from the printer Antoine Denis Bailly in a letter of 19 February 1795.

to 'me rendre le plustost possible à mes fonctions de professeur de l'ecole normale, d'après les engagements que j'ai pris'.[45] He elucidates his situation by beginning with a recapitulation:

> j'ai demandé cinq mois pour faire un traité d'éléments de morale Republicaine. en défalquant depuis l'epoque ou j'ai reçu votre requisition, le tems de mes sejours à paris à l'occasion des deux voyages ou vous m'y avès apellé, tant à ma nomination de professeur, qu'a l'ouverture de l'ecole normale, et celui que j'ai donné aux correspondances qui en ont resulté, j'ai employé tout au plus quatre mois à mon ouvrage.

However his plan is basically finished. It is 'le resultat de plusieurs anneés de méditation et de plusieurs mois d'un travail assidu'. Yet reading it to a class will not take long: it 'n'occuperoit pas deux séances de trois quarts d'heure chacune'. He will develop this work and apply it to 'écoles primaires'. It is a demanding task, and he asserts that he is neglecting his family to fulfil his 'devoirs envers la chose publique'. He makes comparisons:

---

45 Despite Lakanal's peremptory tone, Bernardin seems to have established good relations with him. On 22 January 1795 he wrote: 'Je prie le Citoyen Lakanal de recevoir un exemplaire de mes etudes de la Nature comme un foible temoignage de ma reconnoissance pour tous ses bons offices et un gage de mon amitié.' The latter replied on 18 February 1795 saying that he had read the *Etudes de la nature* as a young man and was delighted to receive a copy from the author. Bernardin informed the abbé Grégoire on 5 September 1795 that: 'j'ai envoyé ces jours passés, une lettre au Cit. lakanal par laquelle je prie le Comité d'instruction publique de me faire participer, comme professeur de l'ecole normale aux subsistances qu'un décret accorde aux fonctionnaires publics de paris. [...] je n'ai pas besoin d'insister sur ma position auprès d'un representant connu par son zele pour les gens de lettres et les savans, et qui m'a offert ses services quoique je ne fus qu'un solitaire. je ne demande pour récompense de mes anciens travaux que de continuer en repos ceux dont la convention m'a chargé et de n'etre pas distrait de ma recherche des élémens de morale par celle des Elements de la vie.' Grégoire told him on 6 September that the committee had charged Lakanal to 'se transporter sans delai au comité de salut public pour obtenir une décision favorable sur votre demande. Soyez sûr que votre nom inspirera toujours lestime lattachement et le respect a quiconque sait apprecier le genie et la vertu.' Nevertheless, Bernardin made similar entreaties on 15 September and 2 October. Grégoire is told on 22 November 1795 that 'Le Cit.[en] lakanal m'a rendu tous les services qui dépendoient de lui avec un zèle infatigable.' The matter dragged on as evidenced in the letter of Bernardin to Grégoire on 14 July 1796.

> Montesquieu a employé les plus belles années de sa vie a faire l'esprit des loix. Cependant son ouvrage renferme tout au plus, l'esprit des loix humaines, et les élements de la morale sont l'esprit des loix de la nature par raport à l'homme.

Another comparison is more telling for Bernardin: 'jean jacques a employé autant de tems et de travaux que Montesquieu pour faire son Emile. Emile n'est que l'education d'un solitaire, et vous m'avés donné a faire celle d'une nation en me chargeant des élements de Morale Républiquaine.' He claims that these 'deux hommes célèbres' showed no plan or method in their works. He modestly concedes that he has an inferior intellect but that he seeks to create a well-structured 'ensemble', a 'monument pour le public'. The 'éléments de la morale' must extend from the 'solitaire jusqu'au genre humain'. He does not finding writing easy, and improvising in public is impossible for him even in front of a sympathetic audience. He ends his letter in a plaintive fashion:

> je sens d'ailleurs qu'elle s'affoiblit à mesure que mon sujet s'étend et que mon age augmente.
>
> je vous promets donc de venir à l'ecole normale au premier prairial cest à dire à peu près à l'expiration des cinq mois complets que je vous ai demandés. j'y lirai dans des séances consécutives mon ouvrage rempli de défauts de style, de répétitions, incorrect et non achevé. si mon plan agrée vous me donnerés le tems nécessaire pour en suivre le dévelopement, ou des mains plus heureuses s'en chargeront: si mon plan n'agrée pas, ce qui est très possible, je le circonscrirai au bonheur de mes enfans pour lesquels je l'avois d'abord destiné et je retournerai dans ma solitude me plaindre à la nature de ce que m'ayant rempli toute ma vie du désir de servir ma patrie, elle m'en a refusé les moyens.

The letter demonstrates the difficulties which Bernardin experienced in complying with his instructions. Yet he is determined to stress the value of his 'traité d'élements de morale Republicaine' which will do more in the national interest than the works of his predecessors.

To return to other practical matters, he informs his wife of his safe arrival in Paris in a letter, probably penned in April 1795. There his first action was to 'prendre des informations sur l'ecole normale. elle doit finir dans le courant de floréal.'[46] However, he was to speak the next day: 'je tiendrai ma 1.ere séance demain duodi, et

---

46 It shut on 19 May 1795 (30 floréal, Year III).

alternativement tous les deux jours.'[47] Writing again to his wife on 24 April 1795, amidst several domestic concerns, he states: 'J'ai tenu hier ma seconde séance, si les suivantes me sont favorables je serai bien récompensé de mes travaux laborieux de l'hyver. J'ai été comblé d'applaudissements. [...] je parlerai septidi et nonidi.' Bernardin wrote on 13 April 1796 to Pierre Bénézech, yet another minister of the Interior, recapitulating his work for the Ecole normale. He had asked for three or four months to draft 'le plan de ses travaux', a text which he delivered 'dans le quatrième et dernier mois des sceances de l'ecole normale'. He claimed that 'ce travail [...] remplit dix seances, chacun de trois quarts d'heure de lecture. d'ailleurs il a été recueilli par les stenographes.' What became of the stenographers' notes is unknown.

Despite the presence of stenographers,[48] Bernardin's lectures were not published at the time although he suggested otherwise in a manuscript draft.[49] Barthélemy Jobert has made a valiant effort

47   Classes in the Ecole normale were held from 11 a.m. to 1.15 p.m. on eight of the ten days of the week in the Revolutionary calendar (R. R. Palmer, *The Improvement of humanity: education and the French Revolution*, Princeton, NJ, 1985, p.217).
48   Stenographers were to take down verbatim the lectures and establish a text which would be forwarded to a printer who would have the proofs checked by the professor. The printed version would then be available for students to consult before a follow-up session (Palmer, *The Improvement of humanity*, p.217). Dominique Julia asserts, however, that 'la copie du sténographe devait être remise le lendemain de la leçon au profeseur, qui ne disposait que d'une journée pour la corriger, l'imprimeur venant chercher à son domicile la copie corrigée dès le surlendemain de la leçon' ('L'Ecole normale de l'An III et "l'art d'enseigner": les séances de débats', *La Révolution française* 4, 2013, DOI: 10.4000/lrf.814, p.2, http://journals.openedition.org/lrf/814, last accessed 5 June 2020). There is a copy of one of Bernardin's lectures, not in his hand, in the manuscripts in Le Havre. It is entitled 'Journal sténographique des écoles normales – Cours de morale par le C^{en} Bernardin de St Pierre' (see LH 203, f.1-4). However, in an undated letter in probably May or June 1795 (BSP_1524A) to the 'citoyens responsables de l'Ecole normale', Bernardin claims that he does not wish to waste time responding to a request for 'les copies de mes seances de morale, je nen ai point dautre qu'un manuscrit très raturé, et plein de renvois et intelligible a moi seul'. Much better that the copy 'recueillie par les stenographes' be used, 'tout ce que je peux faire c'est d'en avoir les épreuves que le redacteur passe sous votre contresein.'
49   He observes to an unknown correspondent in 1795 that his lectures 'avoient eté copiés pendant les seances comme ceux des autres professeurs par des tachigraphes ou stenographes [...] ils furent remis contre le droit naturel de proprieté, a un imprimeur, qui les publia et les vendit a son profit. Mais cette injustice est si legere aupres de toutes celles que jai eprouvées, que je n'en parle ici, que pour donner

to construct a version of these lectures while acknowledging that there can be no certainty that these texts were delivered as such at the Ecole normale.[50] The stress on the spoken word was to be a distinctive feature of these lectures, 'l'intention délibérée de prendre l'exact inverse de la pédagogie d'Ancien Régime, en rendant à l'oralité toute sa rigueur pour une efficacité maximale dans l'enseignement'.[51] Despite some oral qualities, the texts reproduced have predominantly written characteristics.[52] Nonetheless, the manuscripts transcribed by Jobert certainly belong to Bernardin and provide a picture of his ideas.

In presenting extracts from this edition, stress will be placed on the continuity of Bernardin's thought and the context of their drafting. With echoes of the letter to Lakanal cited above, Bernardin set out a *Programme* on 22 January 1795[53] for his courses in what appears to be a spoken style:

> Je suis père de famille et domicilié à la campagne. Je m'y occupais d'un ouvrage sur l'éducation, entrepris depuis longtemps, lorsqu'il y a environ deux mois, un arrêté du comité d'instruction publique me chargea de la composition des éléments de morale républicaine pour l'Ecole normale. Je vins à Paris, et je m'engageai, avec le Comité, de tirer de mes matériaux un traité élémentaire de morale, dans l'espace de cinq mois. C'était bien peu de temps pour tracer un plan qui doit résulter des lois de la nature, embrasser le cours de la vie d'un homme, depuis l'enfance à la vieillesse; lui prescrire à la fois ses droits

---

une idée de l'immoralité qui regnait dans le gouvernement jusques dans les plus petites choses' (BSP_2343). If the lectures were indeed published, the printings do not have appeared to have survived. Bernardin's indignation is linked to his similar sentiment regarding the pirate editions of his works which will be treated in chapter 6.

50 The edition was published in 2008. I am quoting the online version, consulted on 5 June 2020: *L'Ecole normale de l'An III*, vol.4: *Leçons d'analyse de l'entendement, art de la parole, littérature, morale: Garat – Sicard – La Harpe – Bernardin de Saint-Pierre*, ed. Jean Dhombres and Béatrice Didier (Paris, 2008), https://books.openedition.org/editionsulm/1445?lang=en. I am preparing an edition of this work for the *Œuvres complètes* of Bernardin. In fact he was composing 'un traité d'éléments de morale Republicaine' as originally requested rather than a compilation of his lectures.
51 Julia, 'L'Ecole normale de l'An III et "l'art d'enseigner": les séances de débats', p.2.
52 They share features with the major undertaking the *Harmonies de la nature*, which he had been composing for some time.
53 He did not lecture again until April.

et ses devoirs, et présenter, suivant le programme du comité, un mode d'instruction facile et intéressant pour les écoles primaires.[54]

Several points are worth highlighting. He commences by the personal, 'Je',[55] and by asserting his status as a father (his first child, Virginie, had been born in 1794). As we have seen, Bernardin accorded a significant role to fathers in the moral and civic development of children. In the opening sentence, he also underlines his place of abode, the country. He had taken up residence in Essonnes, outside Paris, and was keen to suggest his detachment from the capital and to present himself as a rural sage.[56] One notes also his claim that he had been planning and drafting for some time 'un ouvrage sur l'éducation'. Interpreting 'éducation' in a broad sense, this could well be the *Harmonies de la nature*.

He continues in an oral fashion:

> Citoyens, ne me mettez pas sur la même ligne que mes savants collègues. La plupart s'expriment avec facilité; ils ont tous suivi ou perfectionné des méthodes qui existent déjà dans les sciences qu'ils professent depuis longtemps. Pour moi, il m'a fallu en former une sur la morale, qui, jusqu'ici, n'a point été considérée comme une science. D'ailleurs j'ai une mauvaise santé; j'écris très laborieusement; je n'ai ni la facilité, ni l'usage de parler dans une assemblée. Si je pense intéresser la vôtre, ce n'est qu'en lui lisant un ouvrage que j'aurai fait à loisir. Je vous demande donc le temps d'achever celui que j'ai commencé; s'il plaît à Dieu, ce sera avant trois mois. Aucun cours de l'Ecole ne sera interrompu par mon retardement: la morale est le terme où doivent aboutir toutes les sciences de l'homme.[57]

His observations are an apology and an explanation. One notes that he is separating himself from his 'savants collègues', granting himself an exceptional role. As is often the case, Bernardin draws attention to his poor health, to his dislike of the idea of speaking in public[58] and

---

54 *Programme*, p.1.
55 For comments on this usage by Bernardin, see Claude Désirat, 'Les récits d'une fondation: la loi et la pédagogie', *Langages* 45 (1977), p.9-41 (28).
56 He had long cherished the desire to live in tranquillity; see Gabriel-Robert Thibault, 'Essonnes: le théâtre de *Paul et Virginie*', in *Bernardin de Saint-Pierre: genèse et philosophie de l'œuvre*, p.365-85.
57 *Programme*, p.1.
58 In the opening paragraph of the *Suite des Vœux d'un solitaire*, he explains why he has not taken on any public responsibility during the Revolution: 'c'est que depuis plus de vingt ans ma santé ne me permet pas de me trouver dans aucune

to his difficulties in drafting texts.[59] Given that 'la morale' should be the paramount aim of education, he asserts that his 'traité' should follow those of his colleagues, with perhaps the underlying suggestion that their works will be analytical but his will be synthetic. On the first page of the *Leçons*, Bernardin recounts that, before he became a biological father, he imagined 'des fils acquis par la reconnaissance' in publishing his views. Moreover, he felt that he had 'des enfants d'adoption dans Paul et Virginie', and he might easily have delineated 'la route de leur bonheur dans une île fertile et peu habitée, au sein de l'ignorance et de l'innocence'. However, that imagined world did not correspond with the reality of Europe: 'Il n'en était pas de même de l'Europe, où nous naissons entourés d'erreurs et de préjugés funestes qui s'étendent jusqu'aux extrémités du monde. Il nous faut des lumières et des vertus pour apprendre à y vivre.'[60] The emphasis on the necessity for instruction is striking: one must 'apprendre à y vivre'. He makes a similar point later in this text:

> Si j'avais à élever des enfants sortant des mains de la nature et destinés à vivre dans une île déserte, je ne leur parlerais ni de l'erreur ni du vice: l'un et l'autre sont étrangers à l'homme. Nés dans le sein de l'ignorance et de l'innocence, ils seraient sages et heureux sans efforts. Mais il n'en est pas ainsi de ceux qui doivent vivre dans notre ordre social: il faut les prémunir contre la contagion des préjugés, des vices et des mauvais exemples, qui les environnent souvent dès le berceau. Il faut donc leur offrir de grands modèles, qui leur montrent la vertu dans toute sa beauté et le vice dans toute sa laideur. (p.20)

Children should be shown both vicious and virtuous models with a clear steer to admire and imitate the latter. Such admiration will not be achieved 'sans efforts'. It is fundamental to recognise that 'Les hommes vertueux appartiennent à toutes les nations. Ce sont là les grands modèles de la nature humaine' (p.23). Children may not be tainted by original sin, but they cannot be expected to grow up in Europe as some unguided, unthinkable *bons sauvages*.

---

assemblée politique, savante, religieuse, et même de plaisir, dès qu'il y a foule, et que les portes sont fermées' (*BSPOC*, vol.1, p.718a).

59 Jobert labels the text that he reproduces after *Programme*, *Leçons*. On p.11, Bernardin declares: 'Je ne parlerai pas de la difficulté que j'ai à débrouiller mes idées, à leur trouver des expressions, à leur donner un ensemble qui m'oblige à recommencer jusqu'à quatre ou cinq fois le même manuscrit.'

60 *Leçons*, p.1.

Bernardin makes his customary critique of ambition: 'L'émulation est le germe de l'ambition, et l'ambition est la cause de tous les crimes de la terre' (p.3). He deplores the established curriculum with 'la grammaire' preceding 'la physique', and proposes reversing the order 'en commençant par des leçons de physique qui parlent aux sens, et finissant par des leçons métaphysiques de grammaire qui ne peuvent être comprises que par des esprits déjà exercés à la méditation' (p.1-2). He points out that 'c'est la langue qui a produit la grammaire, et non la grammaire la langue.' On the same page, he attacks the exceptional place accorded to Latin. He is against rote learning: 'C'est que quelque leçon qu'on donne aux enfants, on ne la leur fasse jamais apprendre par cœur.'[61] Memorising facts is not the same as understanding them: 'C'est non ce qu'on avale qui nourrit, mais ce qu'on digère. Ce n'est pas ce qu'on apprend par cœur qui instruit, c'est ce que l'on conçoit' (p.18). It is thus imperative to abandon a practice which has been 'l'usage immémorial des collèges et des couvents'. He had been asked for advice by a teacher named Henri Louis Guion Moussaint in a letter which has not survived, and replied on 30 January 1792:

> Quant au but de votre classe, la rhétorique, je croirois convenable d'exercer vos élèves non seulement d'après des copies, mais d'après nature. Vous pourriez donc leur donner de tems en tems des descriptions à faire d'après les objets naturels, tels que ceux de la campagne au mois de mai, la relation d'un évènement, une méditation philosophique. Vous leur donnerez par là l'occasion d'appliquer leurs talens et de faire connoitre ceux qui leur sont propres, pour la poësie, l'histoire, la philosophie etc; l'expérience vous en apprendra là-dessus plus que moi.

Moussaint had evidently sought him out as a guide and Bernardin sent him a modest, encouraging reply.

Bernardin draws attention to the fact that he has already made plain his complaints about the educational system:

> J'ai traité plus à fond, dans mes *Etudes de la nature*, des vices de notre éducation, non sans me faire des ennemis, et si je les rappelle ici

---

[61] Louis-Sébastien Mercier deplored the uncomprehending reponses in a catechism class where the 'petites filles [...] ne savent point elles-mêmes ce qu'elles disent'. He wonders who might draft a 'catéchisme de morale' and exclaims 'Ô instruction publique! Instruction! Tu es encore à naître parmi nous!' (*Tableau de Paris*, ed. Jean-Claude Bonnet *et al.*, 2 vols, Paris, 1994, vol.1, p.1049).

> avec confiance à des gens de lettres, c'est que je parle à des frères qui peut-être en ont été victimes, à des républicains qui ont souvent gémi des maux cruels que ces vices ont faits à la patrie, et à des instituteurs qui désirent un ordre nouveau pour en préserver au moins la génération future. (*Leçons*, p.3)

A successful school system would require appropriate teachers, and Bernardin is much preoccupied with the appointment of *instituteurs* as noted above. He declares that the Ecole normale was founded only 'pour former des instituteurs de l'école primaire' (p.11). The *instituteur* is the 'représentant de l'autorité paternelle, ou, si l'on veut, de la nationale' (p.18).

As we have seen, Bernardin entered the Besançon prize contest on female education in 1777. However, it is the birth of his daughter, Virginie, which, he claims, refocused his mind on the issue:

> je doutai d'abord que mes travaux sur l'éducation pussent jamais être utiles à mon enfant, car c'était une fille. Cependant je me dis: une fille ne doit-elle pas supporter comme un homme, des passions, des chagrins, des maladies, la douleur et la mort? N'a-t-elle pas à se préserver des préjugés et des superstitions? Ne doit-elle pas connaître les devoirs de fille, d'épouse, de mère et de citoyenne? N'est-ce pas des femmes que dépendent souvent les qualités morales des hommes? (p.10)

Females are thus still presented in a subordinate position. Nevertheless, they are depicted as 'citoyennes' who should be free of 'préjugés' and 'superstitions' and who could play a crucial role in maintaining the moral integrity of men. It is perhaps unsurprising that Bernardin expresses concern about boys and girls being kept apart with a view to the consequences for their future relationships in society:

> comment apprendrez-vous aux deux sexes à vivre ensemble dans l'âge des passions, si vous les séparez dans celui de l'innocence? Il leur arrivera comme dans l'Ancien Régime, où l'on élevait les garçons dans des pensions et les filles dans des couvents. Il résultait d'abord beaucoup de désordres de leur séparation et ensuite de leur réunion. Des liens coupables se formaient entre eux au lieu des liens naturels [...]. Comment accoutumerez-vous les filles à la pudeur sans les garçons et les garçons au respect envers le sexe sans les filles? (p.16)

To establish flourishing relationships, one can succeed only 'en élevant dans la même école les enfants des deux sexes'.

What about the physical aspects of primary schools? Here Bernardin manifests his organisational ability, perhaps reflecting his managerial experience at the Jardin des plantes. He highlights the efficient use of resources:

> je vais parler de l'édifice convenable à des écoles primaires. Je suppose qu'on consacrera à leur usage un grand nombre d'églises et de couvents. Ces bâtiments peuvent encore servir de lieux d'assemblées aux citoyens, le soir de chaque jour et les jours de fêtes. Il résulterait de ce double emploi une grande économie trop longue à détailler ici. Maintenant, disposons une de ces églises pour une école: le premier soin qu'on doit avoir, c'est d'y mettre les élèves à l'abri des injures des éléments. On aurait donc grande attention à ne souffrir autour ni fumiers, ni mares, ni cloaques, si communs dans nos villages et qui causent tant d'épidémies. Je voudrais encore qu'on en éloignât les métiers bruyants comme ceux des forgerons, des tonneliers, etc. Le silence doit régner au dedans et au dehors d'une école. Pythagore faisait du silence la première base de son instruction. (p.13-14)[62]

Unlike some medical opinion which stated that cold was good for children,[63] Bernardin believes that pupils need to be kept warm. However, he judges that 'Nos poêles de fer et de faïence et surtout nos cheminées consument beaucoup de bois et ont de trop petits foyers pour de vastes pièces' (p.14). He recommends therefore a 'poêle russe' which is far more efficient and cost-effective.[64] If the stove is essential in winter, a garden is of equal importance in summer since 'Les leçons de la nature et de la morale ne doivent pas se donner toujours sur des sièges' (p.15). Such lessons can be delivered to pupils whether they are sitting or standing, in the shade or in the open air: 'Il faut leur éviter l'ennui de la même attitude, qui s'étend bientôt à la leçon comme dans nos collèges.'[65] The primary school should be 'l'image de la maison paternelle' and should stimulate 'dans les enfants les premiers

---

62 Despite the use of the word 'parler' at the start of this extract, this reads more like a written submission to a body such as the Comité d'instruction publique.
63 Grandière, *L'Idéal pédagogique en France*, p.262.
64 Bernardin wrote in November 1792 to his future wife, Félicité Didot, citing the utility of 'un poêle à la Russe'.
65 On the same page he writes: 'Ce fut dans les jardins que la philosophie donna ses premiers documents. Un jardin est donc une partie essentielle d'une école primaire.'

sentiments de la nature tels qu'ils les développent eux-mêmes sur le sein maternel' (p.19).[66] Yet Bernardin does concede that some children will have parents who treat them harshly and inappropriately, and it is here that 'l'école primaire doit venir au secours de l'éducation domestique.' Children should flee the presence of a 'père dénaturé' while still showing him respect (p.21).

Children should also be made aware of what they owe their mothers:

> Il est donc nécessaire que l'école primaire, dont le but est de former des patriotes, rappelle à ses élèves les soins qu'a coûté leur première enfance. Il faut que l'instituteur, et encore mieux l'institutrice, leur apprenne que leur mère les a portés neuf mois dans son sein, parmi les informités de toute espèce; qu'elles les a mis au monde au péril de sa vie; qu'elles les a allaités au moins un an. (p.19)[67]

Reciprocal attachment is the cornerstone of society: 'L'amour filial est la première racine du chêne de la patrie, qui doit résister à toutes les tempêtes de la politique. Il est le seul fondement inébranlable des sociétés.' He establishes a hierarchy of values, as one should not 'aimer sa famille plus que sa patrie. Au contraire, il faut dans tous les cas préférer celle-ci à sa famille et à soi-même' (p.22). Respect in general should also be taught in schools as a necessary training for civic life: 'Ce n'est qu'en courbant leurs jeunes têtes sous les lois de l'école qu'ils l'abaisseront un jour sous celles de la patrie' (p.15). In stating this core objective of schooling, Bernardin is nailing his colours to the mast. The school provides essential preparation for participation in the collective endeavour of society and not a training ground for service to the king, nor for that matter for individualistic self-fulfilment.

However, the abandonment of the ideal of service to the monarch in no way diminishes the necessary presence of God in the education of children: 'Rien n'est [...] plus raisonnable, plus utile et plus consolant que d'apprendre aux enfants à se soumettre en tout à la volonté de Dieu' (p.24). The school day should begin and end with 'des chants agréables et religieux'. Throughout his writings Bernardin stresses the role of providence. Once again he talks of it creating 'le bonheur des hommes'. Man is at the centre of the divine plan: 'l'homme

---

66 The education delivered by primary schools should be 'une théorie de la vie' (p.25).
67 One notes the statement regarding mothers suckling their children and not employing wet nurses.

seul a le sentiment de l'intelligence suprême, il en porte le caractère auguste dans ses traits' (p.32). It is man who is the 'centre de toutes les harmonies comme de toutes les puissances' (p.39).

As already noted, during the 1790s Bernardin was also drafting the *Harmonies de la nature*. This substantial work, over 1300 pages in the first posthumous edition of 1815, contained features relating to education. Bernardin states in the opening pages that 'Ma théologie n'aura rien de triste et d'obscur: mon école est au sein des prairies, des bois, et des vergers; mes livres sont des fleurs et des fruits, et mes argumens des jouissances' (*HN*, vol.1, p.7). A large section is devoted to a 'leçon de botanique à Paul et Virginie'.[68] Children are urged to go to the countryside: 'Les prairies seront votre école, les fleurs vos alphabets, et Flore votre institutrice.' There will be no need for 'docteurs' to teach botany to children; it will be the role of women to 'leur parler de ce que les végétaux ont de plus intéressant' (p.221). A tutor may teach, but

> une mère fait aimer. Je voudrais que celle-ci donnât ses premières leçons, non dans une ville, mais à la campagne; non dans une église, mais sous le ciel; non d'après des livres, mais d'après des fleurs et des fruits. (p.226)

Bernardin composes a dialogue between the mother and Virginie which concentrates on the interrelationships of nature viewed directly as a learning experience.[69] Rather than abstract learning from books, one could teach 'la géographie aux enfants par le moyen des plantes' (p.333).[70] They could learn about their country and Europe in general 'par les végétaux qu'ils aiment le plus; mes leçons seraient dans leurs déjeuners et leurs collations' when he would tell them:

> Ces pommes viennent de la Normandie; ces châtaignes, du Lyonnais; ces noix, de la Picardie. Les arbres qui les produisent en France sont

---

68 In an example of life imitating art, Bernardin had named his children after his famous fictional characters.
69 In passing, references are made to other matters. Without elaboration, a lawsuit affecting Bernardin is evoked, as well as his walks with Jean-Jacques Rousseau who 'prenait le parti des malheureux' (p.238-39).
70 Similarly science lessons should be child-orientated to gain appropriate attention: 'Il est surtout nécessaire, lorsqu'on parlera aux enfants des lois générales de la physique, d'en faire l'application aux besoins de la société. En tout il faut fixer leur jugement sur des faits qui les intéressent. Donnez toujours un corps et une action aux principes, c'est le seul moyen de les leur rendre sensibles' (p.447).

originaires de plusieurs îles de la Méditerranée: le noyer, du mont Ida, dans la Crète; le châtaignier, de la Corse. C'est aussi des îles de cette mer, et surtout de celles de la Grèce, situées entre l'Orient et le Midi, que la vigne, l'olivier, le jujubier, l'amandier, le poirier, ont été transplantés dans nos climats; votre pain vient du froment, originaire de la Sicile. [...] Ce sucre que vous aimez tant est fait avec le jus d'un roseau des îles Antilles, vers les côtes de l'Amérique, entre le midi et le couchant, à quinze cents lieues de la France: il est cultivé par de malheureux nègres, réduits au plus cruel esclavage, uniquement pour nous fabriquer du sucre. (p.338-39)

He declares that honey would be a superior substitute for sugar as not necessitating perilous sea voyages or brutal treatment of one's fellow human beings. By the use of a 'simple dragée', children could be given:

des idées de géographie, et des sentiments de justice, de morale, de piété et de reconnaissance. Leur petit jardin deviendrait plus instructif pour eux que les écoles centrales et polytechniques [...]. En leur montrant la pervenche, je leur dirais: 'Voici la fleur favorite de votre premier bienfaiteur', et je leur parlerais de Jean-Jacques, persécuté pendant sa vie et après sa mort. (p.339-40)[71]

The interlinking of plants, geography and morality is yet another demonstration of Bernardin's synthetic approach: learning should not be compartmentalised. Being taught in this way enables children to gain 'des idées justes des choses et des hommes, par leur rapport d'utilité avec le genre humain' (p.340). Such ideas will connect them with 'hommes de toute la terre' as well as those of 'siècles passés', creating an intergenerational awareness. They will sense their 'obligations' (a term that he repeats) towards their fellow human beings and to God. They have been granted benefits

pour les faire participer aux productions de la terre, et lier les hommes les uns aux autres par une multitude d'arts qui exigent le concours mutuel de leurs lumières et de leurs travaux. Ainsi l'étude des plantes fera naître en eux l'amour de Dieu et celui des hommes, qui sont les deux pôles de la morale. (p.340-41)[72]

[71] The reference to Rousseau confers on his remarks an additional justification: one can be persecuted for telling the truth. He also claims that 'Jean-Jacques disait que rien ne rendait les mœurs plus aimables que l'étude de la botanique' (p.341).
[72] Bernardin blames botanists for their ambition in their teachings. Their researches tend to atheistic conclusions, 'Des systèmes botaniques qui ne montrent dans les

They could also benefit from learning about the nutritional and medicinal uses of plants: 'Les enfants peuvent donc trouver à la fois leurs aliments et leurs remèdes dans les plantes de nos jardins, dans les fruits de nos vergers' (p.323). Children studying the harmonies of nature will acquire 'une religion et une morale plus solidement fondées que celles qui ne s'appuient que sur des livres' (p.344).[73]

Children are delivered courses on geometry, chemistry, geography, botany, history – why not one on virtue? Instead of sending young people abroad, why not send them to parts of their own country 'pour en connaître les mœurs'? Remuneration is given to those teaching botany and zoology, to those searching for plants, but 'où sont les professeurs payés pour nous apprendre à étudier les lois de la morale et à nous faire aimer la vertu?'. Surely a virtuous man and a good husband are 'plus précieux et plus utiles qu'un cactus ou un rhinocéros' (vol.3, p.221). One must show children good examples:

> Je ne dirai pas aux enfants: Voyez cette famille dans cet hôtel, comme elle est devenue riche! C'est un effet de son mérite; mais je leur dirai: Voyez ces gens qui habitent cette cabane, voyez comme ils sont heureux dans leur pauvreté! C'est un effet de leur union. Qu'on ne croie pas que les enfants soient insensibles à ce spectacle [...]. Ne voient-ils pas de même l'amour de la patrie qu'on cherche à leur inspirer? (p.222)

It is the false values of society that lead to moral decadence on the individual and collective planes.

Bernardin was preoccupied by education as a foundation for society. No one in any society can escape some elements of learning or instruction, whether they are received in formal or informal circumstances. However seductive, the fictional childhood experience of the illiterate Paul and Virginie, a boy and girl lovingly raised together by single mothers in Mauritius, was not adaptable to the reality of

---

plantes que des parties dont ils n'expliquent point les usages' (p.342). Peasants, by contrast, see God in their crops and are wise in their ignorance (cf. the pariah in *La Chaumière indienne*).

73. In a further reservation about the inappropriateness of some books, Bernardin reminisces about a childhood visit to the sea: 'J'admirais ces plantes mobiles semées par la nature sur la voûte des rochers, et qui bravaient toutes les tempêtes. De pauvres enfants demi-nus, pleins de gaieté, venaient avec des corbeilles y chercher des crabes et des vignots. Je les trouvais bien plus heureux que moi avec mes livres de collège qui me coûtaient tant de larmes' (vol.2, p.112).

Europe.[74] Yet, as we have noted, parents can play active and salutary roles in the upbringing of their offspring. The patriarchical Bernardin was an advocate of the model of the nuclear family. The advent of the French Revolution provided an opportunity to suggest the way forward. Education was to be delivered by the state, and not the Church, in the national interest.[75] Upon Hennin's appointment as secretary of the Assemblée des notables, Bernardin told his friend that, although good things may emerge from that body, 'ils n'auront point d'effet durable, si on ne change l'education nationale' (23 January 1787). He told Mme de Pompéry that an unnamed correspondent, a 'professeur de rhétorique' from Angers, had requested that he draft 'un plan d'éducation nationale' (between April and May 1790, BSP_1138).[76] Emphasis was placed on the capacities of the young to absorb knowledge and skills at appropriate ages to fulfil their civic and moral duties. In short, the good child would become the good parent who would become the good citizen. In the final analysis, Bernardin envisaged morality as paramount for establishing harmony within individuals and in collective relations, a quality which should be nurtured through a well-thought-out programme of national education.

It should not be forgotten that ideas of education play a role in *Paul et Virginie*. Patently not in terms of formal education in Mauritius

---

74 Gilbert Py supplies perceptive comments in a section devoted to a 'lecture pédagogique' of *Paul et Virginie* in *Rousseau et les éducateurs: étude sur la fortune des idées pédagogiques de Jean-Jacques Rousseau en France et en Europe au XVIIIe siècle*, SVEC 356 (1997), p.550-63. However, he tends to underplay the impact of its ideas on adult readers in contrast to that on children.

75 One should nevertheless not attribute to the Revolution the creation of the term 'éducation nationale'. It was in existence decades earlier, witness, for example, the well-known work of René-Louis Caradeuc de La Chalotais, *Essai d'éducation nationale* (1763). Jean Antoine Debry (1760-1834), who was to become a member of several Revolutionary bodies and is associated with the slogan 'la patrie en danger', published the *Essai sur l'éducation nationale* in 1790. In its 'Seconde partie', he advocates the use of the *Etudes de la nature* (p.13) and lauds Bernardin: 'amant, disciple de la nature, vertueux Saint-Pierre, c'est avec toi que feuilletant ton vaste modèle, nous irons sentir plutôt qu'approfondir la science des contrastes, des harmonies, de consonances, nous chercherons à découvrir les rapports des êtres entr-eux, leur coordonnance dans l'Univers' (p.27). One notes also the work by a correspondent of Bernardin, Dupont de Nemours, *Vues sur l'éducation nationale par un cultivateur* (Paris, Chez Du Pont, An II de la République).

76 This correspondent is almost certainly Jean-Joseph-Marie Mévolhon, of whom more in the conclusion.

(in reality, there were no schools there), but unquestionably in terms of upbringing: 'Leur éducation ne fit que redoubler leur amitié, en la dirigeant vers leurs besoins réciproques' (*OCBSP* 1, p.197). Their mutual support is stressed: 'Toute leur étude était de se complaire et de s'entraider. Au reste, ils étaient ignorants comme des Créoles, et ne savaient ni lire ni écrire.' Their activities are gendered, with Virginie busy with household tasks and Paul with manual tasks in the garden and woods. They showed no interest in anything outside their immediate surroundings, and 'Jamais des sciences inutiles n'avaient fait couler leurs larmes; jamais les leçons d'une triste morale ne les avaient remplis d'ennui' (p.198). In an attack on religious instruction, we learn that 'On ne les avait jamais effrayés, en leur disant que Dieu réserve des punitions terribles aux enfants ingrats; chez eux, l'amitié filiale est née de l'amitié maternelle.' Paul only learns to read and write when Virginie has gone to France. He does not find his studies very rewarding:

> Paul ne trouva pas beaucoup de goût dans l'étude de la géographie, qui au lieu de nous décrire la nature de chaque pays, ne nous en présente que les divisions politiques. L'histoire, et surtout l'histoire moderne, ne l'intéressa guère davantage. Il n'y voyait que des malheurs généraux et périodiques, dont il n'apercevait pas les causes; des guerres sans sujet et sans objet; des intrigues obscures; des nations sans caractère, et des princes sans humanité. (p.256)

It is plausible to presume that Bernardin would have sympathised with this assessment. Paul preferred to read novels which deal more with 'des sentiments et des intérêts des hommes' and presented situations similar to his own. (Perhaps this is an implicit championing of Bernardin's own fiction.) Virginie's illiteracy shocks her great-aunt who installs her 'en pension dans une grande abbaye auprès de Paris'. She recounts:

> j'ai des maîtres de toute espèce: ils m'enseignent, entre autres choses, l'histoire, la géographie, la grammaire, la mathématique, et à monter à cheval; mais j'ai de si faibles dispositions pour toutes ces sciences, que je ne profiterai pas beaucoup avec ces messieurs. Je sens que je suis une pauvre créature qui ai peu d'esprit, comme ils le font entendre. (p.258)

Evidently this constitutes a totally negative experience of teaching not geared to encouraging a reluctant pupil in civilised France.

This picture of ineffectual teaching in *Paul et Virginie* demonstrates

Bernardin's concern with a fundamental feature of citizen formation. He is not presenting the upbringing of Paul and Virginie as a model for France. Nor, for that matter, should one find a model in arguably the most enlightened figure in Bernardin's work, the illiterate pariah in *La Chaumière indienne*. The pariah seeks truth with 'un cœur simple', which prompts his interlocutor, the English scientist, to assert: 'Il faut d'abord chercher la vérité avec son cœur, et non avec son esprit' (*OCBSP* 1, p.861). In reality, fictional characters could be used as a stimulus to thought, but not as models for imitation. Bernardin knew that education was an investment, and wanted future generations in France to benefit from a national education policy. While he insisted on a belief in God and stressed moral development, the future of France depended on public authorities taking responsibility for its citizens and not leaving such a task to the Church. All categories of citizens could learn from being encouraged to view nature in its admirable diversity, the Book of Nature given priority over the printed book. Nonetheless, Bernardin saw the need for some collective schooling as a means of promoting social cohesion, social harmony. In the *Harmonies de la nature* he claims that in the *Etudes de la nature*: 'j'y ai dit, sans me douter que je prophétisois, que *la génération future m'appartiendroit en quelque chose.* Je l'entendois des réformes de son éducation, dont je m'occupois; mais j'en suis en quelque sorte devenu le parrain' (vol.1, p.234). There can thus be no doubt about Bernardin's aims for his country. He was able to champion them as he had acquired moral authority through his publications and supposed lifestyle. His reputation had conferred on him a celebrity status, a phenomenon which we shall examine in the next chapter.

5. Celebrity culture

> Célébrité: l'avantage d'être connu de ceux qui
> ne vous connaissent pas.[1]

Eighteenth-century France saw a major transformation of the status of the writer. Celebrity appeared 'au cours du XVIIIe, dans le contexte d'une profonde transformation de l'espace public'.[2] The press in the new information society promoted the profile of those who achieved prominence through their deeds rather than their birth. It was also linked to the 'émergence de l'opinion publique' in the ever-widening circle of readership.[3] Although writers often felt the need for patronage, they could potentially achieve a degree of autonomy in the eyes of their readership. Let us glance at two outstanding examples.

Voltaire, through his business acumen, obtained an exceptional level of independence.[4] At Ferney, he received an avalanche of letters from admirers and was host to countless visitors. His activities and writings figured prominently in the press.[5] No one following the cultural scene could ignore him, be they friends or foes. He courted celebrity as a public intellectual, no more so than in his campaigns for justice, most famously on behalf of the Calas family.

---

1. Chamfort, *Maximes*, p.78.
2. Antoine Lilti, *Figures publiques: l'invention de la célébrité 1750-1850* (Paris, 2014), p.15.
3. Stéphane Van Damme, *A toutes voiles vers la vérité: une autre histoire de la philosophie au temps des Lumières* (Paris, 2014), p.82.
4. One recalls that Diderot, by contrast, sold his library to Catherine the Great in 1765 for some financial security.
5. Voltaire's letters were often printed in periodicals, unlike those penned by Bernardin.

Celebrity of a different kind was acquired by Jean-Jacques Rousseau, who was a 'famous author turned famous individual'.[6] His reputation was tied up with his feelings of persecution and anxiety at controlling his image. As Lilti observes, he was 'un des premiers à avoir commenté sa propre célébrité' and 'célèbre pour ne pas vouloir être célèbre'.[7] Bernardin recounts in his *Essai sur J.-J. Rousseau*:

> Il venait des hommes de tout état le visiter, et je fus témoin plus d'une fois de la manière sèche dont il en éconduisait quelques-uns. Je lui disais: Sans le savoir, ne vous serais-je pas importun comme ces gens-là? – Quelle différence d'eux à vous! Ces messieurs viennent par curiosité, pour dire qu'ils m'ont vu, pour connaître les détails de mon petit ménage, et pour s'en moquer. Ils y viennent, lui dis-je, à cause de votre célébrité. Il répéta avec humeur: Célébrité! célébrité! Ce mot le fâchait: l'homme célèbre avait rendu l'homme sensible trop malheureux. (*BSPOC*, vol.2, p.445a)

While Bernardin understood these sentiments, his attitude proved somewhat different. One should remember that Rousseau was the senior figure in their relationship, being almost twenty-five years older and meeting Bernardin before the latter became a published author.

Although the *Voyage à l'île de France* appeared anonymously in 1773 and is reputed to have had a modest success, it did have early admirers who knew the name of the author. Pierre Gallot from Rouen has already been mentioned. He wrote to Bernardin on 19 March 1774. In re-reading the text, Gallot claims to have experienced 'un nouveau plaisir'. He declares that he could not resist 'au desir dEcrire a son auteur que jai Eu le bonheur de Connoitre et dont Jai recu un bon accueil'. He assures him 'je ne Cesserai de m'intéresser vivement a votre santé, a votre sort, a votre bien Etre. vous avèz une façon de Penser que je Cheris [...] les qualitez du Coeur rapprochent tous les hommes.' He loves to 'vous Entendre soutenir la cause de Lhumanité gemissante aux indes sous la tirannie de Certains monstres a figure dhomme qui les habitent!' Bernardin has no need to solicit 'L'indulgence du Lecteur' through his talent in evoking the countryside: the reader is at

---

6   Whitney Arnold, 'Rousseau and reformulating celebrity', *The Eighteenth century* 55:1 (2014), p.39-55 (39).

7   *Figures publiques*, p.153 and 158. For other approaches to Rousseau's notoriety, see Claude Labrosse, *Lire au XVIIIe siècle: La Nouvelle Héloïse et ses lecteurs* (Lyon, 1985), and Robert Darnton's seminal study, 'Readers respond to Rousseau: the fabrication of romantic sensitivity', in *The Great cat massacre* (1984; New York, 2009), p.215-56.

one with the author. Looking forward to the publication of the *Etudes de la nature* in a letter of 27 January 1783, Mlle de Crémont anticipates 'y trouver Cette Touche délicatte qui peint Si Bien dans votre premier ouvrage, tous les Sentiments qui honore L'humanité, et qui La font cherir, je Le Lirai Surement avec avidité'.

The source of Bernardin's prominence is, however, the *Etudes de la nature* (published in December 1784). He declares, in the 'Avis' which he wrote for the second edition (1786), that the first edition was almost sold out a year later. He records its impact:

> Depuis sa publication, je n'ai qu'à me féliciter des témoignages honorables d'amitié que m'ont donnés des personnes de tout état et de tout sexe, dont la plupart me sont inconnues. Les unes sont venues me trouver, et d'autres m'ont écrit les lettres les plus touchantes pour me remercier de mon livre, comme si, en le donnant au public, je leur avais rendu un service particulier. (*EN*, p.67)

This publication has initiated a relationship which he is further strengthening in this acknowledgement. It is as if he is speaking to his readers as a friend. His success has freed him, to some extent, from the necessity of patronage:

> Des personnages importants, et d'autres qui croient l'être, m'ont fait inviter d'aller les voir, en me donnant de grandes espérances de fortune: mais autant que j'accueille le rare bonheur d'être aimé, et celui de pouvoir être utile, autant je fuis, quand je le peux, le malheur si commun et si triste d'être protégé. (p.68)

These comments paint a picture of Bernardin in the public domain. Taking him at his word, readers could envisage him as someone valuing independence and prepared to snipe at those exaggerating their social standing. He confesses his problems: 'Moi-même, ô mon dieu! Egaré par une éducation trompeuse, j'ai cherché un vain bonheur dans les systèmes des sciences, dans les armes, dans la faveur des grands, quelquefois dans de frivoles et dangereux plaisirs' (*EN*, p.158). If he has learned the error of his ways, so can his readers. He presents himself humbly as 'un homme très borné' (p.95), and almost invites a dialogue with his readers:

> Lecteur, quel que soit donc le rôle que vous remplissiez dans ce monde, je serai content de votre jugement, si vous me jugez comme homme, dans un ouvrage où je ne me suis occupé que du bonheur de l'homme. (p.77)

Bernardin supplies personal testimony for many of his comments with the use of phrases such as 'j'ai vu', 'je l'ai vu', 'j'y ai vu', 'j'ai observé', 'j'ai remarqué'. He uses both the first person 'je' and the royal 'we', 'nous', sometimes in the later case, involving his readers: 'Nous remarquerons que tous les ouvrages de la nature ont des contrastes, des consonances et des passages qui joignent leurs différents règnes les uns aux autres' (*EN*, p.135). He hopes that he will provide interpretations 'dignes de l'attention des lecteurs' (p.190). It is the choice of the reader whether to accept his views – 'j'en laisse le jugement au lecteur sans système et sans partialité' (p.199); 'En voici un exemple pris au hasard, et que je soumets au jugement du lecteur' (p.349); 'Voici à ce sujet une observation que je livre à l'expérience de mes lecteurs' (p.426) – and he talks of 'd'autres inconvénients que je laisse chercher au lecteur' (p.492). He hopes that the reader would not mind a digression: 'Je prie le lecteur de me pardonner cette digression' (p.488) and 'J'ai cru que le lecteur ne trouverait pas mauvais que je m'écartasse un peu de mon sujet, pour lui présenter [...]' (p.221). In the 'Préambule' to the 1806 edition of *Paul et Virginie* he contends, after praising Mahé de La Bourdonnais, 'Je crois qu'aucun de mes lecteurs ne trouvera mauvais que je me sois écarté de mon sujet, pour rendre moi-même quelques hommages aux vertus d'un grand homme malheureux' (*OCBSP* 1, p.363).[8] Awareness of one's readership is a recurrent feature of eighteenth-century writing by means of prefaces, footnotes and direct addresses. In Bernardin's case, it is based on a common humanity in his desire to share information and insights, buttressed by an appeal to sensibility. Outlining the harmonies of nature, he declares:

> Lecteur, ne soyez point étonné de leur nombre et de leur étendue; pénétrez-vous bien de cette vérité: DIEU N'A RIEN FAIT EN VAIN. Un savant, avec sa méthode, se trouve arrêté dans la nature à chaque pas; un ignorant, avec cette clef, peut en ouvrir toutes les portes. (p.581)

Knowledge is open to all, it is not reserved for specialists. The reader who might feel ignorant is wiser than the specialist in being able to see the overall picture. Indeed, the literate can explain to the illiterate the harmonies of the world, irrespective of time and place. Those

---

[8] In the *Harmonies de la nature*, the reader is addressed less frequently, perhaps reflecting Bernardin's enhanced self-confidence and public authority in his later years.

sympathetic to Bernardin's work encounter a feel-good factor in the awareness that their fellow readers are experiencing comparable reactions.

Bernardin recognises his capacity to affect his readership, and cites an observation in the *Mercure de France* to confirm this ability. In the 'Avis de cette édition' which he published in the first separate edition of *Paul et Virginie* in 1789, he quotes: 'Celui qui sait communiquer ses émotions aux autres, et les leur faire partager, exerce sur eux une espèce d'empire, et les associe en quelque sorte à sa destinée' (*OCBSP* 1, p.176).[9] His reaction to this commentary is telling: 'Peu m'importe, en vérité, cet empire qu'on me suppose sur l'opinion de mes lecteurs, puisque au fond ce n'est qu'une séduction.' Here he is indulging in a game with his readership, pretending that his seductive talent is of no moment while realising the power of his pen. He claims that it is the truth of what he has described that wins the adherence of his readers and not his style: 'Je dois ce succès, non à mes émotions personnelles, mais au sentiment général de la nature, qui influe sur mes lecteurs comme sur moi' (p.178). Yet he continues to publicise his intimate relationship with his readers in an announcement of a subscription for what will be a luxury edition of *Paul et Virginie* in 1806. He addresses the 'Citoyen Rédacteur' as follows: 'J'ai quelquefois confié mes secrets au public, parce que m'étant souvent occupé de ses peines, il s'est toujours intéressé aux miennes' (p.327). He is in financial difficulties and requires funds not just for himself but for his children: 'Je n'ai donc rien imaginé de plus convenable à leur position à venir et à mes ressources actuelles, que d'ouvrir en leur faveur une souscription pour celui de mes ouvrages qui m'a donné le plus d'amis' (p.328). His readers are his friends whom he trusts will come to his aid. He harbours confidence in the enduring value of *Paul et Virginie*: 'je crois que mon humble pastorale pourrait fort bien m'acquérir un jour autant de célébrité que les poèmes sublimes de l'*Iliade* et de l'*Odyssée* en ont valu à Homère' (p.335). Finally, it is worth recording that Bernardin bowed to his readers' wishes in changing his name:

> J'observerai que dans l'ordre naturel de mes prénoms, Bernardin était le second, et Henri le troisième. Mais cet ordre ayant été changé, par hasard, au titre de la première édition de mes *Etudes*, Henri s'est trouvé le second, et Bernardin le troisième. J'ai eu beau réclamer

---

9 The quotation is from a review of the third edition of the *Etudes de la nature* in the *Mercure de France* (11 October 1788), p.59.

> leur ancien ordre, le public n'a plus voulu s'y conformer. Il en est résulté que beaucoup de personnes croient que Bernardin de Saint-Pierre est mon nom propre. J'ai cru devoir moi-même obéir à la volonté générale, en les signant quelquefois tous deux ensemble. Cette observation peut paraître frivole; mais j'y attache de l'importance, parce qu'il me semble que le public, en ajoutant un nouveau nom à mon nom de famille, m'a en quelque sorte adopté. (p.352)

The acceptance of the change betokens Bernardin's willingness to concede that his readers have gained some rights over him, that he owes a debt to his admirers.

Given the foregoing observations, it might at first seem paradoxical to propose that Bernardin's public image became established by dint of his reluctance to appear in social gatherings, in high society. Even before acquaintanceship with Rousseau, he mentioned his love of solitude. Here one must be careful not to equate the term with being alone.[10] Aristocrats could often speak of solitude when staying in the country, although they had servants at their beck and call.[11] What they did not have in this instance was people of their own social rank. Bernardin uses the term 'solitude' in a letter to Duval on 28 July 1764 to describe his presence in what had been the French ambassador's residence in Warsaw. Yet Bernardin was aware of the dangers of *solitude*. In a letter of 9 July 1767 he admits to Hennin: 'je me défie de ma solitude où l'on peut, sans s'en douter, se familiariser avec les idées les plus absurdes.' Striving to 'charmer ma solitude', he claims in a letter to Hennin from Mauritius on 6 December 1768 that he is gathering material for what would be the *Voyage à l'île de France*. Back in Paris, he informs Duval on 29 July 1772 that 'je vis dans une solitude qui convient à la disposition de ma fortune et de mon esprit', only venturing out to see D'Alembert and Rousseau, the latter 'n'est pas trop sociable'. If he could obtain an allowance from the king, he tells Mme Necker on 4 October 1777, he would settle in the countryside, a move which would increase his finances and improve his health. Her assistance would be much appreciated:

---

10   For the theme of solitude, see Pierre Naudin, *L'Expérience et le sentiment de la solitude dans la littérature française de l'aube des Lumières à la Révolution: un modèle de vie à l'épreuve de l'histoire* (Paris, 1995). See also his 'Le solitaire et l'ordre du monde selon Bernardin de Saint-Pierre', *Revue d'histoire littéraire de la France* 5 (September/October 1989), p.802-10.

11   Writing to Hennin on 15 October 1785, Bernardin declares: 'jai besoin que la fortune me donne bientost les moyens de défrayer un compagnon ou une compagne dans ma *solitude*.' He would seem to have lost the companionship of a *femme de ménage*.

vous pouvés, madame, bien aisement me rendre un service si important. vivant au sein de la nature, livré a ses speculations divines, si le souvenir d'une gloire trompeuse, et des amitiés frivoles, me rapelloit les personnes que j'ai connues et qui m'ont oublié dans le tourbillon de la fortune, je ne leur envierois rien. Les années les conduiront comme moi vers le meme terme et j'y aurai été porté par un chemin plus heureux. Mais si je vous dois, d'avoir banni de ma vie ces sollicitudes qui renaissent chaque année, dans quelque solitude que je vive votre mémoire meslée a celle de mes premiers amis viendra acroitre mon bonheur.

Despite living in Paris, Bernardin portrays himself as being cut off from current turmoil. Hennin, by contrast, is told in a letter of 23 August 1778 that he is

au centre du tourbillon [...] ce sont les affaires qui nous séparent. je souhaite que vous puissiés le diriger pour le bien public et pour votre gloire; occupés vous de cet unique objet. dans ma solitude comme d'un rivage je vous aplaudirai luttant contre les vents.[12]

Bernardin is longing for the countryside and *solitude* in a letter to Hennin of 1 May 1779. On 28 October the same year and to the same correspondent, he declares:

J'ai, suivant le conseil d'Horace, essayé long-temps ce que mes épaules pouvaient porter; je me suis exercé dans la solitude. J'ai esquissé des paysages étrangers, des mœurs qui ne sont pas les nôtres, et dans ces essais j'ai eu le plaisir de voir de beaux yeux me donner des pleurs. J'ai osé alors m'avancer jusque dans le temple de la Nature, et étudiant le langage dont elle parle aux hommes, j'ai emprunté tour à tour ce que ses illusions ont de plus touchant, et ce que sa sagesse a de plus lumineux.

In an undated letter of 1780 (BSP_0451) he tells Mme Necker:

après tout je prefere le bons sens de la solitude au bon ton de la societé! mais, c'est la ou vous trouverés de la protection. helàs l'homme ne protegea le cheval que pour l'asservir. et puis les loups et les tigres protegeoient ce ne seroit que pour dévorer. oh protecteurs! vous m'avès trop apris à vous connoître. non, je ne veux plus après dieu,

---

12 Bernardin was fond of the Lucretian idea of contemplating danger from a safe place (see Michel Delon, 'Le bonheur négatif selon Bernardin de Saint-Pierre', *Revue d'histoire littéraire de la France* 5 (September/October 1989), p.791-801).

d'autre que le roi. protecteur ni des tout bon francois,[13] je vis de ses bienfaits et je veux les meritter en le servant de ma plume si je ne le peux autrement. delivré des chaines que trainent tant de malheureux dans des tyrannies privées je ne verrai que mes amis, mes égaux des gens qui ayent souffert et qui malgré leurs malheurs soient capables d'indulgence et de confiance et d'intimite.

The same correspondent is told on 26 January 1780: 'combien de fois en rentrant dans ma pauvre chambre me suis je écrié, o chere solitude!'[14] Hennin warns him of the dangers of solitude on 5 April 1786 as he had done on 3 December 1780: 'Mon ami vous etes trop sequestre du monde Vous ne connoissez plus ni les hommes ni la marche des affaires.' Bernardin could value interruptions which assuaged his solitary brooding. He beseeches Hennin on 7 February 1781: 'ecrivés moi, que vos lettres viennent dissiper ma solitude et les reflexions que je fais sur l'age qui s'avance et la fortune qui s'eloigne.'[15] While evoking to Hennin the joys of his existence on 3 April 1782, Bernardin asserts his willingness to serve his country:

> Ma solitude m'a donné des plaisirs que le monde ne sçauroit donner et qui sont seuls dignes d'occuper la vie humaine. mais je suis prest de quitter huit années de travaux mon heureuse obscurité et ma liberté sil s'agit d'etre utile.

As we have noted, the *Etudes de la nature* established Bernardin's reputation in the public sphere. Yet even with the publication of the second edition, he prefers to eschew meetings; witness a letter to Hennin on 25 March 1786:

---

13 The wording of the manuscript letter is very confusing here.
14 Even in the following decade Bernardin continues to refer to his *solitude*: to Baudoin on 1 March 1790: 'la Nature m'oblige donc de vivre dans la *solitude* et ce n'est que là qu'il m'est possible d'exister et de penser.' On 8 February 1792 to Brissot: 'si votre ami M^r l'Escalier se donne la peine de venir dans ma *solitude* je le recevrai avec tous les égards que je dois à votre ami. quand aux idées utiles sur sa mission dans l'inde vos connaissances en politique lui serviront bien plus que les miennes, qui n'ai aucune relation avec des pays dont je n'ai vu que les limites il y a longtems.' On 6 May 1792 he tells Rosalie de Constant: 'il ne me reste dautre *solitude* que celle qui est la disposition de tous les hommes et qui est la plus assurée de touttes, celle de rentrer dans son propre cœur.' In July 1794 to an unknown recipient: 'je me retirai dans la *solitude* ou je me consolois dans l'etude de la nature des injustices de la societe.'
15 Bernardin uses the same phrase in a letter to Hennin of 26 January 1785: 'vos lettres cependant me dissipent dans ma *solitude*.'

je me preparois à vous voir demain comme je vous l'avois marqué, mes maux ont augmenté, ma vue se trouble, mes genoux s'affoiblissent et jai frequement des maux de tete et des mouvements spasmodiques surtout les après midi. je n'eprouve de soulagement que dans la solitude et le repos.

Here one notes the health reasons that add to Bernardin's preference for *solitude*.[16] Earlier that year, on 5 February, Pierre Augustin Guys writes:

Il est facheux que le véritable ami des homes, par la nature de ses infirmités, soit condamné a la solitude, mais je ne suis pas surpris d'après ma propre expérience, qu'en vieillissant on arrive à ce point où l'on n'a plus rien à voir, pour se convaincre de l'inutilité des Grands, de la foiblesse des petits, & trop souvent de l'injustice ou de l'ingratitude de nos égaux; on se fait hermite pour renoncer au monde, et jusqu'au dernier moment, on ne vit plus en paix qu'avec soi même.[17]

Solitude could be alleviated by the presence of plants named after people dear to him, as Bernardin tells Hennin on 22 June 1786:

j'ai dans mon petit jardin un verger, des vignes &c. j'en reserve une partie pour y mettre des fleurs. j'espere que vous voudrés bien contribuer à l'embellir en me donnant quelques griffes d'anemone ou de renoncule auxquelles je donnerai votre nom. j'userai de même a l'egard de quelques autres personnes, et j'aurai sans sortir de ma solitude des images agréables de mes amis.

Later, in scathing remarks about some Revolutionaries, he points out to the count d'Antraigues the value of *solitude* on 24 January 1790: 'j'ai une ressource infaillible contre cette intolerance si commune, c'est la solitude.'[18]

16 In a letter of 30 January 1785, Bernardin offers an insight into one of his physical ailments: 'il m'est survenu à l'epine du dos une supuration par ou s'ecoule sans medecin et sans medecine, une tumeur que j'avois depuis plus de huit ans.'
17 Bernardin would seem to have acknowledged the psychological effects of solitude. Marguerite and Mme de La Tour visit the sick and needy in *Paul et Virginie*. They 'réussissaient surtout à bannir les peines de l'esprit, si intolérables dans la solitude et dans un corps infirme' (*OCBSP* 1, p.225).
18 D'Antraigues was to flee France a few weeks later as a consequence of his involvement with the plot of the marquis de Favras to aid the royal family. In the same letter Bernardin passes remarks on some involved in contemporary politics: 'jai peu d'usage du monde, d'un autre coté vous me connoissés

Correspondents considered Bernardin a guide to good living, someone who incarnated his genuine values in his works. Indeed, he was identified with his works, there was no chasm between what he wrote and who he was. Unlike Voltaire, who often published texts anonymously or pseudonymously, Bernardin's name appeared on the title pages of his works after the *Voyage à l'île de France*. He established himself as a brand; his products could be trusted and recommended to friends. His publications established relationships, confirming the validity of his endeavour. Readers and admirers were drawn from differing backgrounds: from high society, the middle classes, the clergy, from Paris and the provinces, from men and women. In a letter to Hennin of 18 July 1786 he claims:

> je suis accablé de lettres et de visittes qui m'arrivent de tous cotés. l'honeteté m'oblige d'y repondre jusqu'a ce que jaye choisi pour ma societé les personnes qui me conviennent. il y en a de touttes les conditions, gens de lettres, avocats, notaires, conseillers, medecins, éclesiastiques, marquis, militaires et même des dames.

He received congratulatory letters from acquaintances and complete strangers, some indicating a desire to visit him or inviting him for meals. He apologises to Bancal Desissarts on 7 September 1786: 'Je suis bien fâché de votre accident. Si je n'étais pas accablé des correspondances que m'attire mon ouvrage, j'aurais l'honneur de vous aller voir.' In the following years he provides claims about unsolicited communications. In a letter to Duval on 23 December 1786 he claims that 'j'ai recu au moins 180 lettres au sujet de mon livre, auxquelles j'ai toujours repondu, non sans grande fatigue.' A similar assertion is made to Hennin on 26 December 1786:

> j'ai dans mes Cartons plus de 180 lettres de personnes de tout sexe et toutte condition la plus part inconnues, ce qui me jette dans une correspondance à la qu'elle je ne peux suffire. il y en a cependant de trop agreables pour que je les neglige.

---

peu. je n'accoutume personne à se servir à mon égard, meme en plaisantant, d'expressions dont je ne voudrois me servir envers qui que ce soit. je fonde ma sensibilité sur cette loi naturelle, "ne faittes pas [à] autrui ce que vous ne voudriés pas qu'on vous fit" les gens du monde se mettent au dessus de cette 1ere loi de la societé et encore quils parlent de république je n'en ai point encore vu commencer leur établissement dans la societé ou ils vivent. ils veulent faire des républiques pour en etre les legislateurs et non les membres.'

On 16 October 1788 he informs Mme Dandasne Féré that 'je ne puis repondre a ces letres qui montent a 500 par an', more especially as he cannot 'faire un billet sans un brouillon'. The number grows, as he tells Alexandre Nicolas Courtois on 25 April 1790:

> la pluspart de mes lecteurs veulent correspondre avec moi ce qui m'attire a peu près 7 a 8 cents lettres par an, et autant de visittes. ce sont des chaines de fleurs à la veritté, mais par cela meme d'autant plus difficiles a rompre que ce sont des fleurs. je tache de les denouer pour ne pas les briser, mais elles se renouvellent sans cesse.

Bernardin's activities are constantly interrupted; he tells Mme de Krüdener on 29 April 1790 that each week he receives 'des correspondances et des visittes nouvelles qui ne me laissent aucun loisir malgré tous mes efforts pour les ecarter'.[19] On 27 September 1791 Rosalie de Constant is informed: 'la publicité de mes ouvrages m'a attiré au moins quatre mille lettres la plupart de personnes inconnues parmi lesquelles il y en a un grand nombre de femmes et meme de demoiselles.' Bernardin informs Mme de Pont Wullyamoz on 7 October 1791 that he has received some 4000 or 5000 letters, 'les lecteurs croyant avoir droit sur un auteur comme sur son ouvrage'. He reveals his practice with favourite letters to Rosalie de Constant (19 November 1791):

> je les lis et je les garde. je relis quelque fois celles qui m'ont fait le plus de plaisir les votres sont du nombre. j'en ai bien quatre mille. il y a je ne sais quelle vanité la dessous à les conserver mais comme je ne les communique pas je crois plustot que c'est par un sentiment d'amitié que je les garde. j'aime a croire en les voyant, que j'ai un grand nombre d'amis.

In reply on 29 November 1791 Rosalie suggests that 'Si je vivais pres de vous j'aimerais a etre votre secretaire.' She sends him a 'portefeuille' into which to put her letters (27 March 1793). He tells his wife, Félicité, on 30 December 1795 that 'on m'ecrit des lettres anonymes pour me dire les choses les plus flatteuses'.

Considerable fan mail came from female admirers. Mme de La Berlière wishes to make clear to Bernardin on 12 March 1786 that her

---

19 She had arrived in Paris in 1789 and was delighted to meet the famous author who became her *directeur de conscience*. She was a descendant of one of Bernardin's patrons in Saint Petersburg, von Münnich. She published a successful novel, *Valérie*, in 1803. It was reviewed by Bernardin, a little-known review which I have edited for his *Œuvres complètes*.

motives in contacting him are not those of 'une vaine et frivole curiosité' but 'une maniere de sentir qui m'a parut nous être commune, une ame à ce qu'il me sembloit faite pour adoucir toute espece d'infortune en la partageant'. While she admired the works of Buffon, she felt no desire to meet him. Mme de Boisguilbert had contacted Bernardin in the autumn of 1785 (see letters of 22 November and 14 December). His fellow Norman had made an impression on Bernardin, as the following year he offered her a copy of the second edition of the *Etudes de la nature*. While she was delighted to accept the gift, she was anxious about its potential physical condition. She did not want it to be 'relié': both hands were required 'a retenir un livre qui veut toujours se fermer' since such a binding was appropriate for a 'livre de bibliothèque' (21 March 1786). His book would not be initially 'destiné a cela'. She found paper covers more practical: 'je trouve les brochures plus commodes à lire.' Such practicality was essential for her favourite locations for reading, outdoors in the countryside. It was necessary that Bernardin's book

> parcoure les bois avec moi, qu'il voye les bords de ma belle riviere, qu'il aille dans un petit vallon chercher La source d'une jolie fontaine, et que partout ou je m'arrete dans mes promenades sa lecture me fasse passer d'agreables momens.[20]

This is her plan: 'les Etudes de La nature M'accompagneront souvent ce Printems dans ces excursions champêtres.' Faithful to her word, she recounts on 17 April 1786 how she has been going for walks with an acquaintance of her husband:

> il aime comme moi La campagne et nous parcourons le pays ensemble non en voyageurs, mais en amateurs, nous arretant souvent tantot pour admirer et pour jouir, tantot pour lire, car nous ne sortons jamais sans avoir un livre avec nous.

One morning they are joined by her husband:

> nous nous sommes mis en route a 6 heures et arrivés sur une petite colline exposeé au rayons du soleil levant nous nous sommes assis;

---

20 She names four other authors whom she delights in reading in rural surroundings: Fénelon, Rousseau, La Fontaine and Gessner. We have no paintings of people reading Bernardin's works in the countryside, but one recalls Joseph Wright of Derby's depiction of Brooke Boothby reading Rousseau in a landscape setting (1781; Tate Britain).

> La, pendant plus de deux heures nous avons lu votre ouvrage, j'aime a lire ce qui traite de la nature en pleine campagne, a La vue d'un bel horison et d'un ciel serein; nous avons pris votre premiere etude.

Just over two years later, 27 August 1788, she is looking forward to the separate edition of *Paul et Virginie* which will be easily transportable:

> êtes vous toujours, Monsieur, dans l'intention de faire une édition particuliére de votre Pastorale? je crois que cela seroit fort agréable au Public. Combien de personnes L'auroient dans leur poche non pour qu'elle n'en sortit jamais [...] mais pour la lire lorsquelles se trouveroient à lecart dans un bois ou assises a La source d'une fontaine La nature sous leurs yeux elles admireroient lexactitude et La fidelité de vos tableaux.

Mme de La Berlière is obliged to spend time in Paris because of her husband's commitments. While she may appreciate urban gardens and avenues, she tells Bernardin that they cannot compare with 'un lieu agreste et sauvage' where her 'âme est plus calme' (24 June 1786). She informs him that, before departing from the French capital for the country, she was

> dans une societeé assez nombreuse ou lon parlat de vos études de la nature, je demandai à un homme qui etoit auprés de moi et qui ne disois mot sil les avoit lu? non, me répondit-il, mais jai entendu dire que tous ceux qui avoient lu le livre s'affectionoient à l'auteur.

Bernardin's regard for Mme de La Berlière prompts him to propose a reading of a draft of *Paul et Virginie*.[21] Having returned to Paris, she reminds him on 7 December 1786: 'je n'ai point oublié la promesse que vous m'avez faite de me procurer le plaisir d'entendre la lecture d'un de vos ouvrages.' Seemingly from a letter of 20 March 1787, Bernardin has acted on his promise as she talks of 'la lecture commencée'. Confirmation comes in a letter of 9 August 1787 where she shows knowledge of the imminent publication of the tale:

> je ne doute point que paul et virginie n'ait le plus grand succes, vous avez éprouvé par celui des etudes de la nature le gout du public pour vos ouvrages et celui ci ne peut qu'augmenter la réputation bien meritée qu'ils vous ont acquis, quoi que j'ai eu un extrême plaisir a en entendre la lecture je n'en aurai pas moins à le lire, jespere quil ne sera pas loin d'être imprimé à mon retour à paris.

---

21 He had supposedly read a version of this text to an unappreciative audience at the salon of Mme Necker, possibly as early as 1777.

She is aware of the impact of Bernardin's works as, on 14 October 1788, she tells him of 'le charme séducteur de vos ouvrages, ce charme qui vous fait autant d'amis que de lecteurs et qui vous attache chaque jour plus fortement ceux qui jouissent de l'avantage de vous connoitre'.

An anonymous female correspondent comments on his writings to Bernardin on 22 August 1789: 'je les lis, je les médite, je les sens.' Mlle d'Assas would appear to have written to him after the appearance of the *Vœux d'un solitaire* (1789):

> c'étoit en lisant vos vœux que je me disois un homme qui s'interesse pour le genre humain ne s'interessentil pas pour un individu? et que je suis aisè pour l'amour que je porte a la veritè que vous faites honneur au caractere que vous annoncè dans vos ouvrages.

In this letter of 20 April 1790 she shows her gratitude to Bernardin for his assistance in an unspecified matter:[22]

> Je ne scai Monsieur comment vous exprimer toute ma reconnaissance d'avoir eû egard a ma requête et de la promptitude et du zéle que vous avès mis a me servir sans me connoitre, ce beau procedè de votre part me penetre du plus vif sentiment. si je vous ai marquè de la méfiance en même temps que je vous temoigne la confiance, helas! c'est que j'ai connüe des hommes qui ont montrés autant d'ame et de sensibilitè dans leurs ecrits que vous Monsieur et dont les mœurs démentissoient les beaux principes repandües dans leurs ouvrages. c'étoit avec peine que je pensai qu'il fut possible que vous fussiez du nombre; car c'est la mode aujourdhui d'affecter les grands sentiments pendant qu'on est egoiste dans le cœur.

She mentions Mesnard, and one thus wonders whether Bernardin used his influence with him.[23] Mlle d'Assas is won over by her benefactor and intends to read his 'études que je n'aie encore que parcourü je ne doute point que je puiserai la dedans la science, et le plaisir'.

Some could turn to him in dispiriting circumstances. An unknown woman writes to him on 7 October 1789, recalling that she had contacted him almost two years before: 'je ne voyois que vous dans le monde. a qui je pus recourir.' She had convinced herself that Bernardin would be pleased to learn of her improved condition. If

---

22 She would appear to have benefited from funds which were to disappear according to a letter of d'Aubenteuil to Bernardin of 24 April 1790.
23 This would seem to be the case from a letter of 23 April 1790 from Mesnard to Bernardin.

victim again to despondency, she had a remedy: 'Si quelquefois mon coeur s'apesantit et s'atriste par de cruels Souvenirs. alors j'appelle a mon Secours le 4eme volume des études de la nature et cette douce Lecture est pour mon coeur un baume Salutaire.' A correspondent signing herself 'M. C. A........' turns for consolation and support to fiction rather than the Bible. She yearns one day to tell him in person of 'tous les Sentimens respectueux que vos bons livres m'ont inspireé'. She informs him on 23 October 1789 of 'L'agréable invitation que vous me faites'.

Mme de Pompéry follows up letters of 26 February and April 1790 with another from Quimper on 7 June 1790:

> j'ai reçu votre lettre monsieur, au moment où j'allois me mettre à table, et ma joie à Eté si vive, que je n'ai pas pû diner. je ne sais si les Effets du plaisir sont les mêmes pour tous le monde mais quant à moi, lorsque mon cœur est satisfait j'oublie tout le reste. j'ai relu vingt fois cette charmante lettre et depuis que je songe à y répondre, je regarde tout autour de moi chaque point de vue, chaque aspect agreable, me rappelle que vous desirez que je vous les decrive et je ne sais par quel bout m'y prendre. quoi! C'est à l'auteur des Etudes de la nature que j'oserai peindre un site un paysage, une Montagne, une rivière, un ruisseau, un arbre. oh! non pas même une rose de mon jardin. il n'appartenoit qu'à vous monsieur, d'embellir cette fleur charmante, et de la rendre effectivement un objet d'amour et de philosophie.

She adds that 'ici comme ailleurs aussi, il y à des gens assez sages pour former dans leur cœur les vœux qu'un certain solitaire exprima si bien dans un ouvrage que nous avons lu.' The *Vœux d'un solitaire* of her 'bon ami Saint-Pierre' has found approving readers in the depths of Britanny.

Mme de Pompéry writes again, probably in 1791 or 1792 (BSP_1213). She tells him that M. de Keratry has visited her with news of meeting him in Paris. Keratry had been welcomed with 'une bonté touchante', and she is told that 'sa douce physionomie exprime le caractère auguste qu'on suppose à l'auteur de *Paul et Virginie*'. She also identifies Bernardin's longings with aspects of his works. She informs him:

> J'ai lu, cet hiver, votre *Chaumière indienne*. L'histoire du bon Paria m'a fait le plus grand plaisir. Au dernier mot de votre ouvrage, je me suis écriée: ah! je reconnais bien là mon ami. Pourquoi n'a-t-il donc pas pour lui une bonne femme?

She regards the end of the tale as a transposed expression of its author's personal wishes: the *sensible* reader interprets the fiction as a depiction of an individual and collective ideal. Mme Le Couteulx Du Molay writes in January 1791 that she has just received 'le charmant ouvrage', *La Chaumière indienne*.[24] In an undated letter (BSP_1880), probably composed after 1791, Mme Le Vaillant writes to her 'aimable Voisin Monsieur de S.t pierre' about 'un diner frugal chez de bonnes gens qui laime; dans la chaumiere de la rüe Copeau, il y sera reçu avec laménitée franche du pariä.'

A few letters of Mme de Gérardin Raseau, likely to have been written between 1784 and 1792, have survived. Bernardin's replies have not. In a letter of 24 August 1790 she writes that an *abbé* who is teaching her daughter Latin is a fervent admirer of his work:

> il me parloit sanscesse de Monsieur de S.t Pierre: sanscesse de Paul et Virginie il avoit ses raisons: dans paul et virginie, lhomme est cequil devroit être, eprouve ce quil devroit eprouver. la fierte fait horreur, et trouve sa punition, le malheur des consolations. la vertu, sa veritable récompense!

He seeks consolation in reading Bernardin's works: 'il falloit lire Monsieur de S.t Pierre! quel homme! il l'aimoit, il l'aimoit dans tous les instants! il l'aimoit du matin au soir! il se trouvoit triste malheureusement, il lisoit Monsieur de S.t Pierre, immanquablement il se trouvoit alaise!' She was reluctant to read him at first, but the priest insisted and lent her a copy: 'je lus paul et virginie tout d'une haleine, il triompha, je fus humiliée d'avoir fait tant de façon pour lire un très bon ouvrage.' Some six months later the priest asked for the return of the book as he knew 'des anglois qui avoit une envie démesuré de le lire'. On the point of returning the book, she glanced at it:

> jen voulu lire une page, puis deux, puis quatre, puis le volume, et enfin le garder. mais il etoit promis, il falloit le rendre. je voulu en extraire telle pensé qui etoit dune justesse admirable! telle autre qui etoit brillante! telle autre dune solidité complete: telle autre qui deceloit

---

24   The correspondent was painted by Elisabeth Louise Vigée Lebrun at Malmaison, her husband's property before the residence was acquired by Napoleon Bonaparte and Joséphine in 1799. Bernardin told Hennin on 5 June 1788: 'votre itineraire m'a parfaitement bien guidé. on m'a comblé d'amitiés à la malamaison ou j'ai trouvé une personne de votre connaissance de Geneve M.r de Mondion à peine gueri de l'operation de la Cataracte. le parc est plein de beautés naturelles dont il est redevable en partie a un petit ruisseau d'eau courante.'

> une parfaite connoissance du cœur humain: telle autre qui reconcilioit avec L'humanité! telle autre qui etoit une source de mille reflexions! il falloit rendre le livre, et je le copiois!

Separated from the book, she felt as if she were 'abandonée. mes autres livres ne me sufisoient plus. ils ne me faisoient plus le meme plaisir. jeus le désir de vous ecrire.' However, she was racked by anxiety because 'les auteurs sont si souvent different de leurs ouvrages! que cette idee me resserroit le cœur, je voulois toujours vous ecrire, mais je le voulois comme malgres moi.' She would experience humiliation if she did not receive a reply, but finally she plucked up courage:

> depuis plus dun mois j'avois fait le sacrifice du bonheur que jaurois trouvé de causer quelquefois avec vous; je n'y pensois plus, mais au moment de me mettre au lit je reflechissois (sicut meus est mos) a cette combinaison infinie qui forme le temps, les destinées, les êtres. le cœur se repose delicieusement dans la confiance d'en connoitre destimable! tout naturelement je me trouvai penser a votre ouvrage. pour cette fois, je fus comme possedé du désir de vous ecrire. pour cette fois plus de reflexion.

She believed that Bernardin was exceptional: 'si vous avez une sensibilité exquise et tout le merite que je vous crois, jen aurai toujours asses pour vous. car aux yeux dun homme eclairé le fruit le plus insipide a des qualités inconnu au vulgaire.' In another letter (BSP_1195) she states that 'je suis infiniment sensible, Monsieur, a l'idée que vous aves daigné etre touché de ma visite' and

> une chaumiere qui est a soi, vaut mieux que tout les chateaux du monde, le Bonheur n'est que dans la simplicité, c'est pourquoi le sort des grands et des riches est si peu digne d'envie. vous aves enseigné cela, et je l'ai apris.

In a letter of 1 July 1790 Mlle Pinabel admits, 'J'ai lu votre Lettre avec attention Monsieur vous m'y avouez un sentiment auquel je ne puis pas répondre avant de connoître quelle est La pureté de vos motifs.' She cannot accept his 'charmant cadeau, jusqu'à ce que je sache bien positivement dans quelle intention et pour quel sentiment il m'est offert'.[25] She deplores in the same letter having missed an opportunity to see him:

---

25 In an undated letter (BSP_1185), probably written the same year, she writes: 'vous parraissez avoir oublié Le cadeau que vous m'avez offert, puisque ce joli

> Que je suis fâcheé d'avoir perdu votre derniere visite, Monsieur, mais j'espere m'en dédommager, si vous voulez bien me donner un jour où je pourrois me réunir à quelques amies pour visiter Le Sage anachorete de la Ruë de la Reine Blanche, & pour lui demander à dejeuner.

Bernardin wrote to her on 26 July 1790 about a missed rendez-vous: 'isabelle m'a demandé du caffé pour mardi dernier. je l'ai attendue mardi toutte la matineé et elle n'est point venue.' On 30 July 1790 we learn that she is twenty-three years old, and he apologises for causing her any distress. He has taken advice about her health problem with a recommendation: 'je vous conseille donc de ne pas prendre d'autre medecin que la nature ni d'autre remede qu'un regime végétal.' The following quotation provides a concrete illustration of the impact of Bernardin on a young mind (*c*.1790, BSP_1185):

> je ne prendrai plus la plume que pour vous peindre sans fard le pur sentiment qui m'occupe. oui, sensible et respectable ami, j'ai partagé en lisant votre derniere Lettre la tendre émotion qui L'a dicteé. mon cœur a entendu le vôtre, et je n'ai d'autre desir que d'unir mon Bonheur àu votre. L'accent du sentiment qui anime vos ouvrages, et qui m'avoit déjà fait chérir Leur Auteur avant de le connoitre, cette sensibilité si douce qui paroit regner dans vos discours comme dans votre cœur, ne peuvent Qu'emaner d'une ame belle, d'une ame honnête, oui! je me le persuade, et je ne craindrois point dèsormais de reposer mon cœur sur le vôtre. [...] j'ai fait des connoissances et non encore de vrais amies. J'en ai cherché; ah! puisque j'ai le bonheur d'en trouver un dans un homme aimant et sensible comme vous, touts mes vœux sont remplis; ce séjour paisible et presque champêtre que j'habite parce qu'il est convenable a mes penchants et à ma melancolie, aura de nouveaux attraits pour moi, et vous aurez la gloire de l'avoir embelli! [...] J'aime la touchante simplicité de vos gouts, ils sont simples et vrais comme la nature, et celui qui la sait aimer, sait aimer la vertu, ainsi que ses plaisirs, lui seul peut être ce bon ami qui nous parle du cœur. Quoi! de bonne foi, L'heureux apôtre de fenelon, lami du tendre jeanjacques desire que je sois son éleve.

One is struck by her confidence in revealing aspects of her life.

In a letter of 2 May 1792 recounting the impact of the Revolution, Mme de Pompéry depicts Bernardin as a source of strength. She has

---

> serein a été votre diciple faites-moi jouir des fruits de votre éducation, il me rappellera Le souvenir de son maître qui me sera cher.'

sought refuge in 'une abbaye de Bernardins' and reads his work to a nun:

> Comme auparavant je nai apporté ici pour toute Bibliothèque, qu'un Evangile, les fables de la fontaine et vos charmants ouvrages. une aimable et sensible religieuse, que ma situation a interessée particulierement, me témoigne Beaucoup d'amitié; elle est pleine d'attention et de prévenance pour moi et en reconnoissance de ses Bontés je lui ai fait faire la connoissance de paul et virginie; je lui lis moi-même cette histoire touchante et je jouïs delicieusement des douces larmes que vous lui faites répandre et de l'enthousiasme que vous lui inspiré. joubliai de vous dire que l'un des prêtres, qui est renfermé au château de Brest est un de vos plus zélés admirateurs. je lai connu il y trois ans et il savoit presque par Cœur vos Etudes de la nature. Mon frère Etoit lié avec lui et dans les promenades que nous faisions ensemble il nous en citoit a chaque instant des passages. il est Bien heureux de les avoir retenus car on ne laisse surement pas de livres, aux infortunés sur qui tombe la haine nationale.

She claims that she even dreams about him:

> Vous dites dans paul et virginie que les songes souvent annoncent la vérité. S'il en est ainsi, je vous verrois quelques jours car frequemment dans mon sommeil je fais des voyages de paris et cest toujours pour vous aller voir. je ne songe ni aux spectacles, ni a aucune des merveilles que lon cîte dans la capitale, je prend tout droit le chemin de votre paisible demeure.

The Vieillard in *Paul et Virginie* does indeed pass a comparable remark about dreams.[26] We therefore see a reader using Bernardin's writings as a point of reference in living her life.

On 29 July 1792 Mme Buschey-Desnoës writes to the 'auteur des études de la nature' and states that 'paris, la france, la nature entière se rejouissent' at the news that he has been appointed the *intendant* of the Jardin royal earlier that month:

> Les amis de l'ordre vous doivent des remerciments pour les bons conseils que vous avés donnée au peuple lors du 14 juillet, jay écrit a paris pour me procurer cet ouvrage, on ne met pas autant de vivacité a me l'envoyer comme j'en ay mis a le demander, cest le seul de vos ouvrages qui me manque. Je prette quelquefois a mes concitoyennes

---

26 'Mon amie, je crois que rien n'arrive dans le monde sans la permission de Dieu. Les songes annoncent quelquefois la vérité' (*OCBSP* 1, p.308).

> paul & virginie, elles me remercie des douces larmes que ce charmant ouvrages leur fait verser. j'avais comté méditer vos études a la campagne ou je passe ordinairement, aoust, 7bre, & octobre, mais mon mari est maire, & assurement il ne quittera pas son poste, moy je ne quitteray pas mon mari, je liray, et reliray dans mon jardin ce que jaurais lu dans les champs; c'est un nouveau sacrifice a faire a la revolution mais nous sommes assés courageux pour lui en faire bien d'autre.

She knows of Bernardin's latest intervention in the political arena on 14 July 1792, the *Invitation à la concorde pour la fête de la confédération*.

Female admirers were not confined to the middle classes. The marquise de La Férandière writes as a stranger around 7 June 1789 to tell him that *Paul et Virginie* has inspired her to compose 'une Romance sur cette touchante aventure'.[27] If it were to be published, 'elle n'aura d'autre mérite que celui de rapeller les larmes délicieuses que vous avez fait répandre.' On 2 September 1789, the same correspondent is expecting a copy of the *Vœux d'un solitaire*. While lauding in passing *Paul et Virginie*, she asserts:

> n'est il pas singulier, monsieur que moi qui ne sais ni parler, ni écrire aux personnes que je ne connois pas, je me suis apprivoiseé si vîte avec vous? j'imagine que vous êtes là, et que nous causons ensemble de bonne amitié. je crois qu'en voici la raison, j'ai trouvé dans vos livres cette bonhommie, cette simplicité qui accompagnent toujours le vrai génie et qui L'empêchent d'effrayer les autres et le portrait que ma fille ma fait de vous, a confirmé mon opinion.

Her daughter, the comtesse de Caumont, had met him. Furthermore, the latter had found the anonymous *Voyage à l'île de France* in her library. Both the daughter and her mother had guessed that it was by Bernardin.

An intriguing correspondent is Marie Monnet. She writes to Bernardin on 10 July 1787 and has read the *Etudes de la nature*. The letter begins:

> on ne trompe point pendant trois gros volumes, cela me paraît impossible; vous êtes certainement, Monsieur, un honnête homme,

---

27 The *romance* was printed in Paris by P. Fr. Didot in 1789: *Romance de Paul et Virginie par Madame la marquise de La Ferrandière, avec la musique, par Madame la comtesse de Caumont, sa fille*. Bernardin may have sent this *romance* or another one to the maréchale de Mailly as he is thanked on 5 February 1790.

> Réligieux, humain, sensible; je ne peux me compromettre ni avoir tort en vous ecrivant. j'ai, d'ailleurs, fait une assez belle resistence: je ne cède qu'à la fin du dernier volume au desir qui m'a saisie des le commencement de Votre ouvrage.

She admires the ability of Bernardin 'd'observer, de sentir et de peindre ce que j'aime le mieux'. She adds that 'je suis assez sensible, assez heureuse[ment] née pour vous entendre souvant: je ne suis pas assez instruite pour vous entendre toujours: je souhaite de vous connaître.' Having flattered Bernardin in her opening paragraph, Marie Monnet presents herself. She claims that 'Moi, quoiqu'habitante d'un chateau, j'ai les moeurs du Village.' She likes a solitary life: 'je vis seule, seule exactement.' She had come to Paris after an unhappy marriage. She records her pleasure at reading the *Etudes*, shouting aloud 'il a raison.' On finishing the work, she states: 'je ferme le livre, et je Rêve. vous me rendrés meilleure.' Her overall judgement is revealing: 'il y a longtems que je ne me suis trouvée avec un livre tant de rapports, de convenances, et d'harmonie.' She is self-taught:

> je n'ai reçu de leçons de personne, et de culture que celle que je me suis donnée; mais la nature, que j'appelle comme vous, Monsieur, la providence, m'a traitée avec bonté: mon âme et ma santé n'ont pas besoin de médecins.

She invites him: 'si vous êtes l'homme que promet votre livre, et ce que je vous ecris vous donne l'envie de me connaître, venés bonnement manger ma soupe.'

A second letter is dispatched on 18 July:

> je crois bien, Monsieur, que vous avés Reçu des invitations de toute espece, et je conçois a merveille que vous ne vous soyez pas rendu à toutes. on n'a pas plus tôt donné, je ne dis pas les etudes de la nature; mais un livre telquel, que tous ceux qui n'ont pas fait de livres, et même ceux qui en font, veulent voir l'auteur parler, marcher, sassoir: C'est l'ours qui danse à la foire. soyez sûr que ce n'est pas ce la que j'ai souhaité. ma plus grande peur en vous ecrivant, etait de me voir jettée et confondue par vous dans Cette foule de curieux et de curieuses, dont j'aime bien que Vous ne fassiés pas grand Cas.

Bernardin had replied with personal information, as she has learned that 'vous êtes malade, voila ce que je n'avais point deviné.' She fears that 'la solitude, la mélancolie' render his maladies 'incurables'. (We shall return to the topic of *mélancolie* in the conclusion.) Monnet imagines that providence has placed 'quelques <u>harmonies</u> entre votre âme et la mienne'. If they were to meet, 'vos entretiens m'auraient eclaireé; les miens vous auraient consolé: peut-être je serais devenue meilleure; vous, plus gai et mieux portant'. In her third letter she begins: 'les etudes de la nature m'ont fait une grande impression. je me proposais de lir[e] ce livre ce printems à la campagne; je ne l'ai pas pû encore' (c.1788, BSP_0706).

Marie Monnet (1752-1798) had published in 1779 the *Contes orientaux, ou les Récits du sage Caleb*. She refers to it in her letter of 10 July: 'j'ai, sous ce nom de Caleb, donné il y a quelques années des Contes orientaux; dans ce moment, leur suite paraît, sous le tître de lettres de juiny bleinmore. adressées à ce prétendu Caleb.'[28] In her third undated letter, probably composed in the first half of 1788 (BSP_0706), she declares that she has been planning to re-read the *Etudes de la nature* and that 'j'engage Leur estimable auteur, malgré sa sauvagerie et sa très profonde indifférence, de venir quelques fois visiter, soit à la muëtte, soit à Paris rue de Seine no 101, le bon, l'aimant, le simple Caleb.' Bernardin enquired about her as Mme de La Berlière responds in a letter of 9 August 1787: 'je ne connois point l'auteur de caleb ni son ouvrage.'

Another female admirer was Sophie Cottin, soon to become a successful novelist. Her letters are undated but cannot be from before 1795, as internal evidence shows that Bernardin was a member of the Institut, an appointment made that year. She tells Bernardin that 'pendant bien long tems j.j. a eté le seul auteur dont j'ai fait mon ami; la lecture des etudes de la nature m'en fit trouver un autre' (BSP_1095). Bernardin is praised for being un 'homme vraiment bon'. He is guiding his wife into 'routes nouvelles que la nature semble n'avoir ouvertes qu'a vous'. She continues:

> combien de fois en lisant vos observations si simples, si charmantes, il me semblait qu'un voile epais s'ecartait de devant mes yeux et que vous me transportiés dans un nouvel univers enchantée [*sic*], je posais mon livre, et surprise de ce que seul entre tous les hommes, vous ayés penetré ce grand et sublime sisteme des harmonies; je vois bien disaije

---

28 *Contes orientaux, ou les Récits du sage Caleb, voyageur persan, par Mlle**** (Paris, Mérigot, 1779) and *Lettres de Jenny Bleinmore, par Madame MONNET auteur des Contes orientaux* (A Surate et se trouve à Paris chez Regnault, Libraire, rue Saint-Jacques, vis-à-vis celle du Plâtre, 1787). She inserted a letter in the second novel by a 'M. de St P.' which has been published in *EE* with due caution (BSP_2717).

que bernardin est l'amant favorisé de la nature, car ce n'est qu'a lui quelle a dit son secret.

It appears that during her time in Paris she has seen him only once:

> vous a qui tous les etres doivent une nouvelle source de jouissances, soyés beni par eux comme vous etes aimè, par moi; une fois je vous ai vu, une fois j'ai contemplè cet aspect respectable, ce regard modeste, cette phisionomie qui est si bien d'accord avec vos ouvrages, tel je vous avais lu, tel je vous ai trouvé, et en effet ou auraije esperè trouver quelqu'harmonie si ce n'eut eté entre l'ame et l'expression de bernardin.

His very appearance is in harmony with the tone of his publications. Bernardin was impressed by her letter and replied (BSP_2751), echoing words from her missive which referred to him, *'consolateur de vos tristesses*, le *compagnon de votre solitude'*. He reassures her, 'Une femme aimante, n'est jamais sans ami'; his advice is that of 'un père à sa fille bien-aimée'. She in turn repeats his description of her as his 'fille bien-aimée' in a reply (BSP_2752), and contends that he has 'penetré ce vaste et sublime sisteme des harmonies' as the 'amant favorisé de la nature a qui seul elle a dit son secret'. She is enchanted by his works and his sensitive response.

As we have indicated, Bernardin's admirers were far from limited to female readers. Jean Baptiste Gellée de Prémion held a civic post in Nantes. In a letter of 1 October 1785 he reminds Bernardin that he had dined with him at the home of Mesnard. He had been privileged to hear Bernardin reading a draft of a *mémoire* about his 'immortel ami J J Rousseau' which defended the reputation of the Genevan against the barbs of Diderot and D'Alembert. Prémion has been reading the *Etudes de la nature*, of which the tone and content matched the impression that he had gained from Bernardin's company: 'quand je n'y aurois point vu votre nom, je vous aurois reconnu a votre maniere, a vos principes, a cette odeur de la vertu qui vous caracterisent.' Prémion received a reply penned on 18 December 1785 (now lost), as he notes in a letter of 23 December. He records that 'Beaucoup d'hommes et plusieurs femmes ont voulu lire' the *Etudes de la nature* which they admired. However, local bookshops have sold out of their copies, and Prémion urges him to publish a new edition. There has been discussion of his theory of tides accompanied by reservations that he may be able to counter.[29] Bernardin sent him the 1786 edition which is acknowledged on 23 May: 'Malgré les grandes beautés de la Nature que nous offroit un beau Printems, je gardois la ville pour jouïr plutot du bonheur de vous lire.' Acclaim is once more accorded to the *Etudes de la nature* on 4 July where it is revealed that Prémion also possesses a copy of the *Voyage à l'île de France*. He acknowledges Bernardin's success and difficulties in the public sphere in a letter of 17 November: 'Ces visites amicales de Grandes Dames et les recompenses d'un bon Roi vous vengent noblement du silence de l'Academie des Sciences.' Bernardin learns of the continuing success of the *Etudes de la nature* on 6 January 1787:

> Le credit de vos Etudes s'accroit ici tous les jours jusqu'à plusieurs de nos femmes quittent la toilette et le jeu pour lire ce bel ouvrage. Un Capitaine de Navire associé a la gloire du combat livré dans la derniere par le celèbre Jones Americain, contre des Anglois fort superieurs en force, a lu, m'a-t-il dit, avec grand plaisir votre decouverte sur la cause des Marées et paroit très-disposé a croire que vous avez raison.

Bernardin's help is solicited in a letter of 14 September to advise a young man to 'servir l'humanité'. Prémion is looking forward to obtaining the third edition of the *Etudes de la nature* on 2 February 1788. He records his approval of *Paul et Virginie* in a letter of 10 June as well as signalling that the theories on the tides and the elongation of the poles were winning converts.

Jean Antoine Gay was a correspondent over a number of years. The earliest known letter from Gay dates from 1786 and Bernardin was still writing to him in 1804. Gay was a doctor from Montpellier and had been an *oratorien*. On 5 July 1786 he begins a letter:

> "Si fenelon vivoit disoit un jour M. de S.pierre a J.-J. Rousseau, vous seriez catholique. Si fenelon vivoit, lui répondit Rousseau Je chercherois à être son laquais pour mériter d'etre son valet de chambre" il est bien singulier que le même sentiment d'amour pour Rousseau m'ait inspiré la même pensée pour lui. J'ai toujours dit, et un de mes amis de province en a souvent reçu la confidence que Si Rousseau eut vecu au moment où J'ai connu ses ouvrages, J'aurois

---

29 Given his proclivity for digressions, Bernardin's arguments are sometimes difficult to follow for his compatriots: 'La meilleure objection qu'on puisse vous faire est peut etre d'avoir ecrit a l'Angloise, c'est à dire en vous laissant aller a la suite de vos heureuses idées sans les classer suivant la Methode françoise.' One wonders whether Prémion is thinking of Laurence Sterne.

tout fait pour etre son domestique. Je parlois ainsi croiant qu'il n'etoit plus. mais il vit encore. mon bonheur a voulu que J'aie lu <u>les etudes de la nature</u>. non Rousseau n'est pas mort et Je lui offre mes services. Je veux payer au veritable ami des hommes ma part de la reconnoissance que lui doit le genre humain. Je veux par des soins assidus et dignes s'il Se peut de celui qui en sera l'objet alleger le poids de la vie à celui qui emploie la sienne à embellir la nôtre; mais ce ne Sera pas sans de bien riches appointements: les miens seront de m'entourer de l'attmosphere d'un homme de bien.

Evidently Gay considers Bernardin a Rousseau *redivivus*.[30] The following day Gay writes again, begging for a meeting: 'je vous prierai de vouloir bien mettre le comble à vos bontés en m'indiquant le nom de votre hôtel.' He yearns to benefit from the author's wisdom:

Monsieur, l'âge qui a produit fenelon, Rousseau, M. de S.pierre n'est pas un age dont on doive dire du mal – pythagore exigeoit des epreuves. oui, je le sais. Je me soumettrai pour mon compte à toutes celles que vous voudrez exiger. mais au nom de Dieu, Monsieur, je me jette a vos pieds; J'ai faim et soif de la verité. Vous en etes l'organe, ne m'en refusez pas la communication. l'histoire des peres du desert nous conte les choses etonnantes qu'ont faites quelques cénobites pour etre les disciples d'anachoretes, fameux par l'austerité de leur vie; ces choses là Monsieur, je les ferai pour mériter detre le vôtre et Laissez moi seulement nourrir l'espoir que vous n'y serez pas insensible.

Not hearing from him, Gay pens a note on 8 July, anxious that he may have annoyed him: 'aurai-Je eu le malheur de vous deplaire dans ma seconde lettre? auriez-vous craint de ma part des importunités qui troublassent votre repos?'[31] By 23 August contact has been made, although Gay has not found Bernardin at home. He nevertheless invites him to travel a few miles from Paris to meet an unnamed 'Sage, ancien magistrat, retiré du monde, rendu à la nature'. It would seem unlikely that Bernardin accepted the invitation, as Gay states on 27 August that bad weather had prevented him from going to the

30 In a letter of 18 June 1789 Gay asks Bernardin whether he could give him a 'morceau de papier sur lequel il y auroit de lecriture de Rousseau' as a 'relique' for some friends in Montpellier.
31 At probably a later date in 1786 (BSP_846) he is equally concerned at irritating Bernardin: 'je Demande mille pardons a Monsieur de S. pierre et de l'objet de ma demande et de la reponse qu'il n'auroit pas du prendre la peine d'y faire... J'irai au premier jour lui en derober quelques minutes pour lui renouveller les assurances de mon respect, et lui réiterer mes excuses.'

countryside. Moreover, he had seen Bernardin earlier that day for 'vous eûtes bien la complaisance d'entendre une piece de vers, aujourdhui.' On 20 November he sends a quatrain which is to be placed in his garden, with an amended version following on 23 November. Still in Paris on 7 August 1787, Gay is aware of Bernardin's difference of view with the Swedish naturalist Andres Sparrman.[32]

Bernardin sent Gay the fourth volume of the 1788 edition of *Etudes de la nature* on 29 March 1788. Gay responds in a letter, probably composed on 31 March,[33] mentioning *Paul et Virginie* and *L'Arcadie*. He tells his correspondent that he is:

> l'immortel auteur qui me procurera tant de plaisirs, l'objet des mes plus chères revêries. ah! que vous etes bien L'honneur des melancoliques, des dégoutés du monde! que vous leur offrez de consolations et de charmes! votre style en est un continuel, vous portez des paroles de paix et de vie dans l'ame. on voit bien que vous descendez de la montagne; que vous venez de converser avec dieu, et quel bonheur pour nous que vous nous aimiez assez pour nous repeter tout ce qu'il vous y dit.

Gay regards Bernardin as an exceptional being:

> l'air frais et pur qu'on respire dans votre livre, annonce bien que vous ne vivez pas parmi nous. continuez, Monsieur, dans votre ferme resolution de fuir les hommes; leur haleine seule terniroit vos pinceaux; vous avez ceux de fenelon et de Rousseau. ainsi parloient ces deux grands hommes, ou plutot ainsi ne parloit personne. vous vous creez à vous même une place unique dans la mémoire des hommes; vous avez la pieté de l'un, la vigueur de tête de l'autre et la sensibilité de tous deux.

This letter also conveys the information that Gay has joined him in several walks: 'une de ces aimables promenades auxquelles vous avez bien voulu m'admettre'. Having returned to Montpellier, Gay praises, on 6 January 1790, the intentions of the *Vœux d'un solitaire* where Bernardin repeats 'les paroles de paix et de consolation dont la nature, si bien interpreteé par vous vous charge d etre le porteur'. Given the turmoil in Paris, Bernardin is invited to travel south where he would be welcomed by Gay's family and friends. Moreover,

---

32 Gay had already mentioned an article by Sparrman on 27 July 1787.
33 The letter is dated 24 March 1788 in *EE* but a note explains that this was almost certainly an error.

Gay now has 'une compagne digne de recevoir vos leçons et d'en profiter. paul et virginie fait ses delices, jugez de l'efficace qu'auroient les preceptes de vertu qui y sont enseignés.' Gay underscores the moral impact of Bernardin's work, of 'tous les biens que vous faites aux hommes'. On 25 June 1790 Gay lauds again the advantages of Montpellier as opposed to the capital. He talks of Bernardin's wishes to take a wife:

> il n'est pas aisé de trouver une compagne a l'auteur des etudes de la nature, a l'auteur surtout de paul et virginie. cependant la chose est possible, plus possible ici qu'ailleurs ou il arrive beaucoup d'etrangeres qui augmentent les chances favorables. votre reputation y en attirera davantage. celles qui y viendront sur le bruit de votre nom ne pourront etre que des ames sensibles. j'ose croire que vous ne serez embarrassé que sur le choix. miss eliza draper associa ses destinées à celles de Sterne; la providence vous destine aussi une eliza draper, car il en est encore, et tout me dit que c'est à montpellier que doit s'effectuer cette rencontre.

The reference to Laurence Sterne's lost love and a subsequent quotation from Rousseau's *Contrat social* apart, this letter shows the intimacy between the two men, and Gay raises the topic of divorce which his friend should support. On 18 December 1790 he recommends a young friend, M. de Montlaur, who is going to Paris and longs to meet 'l'immortel auteur des etudes de la nature'. The last communication that has come down to us from Gay during this period dates from 7 May 1791. However, their relationship continued as we have two letters from Bernardin to Gay on 13 January and 29 August 1804 which suggest that Gay was in Paris and visited his correspondent. Gay subscribed to the 1806 luxury edition of *Paul et Virginie*.

Bernardin received an enthusiastic letter from Jean-Baptiste de Gouy written from Paris between 1784 and 1787 (BSP_1001).[34] The letter begins:

> Je viens de lire, pour la seconde fois depuis trois semaines, vos etudes de la nature. je n'ai pu Les lire sans en aimer L'auteur, ni L'aimer sans desirer de le connâitre. souffrez donc que je m'adresse à vous même pour obtenir La permission de vous aller rendre mes devoirs dans votre hermitage. cette faveur qui me sera precieuse, ce n'est point ma vanité, c'est mon cœur qui la demande. je pourrais etre sensible,

---

34   The correct date would probably be 1787 as the correspondent was born in 1765 and he claims that he is twenty-two years old in the letter.

> comme un autre, au plaisir de connâitre L'auteur justement celebre d'un ouvrage admiré, mais Le disciple de fenelon, L'ami de J.J., voilá ce que j'aimerais surtout à trouver dans M. de st-pierre si vous voulez sçavoir quel est celui qui desire ainsi s'approcher de vous; c'est, vous repondraije, un jeune homme de vingt-deux ans, inconnu à la fortune, cultivant dans L'obscurité les Lettres qui font sa consolation, aimant, comme vous, fenelon et J. J., meditant Leurs ouvrages et regrettant qu'il ne lui ait pas eté donné de vivre dans un temps et dans des Lieux ou il eût pu Les connaitre.

The future diplomat, who later became the comte de La Besnardière,[35] writes in indignation on 22 November 1787 that Bernardin has been attacked in the *Journal de Paris*. He consoles his correspondent with the opinion that he belongs to a distinguished group:

> depuis homere jusqu'a nos jours, ça eté La destinée des grands hommes, et Les socrates de notre siecle ont enfin leur Quitus; c'est ce qu'ont eprouvé Les fenelons, Les montesquieu, Les J.J. à côté desquels vous vivrez dans la memoire de ceux que peut interesser L'amour de la vertu joint au don du genie.

Those who would seek to guide their fellow men attract persecution. We learn in a letter of 5 December 1788 that Gouy has met Bernardin some time before. He is tutoring the three sons of a merchant:

> j'ai toujours pensé, non seulement d'après Rousseau, mais, j'ose dire, d'aprés le temoignage de ma conscience, que L'homme est né bon, mais aussi L'on est forcé d'avouer, que de tous les êtres il est celui qui se deprave le plus aisément.

An alarming recognition for someone who wants to put Rousseau's theories into practice. In an undated letter of 1790 (from internal evidence likely to be in the autumn), Gouy recounts visiting Bernardin's home during his absence; he has learned that Bernardin has been elected to a position in Paris. The latter activity should benefit the deserving: 'puisse L'ami du pauvre et le consolateur des malheureux devenir leur appui dans une assemblée qui va decider de leur sort.' On 2 February 1791 Gouy again complains about an attack on Bernardin in the press, but, on a positive note, states:

---

35   He became the comte de La Besnardière in 1816 having entered the entourage of Talleyrand and attended the Congress of Vienna. It is under the name of La Besnardière that he is searchable in *EE*.

J'ai lu cinq fois, et fait lire votre Chaumiére Indienne à plusieurs personnes qui L'ont trouvée charmante; le cadre en est fort agreable et les details en sont trés ingenieux ou trés touchants. continuez, Monsieur, à travailler ainsi pour les ames sensibles et les gens de bien, du reste laissez aboyer les Envieux.

M. Therresse, probably a lawyer, received a letter from Bernardin and replied on 14 January 1788, sending an invitation to a meal. Aware of his correspondent's dislike of large company, he writes: 'nous voulons jouir de sa compagnie, et non pas le montrer.'[36] A further invitation was extended on 2 February for a meal 'entre parens'. On 21 June 1788 Therresse declares that Bernardin 'se fait aimer en se faisant lire'. M. Gavoty from Toulon writes to Bernardin on 15 January 1788. He has been following his career in the press. However, it is in his domestic surroundings that Bernardin has made and makes the greatest impact:

un des grands plaisirs que j'éprouve dans ma famille, c'est de vous y trouver comme présent; puisqu'on y lit vos ouvrages, & que ma femme elle-même, que sa santé oblige à renoncer aux visites du monde, s'en occupe dans ses délassements: Ensorte que le nom de *Saint Pierre* frappe très souvent mes oreilles. on vous a suivi dans vôtre *voyage à l'Isle de france*, & on vous suit dans vos courses au nord & dans toutes vos recherches de vos *Etudes*. Je sai, Monsieur, que vous n'aimez pas les louanges (je ne les aime pas aussi); mais le moyen de ne pas ajouter que l'on y rend partout justice à cet amour de l'humanité qui caracterise si bien vôtre coeur, & à cet art merveilleux & tout simple que vous possedez, de peindre la nature, & d'elever l'homme à Dieu par la Contemplation & le developpement de ses ouvrages!

Jean Jacques Vidaud de La Tour, the director of the body administrating the book trade, acknowledges the gift of the fourth volume of the 1788 edition of the *Etudes de la nature* on 24 March 1788 by asserting that 'personne ne rend plus de justice que moi à vos talents et à vos connoissances.' Loménie de Brienne, heavily involved in contemporary politics, has been sent the 1788 edition as he affirms on 27 March 1788.[37] Bancal Desissarts wrote to Bernardin of the impact on him of the new edition (14 April 1788):

---

36 It would seem from a letter penned by Therresse on 20 January 1788 that Bernardin did not accept the invitation.
37 Claude Guillaume Lambert, an administrator, was likewise given the third edition as he confirms from Versailles on 7 April 1788. Lambert was acting in

> J'ai été hier passer la Journée au Pré St Gervais avec votre quatriéme volume des études de la nature. J'ai lû Paul & Virginie. Jamais cette Journée triste et délicieuse ne sortira de mon Coeur. J'ai versé beaucoup de larmes et Je n'ai pû retenir mes sanglots, lorsque J'ai vû prete a périr, Cette fille vertueuse dans la fleur de l'age, victime de la fortune et des préjugés. J'ai Eprouvé un moment de Désespoir, en voyant cette amante Incomparable, Entrainée dans les Bras de la mort, et La vue de l'amant le plus tendre Le plus généreux, dont tous les efforts pour la sauver sont Inutiles.

M. and Mme Mesnard are upset at not seeing Bernardin. In a letter of 24 April 1788, Mme Mesnard observes:

> je suis bien picquée je vous l'avoue de votre peu d'empressement a venir recueillir mes éloges, et pour parler a votre ame le même langage quelle sçait si bien employer. vous auriez aussy recueillies les larmes délicieuses que j'ay versées sur le sort heureux et plus malheureux encore de *paul et virginie*. cet ouvrage est délicieux il est fait pour les ames pures. les coeurs sensibles.

M. Mesnard states that his family will be reading Bernardin in the countryside (18 May 1788):

> nous emportons un exemplaire Complet de votre ouvrage pour le relire dans le sain et le bienheureux repos de la campagne sans distraction et dans une situation harmonique avec les objets et les sentimens qui y sont si bien traités.

A journalist, Turlu, writes on 30 April 1788:

> Monsieur, si je pouvois obtenir quelqu'encouragement de l'écrivain qui a si souvent, et si eloquement parlé à mon coeur, de l'écrivain dont la lecture ma fait tant de bien à l'ame, et pour le quel mon admiration est aussi juste que vive. Si je donnois ici un libre cours à ma plume, je ne ferois que vous répeter ce que tout le monde vous a dit, mais j'ose assurer que personne n'a senti plus vivement le prix de vos admirables secrets qu'un jeune homme ardent, bon peut être et que la société n'a pas du moins encore corrompu.

Grandprey, a lawyer from Rouen, is in thrall to Bernardin. He writes on 5 May 1788:

Bernardin's financial interest as witnessed by the continuation of an allowance from the king on 1 May 1788.

C'est Loin du Bruit de nos cités que j'ay Lu vos Etudes de la nature; c'est Dans la meme solitude qu'hier, j'allai pleurer avec paul, sur le tombeau de Virginie; c'est la qu'avec Lui, j'élevai mon Coeur vers L'etre des Etres; que je lui demandai des Benedictions pour vous qui me faisiez verser des Larmes instructives, pour moi qui peux Encore en Repandre! & pour L'ame du Bon j.jacques votre ami & le mien.

He describes himself as a young man that 'adisson, plutarque, montagne Rousseau, Bernardin de S.ᵗ pierre, Buffon, nekre (& avant eux tous L'evangile), instruisent a La vertu'. He begs his indulgence, asks for his address so that he might meet his 'bienfaiteur' in Paris. The marquis de Senonnes, a career soldier and art lover, informs Bernardin on 4 June 1788 of the heroic deeds of 'quelqu'un que vous honnorés de votre amitié', Blondel de Nouainville. He ends by declaring:

Je ne laisserai pas echapper cette occasion de vous remercier du plaisir bien sensible que ma fait la lecture du 4ᵉᵐᵉ vol. des Etudes de la nature. je n'ai pas tant pleuré sur la mort de Virginie que sur la vive et juste douleur de ceux qui l'ont perdue. elle est heureuse en quittant la vie, mais où ceux qui lui survivent pourront-ils trouver une autre Virginie?

On 10 September 1788, Grandprey talks of reading Bernardin in the countryside. He has found the writings of Helvétius, Voltaire, Buffon and Montesquieu unsatisfactory, but Bernardin has reconciled him with literature. He is not alone as he recalls:

de paul & virginie On me L'a arraché ici – femmes, hommes, jeunes, vieux. Vos Enfans ont interessé tout le monde: *ne me pretez plus de ces Livres La ils me font trop pleurer*; voila ce qu'on me Disait En me Rendant mon Livre.

He left for a post in the colonies and informs his 'bienfaiteur' on 18 April 1791:

Vous consolez les hommes, Monsieur, En cherchant a les instruire Et a les Rendre meilleurs; vos Etudes de la nature annonçaient un observateur Exact et attentif, Guidé dans ses Recherches par L'amour de dieu Et des hommes, et pour qui vertu et verité Etaient même chose: après votre paul et virginie, Le cœur plein d'une Emotion que Bien peu de Livres m'ont fait Eprouver.

Notwithstanding the physical distance, Grandprey is keeping abreast of recent publications:

> je me tiens dans ma chaumiere; j'y Etais Lors que La votre Est venue me Rappeler à toute ma sensibilité: Beni soit le Bon paria, me suisje Ecrié! mais, <u>Les Vœux d'un solitaire</u> ne sont point parvenus dans notre colonie.

Bernardin receives numerous letters from admirers: Saint-Amand who writes on 16 May 1788, 'Que je desire de vous voir! Vous êtes le seul Philosophe vivant dont la morale soit aussi Saine que Sublime'; Gassier writes on 4 April 1789 about the *Etudes de la nature*, 'Votre ouvrage me paroit bien propre à ramener vos lecteurs à Dieu il m'a rempli de vénération pour Son auteur'; Jean Pierre Louis de Fontanes sings his praises on 27 January 1789; Appia on 11 December 1789, 'vos études ont toujours calmé mon ame agitée'; Courtois on 16 April 1790 terms him an 'homme étonnant'; Dampmartin from Strasbourg is enchanted by Virginie and the 'vues sur la nature' on 3 July 1790. M. de Rycke is a 'Médecin surnuméraire' who desires that 'Monsieur de S.t Pierre veuille bien le prendre en pension chèz lui' (17 August 1790); on 1 September 1790 Varon treats him as an agony uncle; Duplessis requires 'un guide qui m'éclaire [...] sur la route que j'ai à suivre pour pratiquer la Vertu' (18 March 1791); an imploring letter is composed by a M. Degars, 'un Coeur simple', who has been saved from corruption by his works (1 April 1791). This list could be continued extensively.[38]

A specific group of male admirers belonged to the clergy. Bernardin informs Hennin on 25 April 1785 of the success of the *Etudes de la nature*:

> il paroit que mon livre fait une grande sensation dans le clergé. un grand vicaire de Soissons apellé Mr l'abé de Montmignon, m'est venu voir quatre ou cinq fois [...].
> un autre grand vicaire d'Agde apellé Mr l'abé de Bysants m'est venu voir de la part de Mr Mesnard, et doit me mener mercredy prochain chès Mr l'archeveque d'aix qui desire me connoitre pour parler de moi à l'assemblée du clergé. mais voyés donc quel raport un solitaire peut avoir avec cette assemblée?

---

38 Amongst others, Guillabert on 9 July 1791; d'Aubert and Leroy on 6 April 1792; Fariau de Saint-Ange on 29 April 1792; Lelefevre addresses the 'Homme de la Nature' on 6 December 1792; Senancour some time between 1793 and 1799; Louis Bonaparte on 22 June 1793.

On 3 July 1785, in a letter already cited, Bernardin tells Hennin he had been visited by a priest and learned that his ideas on the biblical flood were used against Buffon:

> un Ecclesiastique apellé M^r de *Vigneras* m'aporta une these pour Sa Majeure en sorbonne ou je fus fort surpris de voir mon nom en oposition à celui de Mr de Buffon et les Etudes de la nature en contraste avec les époques de la nature.

In a letter on 15 October 1785, again to Hennin, he relates that Vigneras visited him:

> M^r l'abé de *Vigneras* qui a mis mon explication du déluge dans sa majeure de Sorbonne m'est venu voir. il ma dit que mon opinion avoit éprouvé dabord beaucoup de contradiction parmi ses confreres, mais qu'elle les avoit à la fin gagnés, qu'elle etait soutenue dans plusieurs écoles de théologie et qu'il connoissoit deja quinze de mes partisans parmi ses camarades. il a ajouté que M^{de} Adelaïde avait demandé deux fois mon ouvrage à une personne de sa connaissance, et il m'a insinué que je ferais une chose agréable si je lui dédiais ma seconde édition.

Mme Adélaïde was a daughter of Louis XV. Vigneras became the *curé* of Saint-Sulpice, and is upset, as others were, at Bernardin's treatment in the *Journal de Paris* (29 November 1787). He admires the *Etudes de la nature* in a letter of 26 December 1787, and describes himself as a 'trés affectionné disciple' of the author as Plato was of Socrates. He reveals on 5 April 1788 that the impact of *Paul et Virginie* astounds him:

> je n'ai point d'expressions asses fortes, pour temoigner mon Contentement, votre livre touchant laissera dans mon ame une impression durable. paul et virginie s'offrent sans cesse á mon esprit, pour avertir mon cœur, d'être sensible aux malheurs de l'innocence. je puis vous assurer que depuis quelques jours je suis triste et melancolique, comme si la mort m'avoit enlevé un ami; Lorsque je pense á l'infortunée virginie, mon cœur se serre, et mes larmes coulent, et je ne cesserois de leur donner un libre cours, si je n'envisageois dans la mort de cette cruelle tante, une punition marquée de la providence.

He read the text to six fellow priests: 'mes confreres, avoient tous la larme a l'oeil, au recit des scenes variées et touchantes, qu'offroit la vertu malheureuse.' He is struck by the portrayal of the 'sage vieillard' in the tale, perhaps identifying his own pastoral role with his. On

29 August 1795 he invites Bernardin to hear his address at Saint-Sulpice in which he will quote Bernardin.

The archbishop of Aix continued to take an interest in Bernardin. In a letter of 15 October 1785 to Hennin, Bernardin recounts:

> M. l'archevêque d'Aix a dit que je ressemblais à Jean-Jacques, que je refusais ma fortune, et que je n'avais pas voulu d'une pension du clergé. Ce propos a été répété dans une compagnie où il y avait plusieurs membres de l'assemblée du clergé; heureusement il s'y est trouvé un grand-vicaire de mes amis qui a rendu compte à ces messieurs de ma conduite en cette occasion; ils l'ont approuvé d'une voix unanime. Je ne sais s'ils auraient applaudi à celle de M. l'archevêque d'Aix, s'ils avaient su qu'ayant eu l'honneur de lui écrire pour l'informer des raisons de décence qui m'empêchaient de rien demander au clergé, il ne m'avait pas fait celui de répondre.

Bernardin had written to the prelate as he explained to Hennin on 3 July 1785:

> j'ai ecrit il y a 4 ou 5 jours à M^r l'archevesque d'aix pour m'excuser de ce que je ne lui faisois pas de visitte, sur ma santé premierement, puis sur ce qu'il ne me convenoit pas que je fis aucune sollicitation auprès du clergé lui mandant touttefois que s'il lui plaisoit mindiquer les jours et les heures ou il étoit visible j'yrois le voir à touttes sortes de titre exceptè à celui de solliciteur.

A further statement is contained on 7 January 1786:

> il y a grande aparence que cette pension du Roy que des gens très graves m'ont annoncées prendra le chemin de la pension de deux mille livres que le Clergé devoit me faire et que j'ai n'ai point eues a dit M^r l'archeveque d'aix, parce que je n'ai pas voulu la solliciter. je ne la solliciterois pas d'avantage, si cètoit encore a faire, et pour l'honneur du clergè et pour le mien.

However, we learn in a letter to Hennin of 6 September 1786:

> je ne scais si je vous ai mandé que j'ai reçu une lettre fort obligeante du P.^{c} royal de prusse a l'occasion de mon ouvrage que j'ai eu l'honneur de lui envoyer par la voye d'un ami intime que j'ai auprès de lui. si vous etes curieux de la voir je vous l'envoyerai lorsque M^r l'Archeveque d'aix qui me l'a demandée me l'aura rendue. je n'ai encore été que deux fois chés ce prelat depuis un an et demi, et je ne suis en correspondance avec lui que depuis trois semaines, mais je puis vous assurer que si j'allois seulement une fois chés les personnes

qui me font l'honneur de me vouloir du bien et si je leur repondois
deux fois à leurs lettres je n'aurois pas le tems de manger.

Mme de La Berlière urges Bernardin to foster good relations with the
archbishop: 'je vous félicite de vos nouvelles connoissances, celle de
L'archevêque d'aix peut vous être utile et je vous exhorte à la cultiver.'

The abbé Claude Fauchet has received a complimentary copy from
Bernardin (21 May 1788):

> J'ai lu les deux premières éditions de votre ouvrage, et je ne me lasse
> point de les relire. Mon premier soin, à mon arrivée de la province,
> a été de me procurer le quatrième tome qui venait de paraître: au
> moyen du présent que vous me faites, j'aurai mes deux exemplaires
> complets.

Two 'jeunes ecclésiastiques', from just outside Lyon, write on 4 May
1789 about *Paul et Virginie*:

> Quatre fois nous avons lu votre dernier volume, assis dans une prairie
> qui par sa perspective nous offroit une image des lieux qu'habitoient
> ces deux respectables familles, quatre fois nous avons senti nos joües
> arrosées de nos larmes. La montagne d'eau qui vint ensevelir la
> vertueuse Virginie, a peut-être, fait autant d'impression sur nous,
> qu'elle en fit alors sur le vénérable vieillard qui vous raconta cette
> belle histoire.

The prior Conda contacts him on 12 October 1789:

> Que je Suis flatté d'avoir lié connoiSsance avec un homme tel que
> vous et que je regrette de ne pouvoir la cultiver! vous êtes du petit
> nombre des littérateurs qui gagnent à être vus de prés et dont l'ame est
> auSsi belle que les écrits. vous comptés autant d'amis que de lecteurs
> et vous Serez lû tant qu'il y aura des ames honnêtes et Sensibles. vous
> avez comme fénelon et Rousseau l'art si peu commun de faire aimer
> la vertu. vous pouvez m'en croire, Monsieur!

Bernardin is invited on 11 February 1790 by the abbé André Michel to
dine with two deputies from Normandy as part of a 'fête patriotique'.
The abbé Trenqualye is a fervent admirer:

> Le Sentiment qui anime vos Ecrits, m'enhardit à vous offrir un
> hommage que vous devez agréer pour Sa Sincèrité. je voudrois
> les répandre par-tout, parce qu'ils sont la production d'une ame
> qui cherche à lier les hommes entr'eux et à la Divinité. [...] je n'ai

> Jamais éprouvé rien de pareil, en lisant les auteurs, soit anciens, soit modernes. je voudrois être plus Jeune pour me mettre sous la Direction de <u>celui des Etudes</u>; avec quelle ardeur je profiterois de ses Leçons!

In this letter of 30 April 1790 Trenqualye continues:

> vous parlez d'une edition complette que vous prèparez. il me tarde de la voir, mais bien exécutée. car j'avoue que j'ai Souffert des horribles contrefaçons qui ont été faites des Etudes et des Vœux. je ne doute pas que vous ne poursuiviez le poëme de l'arcadie. Paul et Virginie a fait pleurer tout le monde. continuez, Monsieur, de travailler pour la cause de la vertu et le Bonheur des hommes.

Joseph Lambert from Nîmes writes to the 'Savant et Vertueux mortel' on 22 March 1790:

> Je suis un Jeune Ecclesiastique, encore dans les Classes, en Rethorique. Ne croyez pas que ce cest L'Entousiasme subit, dont on est rempli quand on Vient de vous Lire qui ait produit cette Lettre: non, Monsieur, il est un an que pour la premiere fois Je lus vos Divins Etudes de la Nature, [...] Qu'il m'Est Doux dans le printemps de ma Vie, d'Ecrire au plus Celebre, au Meilleur des grands homes qui ont illustré La France!

He would be overwhelmed if he received a reply containing advice which would be for him 'des sacrés preceptes'.

The abbé de Drouillet, an uncle of the explorer La Pérouse, confides on 29 December 1790: 'jay lû, Monsieur, et je lis toujours avec un nouveau plaisir votre livre des etudes de la nature, et j'admire l'etendue de vos lumières et de vos connoissances.' Jean-François Cougoureux, a *vicaire épiscopal* in Albi, writes on 24 May 1792: 'J'ai lû les etudes de la nature. je ne vous dirai point quels sentimens a produit en moi cet intéressant ouvrage. vous avés voulu eclairer les hommes; et les rendre meilleurs.'

As we have noted, Bernardin suffered from bouts of ill health. While in Mauritius he informs the new governor on 22 February 1770: 'jai l'honneur de vous prevenir que ma santé m'oblige à prendre quelques jours de repos. la nuit jai des acces de fievre et le jour de violents maux de tete.' Back in France, Hennin receives bulletins on Bernardin's health, for instance: 'ma santé est aujourd'hui aussi mauvaise que ma fortune' (18 June 1778).[39] Bernardin claims 'j'ai perdu ma santé' in a letter to Mme Necker (26 January 1780). Even after the success of the *Etudes de la nature*, he can write to his former teacher, Descamps, in Rouen: 'ma santé est altéreé depuis longtems' (1 October 1785). The comte de Vergennes writes sympathetically on 30 March 1786: 'J'ai été faché, Monsieur, que l'etat de votre santé me privât de recevoir de votre main la seconde Edition des études de la nature.' However, it is in the concern of correspondents touched by his work that health issues are the most revealing. Correspondents do not merely regard him as a public figure but are preoccupied by his private life. Not only has Bernardin achieved celebrity, but his correspondents believe that they have achieved intimacy in being apprised of aspects of his personal life. Gellée de Prémion tells him on 1 October 1785: 'Je suis bien aise encore de vous temoigner combien je desire que votre santé se soutienne.' Mme de Boisguilbert almost invariably evokes his health in her letters: 'Votre santé est mauvaise me dites-vous Monsieur, je le savois, vous vous en plaignés dans quelqu'endroit de votre ouvrage comme vous ayant contrarié dans vos travaux' (14 December 1785, cf. 17 April, 16 August 1786, 24 November 1787 etc.). These repeated comments and queries become integral parts of these correspondents' relationship with Bernardin, and news of his situation was passed on to other interested parties.

An enduring desire of Bernardin was to possess a home with a garden. Although his idea of a country retreat reflected his admiration for authors such as Virgil, even a small city garden held an immense appeal. He shared this longing with his close correspondents, writing to Duval on 6 December 1768: 'Aujourd'hui que l'expérience m'a rendu vieux, je n'aspire qu'après le repos. Fatigué de tant d'objets, je cherche à ruminer. Où et quand trouverai-je une retraite qui soit à moi, un jardin que j'aie semé, des arbres que j'aie plantés?' On 24 June 1784 he tells Hennin:

> c'est a la jouissance d'un jardin qui soit à moi que je borne tous mes vœux. la providence ne m'a accordé jusqu'ici que la vue des jardins

---

39 Correspondents at this time often mentioned their health as a form of sociability. Voltaire frequently cited his ailments, Mme de Graffigny did likewise (see Suzanne Cornand, 'Le corps exhibé: les propos sur la santé dans la correspondance de Mme de Graffigny', *SVEC* 362, 1998, p.93-107). Sophie Vasset and Alexandre Wenger have edited a special issue of *Dix-huitième siècle* 47 (2015): *Raconter la maladie*.

d'autrui; mais, je vous reponds que je ne la changerai pas pour celle d'un palais.

Hennin shares a comparable enthusiasm in respect of flowers:

> j'ai vu hier un magnolia grandiflora en fleur chés le Sr Désemet jardinier du jardin des apothicaires. cet arbre a encore trois ou quatre fleurs qui doivent fleurir successivement. si vous etiés curieux de le voir à votre premier voyage à paris je vous conduirai chés le S^r désemet, pourvu que vous me preveniés du jour de votre arrivée.

Bernardin tells him on 9 June 1786 that 'je viens d'acquerir une petitte maison avec un jardin ruë de la reine Blanche vis à vis celle des gobelins.' Bernardin wants his garden to be the site where friendship will be celebrated. He returns to the theme on 18 July:

> l'honeteté m'oblige d'y repondre jusqu'a ce que jaye choisi pour ma societé les personnes qui me conviennent. il y en a de touttes les conditions, gens de lettres, avocats, notaires, conseillers, medecins, éclesiastiques, marquis, militaires et même des dames. parmi ces visittes celles, sans doute, qui me seroient les plus agréables seroient la votre et celle de Madame hennin. ne manqués pas de m'aporter alors, vous une fleur, et Madame une pierre. Si vous engagés chacun de vos amis à m'en donner une, je ne doute pas que je n'aye de quoi orner mon jardin et paver ma rue. car vous avés des amis dans tous les climats et vous merittés l'un et l'autre d'en avoir.

He cherishes a vision of plants from various climes being united in his garden and growing in harmony.

The purchase of his house prompts Mme de La Berlière to remark on 24 June 1786: 'il me semble qu'un jardin doit être pour vous une chose infiniment agréable, vos membres ont besoin d'exercice et votre tête de repos.' Mme de Boisguilbert will supply him with plants:

> ce sera avec grand plaisir que je partagerai avec vous ce que jai d'oign[ons] de fleurs, je vous enverrai ce que j'ai de plus beau, et je serai plus contente de les savoir orner votre jardin que de les avoir sous mes yeux; je ne merite pas que vous leur donnies mon nom, et si vous croyies me voir sous une fleur vous vous tromperies beaucoup: jai une petite fille a qui cela iroit mieux, elle est belle a prendre plaisir a L'examiner. pour ce qui est des greffes cela regarde mon mari, ce ne seroit pas le moment ou il me cederoit ses droits, et il vous donnera ce quil a de meilleur et de plus beau. (25 June 1786)

Gellée de Prémion makes an offer on 4 July 1786:

> Vous me comblés de joïe, Monsieur, en m'apprenant votre meilleure santé et votre situation plus douce. Je suis charmé que vous aïez une Maison a votre gré et surtout un jardin. Je vais faire tous mes efforts pour le garnir de ce que nous avons de plus beau en fleurs, lorsque la saison sera venue de transporter les oignons. J'ai un credit sur quelques bons jardiniers.

Hennin is likewise willing: 'Je m'occupperai volontiers d'embellir votre jardin' (5 July 1786). Mme de La Berlière joins in on 14 July 1786:

> je me fais un vrai plaisir, Monsieur, de contribuer en quelque chose a orner votre jardin, j'ai peu de fleurs mais je connois des gens qui en ont beaucoup et je m'occuperez de vous en procurer pour cet automne vous me rendrez toujours un grand service quand vous voudrez bien me fournir quelques moyens de me rappeller à votre souvenir.

Mesnard will not be found wanting in a letter of 10 September 1786 (see also his letter of 23 September 1786):

> j'ay effectivement reçu une boette de marseille contenant une tres petite quantité de tres petites griffes et pattes d'anemones et de renoncules – c'est pour avoir trop d'occupations agreables icy qu'elles ne se sont pas trouvées plantées n'ayant reçu aucun avis ny autre adresse que La mienne[.] suivant votre permission je n'en garderay qu'un echantillon pour juger si Ces fleurs venant du levant sont plus distinguées que Les notres[.] nos Lys sont deja en terre ou plutôt trop jeunes pour en etre relevées mais nous en avons a Paris et tant delá que d'icy pour quelques belles especes de nos fruits votre jardin ne sera pas oublié lors qu'il sera question de lever dans les pépinieres.

Mme de La Berlière is true to her word on 6 November 1786:

> je vous envoye quelques graines de jalap d'Espagne, c'est une charmante fleur dont l'odeur approche beaucoup de celle de la fleur d'orange, je joins aussi quelques graines de pavots qui m'ont enchantées ce printems par leur beauté, ils sont panachés comme les plus beaux œillets de flandre. je desire comme vous voyez Monsieur que votre jardin vous parle quelques fois de moi.

Mme de Boisguilbert is not far behind on 10 November 1786:

> Je n'ai point oublié Monsieur que vous m'avés permis, de vous presenter quelques oignons de jacinte j'aurois eu plus de plaisir en

vous les offrant si javois pu me flatter que vous en eussies a les recevoir mais jai cru voir de votre part beaucoup de Complaisance a les accepter. jespere cependant que la fleur vous en plaira ce printems.

Gellée de Prémion shows on 5 March 1787 his determination to satisfy Bernardin:

Vous m'aviez fait l'honneur, Monsieur et Respectable ami, de me demander des semences de plantes rares pour peupler le jardin de Mr le Cher de St. Pierre; je me mis aussitot en Quête, mais inutilement; un petit reproche que meritent nos bons et solides compatriotes est d'Etre monotones, et peu curieux, l'oseille et la Laitue; la violette et la Rose, sont les seuls habitants de leurs potagers et de leurs parterres: Enfin las de tarder à vous prouver ma reconnaissance de vos Bontés, et de m'avoir procuré l'inestimable ouvrage de votre Philosophe chrétien, je me suis adressé à Mr. Terrien de notre ville, actuellement à Canton en Chine; il m'a envoyé des graines de ce Chanvre si renommé, qui meriteroit plutot le nom d'arbre que de plante; diverses autres semences dont il ne me donne que les noms et quelques renseignements sur la manière et le temps de les planter.

Mme de Boisguilbert offers encouragement on 2 September 1787:

Je Metois flattée mal apropos Monsieur Lorsque jai cru que La graine de Corcorus avoit levé dans mon jardin, L'Erreur dans laquelle jetois tombeé etoit si grossiere que je ne vous en ferai pas part, vous pourriez en rire mais ce seroit a mes depens et je ne le veux pas, comme elle n'a pas mieux reussi entre vos mains je soupconne qu'elle n'etoit pas bonne, dite moi je vous prie si vous avés été plus heureux dans vos autres plantations et si votre jardin vous a donné bien des fleurs et bien des fruits.

Gavoty writes on 15 January 1788: 'Je me figure vous voir, Monsieur, dans cette heureuse habitation que vous vous êtes procurée, partager la journée entre des travaux littéraires, vraiment utiles à la société, & les soins refléchis que vous donnez à vôtre Jardin.' Taubenheim writes from Berlin on 27 June 1788: 'vous désirez quelques bones sémances ou autres objets pour la culture de votre jardin, disposez de moi.' Therresse confides on 29 March 1789: 'Ma femme vous fait mille complimens et craint bien de ne pouvoir aller cueillir nos violettes de votre Jardin.' Mme de La Berlière continues her support *c.*28 March 1790:

je vous envoye un très petit cornet de petites feves d'une exelente espece on les appelle ici des aricos ris si vous ne les connoissez pas et que vous vouliez en planter dans votre jardin je suis sur que vous en serez content si vous en avez sachez moi gré au moins du desir que j'ai eu de vous procurer quelque chose qui put vous etre agreable.

While she records on 26 May 1790 that he has reciprocated:

je vous fais Monsieur mille remerciements des graines de melons que vous avez eu la complaisance de m'envoyer mais j'aurais préferé que vous eussiez bien voulu les faire passer a Mr De La Berliere qui etoit alors a paris et les eut fait semer dans mon jardin, au reste je les conserve précieusément et jespere qu'elle trouveront leur employe.

Cl. Lefevre paints a picture of Bernardin during the tumult of the Revolution on 6 December 1792:

Vous qui, dans cette ville de corruptions, menez une vie patriarchale; qui, au milieu des clameurs factieuses, ne faites entendre que la voix du sage; qui, sous le règne orageux de l'anarchie, vivez en citoyen pacifique; & qui, fuiänt l'éclat et le brüit, bornez vos jouissances à la culture de votre jardin ou à l'étude de ses productions, homme de bien! si il ne m'est pas permis d'aspirer à vos vertus & à votre bonheur, souffrez que j'en sois quelquefois le témoin.

We thus see that Bernardin's admirers envisaged him as enacting the sort of life suggested in his works, one of simplicity and fruitful study. They tended to draw strength from the supposed harmony that he had achieved in his life, illnesses apart. If they were unable to witness his activities directly, the possibility of imagining him at peace in his lifestyle provided them with a form of reassuring presence in his physical absence. His celebrity was not that of the hero erected on a pedestal but rather of a model provoking empathy – his concerns were theirs.

As we have seen, in the final years of the eighteenth century, Bernardin became a successful writer with a devoted following. However, Bernardin was conscious that the desire to reach his followers and potential followers required a sustained effort on his part. If he regarded himself as an outsider in the scientific world, he felt a similar alienation in the literary world. He had to learn how to market himself and familiarise himself with the world of printers and booksellers. It is his efforts in that world which will constitute the focus of the next chapter.

6. The professional writer

As was evident in the introduction, Bernardin did not set out to be a writer. While armed with a solid grounding in the humanities through his formal education, he would have seen his career linked to his knowledge of military engineering. His first writings were *mémoires* which related his impressions of the countries that he had visited. These were not designed for publication but rather to gain him favour with government officials in France. He nevertheless would have benefited from the experience of formulating comparative observations on other countries. Such comparisons were not limited to remarks of a social or political nature, but also concerned geography and natural history. He was a well-informed traveller who acquired information which he filtered into his works over many years.

He continued his practice of composing commentaries on a land new to him throughout his stay in Mauritius. We know that he commenced a draft of at least some parts of what became the *Voyage à l'île de France*, as he showed an extract to Mme Poivre. She writes to him some time in 1769 (BSP_0143): 'je vous remercie du petit memoire que vous m'avés envoyé je le crois trés bon.' The extract concerned, amongst other elements, slavery. Since Mme Poivre employed the term 'mémoire', that probably confirms that, at this stage, Bernardin viewed this text as a submission to the French authorities. It is also conceivable that he may have entertained thoughts on the text of what was to become *Paul et Virginie* during his sojourn in the Indian Ocean.[1]

---

1 One cannot ascertain when Bernardin thought about creating fiction, as his travel account and a philosophical work such as the *Etudes de la nature* were his first publications. Did he ever discuss fiction with his friend Pierre-Michel Hennin? The latter drafted fictional works which were never published (see

What we do know is that his first published work was the *Voyage à l'île de France* (January 1773). As a novice in the publishing world, he was glad to receive support. This came from D'Alembert who suggested a printer, Joseph Merlin.[2] The latter was well regarded in philosophic circles. In a letter to Voltaire on 6 March 1772 (D17628), D'Alembert refers to him as 'l'Enchanteur Merlin'. This was a well-established joke and epithet which Voltaire was already using on 9 May 1763 when he told Damilaville that Merlin should be 'le libraire des philosophes' (D11198).[3] Indeed Merlin's premises were searched by the authorities, as reported on 3 July 1765 (D.app.265.111). Unfortunately, Bernardin was soon disenchanted with Merlin over money matters. Antoine de Sartine, the *directeur de la librairie*, wrote to Joseph d'Hémery, the book-trade inspector, on 22 May 1773: 'M. De St Pierre me presse, Monsieur, de décider la contestation qu'il a avec le S^r merlin. je vous prie de me faire part ce Lundy des Eclaircissements que vous vous serés procuré sur cette affaire.' Two days later, d'Hémery replied:

> En consequence des plaintes qui vous ont été portées par M. de St Pierre au sujet de l'ouvrage intitulé: <u>Voïage a l'Isle de France</u>, que cet auteur a vendu au S. Merlin. Jai parlé au Libraire qui a désavoüé tous les mauvais propos qu'on lui impute et qui pour justifier de sa conduite par rapport à l'éxecution du marché qu'il a fait avec M. de St Pierre, m'a remis un Etat de Recette et de Depense que j'ai aussi communiqué a M. de S. Pierre qui en conteste les articles.
>
> Dans ces Circonstances Je crois Monsieur, que c'est le cas de consulter les officiers de la Chambre pour avoir leurs avis, et en consequence J'ai l'honneur de vous renvoïer tous les Papiers concernant cette affaire.

Bernardin writes to Hennin on 1 June 1773 with the news that he had an 'espèce de procès avec le libraire auquel j'ai vendu mon voyage à lisle de france quoi que je lui aye fait un fort bon marché'. Bernardin took Merlin to court and won his case. A record of the proceedings is included in *EE* on 9 August 1773 as a supporting document

---

Simon Davies, 'Pierre-Michel Hennin romancier', in *Bernardin de Saint-Pierre au tournant des lumières*, ed. K. Astbury, p.27-33).

2   Joseph Merlin (1718-1783) became a *libraire* in Paris in 1764 and went bankrupt in 1778 (Jean-Dominique Mellot and Elisabeth Queval, with Antoine Monaque, *Répertoires d'imprimeurs/libraires (vers 1500-vers 1810)*, Paris, 2004, p.396).

3   Merlin had published an edition of Voltaire's *Traité sur la tolérance* in 1763-1764 (*OCV*, vol.56c, 2000, p.107). He had also published the first edition of Marmontel's controversial work *Bélisaire* in 1767.

(BSP_2699).[4] Merlin as the 'deffendeur' was ordered 'a payer au dit Demandeur la Ditte somme de six cent Livres avec les Interets De la ditte somme'. Later D'Alembert apologises to Bernardin for having suggested Merlin in a letter of 19 or 26 October 1773: 'je ne saurais vous dire le regret mortel que j'ai de vous avoir proposé cet homme là.' Bernardin had written to Julie de Lespinasse a letter which has not come down to us. D'Alembert claims that she had read this letter 'avec beaucoup d'intérêt' and approved his behaviour in a confrontation with Merlin:

> Elle ne peut comprendre quelles sont les personnes de sa société qui ont pu désapprouver la modération de votre conduite à l'égard de votre libraire; en tout cas, ce jugement n'était pas fait pour vous troubler et pour arrêter un moment votre pensée, car il est bien absurde, et il y aurait bien peu de mérite et de force à tuer un insolent qui vous a manqué de parole, au lieu de cela, il y a beaucoup de sagesse et d'honnêteté dans votre conduite.

Bernardin had gone to see Merlin and describes the confrontation in a manuscript:

> je fus ches lui, cet homme se prit à prendre un mauvais ton ce qui mobligea de lui dire qu'il étoit un malhonnête homme de manquer à ses engagemens, alors il employa une injure tres grossiere et mon premier mouvement fut de le maltraiter je tirai mon epée a demi; sur quoi [il] setait enfoui [...] le second fut de le mepriser [...] mattendant bien que les loix me feroient justice, je sortis content de ma moderation de metre contenu devant un homme qui cherchait a etre maltraité pour faire quitte. Je revins chés dalembert et lui racontai l'histoire de mon libraire, il y avoit trois persone. il me semble que cette affaire qui me sembloit meriter quelque eloge vu la violence que je metois faitte ne paroissoit qun excès de bonté, il ny eut que labé arnauld qui la prit loyalement, m^r de condorcey se tut, Melle lespinasse moffrit des bons bons.[5]

One notes that Bernardin was carrying a sword, perhaps illustrating his military training and his bogus claim to be a *chevalier*.

Problems with Merlin apart, Bernardin had not succeeded in obtaining an official blessing for the printing of his work. Antoine

---

4   For convenience, a signatory, Dubos, is indicated as the writer, with Bernardin as the recipient.
5   LH 82b, f.97 B45.

Anselme Auda, a *commis des bureaux des colonies*, left him in no doubt about the sensitive nature of some of his text. He wrote to him on 25 September 1772, beginning: 'j'ai l'honneur, Monsieur, de vous renvoyer le manuscrit que vous avés bien voulu me communiquer.' The polite opening is followed by an unambiguous reprimand:

> Je crois que vous pourriés abreger les tableaux que vous faites dans les lettres 11 et 12 des vices des habitans blancs de l'isle de france et des malheurs des noirs, ou du moins ne pas mettre ces malheurs sur le compte de la législation qui a cherché, au contraire, à réprimer l'abus de l'autorité des maîtres sur leurs esclaves. Il m'a semblé aussi qu'il serait bon de ne point parler du tout de l'administration de la compagnie des indes ni de celles qui lui a été substituée d'autant plus facilement que les observations que vous faites à ce sujet ne tiennent en aucune manière à l'objet de votre ouvrage.

On the contrary, Bernardin very much believed that these 'observations' were an essential element in the 'objet' of his work, even if it damaged his reputation in government circles. Unsurprisingly, the *Voyage* was published anonymously with only a *permission tacite*. All in all, the publication of the *Voyage* taught Bernardin some harsh lessons. When he published his second work, the *Etudes de la nature*, he would be far more wary.

Bernardin's approach to the publication of the *Etudes de la nature* was in marked contrast to that of his first work. He had written in the *Voyage*, 'Mes conjectures et mes idées sur la nature sont des matériaux que je destine à un édifice considérable' (*VIF*, p.851), an indication that he was already contemplating this work in the early 1770s. He also needed to make money. Malcolm Cook has highlighted the issues addressed while preparing this edition.[6] After his experiences with the *Voyage à l'île de France*, Bernardin was determined to take control of the publishing process of the *Etudes de la nature*. He had probably been working on drafts for some ten years. In 1784 he was forty-seven and wanted to secure both his present and his future. Since his efforts to seek employment by the government had been fruitless, the awarding of *pensions* or *gratifications* was precarious, and his only recourse was to his pen. He had to establish himself as a respected and financially successful writer.

He thus set forth in 1784 to achieve his aims. How was he to rise to the challenge? How was the *solitaire*, afflicted by various maladies,

---

6   *Bernardin de Saint-Pierre: a life of culture*, p.69-87.

to embark on this enterprise? His life was made even more difficult by worries for his sister's welfare in Dieppe and the predicament of his brother, Dutailli. Bernardin lobbied energetically with people in power on Dutailli's behalf. Such overtures were tricky, as he was often approaching the same officials from whom he sought support in the publication of his book. As ever Hennin was to prove a wise adviser.

Given his need for financial reward, Bernardin wanted his book to be published with official approval in France. The first hurdle was thus to have his work approved by the censors. Here he was to prove rather lucky as Laurent de Villedeuil, the *directeur général de la librairie*, surprisingly gave him a censor of his choice, Balthasar Georges Sage. The latter was a chemist and mineralogist, and yet belonged to that *bête noire* of Bernardin, the Académie des sciences.[7] Bernardin told Hennin on 25 January 1784 that Villedeuil 'm'a donné un censeur à mon choix, et j'ai choisi M. Sage. Hier j'ai porté chez lui mon manuscrit.' It would seem that Bernardin had been in contact with the scientist some years before, as there is a letter to him by Sage dated 18 July 1773. The letter begins: 'vous savez monsieur, que longtems avant de vous Connaitre je vous estimais; L'auteur du voyage a Lile de france, ne pouvoit m'etre indifférent. je vous ai Connu et apprecié, et de suite je vous ai aimé.' It is a short letter whose penultimate sentence is 'votre ecrit m'a fait le plus grand plaisir puisse-til influer Sur Ces hommes qui Causent nos Malheurs.' With an admirer of the *Voyage* as a censor, Bernardin would have felt reassured. He wrote to Sage on an unspecified day in January 1784, but clearly after 24 January as the censor already had the manuscript:

> le degel et le verglas mempechent de sortir aujourdhui je crains de tomber comme il mest arrivé avant hier et hier au soir. je prie donc M^r. sage de remettre a Vendredy prochain le jour ou il a tres prudemment differé le [*mot illisible*] de ses lecons le moment ou jaurai lhonneur de le voir. je le prie en attendant davancer la lecture de mon ouvrage et de noter les endroits quil croira apartenir a lexamen dun autre censeur. je le prie encore de ne pas renvoyer a quelque homme sophiste tracassier, mais a un home comme lui de bonne foi droit, qui cherche la verité et qui ne craigne pas de remonter a lorigine de nos maux pour y chercher de veritables remedes. jose me flatter que la

---

7 See Doru Todericiu, 'Balthasar-Georges Sage (1740-1824), chimiste et minéralogiste français, fondateur de la première Ecole des mines (1783)', *Revue d'histoire des sciences* 37:1 (1984), p.29-46.

seconde partie de mon ouvrage calmera pleinement les inquietudes et les doutes que la premiere fait naitre.

Bernardin felt anxiety about the acceptance of the work as a whole, but is suggesting that its second part might remove any doubts. Sage was favourable to the publication of the manuscript. Hennin reports in a letter of 13 June 1784 to Bernardin that he had seen the minister, Castries.[8] He had spoken to him about his friend's service, about the *Voyage à l'île de France* and his forthcoming book. In the last context, he observes that 'il me parut que l'approbation de M. Sage faisoit impression sur lui. Il finit par se montrer disposé a vous aider.' He suggests that Bernardin enlist Sage's help in gaining Castries's support:

> Je pense qu'il seroit bon que vous engagassiez M. Sage a ecrire a M. le M.^{al} de Castries ce qu'il pense de votre ouvrage pour soutenir sa bonne volonté. La lettre devroit etre fort simple. Il diroit que scachant que vous vous etes addressè a ce Ministre pour etre aide à publier cet ouvrage, il peut attester qu'il y a trouvé beaucoup de choses interessantes et faites pour en assurer le succes &c.

The suggestion was taken up as he informed Hennin on 17 June:

> Mr Sage m'a envoyé hier une lettre sous cachet volant pour M.^{r} le M.^{al} de Castries. il y entre parfaittement dans vos vues. il lui rapelle en peu de mots que jai donné au public un ouvrage sur l'isle de france auquel il donne l'epithete de <u>très interessant</u>, quil espere que celui dont il a eté le censeur ne sera pas moins bien accueilly du public, et quil l'assure qu'il est digne d'interesser un ministre aussi eclairé que lui. il finit, en termes certainement trop obligeans, par faire un eloge de mes qualités personelles qui m'ont acquis dit il son estime particulière.

Castries was won over but was anxious about a loan setting a precedent. He nevertheless devised another manner of granting him assistance, as Hennin relates from Versailles on 29 June:

> M. le Marechal de Castries ne vous avancera point d'argent a cause de l'exemple, mais ce Ministre souscrit pour cent exemplaires de votre ouvrage qu'on a estimé qui iroit a environ 10.^{r} Cet arrangement ne vous est pas si commode, mais vous est plus avantageux. Vos

---

[8] Bernardin had told Hennin in a letter of 19 May that he had contacted Castries and asked for 'cent louis': 'je me suis adressé à M.^{r} le M.^{al} de Castries en le priant de me faire prester cette somme sur les fonds de la marine et promettant de la Rendre dans l'espace d'un an.'

> libraires assurès d'etre payés ne peuvent pas faire difficult[é] de pousser l'ouvrage. Je vais faire en sorte que l'argent soit bientot payé[,] en attendant envoyez moi votre soumission de fournir les cent exemplaires, je la remettrai a M. le M.^{al} en l'assurant que vous le remercierez vous même en lui presentant votre ouvrage.

Here one must bear in mind that Castries is allocating government funds for the subscription: the money is not coming out of his own pocket. It is an example of a minister justifying the expenditure to endorse a venture of public utility.[9] Bernardin responded to Hennin on 1 July and showed his delight. He pointed out that he would have had to pay back a loan, but the purchase of a hundred editions was 'une espece d'engagement pour lui à m'obtenir quelque faveur solide et permanente'.

Let us return to the censorship process. As will already have been evident, Sage served Bernardin well. The latter tells Hennin on 6 April 'enfin me voilà tiré des mains des censeurs' and goes on:

> il m'en est advenu a peu pres autant en quantité et en qualité, au reste j'aurois fait de moi même une partie de ces retranchements. je n'ai pas besoin de me faire d'ennemis, et je n'ai entrepris mon ouvrage que pour raprocher tous les corps de la nation les uns des autres et sur tout du prince.
>
> Mon vieux censeur théologien qui a eté mon seul déprédateur m'a protesté qu'il n'avoit jamais vu la phisique traiteé ainsi, que j'avois fait de veritables decouvertes, et ma donné plusieurs fois les epithetes de delicieux et de divin. je scais combien il faut rabatre de ces eloges mais ils me font plaisir. pour etre utile il faut etre agréable et jose esperer que le tribut que je devois a dieu et aux hommes plaira a mon siècle.[10]

---

9   Castries wrote to Bernardin on 5 July: 'Quoi qu'il ne soit pas d'usage, Monsieur, que le Roi fasse faire des avances pour l'impression d'aucun ouvrage, le vôtre qui a pour titre <u>Etudes de la nature</u>, annonce des choses interessantes et utiles qui m'ont engagé a accepter au nom de Sa Majesté l'offre que vous faites par la soumission que vous m'adressez d'en fournir cent Exemplaires à mon departement pour la somme de 820^{tt}. prise a la souscription a raison de 8.^{tt}5.^{s} chaque Exemplaire de trois volumes avec figures. je vais donner des ordres au Tresorier g.^{al} de la Marine à Paris de vous payer dès à present cette somme convenue de huit cents vingt Livres.'

10 Sage approved the manuscript on 11 March 1784 with the claim that 'Je n'y ai rien trouvé qui puisse empêcher l'impression de cet Ouvrage interessant.' The second censor, the abbé Lourdet, professor of Hebrew at the Collège royal, gave his approval on 6 April 1784 in a slightly shorter version: 'je n'y ai rien trouvé qui puisse en empêcher l'impression.' Having called it 'cet ouvrage interessant',

In the second paragraph of this quotation Bernardin stresses that his aim was simultaneously to bring different bodies of the nation together as well as close to the king, in other words, to promote harmony. The 'vieux censeur théologien', Lourdet, also supplied Bernardin with welcome advice as he recounts in the same missive: 'mon ouvrage doit faire quatre volumes à ce qu'on ma dit mon censeur theologien qui m'a donné de bons renseignements sur son impression.'

The favourable comments on the theological censor in his correspondence contrasts with remarks in the *Suite des Vœux d'un solitaire* published in 1792. There he is very hostile. Malcolm Cook suggests that perhaps the negative depiction of 'his brush with the censor is intended to enhance his revolutionary status, to show how he was at odds with the people and the processes of the former regime'.[11] That is indeed a possibility. Bernardin begins the *Suite* with the observation: 'Quelques personnes ont paru surprises qu'ayant parlé, dans mes *Etudes de la nature* des causes qui devaient produire la révolution, j'aie refusé d'y prendre aucun emploi' (*BSPOC*, vol.1, p.718a). He then reiterates his health problems and discomfiture at being in a large gathering in a confined space. He talks of living in an obscure district of Paris where he felt that he was able to 'm'acquitter suffisament de mon devoir de citoyen, en osant, sous l'ancien régime, publier les désordres qui devaient amener la révolution, et les moyens que je croyais propres à la prévenir, en remédiant à nos maux' (p.718b). One presumes that the insertion of the term 'citoyen' emphasised his Revolutionary credentials. He explained forcefully his aims: 'J'ai attaqué dans mes *Etudes de la Nature* [...] les abus des finances, des grandes propriétés territoriales, de la noblesse, du clergé, des académies, des universités, de l'éducation.'

Yet it seems, without the censorship process, his book would have been more corrosive. He refused to leave his manuscript 'à l'indiscrétion ou à l'insouciance des bureaux' (p.719a). Eventually he was granted the censor whom he desired, 'un savant distingué par ses lumières' (unnamed here but evidently Sage), who approved the manuscript in its entirety. Since the manuscript dealt with morality, it had to be vetted by a theologian. The latter, again not named, 'disputa

---

Sage's recommendation was stronger. Sage also approved 'les Aditions faites à la seconde édition' on 18 March 1786 (*Etudes de la nature*, 2nd edn, vol.3, 1787, p.494). Since the date of the second edition was 1786, the printed date of 1787 would appear to be an error.

11 *Bernardin de Saint-Pierre: a life of culture*, p.77.

chaque page de mon manuscrit. Il attachait des idées dangereuses aux mots les plus innocents', objected to the term 'liberté' as a 'signe de ralliement des philosophes' and to his speaking of 'l'abus des corps'.[12] He thought about demanding a different censor but felt that might make matters worse. Reluctantly he agreed to accept 'quelques retranchements, notamment sur le clergé'. One of these was to 'rendre le clergé citoyen en le faisant salarier par l'état' (p.719b). On the same page he writes of a measure of use 'à l'humanité et à la religion':

> De faire faire aux jeunes ecclésiastiques destinés à être ministres de charité, une partie de leur séminaire dans les prisons et les hôpitaux, afin de leur apprendre à remédier aux maladies de l'âme, comme on apprend, dans les mêmes lieux, aux jeunes médecins à remédier à celles du corps.

One wonders whether Bernardin was thinking about his troubled brother, Dutailli. At all events, with cuts agreed, the censor had approved publication after three months.

Bernardin pondered the problems about financing the printing of his work while maintaining an independent control. On a modest level, he wondered about crowd-funding. The idea of the solicited letter from Sage to Castries mentioned above was advanced with that aim in mind. The aim was not fulfilled. He could thus only turn to his trusted friends, Hennin and Mesnard, to expedite this project. Yet even this initiative was fraught with difficulties. In the early months of 1784, he writes (BSP_2235) rather dejectedly to an unidentified woman (she is addressed as Mde). He had come to know her well, as he mentions the situation affecting Dutailli. He shows his disappointment at the attitude of Hennin: 'je comptois sur M^r henin sur les frais dimpression de mon livre daprès ses lettres et voici celles que je recois. tous ses conseils me sont inutiles. vendre mon manuscrit cest en abandonner le profit.'[13] He talks about money Hennin may still advance him, which

---

12 Bernardin may have felt it easy to denounce the theologian censor, Lourdet, as he had refused the oath to the civil constitution of clergy and had emigrated to Italy.
13 Hennin had told him on 20 April that he had imagined that the work would be published 'volume par volume' and income would come from sales. He did not have sufficient funds to subsidise the publication of all the volumes together. On probably 3 May he tells him that he can still advance some money, and that he should profit from the largesse of the Mesnards if they can afford to be more generous. Mesnard tells Bernardin on 15 May that he must destroy his illusions on his finances as any substantial advance would be impossible.

could be joined 'a cela ce que vous pouvies me fournir'. It would seem certain that this unidentified woman is mentioned in the *Suite des Vœux d'un solitaire* where he talks of his efforts to get the *Etudes de la nature* printed and details the financial implications:

> Je m'adressai donc à une veuve, libraire de la cour, qu'un de mes amis, qui y avait des emplois considérables, m'avait vantée comme une personne bien loyale, à laquelle il m'avait recommandé. Elle me reçut d'abord très froidement, sur la proposition que je lui fis de faire les avances de l'impression de mon livre, et de la rembourser ensuite sur sa vente; mais dès que j'eus dit mon nom et celui de mon ami, elle prit un air riant, se félicita de ce qu'il avait pensé à elle pour lui faire avoir de bons ouvrages. Je lui montrai mon manuscrit, et je la priai de me dire ce qu'en coûteraient les frais d'impression. Elle jugea qu'il en fallait faire six petits volumes in-12, et les tirer à 1,500 exemplaires. Ensuite elle me donna un état des frais de composition, de tirage, de papier, d'assemblage, de magasinage, de brochure, de remise pour sa vente et pour les libraires de province. J'en pris une note sous sa dictée, et l'ayant examinée chez moi, je trouvai que je lui serais encore redevable de quelque chose, en supposant que mon édition se vendît bien. Je songeai alors à la faire à mes dépens en trois volumes, pour diminuer de moitié les frais de brochure et de remise aux libraires, évalués par la note à 15 sous par volume. (p.719b)[14]

In his search for funds, Bernardin had received an offer from Mme Mesnard. He tells Hennin on 29 April 1784: 'il y a environ un mois que M.^{de} Mesnard m'offrit d'elle mesme de me prester l'argent nécessaire à l'édition de mon ouvrage.' Her offer had been politely refused, as he was counting on contributions from Hennin. Indeed he tells the latter in this letter: 'vous m'aviés fait la même offre car c'est ainsi que j'avois interpreté la lettre ou vous me proposés de me prester de l'argent et de m'aider dans l'impression de mon livre.' However, Bernardin has since realised that Hennin would not be able to lend the large sum required and had gone back to the Mesnards. The following month identical loans seem to have been agreed as he tells Hennin on 19 May: 'Mr Mesnard ne me preste ainsi que vous, que cinquante louis et par les mêmes raisons c'est a dire fautte de finance.' By 29 May Bernardin has received part of Hennin's financial aid:

14 Bernardin had contacted Mme Hérissant at the suggestion of Hennin, who had told him on 22 March 1784: 'J'ai deja parlé a Mad.^e la veuve Herissant que je connois pour fort honete et qui je crois vous traiteroit mieux qu'un autre.' Bernardin confirmed his visit on 6 April 1784.

je viens de recevoir votre billet au porteur de six cents livres sur M.$^{rs.}$ Rilliet banquiers. vous tenés plustot que vous ne promettès et que je n'ai besoin, car l'impression de mon ouvrage ne commencera que vers les premiers jours de juillet.

If Hennin could not lend as much as his friend wished, he was showing some reassuring good will.

Bernardin found it difficult dealing with printers, as he admits to Hennin on 15 June: 'personne n'est moins propre que moi aux negotiations.' He is doing the rounds to find a printer willing to produce his work at an acceptable price and quality. Yet again he has found his bargaining skills deficient and encountered disappointment:

> j'avois comté sur la parole d'un imprimeur qui devoit m'imprimer à un louis la feuille, et sur celle d'un M.^{d} de papier qui m'avoit promis du crédit, quand l'un et l'autre ont vu que je n'avois pas la moitié des fonds necessaires à l'execution de mon ouvrage ils m'ont fait des demandes si exorbitantes et ont imaginé tant de difficultés que je n'ai pu conclure avec eux. ce qui m'a le plus faché en ceci n'est pas seulement le temps perdu mais de ce que j'avois determiné mon choix sur l'imprimeur parce que je le croiois un honnete homme malheureux. j'ai eu recours à d'autres avec aussi peu de succès. l'un n'avoit pas le tems de me livrer mon ouvrage au terme que je demandois c'est a dire vers la toussaint, un autre vouloit de l'argent comtant, un autre avec lequel j'ai eté au moment de conclure a pris de la méfiance a mon sujet precisement parce que je lui ai parlé de mes affaires avec franchise.

He decides to return to a printer whom he had visited in the first place, 'didot le jeune'. There an offer was made to print his manuscript:

> a raison de 32.^{tt} j'ai proposé 27^{tt} de payer la rame de papier onze francs, et de donner 500.^{tt} comptant au commencement de l'impression de chaque volume, mon edition faisant bon pour le reste du payement. le prote a porté mes propositions à l'imprimeur qui les a acceptées.

Back home, he examined proofs of two pages which led him to decide that his manuscript could be printed in three volumes instead of four, although he did not immediately decide on the reduction. To facilitate this reduction, he would need to remove 'une dernière etude qui y est en hors d'œuvre'. He does not explain what this contains, nor do we know whether he used it elsewhere. He gives the 'prote' a larger advance than had been agreed. The latter printed some proofs 'afin de determiner le caractere et le papier qui doit servir à l'impression'. Bernardin then explains the benefits that he could derive by paying cash for the whole of the printing, and states that the print-run would be 2000. He talks to Hennin on 29 November 1784 about 'mes deux milles enfants'. One senses that he is both excited and exasperated by the process, telling Hennin on 24 June that 'c'est un opera de faire imprimer, surtout avec peu de credit et de moyens.'

The proofs caused him even more grief as he told Hennin on 1 July:

> je suis a present dans les douleurs de l'enfantement, car il n'y a point de mere qui soufre autant en mettant un enfant au monde, et qui craigne plus qu'on ne l'ecorche ou qu'on ne lui creve un œil, qu'un autheur qui recoit les epreuves de son ouvrage.

On 22 July to the same correspondent, he appears harassed:

> il s'agit, maintenant de repondre à l'attente de mes souscripteurs. je me donne bien de la peine pour y reussir. je rèfais des pages entieres de mon manuscrit. j'epluche mes epreuves du matin au soir. cette maniere typographique de les lire en detruit tellement le sens, que je ne scais plus quelquefois ce que je lis. je suis dans le cas d'un homme qui voyant une tapisserie, au lieu d'en considerer le sujet, s'occuperoit a en conter tous les fils. c'est pourtant ce quil faut faire, gens du monde, pour vous faire parvenir quelques veritès.

On 31 July he states that 'les èpreuves abondent' and that he is doing everything he can to ensure the success of his work:

> je n'epargne rien, pour qu'il meritte l'interest public. je le corrige du matin au soir j'y fais quelque fois des additions mais ce sont sur les objets phisiques. d'ailleurs j'en envoye les feuilles a mesure qu'on les tire, a Mr Sage mon censeur.[15]

Bernardin is concerned that nothing should hold up the publication of his work, and he is relying on Sage to smooth its progress. On 30 August, he claims that he has a frenetic lifestyle charging off to collect money, to visit the printing works: 'on me fournit actuellement une feuille nouvelle chaque jour. il faut la corriger, preparer le manuscrit, y faire des reformes et des additions.' On 25 October, he

---

15 Hennin reinforces this necessity in a postscript to a letter of 28 July 1784: 'N'oubliez pas de faire approuver vos changemens au Censeur si vous voulez eviter les querelles.'

announces that 'On imprime les dernieres feuilles de mon troisième volume' but the price will have to rise as 'chaque volume a cinq ou six feuilles d'impression de plus que je comtois y en mettre.' On 13 November the printing of his work is 'à la dernière feuille'.

An essential component of his work would be engravings. Lourdet, the theological censor, had advised him against their inclusion, although he harboured no doubts about the success of his work. Bernardin had told Hennin on 16 April 1784: 'Mon dernier censeur m'a conseillé de ne point faire de frais de gravures pour la premiere édition mais de les reserver pour une seconde. il ne doutte pas ainsi que Mr Sage qu'elle n'ait un grand succès.' Bernardin thought otherwise but had informed Hennin on 19 May that, since the latter was no longer to advance the expected sum of money, 'j'en retrancherai d'abord tous les objets de luxe comme les gravures, dont quelques unes cependant y auroient èté necessaires.' However, he was still thinking of a four-volume edition. Visual appeal apart, it is possible that Bernardin believed the presence of illustrations might make pirate editions more difficult, a major concern as we shall see below. On 15 June, he had told Hennin that 'je ferai faire aussi quelques gravures.' Two days later the same correspondent is informed:

> je vais passer aujourdhui, chès Mr Moreau graveur afin d'avoir au moins quelques planches d'histoire naturelle de sa main. c'est une marchandise chere, mais comme je me menage six cents livres sur mon capital de cent louis, j'en reserve une centaine d'ecus pour cet objet ne doutant pas que Mr Moreau qui a gravé les planches de mon ouvrage a lisle de france ne me fasse un peu de credit.

Jean-Michel Moreau had indeed contributed engravings to the *Voyage à l'île de France*, including the frontispiece depicting an officer showing a slave a copy of the *Code noir*.[16] On 24 June Bernardin informed Hennin that Moreau had given him a favourable reception:

> Mr Moreau dessinateur du cabinet me grave un frontispice et trois planches d'histoire naturelle pour la somme de vingt a vingt deux louis, dont je lui payerai dix louis comptant et le reste à loisir. ces gravures sont necessaires, et le sujet du frontispice a paru si interessant à Mr Moreau par la nouveauté des effets naturels dont je lui ai donné

16 Vladimir Kapor has argued that this could be an imagined portrayal of Bernardin and the dog that he took to Mauritius ('Reading the image, reviewing the text: on the reception of Bernardin de Saint-Pierre's *Voyage à l'île de France* (1773)', *Word and image* 28:3, 2012, p.302-16).

> un prospectus, qu'il m'a assuré qu'il vouloit me traitter a cette occasion bien plus favorablement que toutte autre personne, et je ne doutte pas qu'il ne rende mon idée avec tout le talent qu'inspire à un artiste un sujet qui lui fait plaisir. ainsi ce n'est pas une depense superflue, encore que cette planche in 12 revienne a elle seule a 14 ou 15 louis, puis qu'il est possible que bien des gens achettent mon ouvrage pour l'estampe seulement, ainsi qu'il est arrivé à d'autres.

Here we witness some business acumen, as Bernardin is aware of the attraction of illustrations for potential purchasers. He tells Castries on 1 July that 'j'aurai l'honneur de remettre à Monsieur le Maréchal de Castries les susdits exemplaires avec leurs gravures des premieres epreuves, vers la fin de la presente année.'[17]

The moment had arrived when the book was put on sale, this time with Bernardin's name on the title page. He gave complimentary copies to friends and select acquaintances as well as distributing them to subscribers. He had sent a presentation copy of the *Voyage à l'île de France* to Catherine the Great and probably an ordinary copy to Duval in Saint Petersburg (acknowledged on 24 June 1773). As early as 29 November 1784 Bernardin told Hennin that he would be giving free copies to Lenoir, the *lieutenant général de police*, and his unnamed secretary 'pour les peines qu'ils ont prises a légard de mon Malheureux frere'. On 10 December 1784, a beneficiary of the gift of the work expresses her gratitude:

> Je suis très sensible à l'honneur de votre souvenir, Monsieur, et très reconnaissante du présent que vous voulés bien me faire. Je ne doute point du succès d'un ouvrage écrit par vous. L'agrément de votre style en donnera toujours à tous les sujets que vous traiterez et vous fera lire avec autant de plaisir qu'on pourra tirer d'avantage de vos études.

The writer is the novelist Mme Riccoboni, the only occasion that her name crops up in Bernardin's correspondence. A more obvious recipient of a copy is Mme de Sefond, a sister of M. Mesnard. She thanks the author on 13 December:

---

17   Bernardin included engravings most famously in *Paul et Virginie*. Moreau was called upon again to supply 'trois premières planches' for the first separate edition of the novel in 1789, while the fourth was provided by the painter Joseph Vernet (*OCBSP* 1, p.172). The 1806 edition was also lavishly illustrated (see Malcolm Cook, 'Bernardin de Saint-Pierre and Girodet: illustrating the "luxury" edition of "Paul et Virginie"', *Modern language review* 102:4, 2007, p.975-89).

vous ne pourriez pas Monsieur me donner une plus grande marque d'amitié, que de mavoir comprise sur votre liste pour me procurer la veritable satisfaction de tenir de vous un exemplaire de vos ouvrages, qui vont faire les délices de mes soirées.

M. and Mme Mesnard were also to receive a copy as the husband attests on 17 December.[18] Mlle Crémon (or rather Crémont), an acquaintance from the Indian Ocean, is to receive 'un exemplaire de mes etudes' according to a letter of Bernardin written to Hennin on 26 January 1785. In addition to the subscription of a hundred copies by Castries already mentioned, a further hundred had been ordered by Charles-Alexandre de Calonne, then *contrôleur général*. Bernardin had told Hennin on 22 July 1784 that 'Mr Mesnard vient d'engager M.^{r} Le Contrôlleur général a souscrire à mon èdition pour cent Exemplaires.' Twenty were ordered by Vergennes as Hennin had announced to Bernardin on 28 July. Hennin had even managed to persuade the baron de Breteuil, now the *ministre de la Maison du roi*, to subscribe for six copies despite his cooled relations with Bernardin. The assured income was not only welcome in financial terms but also useful as conferring respectability on his work through a form of sponsorship in high places.

If Bernardin succeeded in raising the profile of his work in ministerial circles, he was equally keen to acquire publicity in the press. Hennin told him on 28 July 1784: 'Il s'agira [...] pour faciliter le débit et de faire parler les Journaux. J'ai quelque credit sur le Mercure et j'ai pris mes mesures pour qu'il vous annonce promptement et de maniere a faire desirer de vous lire.' He followed this up on 28 October 1784:

> Ce n'etoit point pour faire débiter votre livre que je vous avois parlé de M. Panckoucke, mais pour le faire annoncer promptement dans le mercure. M. Mallet du Pan qui y fournit des Extraits est fort capable de Sentir le mérite de votre ouvrage et d'en donner une notice intéressante.

The journalist Mallet Du Pan collaborated on the *Mercure de France* which was directed by Panckoucke. Bernardin confides to Hennin on

---

18 Mesnard had refused the request to have the work dedicated to him. He had told Bernardin on 26 October 1784: 'j'avois esperé que vous ne reviendriez pas sur Les bonnes raisons que je vous avoir donné pour ne point accepter L'honneur et toutes les choses flatteuses que me procureroit La dédicace de votre ouvrage.'

230 *Bernardin de Saint-Pierre: traveller, reformer, writer*

10 December that an unidentified 'homme de goust et desprit' had told him the previous day that:

> M.ʳ Mallet du plan [...] auroit desiré que quelque autre personne eut fait l'analyse de mon ouvrage dans le Mercure. celle qu'il avoit faitte en dernier lieu de Mʳ de buffon lui avoit paru fort obscure. ceci soit dit entre nous. je pense cependant que si M.ʳ Mallet du plan a fait l'eloge de Mʳ de buffon il se trouvera embarassé en rendant compte de mes opinions absolument contraires aux siennes.

He is aware that Buffon's views in the *Epoques de la nature* (1778) did not chime with his regarding the natural world and divine intentions. In a letter of 29 November 1784, Hennin was asked, 'j'espere bien que vous me ferés annoncer dans la gazette de france pour mardy 7 decembre.' The *Gazette de France* was effectively the mouthpiece of the government, and his friend would have been able to carry out his wish if he had had more time. Bernardin was not pleased and reprimanded him on 12 December: 'Vous avés certainement oublié de me faire annoncer dans la gazette de france Vendredy dernier car elle n'a point parlé de mon ouvrage.' The *Gazette* appeared twice weekly, Tuesdays and Fridays, and the desired announcement of the publication of the *Etudes* was not printed in either issue.[19] Bernardin is concerned that the absence of publicity is hindering sales, as he tells the same correspondent on 27 December: 'tant que les journaux ne parleront pas il est difficile que le public soit instruit de l'existence de l'ouvrage d'un solitaire.' He urges him to act as his publicity agent:

> employés je vous prie l'influence que vous pouvés avoir sur quelques journalistes, tel que celui de paris, du mercure, du courier de l'europe, de freron, des scavans, des petites affiches, ce dernier en a dit un seul mot. il le qualifie d'interessant à la verité il promet d'y revenir.

Bernardin recognises which publications will be useful in advertising his book. The daily newspaper *Le Journal de Paris*, the already cited *Mercure de France*, the *Courrier de l'Europe* which had received his attention,[20] *L'Année littéraire* now notionally directed by the son of its

---

19 In a reply of 13 December, Hennin stated: 'L'indication de votre livre doit être dans la prochaine Gazette.' It was indeed on Friday 17 December in the list of works at the bottom of page 416. It also noted the appearance of the second edition on 7 April 1786, p.120. Bernardin reported seeing the latter in a letter of 8 April to Hennin.

20 Bernardin had asked Hennin in a letter of 13 November 1784: 'n'avés vous pas

founder, Elie Fréron (died 1776), the *Journal des savants*, and probably the *Annonces, affiches et avis divers, ou Journal général de France*.

On 25 January 1785 Hennin tells Bernardin that Panckoucke would be happy to have the book reviewed in the *Mercure de France* if he were sent a copy. Hennin has taken an initiative: 'J'en ai donné un exemplaire à M. de la Blancherie pour en rendre compte dans le Journal de la Correspondance générale.' However, Hennin could not do everything: 'Vous devriez faire ensorte que le Journal de Paris en parlât.' The *Journal de Paris* had in fact carried an advertisement for the *Etudes de la nature* on 10 January (no.10, p.41). Moreover, Bernardin soon received a review in one of the publications in his list, *L'Année littéraire*.[21] He tells Hennin on 19 January 1785:

> vous aurés peut etre vu le comte que vient d'en rendre l'année litteraire. il me semble que ce journal ne me rend pas justice sur la partie phisique de mon ouvrage, mais d'un autre coté il me loue si avantageusement que j'ai lieu d'en etre trés satisfait. cependant Son anonce ne sera pas Selon moi celle qui me sera le plus favorable par raport aux gens du monde, car de le vanter du coté de la philosophie religieuse c'est le leur rendre trés suspect d'ennuy et leur oter la curiosité de le lire.

Bernardin's reaction is informative on two fronts. On the first, he is upset that his scientific ideas are not accorded appropriate treatment; on the other he fears that the 'gens du monde' will be put off reading the work on account of its religious dimensions. It is the scientific ideas that he wants reviews to highlight and approve. In the same communication, he asks Hennin whether he can use his influence to get this done elsewhere: 'si vous pouviés determiner les redacteurs du Mercure et du journal de paris a parler de la partie phisique ce seroit le moyen, ce me semble, de produire un effet géneral.' The *Journal*

---

quelque influence sur le redacteur du Courier de l'Europe et ne pourriés vous pas lui faire parvenir en Angleterre l'Exemplaire que je lui destine?'. Hennin replied on 15 November: 'Il me semble que le plus sûr pour faire parvenir votre ouvrage au redacteur du Courier de l'Europe est de se remettre au bureau qu'il indique a Paris. si on ne vouloit pas se charger de le lui faire passer je trouverois quelque occasion.'

21. Vol.1 (1785), p.3-30, 289-315. Bernardin declares in a letter of 4 March to Hennin that he has sent both reviews to Castries: 'j'envoie en même tems à Mr Blouin les numeros 1 et 5 de l'année litteraire afin que M^r le M^{al} de Castries puisse avoir quelque temoignage de l'opinion publique en faveur de mon ouvrage.'

de Paris of 25 April 1785 (no.115, p.467-69) carried a review of the *Etudes*. Without being severe, it casts doubts on Bernardin's scientific ideas, but records that he has travelled widely and is a champion of the role of providence. It highlights the notion of harmony and quotes an extract of which the descriptive power 'paroîtra sans doute une des plus magnifiques qui soient sorties de la plume d'aucun Ecrivain' (p.468). It is difficult to believe that Bernardin did not read this review, but no reference survives in his correspondence.

In the summer of 1785 his book was finally reviewed in the *Mercure de France* (no.34, 20 August 1785, p.102-25). In a long evaluation, containing extracts, the tone is predominantly positive. The review stresses the role of providence, the challenge to orthodox views and the use of anecdotes. It does not really evaluate Bernardin's scientific ideas nor is there any comment on the political dimensions, although it regrets that it has been unable to present the educational ideas. Remarks in the concluding paragraph would have pleased Bernardin. The critic believes that he has provided 'une idée des excellentes choses en tout genre que contient cet Ouvrage' (p.124). Bernardin is praised for not uttering 'un mot d'aigreur contre les incrédules'; the final words are, 'c'est l'Ouvrage d'un homme de bien' (p.125).

Bernardin read a report in the *Journal de Paris* the following year, as he tells Hennin on 22 April 1786 that the paper had reviewed his book (15 April 1786, no.105, p.425-26). Bernardin's reaction is typical:

> il n'a pas manqué à son ordinaire de rejetter tout ce que j'ai dit en phisique, sans alleguer la moindre objection. soyés sur que les autres journaux, devoués aux academies en parleront de meme, car vous n'avés jamais vu aucun corps ni leurs agents se retracter sur des erreurs auxqu'elles sont attacheés des pensions, et des titres. mais ce qui prouve evidemment que mes raisons sont bonnes et que les leurs ne vallent rien, c'est qu'ils n'en ont allégué aucunes, pour étayer leur sisteme dont jai sapé les fondements.

The press is on the side of the establishment, and heterodox opinions will not be evaluated objectively. Whether through Hennin's intervention or not, Panckoucke, the director of the *Mercure de France*, came to see Bernardin as he recounts to the former on 25 April:

> M.ʳ Pankouke m'est venu voir. il m'a fait de grands éloges de mon livre et beaucoup d'offres de services. il m'a dit que M.ʳ Garat ne rendroit compte de mon ouvrage que dans quatre mois que cependant si je

voulois qu'on en parle avant il en chargeroit un autre redacteur, mais M.ʳ Garat me paroit avoir bien du talent.

Bernardin was aware of the qualities of Dominique Joseph Garat, who was a journalist employed by the *Mercure de France*.[22] Panckoucke also offered to have the work reviewed in his *Journal de Genève*.[23]

On 18 November 1789 it was the turn of the *Vœux d'un solitaire* to gain publicity. As was highlighted in chapter 3, Bernardin wished to learn of reactions to his work. He wrote to Ange François Fariau de Saint-Ange, whom he believed to be chosen to compose a review in an unspecified 'nouveau journal'.[24] He begins the letter with a dubious claim: 'je n'ai jamais fait aucun extrait, ni même la moindre démarche pour faire annoncer mes ouvrages.' He would be happy to send a copy of his work to Saint-Ange, 'auquel je desirois depuis longtems donner un témoignage de mon estime pour ses rares talents'. Brissot de Warville is thanked for a review on 31 January 1792:

> On m'a dit que j'avois obligation à Monsieur Brissot de Warville du comte trop avantageux que le patriote françois avoit rendu de la <u>suitte des vœux d'un solitaire</u> dont je lui avois adressé un exemplaire à l'assemblée nationale, ignorant sa demeure.

It would be useful to learn to whom the impersonal expression 'On m'a dit' refers. He was evidently discreet in Revolutionary times.

---

22 Garat would become a significant figure during the Revolution and would correspond with Bernardin.

23 Despite a reluctance to give away free copies, Bernardin states on 8 April 1786 that he will send a copy of the second edition for review: 'les rèdacteurs du journal de deux ponts m'ecrivent pour en avoir un. je leur en envoyerai, mais en verité les presens me ruinent.' The editors wrote to Bernardin on 22 June 1786 to apologise for the tardy review of an 'ouvrage qu'ils admirent avec tout le public'. It was indeed given a positive assessment in the *Journal de littérature française et étrangère*, no.22. On p.192 it states 'Imprimé et distribué aux DEUX PONTS le 16 mai 1786'. The review is found on p.155-63. It is possible that someone already mentioned, a M. Turlu, drafted the review. The latter wrote to Bernardin on 30 April 1788: 'Le hazard m'ayant appelé il y a quelques années à la redaction de quelques articles du journal des deux ponts, je fis sur vos precieux talents ma profession de foi publique.'

24 Odile Jaffré-Cook suggests that this is, despite the use of 'nouveau', the *Journal encyclopédique* (see her unpublished doctoral dissertation, 'Bernardin de Saint-Pierre après Paul et Virginie: une étude des journaux et de la correspondance sur ses publications au début de la Révolution (1789-1792)', University of Exeter, 2009, p.64). This dissertation supplies extensive information on responses to Bernardin.

An intriguing letter is sent to Bernardin on 3 January 1792 by a Mme Grivet. She was a friend of his English correspondent Lucette Chappell, who mentions to Bernardin in 1791 that 'vous deviez diner chez [Mme Grivet]' (BSP_1191).[25] Mme Grivet wrote:

> j'ai fait votre Commision Monsieur j'ai envoyé à M^r grouvelle Le livre que vous aves bien voulü lui donner il ma chargé de vous en faire touts ses remerciments et de vous dire que La feuille villageoize annoncera jeudi 9. votre ouvrage, et que là semaine suivante il en donnera un extrait il est enchanté de ce qu'il a lü et vous dois un gré infiny de lui fournir des materiaux pour sa feuille; au reste, vous auré vü que les petites affiches Lont annoncées Le 31. X^{re} Le moniteur Le 2 janvier Le Logographe il y a 8 jours, j'aurois désiré que cela fut plutot, mais, il nà pas tenü à mes soins de mieux faire.

How Mme Grivet was able to act to secure these announcements is unknown, but her initiatives are evidence that Bernardin was still eager to promote his wares.

To return to another aspect of the impact of the first edition of the *Etudes de la nature*, Bernardin showed an interest in sales. On 10 December 1784 Bernardin informs Hennin that:

> Votre américain qui m'a ramené l'autre jour est venu chés moi avant hier pour avoir mon livre qu'il avoit deja vu entre les mains d'un amy. il croyoit que je le vendois moi meme. j'y passerai samedy s'il est encore ici. je ne fais pas de visitte parce que je m'habille fort rarement, et que pour dire vrai jaime un peu trop la solitude.[26]

Hennin is informed on 19 January 1785:

> la vente de mon livre va doucement. il y a tout au plus une centaine d'exemplaires de vendus. je ne serai tranquille que quand jaurai payé les frais de mon edition et il faut pour cela en debiter encore au moins quatre cens.[27]

---

25 It was a Mme Grivet who sold Bernardin a house at Eragny (see his letter to his second wife, Désirée, on 5 July 1806).

26 As we have seen, Bernardin wrote to Benjamin Franklin on his brother's behalf, although we have no evidence that he received a reply. The 'américain' in the quotation is thus unlikely to be Franklin, although he was residing in France at the time. Since the visitor was an acquaintance of Hennin, and had probably brought Bernardin back from Versailles and thus knew his address, it is plausible that he moved in diplomatic circles and evidently read French.

27 Hennin had told him on 24 December 1784: 'J'ai vendu dix de vos exemplaires.'

His friend is further informed on 26 January, 'il y en a maintenant 106 de vendus chés mon libraire', and on 30 January, 'la vente va assés bien, il y en a bien 150 de vendus chés le libraire.' More good news on 1 March as Hennin is told: 'la vente va fort bien chés mon libraire a 10ᵗ dont il me revient 9ᵗ net. il y en a deja 240 de vendus. la vente augmente de semaine en semaine. vendredy dernier dix huit dans la journée'; on 20 March, 'la vente va rondement, 350 samedy dernier' while on 25 April, 'la vente va pourtant bien. le 10eme cent est en vente. j'ai deja les fonds prets pour vous rembourser ainsi que Mr Mesnard.' Indeed on 3 March, Hennin told Bernardin: 'Votre ouvrage au reste commence à faire du bruit.' It will not be long before he thinks about a second edition as he tells Hennin on 3 July: 'heureusement la vente de mon ouvrage augmente. j'ai deja cent louis de benefice. mais pour que je puisse compter sur un capital il faut que j'aye fait les frais d'une seconde edition.' He repeats the idea on 11 August:

> mon livre se vend bien. on vient d'en lever 25 exemplaires pour turin et milan. jai bien un millier d'ecus de benefice. quand cette somme sera doublée je ferai une seconde édition semblable à la premiere. je voulois rétablir mon ancien plan et l'augmenter de deux volumes.

However, he is not in the right frame of mind to devote himself to this task, more especially as he is suffering from 'des maux de nerfs'. In a letter on 13 September Hennin would read:

> ma première édition s'ecoule avec une grande rapidité et la seconde avance trés lentement. je doute que la fin de l'une atteigne le commencement de lautre. on en demande a lisbonne. je crois qu'il n'est pas necessaire d'importuner les ministres pour une nouvelle souscription. je ferai tirer quelques exemplaires sur beau papier pour en donner a vous et a quelques amis.

And again on 15 October:

> je n'ai que des consolations de mon ouvrage. il m'en reste encore trois cents exemplaires car mon libraire en vent peu depuis que le bruit sest répandu dans paris que j'en faisois une seconde èdition. mais la province en tire toujours beaucoup. avant hier 25 pour strasbourg et autres lieux. je comte que tout sera ecoulé avant que la nouvelle edition paroisse qui va fort lentement.

However, by 11 November some progress was being made: 'jai de la satisfaction de mon ouvrage il n'en reste plus à vendre que 220 exemplaires, mais je n'ai encore que 12 feuilles de la nouvelle edition.' So the printing of the second edition was underway, although at the stage of proofs. On 26 December Bernardin claims that his work is being appreciated across the English Channel: 'les anglois commencent à la gouter, car depuis un mois voila deux douzaines d'exemplaires pour londres.'[28] Moreover, he states that 'ma seconde édition paroitra j'espere vers la fin de fevrier, et je compte que la premiére sera alors entierement écoulée.'

Bernardin explains his financial dealings with provincial booksellers in a letter to Gellée de Prémion some time in 1786 (BSP_2182). Several booksellers complain that they are not offered a 'remise assés forte', while one in Rouen, named Racine, 'moffre d'en prendre 2 a 300 exempl a la fois argent comptant si vous lui faites une remise plus forte, je lui ai proposé mes exemp. a 2^{lt}. 5'. One imagines that Racine thought that a Norman author would sell well. Yet Bernardin was reluctant to make personal appearances to bolster his sales. We are before the age of interviews, book signings or literary festivals. The same letter suggests that Gellée de Prémion had proposed such a possibility:

> jai reconnu votre bon cœur a toutte les demarches que vous avés faitte ou que vous vous ete proposé de faire pour me rendre service, mais vous ignorés mon gout pour la solitude le repos et les champs. vous me proposés de voir plus de monde pour la vente de quelques exempl. de mon livre que je nai vue dans toute ma vie pour ma fortune.[29]

This was linked with the second edition of the *Etudes de la nature* published that year. Hennin is informed on 7 January that 'mon edition s'ecoule peu à peu' and that 'la nouvelle edition ne paroitra qu'en mars.' On 2 March Bernardin mentions sending a copy of the second edition to his old teacher, Jean Baptiste Descamps, in Rouen. On 19 March he talks to Hennin about going to Versailles to present copies of this second edition to Vergennes, Breteuil and Calonne.

---

28 A favourable assessment was published later in the *Monthly review* in July 1786 which begins: 'This is a first-rate publication. Its plan is irregular, but most extensive; for it takes in the whole compass of nature (that is, what we can see or conjecture of it), both in the *physical* and *moral* world. It is, in point of originality, one of the most remarkable productions that we have met with' (p.522).

29 In fact, Gellée de Prémion had shown his awareness of Bernardin's preferences in a letter to him of 23 December 1785: 'Accoutumé comme vous l'êtes a la solitude'.

In addition, Hennin will receive an 'exemplaire en maroquain'. He asserts that 'il ne reste plus qu'une vingtaine d'exemplaires de la 1ere èdition.' Ill health will however prevent his trip to present the second edition in person, as he tells Hennin on 25 March. It was Hennin who presented Vergennes with his copy.[30] The foreign secretary thanked him on 30 March, wishing him a speedy recovery so that he could devote himself 'aux utiles travaux qui ont rempli votre vie'. No wonder Bernardin was pleased with the reply and told Hennin on 2 April: 'il n'y a qu'un Ministre très laborieux qui sente le prix d'un grand travail. mais cela ne suffit pas et il me faut des personnes bien convaincues de son utilité.' Furthermore, he told Hennin: 'ma 1.ere édition est écoulée á l'exception de 6 exemplaires. la 2e est en vente aujourd'hui. je suis ruiné par les presents, les remises aux libraires.' Returning to the letter of 25 March, there we find details of the changes to the second editon:

> les principales augmentations de mon ouvrage consistent 1°. dans un avis en tete du livre. 2°, dans une figure qui demontre que la terre est alongée aux poles d'après les propres opérations de nos astronomes et contre leurs resultats. page 530 tome 3. 3°. enfin dans des preuves bien curieuses et fort authentique[s] du cours de l'ocean atlantique six mois vers le pole sud et six mois vers le pole nord. page 542 jusqu'a 555 tome 3. je vous prie d'engager Mr le Cte. de Vergennes à lire ces articles, et de me mander son sentiment et le votre. mon ouvrage ne sera en vente quà la fin de la semaine, j'en fais expedier lundy 200 pour un libraire de Rouen apellé Mr Racine qui les a payés comptant. 25 pour Nantes idem.

Bernardin, in offering additional material, hoped not only to boost his arguments but also to create the possibility of his admirers purchasing another edition to be up to date with his views. On 22 April Bernardin explains to Hennin that sales are going well: 'dieu merci la vente de ma 2e edition s'écoule aussi rapidement que la 1.ere.' On 12 February 1787 Bernardin was still pleased with the second edition: 'mon edition s'ecoule rapidement. il ne m'en reste que 650 exemplaires.'

It was time for Bernardin to think about yet another edition. He tells Hennin on 25 March 1787 that 'le succès de mon ouvrage

---

30 Hennin told Bernardin on 5 April: 'J'ai reçû vos exemplaires que j'ai distribués comme vous me l'aviez indiqué, j'ai remis moi même à M. le C.te de Vergennes, à M. le Bon de Breteuil, et à M. Robinet ceux qui leur etoient destinés. Je n'ai pu joindre M. Le Contrôleur Général, mais je suis sûr qu'il a reçû le sien.' Robinet was the *premier commis* of Breteuil and the 'Contrôleur Général' was Calonne.

redouble, et je suis au moment, soit dit entre nous, d'en commencer une 3.eme édition. je compte y ajouter des suplèmens.' On 9 June he wanted Hennin to keep quiet once again about this edition in case the news had an effect on the sales of the second: 'je suis jardinier, et éditeur dune 3.e edition, soit dit entre nous pour ne pas empêcher la 2e. de s'ecouler.' On 1 October he was correcting proofs as he informs Hennin:

> je comte etre libre vers la fin de la semaine. non pas que mon èdition soit finie: il s'en faut beaucoup; mais mon premier volume étant achevé et le second au moment de l'etre. j'ai chaque jour la moitié moins d'epreuves à corriger.

On 2 January 1788 he fears news of the third edition has leaked out, telling Hennin:

> la fin de ma 2e édition ne se vend plus. il en reste plus de 60 exemplaires. le bruit de ma 3e édition s'est répandu de tous cotés. il est cependant bien certain qu'elle ne contient exactement que la precedente, n'ayant mis d'additions que dans mon 4.e volume. c'est là ou vous verés de nouvelles preuves de l'allongement des poles et un ensemble avec ma theorie des marées qui vous frapera. le reste est moral.

Anxieties about the drop in sales of the second edition apart, the selling point of the third edition will be the contents of a fourth volume. This will contain *Paul et Virginie* and a fragment of *L'Arcadie*; one presumes that the expression 'le reste est moral' refers to these texts. The fourth volume is strategically sent as a gift to the *directeur de la librairie*, Vidaud de la Tour, who thanks Bernardin on 24 March as an admirer of his 'talents' and 'connoissances'. The Mesnards express their gratitude on 25 March for receiving 'son excellent et estimable ouvrage'. Loménie de Brienne, now in charge of French finances, would appear to have been given the whole edition judging by his remarks on 27 March. On 29 March 1788 Bernardin is very busy. He sends the fourth volume to Hennin. It also goes to Jean Antoine Gay, and Bernardin looks forward to receiving his assessment. The volume is likewise sent to Claude François Joyand, the author of the *Précis du siècle de Paracelse* which had recently appeared, and who had sent Bernardin its first volume. Brissot de Warville is another who receives the identical gift, once more 'en reconnaissance de ceux de ses ouvrages dont il m'a fait present et comme une preuve particulière de l'estime que je fais de son suffrage'. Claude Guillaume Lambert, a senior figure in financial administration, was likewise to receive the new edition (7 April). The abbé Fauchet has been a further beneficiary (21 May).

Hennin is informed on 16 May that the finance ministry had ordered a hundred copies of the fourth volume. Bernardin claims that 'il y a deja plus de la moitié de ces 4e. que je n'ai fait tirer qu'a 2 mille, de vendue.' He advises his friend to discover whether ministers were expecting copies. Bernardin himself tries his luck with the new minister for the Navy, the comte de Luzerne, on 3 June. He enquires whether he would require a hundred copies of volume 4 to add to the hundred copies of the first edition purchased during the mandate of Castries. His initiative paid off (3 July 1788). The major success of the third edition was evidently the fourth volume with *Paul et Virginie*. He appreciated its widespread appeal and knew that a separate printing would be commercially advantageous. He realised the popularity of the *pastorale* with his female readers and their predilection for light editions which could be transported and read in the countryside. The 1789 edition was printed with them in mind. He begins the 'Avis sur cette édition': 'J'ai fait faire, sans souscription, cette édition in-18 de *Paul et Virginie* en faveur des dames qui désirent mettre mes ouvrages dans leur poche' (*OCBSP* 1, p.171). Sensibility did not preclude a sense of the market.

If Bernardin learned of the difficulties of the book trade through his dispute with Merlin, a recurrent concern was the proliferation of pirate editions. In his *Essai sur J.-J. Rousseau*, he recounts that he had asked the Genevan why he had not sold his manuscripts for more money. His friend supposedly replied that 'il en avait tiré tout ce qu'il en pouvait tirer. L'*Emile* avait été vendu sept mille livres; les libraires s'excusaient sur les contrefaçons' (*BSPOC*, vol.2, p.443b). Bernardin adds that 'le corps des auteurs ne tire presque rien de ses travaux, tandis que le corps des libraires en recueille tout le bénéfice.' Pirate editions provoked his moral ire but also anxieties for his income. He wrote to Hennin on 20 March 1785:

> on m'a assuré qu'un libraire de paris faisoit contrefaire mon ouvrage á geneve. prenés la dessus, je vous prie, quelques informations. je viens d'en ecrire à Mr Villedeuil afin qu'il donne des ordres aux inspecteurs de la librairie sur la frontiere pour que cette contrefaçon soit arrestée.

Villedeuil was, as stated above, the *directeur général de la librairie* and portrayed by Bernardin to Hennin as 'l'homme du monde le plus honnête' (25 January 1784). The same correspondent had been told on 26 January 1785 that Villedeuil had written to him to thank him for a copy of his work and to request that the manuscript of the work be deposited in his offices.[31] Bernardin tells Hennin on 6 July 1785:

> je me hate de vous donner avis que Mr Durand libraire me mande que l'on fait à Geneve, <u>une superbe Edition des etudes de la nature</u>. c'est une chose sure. d'un coté je suis bien aise que mon livre fasse fortune hors du royaume, mais d'un autre coté si cette contrefaçon y entre elle me fera un tort considerable. je vous prie donc d'employer votre credit auprès de M^r le Cte de Vergennes, de M^r le lieutenant de police, et de Mr de Villedeuil á qui je vais ecrire pour empecher que cette contrefaçon n'entre en france et surtout à Paris. Ecrivés aussi à Geneve pour sçavoir si cette Edition est bien avancée car si elle ne paroissoit que dans deux ou trois mois, j'en ferois annoncer moi meme alors une nouvelle revue et corrigée ce qui feroit tomber l'etrangere. ce seroit un coup de partie a peine j'ai receuilli quelques gerbes, et les rats entrent dans ma grange. aidés moi à mettre ma moisson en sureté.

He thus had contacts in the book trade, and he wanted to encourage acquaintances in high places to lobby on his behalf.

As has been noted, Bernardin purchased a small house in Paris in the rue de la Reine blanche in June 1786. Later that year, on an unspecified date, he writes to the tax authorities complaining too much money is being demanded of him, since he has only that property and 'ni dautre revenu que celui de mes etudes de la nature dont les contrefacons mont enlevé travaux litteraires' (BSP_2116). Also in 1786 he is anxious about pirate editions in Marseilles as Hennin is informed on 13 January:

> M^r guis de marseille auteur du voyage litteraire de grèce me mande que les libraires de sa ville ne vendent uniquement qu'une mauvaise contrefaçon de mon ouvrage qu'ils livrent à 7.^{lt} 10^s. l'exemplaire

---

31 He states: 'je vais aujourdhui chés Mr de Villedeuil qui ma écrit il y a huit jours pour me remercier de l'exemplaire que je lui ai envoyé et pour demander que je remette dans ses bureaux, suivant la loi portée dans mon privilege, le manuscrit de mon ouvrage que j'ai laissé suivant l'usage general chès mon imprimeur. dieu veuille que cette demande ne fournisse pas l'occasion de me tracasser sur les sujets que j'ai traittés, quoique j'aye eté trés exact à ne rien rétablir de ce que mon thèologien avoit retranché. peut etre veut on connoitre quels sont les retranchements qu'il a faits. de combien d'epines la carrière des lettres est traverseè.'

broché. il en est de même à toulon, dit il, et sans doute à aix, à montpellier, et dans les provinces du midi, car depuis trois mois leurs libraires ne tirent plus d'exemplaires de paris. je viens d'en écrire à Mr Vidaud de la tour afin de réclamer sa justice et les droits de mon privilège. j'en ai instruit également Mr Mesnard afin qu'il fasse agir M^r le Controlleur G^al. de votre coté faittes quelques demarches auprès de vos amis. songés qu'il s'agit de maintenir les interests des gens de lettre et les loix du prince qui en ce point sont violées avec la plus grande audace. c'est en vain que le prince accorde des privileges aux gens de lettre qui font les frais d'imprimer leurs propres ouvrages, si les libraires s'emparent impunément du fruit de leurs travaux.

Pierre Augustin Guys, a merchant and author,[32] apparently told him in a letter of 19 January 1786 (now lost) about pirate editions in Marseilles. Bernardin replied on 29 January:

je recois dans ce moment la votre du 19. vous m'aviés mandé que les libraires de Marseille donnoient une mauvaise contrefaçon pour 7^ℓ 10^s. et maintenant il paroit quils ne vendent que 7^ℓ cette contrefaçon mieux imprimée et plus correcte que mon ouvrage dittes vous, qui vaut 12^ℓ a Marseille. il ne tient qu'à ces libraires de l'avoir a paris pour 8^ℓ 5^s. en attendant qu'on les reduise à la raison, je vous prie, Monsieur, de faire annoncer maintenant dans votre province seulement, pour mars prochain ma 2e edition en caracteres neufs de M^r didot jeune, corrigée et augmentée d'une figure de la terre qui prouve evidement son allongement aux poles daprès les operations mêmes de nos astronomes; avec de nouvelles preuves que les courans de la mer et les marées viennent alternativement des poles et non pas de l'equateur comme on la cru jusqu'ici. il y a en plus un avis a la fin de cette 2e edition. je vous prie d'y joindre le prix en feuillé pour les librairies de province a 8^ℓ 5^s. en payant comptant chés limprimeur M^r didot jeune.

He tells Gellée de Prémion on an unknown date that year (BSP_2182): 'On a saisi 3 contrefacons a Marseille.' Bernardin claims in a letter to Guys on 21 February 1786 that he has been contacted by a Marseilles bookseller:[33]

Ce meme Mossiü qui a vendu tant de contrefaçons de mon livre m'ecrit qu'il <u>ne croit pas qu'il en soit entré dans Marseille</u> il me propose de lui faire parvenir 26 exemplaires de ma nouvelle édition

---

32 He supplied Buffon with information on birds (Paul Lawrence Farber, *The Emergence of ornithology as a scientific discipline: 1760-1850*, Dordrecht, 1982, p.18).
33 If so, the letter has not come down to us.

> avec la remise de 16ᴿ 15ˢ directe qu'il dit lui avoir eté soustraitte en grande partie par son correspondant de paris. je ne lui ai pas répondu car je ne traitte pas avec les gens de mauvaise foi. il pourra s'adresser comme les autres à la personne qui sera chargèe de la vente de mon edition.

One notes the spelling of *monsieur* as 'Mossiü' to underline his contempt. Hennin is once more apprised of Bernardin's discontent on 9 June 1786:

> la vente de mon livre est rallentie par le tort considérable des contrefacons qui ont reflué dans paris. on m'a assuré que le libraire poinsot les faisoit venir de versailles par les voitures de la cour. ce qu'il y a de certain cest que j'en ai vu un exemplaire exposé publiquement en vente chés Samson dans le louvre. on m'a mande de lyon et de besançon qu'on n'y vendoit presque que des contrefaçons de mon livre. elles ont rempli toutte la provence et le dauphine. j'ai porté de nouvelles plaintes a ce sujet au secretaire de la librairie Mr thiebaut n'ayant pas trouvé Mr Vidaud de la tour, mais quelle justice puis je attendre de ce magistrat qui a ordonné que les contrefaçons de mon livre precèdement saisies à Marseille tourneroient au profit de la chambre syndicale de cette ville malgrè la representation de Mʳ Marin inspecteur de la librairie que a insisté pour qu'on eut ègard a mon privilege et a la justice, qui ne permet pas que la saisie des choses prohibées tourne au profit de ceux même qui en font le commerce. c'est Mʳ guys de Marseille qui m'a mande ces choses et quand je m'en suis plaint à Mr thiebault celui ci n'en est pas disconvenu, mais il na sçu que me repondre.
>   je vous donne avis de tout ceci afin que vous m'aidiés de votre credit, et que vous me donniés enfin de vos nouvelles. quelque succès qu'ait un livre sa vente n'a qu'un tems, et si on ne me laisse pas recueillir ma moisson en en punissant les deprèdateurs, je n'ai plus grand chose à attendre de ce cotè là.

Yet again on 22 June Bernardin mentions pirate editions to Hennin: 'je comte que malgré les contrefacons je tirerai encore un peu de fruit de mon travail.' The same correspondent receives the following observation in a letter of 6 September 1786: 'on m'a assuré qu'il s'etoit debité pour plus de soixante mille francs de contrefaçons de mon ouvrage surtout dans les provinces meridionales. jusqu'ici on ne m'a pas encore rendu justice sur ce point.' Duval in Saint Petersburg is apprised on 23 December 1786 that Bernardin had managed to purchase a house despite 'les contrefaçons nombreuses qui s'en sont faittes de tous côtés'. Bernardin thanks L'Anglet fils on 12 August 1787 for a 'note' which will be passed on to Vidaud de La Tour, the *directeur de la librairie*. L'Anglet is connected with the book trade, as Bernardin asks him:

> si vous trouvés occasion d'ecrire à M^r votre confrere de lyon vous pouriés lui demander si les libraires mentionés dans le Catalogue ou d'autres, vendent à lyon des contrefaçons de mon livre et si l'administration a donné des ordres pour suprimer et punir cette fraude.

The Revolution gave Bernardin a fresh opportunity to campaign against pirate editions.[34] He wrote to the National Convention on 7 July 1793 a long letter treating several subjects including illegal printings. He bemoans his situation:

> au commencement de la revolution j'avois pour touts revenus quelques bienfaits littéraires. je ne les ai plus. trop occupé de la nature pour rien demander à la fortune je n'ai pas eu Part même aux récompenses dont vous avez décreté les fonds en faveurs des gens de lettres qui ont bien mérité de la Patrie. J'ose dire cependant avoir atteint ce but dans mes études de la nature quelques imparfaittes quels soient elles sont dignes de votre attention. les académies les rejettent, mais l'Europe les adopte. elles sont traduittes en plusieurs langues, et leurs succès en france auroit suffi bien audela à mes besoins, si leur célébrité même n'eut nuit à ma fortune. je ne peus plus compter sur leur Produit. elles sont devenues des objets universels de contrefacons que les loix refusent de réprimer. dernièrement j'ai Perdu un Procès contre un contrefacteur, Pris même en flagrant delit.

He complains on 2 September the same year to Jules François Paré, a recently appointed minister of the Interior. He stated that Paré's predecessor had promised him 'une indemnité pour la perte que j'éprouve depuis longtems sur la propriété de mes ouvrages par les nombreuses contrefaçons qui m'en ravissent journellement les fruits, quoique je n'aye maintenant d'autre moyen de subsister'. Lazare Carnot, as a 'membre du directoire' and his 'collegue a linstitut', is informed of his misfortunes in a letter composed sometime between 1795 and 1797 (BSP_1546). He mentions that the 'contrefacteur Siret'

---

34 On account of the abolition of privileges on 4 August 1789, authors no longer had any protection. The law of 19-24 July 1793, supported by Lakanal, granted rights to authors during their lifetime.

whom he took to court in February 1796 and the 'contrefacteurs' in general who 'vont tete levée' and pirate editions which they produce and 'vendent a meilleur compte que mon edition imprimés chés les didot ne me coutent a moi meme et quils les anoncent publiquement dans leurs catalogues par les journaux dans toute letendue de la republique'.

Being a member of the Institut, Bernardin deemed it appropriate to urge his colleagues to take steps against pirate editions. In early 1798, he drafted a *Mémoire sur les contrefaçons et sur les moyens d'y rémédier*[35] which he intended to read before the assembled company:[36]

> je proposais il y a environ un an et demi la souscription des deux premiers volumes des harmonies de la nature, ouvrage qui m'occupe depuis un grand nombre d'années. Il se présente fort peu de souscriptions mais en recompense beaucoup de contrefacteurs. J'appris à n'en pouvoir douter que des compagnies entières de libraires avoient formé des associations pour imprimer et débiter mes nouveaux travaux. Je ne pus douter de l'audace de ces déprédateurs, car je recus une lettre anonyme dont l'auteur après s'être plaint que je ne faisois pas assez de remises aux libraires souscripteurs quoi quelle fut près de 25 pour cent, m'offroit de passer cinquante louis déposé chez un notaire qu'il feroit une contrefaçon aussi belle et aussi prompte que mon édition et qu'il l'a donneroit a meilleur marché. Je connus donc que je n'aurois ni les moyens de faire imprimer mon ouvrage ni celui de le vendre. Je priai alors mon imprimeur et mes libraires les cit. didot l'ainé, déterville, de bure et Croullebois de rendre a mes souscripteurs le peu d'argent quils en avoient reçu et de les remercier de leur bonne volonté. Ceux qui se disposoient alors à me contrefaire, murmurèrent hautement de ce que mes harmonies de la nature ne paroissoient point aux époques promises. (LH 97c, f.26)

This admission and explanation are crucial testimony as to what went wrong with his plan to publish the *Harmonies de la nature* (treated below). The *mémoire* uses his personal experience to make the case that writers and their chosen printers and booksellers should profit

---

35 LH 97c, f.26-29.
36 He wrote to the abbé Sieyès on 28 February 1798: 'je prie le Citoyen Sieyes de m'indiquer le moment ou je pourrois lui communiquer un mémoire que je comte lire à l'institut, sur les moyens de remedier aux contrefaçons. j'irai lui en faire la lecture ou je le lui envoyerai, à son choix, lorsque je scaurai l'instant de sa commodité et sa demeure précise.' As far as is known the *mémoire* has never been published in full, but will appear in his *Œuvres complètes* (Classiques Garnier).

from their work and no one else. Those involved in pirate editions are 'voleurs'. He mentions the case of individuals who had been arrested for their nefarious activities but had escaped punishment.

On 7 July 1793, Bernardin had written to the Convention nationale concerning his plight and picturing himself as 'ne vivant que du Produit de mes ouvrages imprimés à mes frais et devenus aujourd'huit la proye aux Contrefacteurs'. On 24 August 1798 *Le Bien informé* published a letter from Bernardin attacking François-Sébastien Letourneux, the minister of the Interior. The latter had earned Bernardin's wrath through the publication of a letter in various journals indicating the best books to employ in public education. Bernardin believed that there is a fundamental principle: 'tout citoyen doit jouir du fruit de ses travaux.' Writers and artists 'vivent du produit de leurs ouvrages' and face 'ruine totale' through the behaviour of 'contrefacteurs'. Indignantly he castigates 'le brigandage des contrefacteurs', which is 'nuisible à la fois au progrès des lumières, à la sûreté du commerce et à la morale privée et publique'.[37]

Carla Hesse has discovered through archival evidence that Bernardin took steps to contest the plague of pirate editions. In the autumn of 1791, he and his printer Didot le jeune discovered that a pirate edition of *Paul et Virginie* was being prepared at the premises of Rochelle on the rue Saint-Jean-de-Beauvais. The premises were raided by the policing authorities who found that the text was being printed. The evidence was confiscated. Rochelle was in league with a bookseller called Prieur. The latter's bookshop on the quai Voltaire and his warehouse on the rue Bourbon were searched in June 1792. A number of Bernardin's works were discovered. The bookseller was charged with piracy by the author in February 1793. The court did not rule in favour of Bernardin at the first hearing, but reversed its decision in May the same year, imposing a fine on Prieur.[38]

Despite the pirate editions, Bernardin made a decent profit before the Revolution from the three printings of the *Etudes de la nature*, enabling him to repay debts and also to buy his house. Subsequent

---

37 It would be invaluable if an expert bibliographer composed a list of the pirate editions of his works to identify the dimensions of the problem raised by Bernardin.

38 *Publishing and cultural politics in Revolutionary Paris, 1789-1810* (Berkeley, CA, 1991), p.91-92. Bernardin also became embroiled in a battle with a publisher in Brussels (p.218-19). Hesse asserts that Bernardin went bankrupt in 1796 (p.218). The assertion is dubious, as bankruptcy is not mentioned in his correspondence despite his financial anxieties.

publications often mentioned this work on their title pages as an advertising element which guaranteed the quality of the contents. As was illustrated in chapter 5, Bernardin became famous and was to use his status as a marketing ploy in enticing readers to subscribe to future publications. After the flurry of relatively short texts printed in the early years of the Revolution, Bernardin wanted to publish his final multivolume work, the *Harmonies de la nature*. He had been thinking about this work, perhaps even drafting it, in the early 1790s. A number of people were aware of its creation, and Bernardin wished to cash in on his high profile as the former *intendant* of the Jardin des plantes, a professor at the Ecole normale and a member of the Institut. The idea of a subscription was conceived. He told Jean Antoine Claude Chaptal, later comte de Chanteloup, on 4 September 1796:

> Les circonstances embarrassantes où je me trouve depuis long-temps, m'obligent de donner, par souscription, mes *Harmonies de la nature*, pour servir aux élémens de la morale et aux instituteurs des écoles primaires.
>
> Cet ouvrage, qui m'occupe depuis plusieurs années, est encore imparfait; mais j'espère l'achever pendant le cours de son impression, qui doit être au moins de deux ans. Je ne sais si cette mesure doit me priver des subsistances qui m'avaient été accordées pour ma famille, à l'occasion de ce travail, et que vous m'avez promis dernièrement de faire renouveler. Je ne l'ai pas moins dirigé vers l'instruction nationale, et j'espère qu'il excitera, dans le public, une partie des sentimens qui ont fait mon bonheur dans ma retraite. Puisse-t-il un jour contribuer au vôtre au milieu du tourbillon des affaires! Je vous en destine le premier exemplaire, pour servir de suite à mes Etudes de la nature, que je compte avoir l'honneur de vous présenter, comme un témoignage particulier de mon estime.

One notes the link that he makes with the 'instruction nationale', but also that he estimates it will be at least two years before the work is printed in full.

This suggested delay in completion is not stated in an advertisement which had appeared a few days earlier. On 27 August 1796 a notice appeared in *La Décade philosophique* (p.416-20). Bernardin begins the *Prospectus* by stating: 'Il y a déjà long-temps que je me suis proposé de tracer, d'après les lois de la nature, les besoins et les devoirs de l'homme, depuis l'enfance jusqu'à la vieillesse.' He had moved to the country to compose this work but his plans had been disrupted by his government appointments. The content of his new work is explained, and that it will appear in three volumes. His drafting of the work had been interrupted by the need to seek 'un travail utile à la fois à ma patrie et à ma famille'. He was distressed at abandoning his work 'lorsque l'idée m'est venue de publier par souscription ce que j'en avais déjà écrit, dans l'espérance que j'aurais le temps de le finir pendant celui de son impression'. Most of the material was ready, although he felt compelled to 'recommencer jusqu'à cinq et six fois le même manuscrit'. His guiding principle was that everything must be linked to 'la morale'. The potential subscriber is informed that the 'Harmonies de la nature feront suite à mes études, dont elles composeront le 6e., le 7e. et le 8e volume'.[39] The practicalities of the subscription are outlined at the end:

> elles seront imprimées chez le cit. Didot l'ainé, rue Pavée. On souscrira chez lui ainsi que chez les citoyens Croullebois, rue des Mathurins, Debure, rue Serpente, Déterville, rue du Battoir, et Petit, aux galeries de bois Palais Egalité, seuls Libraires chargés de la vente de tous mes ouvrages: ils délivreront des reçus imprimés, signés de moi. Le prix de la souscription sera de 7 liv. pour les deux premiers volumes brochés; ils paraîtront l'un après l'autre à six mois d'intervalle à dater du 20 Brumaire, terme de la souscription. On fera une remise de 20 sous aux Libraires.

Individuals did subscribe and were sent printed receipts. Blanks were left for the date and name of the subscriber. A number of these receipts are published in *EE*, for example on 14 October 1796:

> J'ai reçu d[u] Citoyen Martin fils aîné de Niort la somme de sept livres en numéraire, pour les deux premiers volumes brochés des *Harmonies de la Nature*, qui lui seront délivrés, le premier dans le courant de Floréal de l'an V^e, et le 2e avant la fin de Brumaire de l'an VIe de la République.

Another on 23 November 1796:

> J'ai reçu du Citoyen prévost, cidevant maître des eaux et des forests a sidan. la somme de sept livres en numéraire, pour les deux premiers volumes brochés des *Harmonies de la Nature*, qui lui seront délivrés, le premier dans le courant de Floréal de l'an V^e, et le 2e avant la fin de Brumaire de l'an VIe de la République.

---

39 He had published an edition of the *Etudes de la nature* in five volumes in 1792.

A final example is taken from 24 November 1796:

> J'ai reçu d[u] Citoyen Mayer libraire à Chaumont la somme de sept livres en numéraire, pour les deux premiers volumes brochés des *Harmonies de la Nature*, qui lui seront délivrés, le premier dans le courant de Floréal de l'an V^e, et le 2e avant la fin de Brumaire de l'an VIe de la République.

Bernardin signed the receipts, an act which would probably have delighted subscribers. Despite these and other receipts, his great work was never published. This may have been due to a lack of sufficient subscribers, as he could not have expected the equivalent of a hundred subscriptions from officials in the Revolutionary government in the manner that he enjoyed from ministers in the *Ancien Régime*. However, he also feared the competition of pirate editions, as I have illustrated above. Although financial reasons may have been paramount, it could also be that he never completed a version that satisfied him, as it is impossible to pinpoint conclusively a definitive version in his surviving manuscripts.[40]

In spite of the failure to publish the *Harmonies de la nature*, the idea of the subscription model still attracted Bernardin at the beginning of the next century when he thought about producing a luxury edition of *Paul et Virginie*. The *Mercure de France* on 8 October 1803 contained news that Bernardin was going to open a subscription for a new edition of his novel to replenish his finances. He asked the general editor of the periodical for his assistance in a communication which begins: 'J'ai quelquefois confié mes secrets au public, parce que m'étant souvent occupé de ses peines, il s'est toujours intéressé aux miennes.' The autobiographical dimension in these comments is reminiscent of the personal details contained in letters, as we saw in chapter 5. He reveals more: 'J'avais amassé quelques fruits de mes travaux littéraires, malgré la révolution, les contrefaçons et des procès de famille ruineux et interminables.' He had been involved in litigation with the Didot family and later suffered from the bankruptcy of the banker Razuret with whom he had placed his savings (see Bernardin to Robin,

---

40 Bernardin had also proposed a new edition of the *Voyage à l'île de France*. He told the abbé Grégoire on 14 July 1796: 'je vais proposer par souscription mon voyage à lile de France dont on me demande depuis si longtems une nouvelle édition. je m'en occupe depuis près d'un mois et j'y ajoute des materiaux considerables qui sont depuis longtems dans mon portefeuille.' Like the *Harmonies*, this edition never saw the light of day.

2 September 1803). He needs to supply security for his children in particular:

> Je n'ai donc rien imaginé de plus convenable à leur position à venir et à mes ressources actuelles, que d'ouvrir en leur faveur une souscription pour celui de mes ouvrages qui m'a donné le plus d'amis. C'est celui de *Paul et Virginie*, dont ma fille et son frère puîné portent les noms.

The choice of his novel is more practical than the *Etudes* because of its relative brevity and the opportunities that it affords for illustrations. Indeed he highlights 'six nouveaux sujets dessinés' in the subscription details, and itemises the various prices. Here is his summary of the process:

> La souscription commencera le 8 vendémiaire an 12; elle sera fermée le 8 germinal de la même année. L'ouvrage sera livré, numéroté et signé de moi, le 8 germinal an 13, suivant la liste des souscripteurs. On payera d'avance la moitié du prix de l'exemplaire souscrit, et l'autre moitié en le recevant.[41]

Bernardin wrote to Marie Féodorovna, the mother of the czar of Russia, on 17 October 1803:

> je tiens à ma patrie par trois enfants en bas âge; ils me sont d'autant plus chers que les orages qui ont agité ma vie s'élèvent déjà sur leur horizon: une banqueroute vient de leur enlever tout le fruit de mes économies. Afin de leur rendre une partie de ce qu'ils ont perdu, j'ai entrepris une dernière édition de *Paul et Virginie*, dont les deux aînés portent le nom. Voltaire fit agréer à Catherine victorieuse des souscriptions des tragédies de Pierre Corneille pour marier la petite nièce de ce grand poète. Je prend la liberté, madame, de vous adresser, en faveur de mes enfants, des souscriptions pour une simple pastorale, à la vérité, mais qui ne peut être d'un faible intérêt, puisqu'elle a, dit-on, déjà obtenu votre suffrage; si vous avez la bonté de vous y intéresser, si la vertueuse Marie prend sous sa protection le berceau de mes enfants, je me trouverai plus heureux que Voltaire et plus honoré que Corneille.

Bernardin also wrote to the czar, Alexander, probably either in the autumn of 1803 or in early 1804 (BSP_2196). (His third child is

---

41 The quotations and some of the information on this subscription project are taken from *OCBSP* 1, p.327-30.

mentioned in the letter as alive; he was to die in April 1804.) Bernardin complains about his problems and cites his new edition:

> de nouveaux orages se levant sur mon couchant et sur laurore de ma famille mais la revolution, des banqueroutes leur ont enlevé le fruit de mes economies[.]
>
> j'ai fait pour eux une edition de paul et virginie dont les deux ainés portent les noms. le 3ᵉ porte mon nom. je mets cette edition sous tes auspices ainsi que mes enfans o grand prince protecteur des infortunés et si la fortune leur est contraire ainsi qua leur pere puisse til trouver dans ton vaste empire quelque coin de terre ou ils cultivent en paix, la philosophie.

On 10 December 1803, he sets his sights on the German princess Luise Auguste Wilhelmine von Hohenzollern. He recalls his time in Berlin and Potsdam before praising her support for the arts and her virtue. He then comes to his purpose:

> j'ai cru, sous tous ces rapports, devoir m'adresser à votre Majesté pour la prier d'honorer de sa souscription l'édition d'un ouvrage qui doit réunir en elle toutte la perfection du dessein de la gravure, et de la typographie. c'est celle de la pastorale Paul et Virginie, que vous honorés deja, m'a t'on dit, de votre suffrage. j'ai formé cette entreprise en faveur de mes enfants, et j'ai cru que je ne pouvois mieux faire pour eux et pour mon édition future que d'en placer les berceaux à l'ombre de votre trône.

We do not know who might have told him of her 'suffrage' as his faithful German correspondent, Taubenheim, had died a few years previously.[42] Yet in a letter to Louise Marie Victoire de Chastenay-Lanty on 14 October 1804 (that is about a year after the launch of the subscription), he feels obliged to confess: 'Les souscriptions de mon édition viennent bien lentement.' As a result, he is delighted to acknowledge that 'La souscription de votre respectable famille m'est d'un heureux augure.'

He busied himself with preparations for his edition. He exchanged letters with illustrators such as Anne Louis Girodet, Jean Michel Moreau and Antoine Denis Chaudet in 1804 and 1805. The volume was published in 1806. It contained the names of fifty-five subscribers

---

42 Taubenheim told Bernardin in a letter of 26 January 1789 that he had passed on a complimentary copy of volume 4 of the 1788 edition of the *Etudes de la nature*, containing *Paul et Virginie*, to the king.

(*OCBSP* 1, p.401-403). There are some pre-Revolutionary friends like Jean Antoine Gay and M. de Boisguilbert, and from a later period, Joseph Bonaparte. He had succeeded in recruiting Emperor Alexander of Russia and his mother as well as Paul Narcisse Eugène d'Andrée who is thanked for his subscription on 14 November 1803. He explained some difficulties to Boisguilbert, on 16 May 1806:

> je vous réitere, Monsieur, tous mes remerciements pour l'interest que vous prenés au succès de ma fastueuse édition, mais je vous reponds bien que quand je serois sur de doubler mes capitaux, je n'entreprendrais pas une semblable. 22 artistes au moins y ont eté employés depuis deux ans, et m'ont souvent manqué de paroles, maintenant j'ai affaire aux souscripteurs a l'egard des quels je dois remplir la mienne, il resulte de tout ceci, des ecritures sans fin, auxquelles je ne pourrais satisfaire à moins davoir un secretaire uniquement occupé de cet objet.

He itemises the problems in managing the distribution of his edition and the cost of organising review copies. His time is consumed:

> à fournir à mes souscripteurs les exemplaires dont je leur suis redevable. je recois de mon edition beaucoup de compliments, et comme je ne l'ai tirée qu'a cinq cens et que jen ai livré a peu près 150, tant aux souscripteurs qu'aux artistes et amis auxquels je m'etois engagé par reconnaissance à en donner, j'en conclus que ce nombre suffira pour l'annoncer, il y a encore une autre raison. l'usage ici est d'en donner aux cinq principaux journaux et je me disposois à le faire, lorsque j'ai appris qu'ils exigeoient pour leurs annonces, chacun deux exemplaires c'est une vexation criante pour un ouvrage du prix de celui ci. d'ailleurs qu'en diraient ils. citeroient ils, dans leurs extraits, la critique que j'ai faitte, dans mon préambule, de leurs propres travaux? feroient ils l'eloge de mes artistes? paul et Virginie sont suffisament connus. le reste se fera connaitre avec le tems. je conviens que ces débats amuseroient le public, même ceux qui se disent mes amis. mais trouverai je toujours notre grand empereur disposé toujours à faire tourner ma broche aux chiens qui veulent me mordre.

He must have been disappointed at the general response to his luxury edition, as it was not a financial success.

Bernardin regarded the press as an essential means of advertising his works and also paid attention to reviews, eager that his scientific ideas be accorded respect. Since he could not present his ideas in the Académie des sciences, his only recourse in the public arena was through his publications and reactions in the press. I have already observed his anxiety at aspects of the treatment of 'la partie phisique' of his work. He was stung by a pseudonymous letter to the press, published in the *Journal de Paris* on 21 November 1787. The letter began by saying that the author had been attracted to reading the *Etudes de la nature* as he had seen 'de grands éloges' in the press. The writer admits that, in reading the work, he found 'une imagination brillante, une ame sensible, un esprit observateur & hardi', a great stylist and 'un sentiment de vertu & d'humanité' which did credit to the author. However, without naming Bernardin, he then launches into a ferocious attack on the scientific ideas in the work (no.325, p.1397-99). Bernardin wrote an immediate riposte to the *Journal* on 22 November 1787:

> Un Ecrivain, Monsieur, qui se cache sous le nom de *Solitaire des Pyrénées*, jaloux, je pense, de l'accueil dont le Public a honoré mes *Etudes de la Nature*, en a inséré hier 21, dans un Papier public, une critique pleine d'humeur.
>
> Il y trouve, sur-tout, fort mauvais que j'aie accusé des Académiciens de s'être trompés, lorsqu'ils ont conclu de l'agrandissement des degrés vers les pôles, que la terre y étoit applatie; que j'attribue la cause des marées à la fonte des glaces polaires, &..... Pour affoiblir mes résultats, il les présente sans preuves.

The '*Solitaire des Pyrénées*' was Louis Ramond de Carbonnières[43] and there would appear to be no basis to suggest that he was 'jaloux'. Bernardin claims that 'l'anonyme n'a observé la nature que dans des livres à systêmes, qu'il n'oppose que des noms à des faits, & des autorités à des raisons.' He was irked by the anonymity of the author, and stated that henceforth he would not defend himself 'dans les Papiers publics'. However, if contacted directly, with proofs of his errors, he would correct them in future publications. He asked the

---

43 See Alain Guyot, 'Raymond de Carbonnières observateur de la nature: un prototype du poète romantique?', *Revue d'histoire littéraire de la France* 115:3 (2015), p.517-30. Articles signed by 'Le Solitaire des Pyrénées' in *Le Journal de Paris* were not uncommon in 1787 (see Michael Sonenscher, *Sans-culottes: an eighteenth-century emblem in the French Revolution*, Princeton, NJ, 2008, p.65-67). In the *Journal de Paris* of 26 November 1787 (no.330, p.1425), the same correspondent begins a letter with 'j'avois commencé une seconde Lettre sur les *Etudes de la Nature*, lorsque j'ai reçu la visite de deux jeunes Mariés.' He decides that the paper's readers would be more interested in the young couple than in 'observations philosophiques sur les causes finales'.

paper to 'insérer dans vos Feuilles si impartiales, ma réponse pour le présent, & ma protestation de silence pour l'avenir'. The *Journal de Paris* did publish an abbreviated version of this letter on 23 December (no.357, p.1541-42).[44] Jean Antoine Gay tells Bernardin on 4 May 1788 that he intends to write on his behalf to the *Journal de Paris*. He includes the draft in his letter with alternative endings. He also claims that in the draft to the editors: 'vous eutes la bonté Messieurs, d'inserer à ma priere une Lettre de M^r. de Saint pierre dans votre journal.' A letter, dated 15 May 1788 between Gay and Bernardin, has an unusual form as it is written to Bernardin in the third person. Again it concerns seeking justice for Bernardin in the *Journal de Paris* or perhaps the *Journal général de France*. We do not know Bernardin's response as we have no replies.[45] The *Journal de Paris* again reviews the *Etudes de la nature* in 1788 (no.172, 20 June).[46] It begins by recording that there have been three editions in three years in addition to '*contrefaçons*'. The work has been 'le fruit d'un grand travail, d'une profonde connoissance de la nature et des hommes'. There is the customary praise for the style. However, it is above all 'ses observations de Botanique sur la figure des graines, sur les rapports des plantes aux climats; de leurs feuilles à la nutrition, de leur local à leur reproduction; que M. de Saint-Pierre a mérité le suffrage des Savans'. No praise for his ideas on the role of tides and the poles, yet no adverse remarks are delivered on the subject either. The assessment then turns to the new volume, principally, *Paul*

---

44 This has been published in *EE* at this date. Bernardin kept a copy of the printing, which is housed with his manuscripts at Le Havre (LH 163, f.20). Jean Antoine Gay has read Bernardin's letter with pleasure (8 December 1787) and sends him a draft of a follow-up letter for publication (10 December 1787). Others also come to Bernardin's defence. Jean-Baptiste de Gouy writes to Bernardin to deplore 'la diatribe du perfide solitaire' on 22 November 1787. The abbé de Vigneras equally condemns the 'espece de solitaire academique' on 29 November. There is a letter dated 17 January 1789 in the *Journal de Paris* concerning *cabriolets* attributed to Bernardin. The editor of the letter in *EE* questions its authenticity as the subject is hardly of interest to the author. The letter is signed 'le Ch^{er} DE ST-PIERRE' at a time when he no longer seemed to use the false title of *chevalier*.

45 For an overall view of the *Journal de Paris* at this period, see Elizabeth Andrews, 'Between auteurs and abonnés: reading the *Journal de Paris*, 1787-1789', *Journal of the Western Society for French History* 37 (2009), p.135-47.

46 A copy is to be found in LH 163, f.9. While it seems likely that Bernardin collected reviews of his works, unless there are marginalia in his handwriting, it is always possible that Aimé-Martin may have sought out copies of the reviews when editing his works.

et Virginie. Its opinion is that the latter does not fit in with the other volumes but concedes that 'le succès est décidé'.

The *Journal de Paris* (30 September 1785, p.1124) reports a revised system for supporting scientists and authors:

> Arrêt du Conseil d'Etat du Roi, du 3 Septembre 1785, concernant les Traitemens, Pensions & Gratifications, attribués ou qui seront destinés aux Savans & Gens de Lettres, & l'exécution des différens travaux Littéraires, ordonnés par Sa Majesté & par les Rois ses Prédécesseurs.

The king sought to 'assigner tous les ans un fonds destiné uniquement à étendre les progrès de l'instruction publique, & à encourager les Savans qui peuvent y contribuer'. Current beneficiaries would continue to receive financial recompense on submitting information on their activities, but 'nouvelles demandes' would also be considered. Calonne, the *contrôleur général des finances*, would be involved in the management of this scheme.[47] Since Bernardin considered himself as not just a writer but also a scientist in his innovative interpretation of the role of tides, the scheme looked promising. On 10 September 1786 Mesnard shows his delight at the new financial rewards coming to Bernardin:

> j'ay eté charmé Monsieur Le chevalier par La bonne nouvelle qu'il n'y avoit pas de double employ dans L'annonce dela gratification nouvelle que Le ministre vous a obtenue du Roy sur un fond destiné aux gens de Lettres[.] il est bien juste que Le gouvernement s'occupe de vous et vous procure de L'aisance, vous qui faites tant de bien au gouvernement, en procurant Les instructions Les plus utilles et essentielles aux sujets même a Ceux qui sont chargés de Conduire et diriger Les autres[.]

It is noteworthy that an experienced official like Mesnard highlights the instructive contents of Bernardin's writings as the basis for the *gratification*. Bernardin was also to receive money from a non-government source, the duc d'Orléans, the future Philippe-Egalité. Mme de Genlis had been impressed with the *Etudes de la nature* and wrote to Bernardin on 26 September 1786:

> permettez moi Monsieur de vous confier un secret, et de vous donner un conseil. je suis certaine que l'un vous sera sacré, et j'imagine que

---

47 Robert Darnton states that the award was 1000 *livres* ('The high Enlightenment and the low-life of literature', in *The Literary underground of the Old Regime*, Cambridge, MA, 1982, p.1-40, 8).

> vous suivrez l'autre. je sais que s. a. s. m. le duc d'Orléans va donner des pensions à quelques savans, et des gens de lettres avec un titre qui attache a sa maison. il y a déja des gens de lettres qui ont ce titre et des pensions entre'autre m^r. gaillard de l'académie française m^r. le febvre &c m^{gr} doublera les pensions qui n'etoient que de 400^u et augmentera le nombre de ces personnes. il les nommera sans aucune espéce de sollicitation uniquement par amour p^r les sciences et les lettres; je sais que la liste est faite, et que <u>l'auteur des études de la nature</u> est à la tête.

She is according Bernardin exceptional treatment in alerting him to the good news before the other beneficiaries on the understanding he does not divulge the information. He will receive 'une pension de 800^u' which he should acknowledge. He will have 'aucune espéce de fonction', moreover the award 'ne porte pas la moindre atteinte à votre liberté'. The letter demonstrates her esteem for him and for what she deems his fight against irreligion. It also manifests her awareness of his desire to be independent and not to act as a hired pen for anyone. She later took the duke's children to meet him (Bernardin to Hennin, 26 December 1786). In a postscript to this letter he states:

> j'ai recu une lettre de M^r le M.^{quis} du Crest Chancelier de M.^{r} le duc d'orleans que m'anonce que S.A.S m'a compris pour une somme annuelle de 800^u dans letat des pensions qu'elle fait à un certain nombre de gens de lettres, scavants &c… et que la demi année de cette pension qui court depuis le 1.er juillet m'est echue le 31 decembre dernier [&c…]
> voila une pension qui m'arrive de la grace de dieu sans que je l'aye sollicitée en aucune manière. voyés s'il ne fait pas meilleur pour moi, de me fier à la providence qu'aux hommes.

Whether the duc d'Orléans saw his intervention as providential is open to debate. The duke's chancellor, the marquis Du Crest, was Mme de Genlis's brother. On 25 March 1787 Bernardin informs Hennin:

> cest M^{de}. la M^{quise} de Sillery qui vient de lever un etendart contre les philosophes et qui m'a donné une compagnie dans son regiment, je veux dire qui a fait un chapitre exprès pour parler de mon ouvrage dans celui qu'elle vient de publier, intitulé la Religion baze du bonheur vous pouvés bien croire que j'ai èté fort surpris des èloges qu'elle m'y donne, auxquels je ne m'attendois pas plus quà la pension de 800^u qu'elle a engagé M.^{r} le duc d'orleans à me donner. cependant je n'ai a ce sujet qu'une simple lettre de son chancellier, sans brevet.

Mme de Sillery and Mme de Genlis were the same person. Bernardin was delighted at the news of this *pension* and happy to broadcast his success. In the 'Avis sur cette édition' which accompanies the 1789 edition of *Paul et Virginie*, Bernardin affirms:

> Je me suis éloigné des ambitieux comme je m'éloigne des méchants; j'ai refusé de rendre ma plume vénale. Cependant cet ordre qui gouverne toutes choses, est venu à mon secours. M. le duc d'Orléans, de son propre mouvement, sans rien attendre de moi, m'a honoré de la seule pension dont je jouisse à ce titre; et quoique la chose soit déjà connue, je la publie de mon côté [...] sans que ma plume lui ait jamais été d'aucune utilité. (*OCBSP* 1, p.176)

He insists on stressing that his pen is not for sale.[48]

Bernardin acknowledged receipt of '*la somme de* huit cent Livres' on 18 February 1791 and again on 28 February 1791. However, in a letter to Brissot de Warville on 5 April 1792, Bernardin recounts that d'Orléans is no longer in a position to pay him, and that he has written to the duke (a letter that has not come down to us). He informs Dominique Joseph Garat, now a minister, in May 1793 of his financial needs given the cessation of d'Orléans's largesse along with *gratifications* from the 'affaires étrangères' and on the *Mercure de France*.

Despite remarks attacking book learning, Bernardin could hold books in high esteem. The Vieillard tells Paul:

> Lisez donc, mon fils. Les sages qui ont écrit avant nous, sont des voyageurs qui nous ont précédés dans les sentiers de l'infortune, qui nous tendent la main et nous invitent à nous joindre à leur compagnie, lorsque tout nous abandonne. Un bon livre est un bon ami. (p.283)

One can certainly envisage Bernardin himself as a traveller who, through his printed words, offers his hand to his reader as a gesture of friendship. In the 'Préambule' to the 1806 edition of *Paul et Virginie*, there is a dialogue between Moi and Mon ami where both interlocutors share elements of Bernardin's views without echoing the open-endedness of the exchanges found in the dialogues of a Diderot. According to Mon ami, journalists have termed his *Etudes de la nature* 'romans' to which Moi replies:

---

48 Alain Viala contends: 'Le mécénat [...] ne concerne que l'aide apportée par un grand personnage à des artistes pour les soutenir dans l'exercice de leur art. Dans le clientélisme, le service est premier; dans le mécénat, l'art est premier' (*Naissance de l'écrivain: sociologie de la littérature*, Paris, 1985, p.54).

Plût à Dieu qu'ils fussent persuadés que mes *Etudes* sont des romans comme *Paul et Virginie*! Les romans sont les livres les plus agréables, les plus universellement lus, et les plus utiles. Ils gouvernent le monde. Voyez l'*Iliade* et l'*Odyssée*, dont les héros, les dieux, et les événements sont presque tous de l'invention d'Homère; voyez combien de souverains, de peuples, de religions, en ont tiré leur origine, leurs lois, et leur culte. (*OCBSP* 1, p.349)

Bernardin would thus seem to concede, even to declare, that fiction can prove an enabling medium in the construction of societies through its imagining of better worlds.

Conclusion

Bernardin de Saint-Pierre lived in anxious times. Eighteenth-century France was a hierarchical society where birth counted for more than talent. In broad terms, he was not an iconoclast. If he had left the Ecole des ponts et chaussées with formal qualifications, had been accepted into an established post in the army, his name would probably not have come down to us. Instead, he had to invent a career for himself in a world which he regarded as hostile in social, political and scientific terms. True, he would never abandon his belief in a divinely ordained universe, yet its human organisation on earth he found deficient. He judged that he suffered injustices with his ideas and initiatives not being recognised appropriately. In some ways he recalls Figaro in the monologue in scene 3 of act 5 of *Le Mariage de Figaro* by Beaumarchais:

> Las de nourrir un obscur pensionnaire, on me met un jour dans la rue; et comme il faut dîner, quoiqu'on ne soit plus en prison, je taille encore ma plume et demande à chacun de quoi il est question; on me dit que, pendant ma retraite économique, il s'est établi dans Madrid un système de liberté sur la vente des productions, qui s'étend même à celles de la presse; et que, pourvu que je ne parle en mes écrits ni de l'autorité, ni du culte, ni de la politique, ni de la morale, ni des gens en place, ni des corps en crédit, ni de l'Opéra, ni des autres spectacles, ni de personne qui tienne à quelque chose, je puis tout imprimer librement, sous l'inspection de deux ou trois censeurs.[1]

While some of these points are not relevant to Bernardin, they illustrate nevertheless the context in which he was composing the *Etudes de la nature* which appeared in the same year as the first

---

1 In *Œuvres*, ed. Pierre Larthomas (Paris, 1988), p.351-489 (470).

public performance of the comedy. He would have approved Figaro's realisation that 'le savoir-faire vaut mieux que le savoir.' Did he attend a performance of the play? Probably not. He does not generally appear to have been a theatre-goer in France, either through a certain distrust or for financial reasons. However, he had written to Beaumarchais on 12 December 1773. Beaumarchais had difficulties over literary affairs and Bernardin mentions his dealings with Antoine de Sartine, *lieutenant général de police*, at the time of his conflict with Merlin. He flatters Beaumarchais and describes him as 'un homme de lettres fait pour atteindre à la réputation de Molière', well before the success of his two great comedies.

As we have stressed, Bernardin learned much from his time in eastern Europe seeking service in Russia in the pay of the empress, Catherine. There he moved in diplomatic and administrative circles, acquaintanceships which stood him in good stead when he crossed the border into Poland and saw the election of Stanislaw. In Warsaw he met Pierre-Michel Hennin, a diplomat who would remain a friend and correspondent until the early years of the Revolution.[2] Although he was never formally a diplomat, Bernardin acted for the Secret du roi and as an information-gatherer for Hennin. One recalls the extensive reports on the political situation in Europe that he received in Mauritius from Hennin and Girault. Bernardin was well-informed, and it is no surprise that he could claim to have foreseen the partition of Poland. One remembers that figures in the literary world could well have diplomatic experience. One thinks of Voltaire, David Hume, even Jean-Jacques Rousseau.[3] From the evidence of his eyes and ears, Bernardin became aware of living in a world of change, of uncertainty. His dealings with government officials both before and

---

2   The last known contact between them was a one-sentence letter dispatched by Bernardin on 1 January 1791, sending Hennin a copy of *La Chaumière indienne*. The cause of the cessation of their relations is open to speculation, but is probably connected with the political climate. In the last surviving letter of Hennin (29 January 1789), he stresses how busy he is: 'Les affaires sont doublées depuis quelque tems et toute la france m'ecrit. [...] Ce sera bien pis si je suis depute aux Etats generaux comme on m'en presse.' Hennin had been appointed one of the two secretaries of the Assemblée des notables in 1787. Given Hennin's prominent position in government circles in the *Ancien Régime*, meetings or exchanges during the Revolution may have proved dangerous. At all events, Hennin survived and lived until 1807.
3   See Antoine Hatzenberger, 'Correspondance diplomatique de Jean-Jacques Rousseau: l'initiation à l'art politique dans les *Dépêches de Venise*', *Archives de philosophie* 78:2 (2015), p.323-42.

after his stay in the Indian Ocean further increased his knowledge of how countries are managed or mismanaged. It gave him a desire to reimagine the world.

Bernardin learned that his future could not be based on what we might term nowadays government handouts. Life had taught him that he would have to take charge of his own destiny. A letter to the Commission exécutive de l'instruction publique on 25 June 1794 is revealing. Over many years of the *Ancien Régime*, Bernardin had written to those in power outlining autobiographical details. The opening paragraph of this letter repeats this approach but offers fresh information:

> je suis né, presque sans fortune. Je l'ai cherchée d'abord dans le service de ma patrie; mais loin de l'y trouver, mes voyages, mes travaux et les réflexions libres que j'ai publiées épuiseront en peu d'années, mon patrimoine, ma santé et mes protections, me trouvant sans employ et réduit à moi-même, je ne songeai plus qu'a bien mériter des hommes sans en dépendre.

Here he draws attention to two significant elements. Firstly he talks about publishing his 'réflexions libres' with the implication that his dissident ideas would not have found favour with those in power. Secondly he has been obliged to be self-reliant while still claiming to act in humanity's interest, to 'bien mériter des hommes sans en dépendre'. He recognised that he would have to pilot his own ship. He had experience of maritime pilots who through their knowledge guided ships through rough seas, taking responsibility for crew, passengers and cargo. He used the image of the pilot in his works. It is a fruitful comparison for the function of the writer.

Paul Bénichou contends: 'Aussi loin qu'on aille dans l'histoire des civilisations, on voit la littérature enseigner les hommes, s'offrir à eux comme interprète de leur condition, comme guide de leurs jugements et de leur choix.'[4] In his new-found vocation, Bernardin would fit into that pattern. How could he influence people, particularly French people, at a time of historical change? One way was to employ the autobiographical dimension.[5] This was to relate his experiences,

---

4   *Le Sacre de l'écrivain 1750-1830: essai sur l'avènement d'un pouvoir spirituel laïque dans la France moderne* (Paris, 1973), p.11.
5   Ourida Mostefai declares that 'On a [...] souvent tendance à oublier que les textes autobiographiques de Rousseau sont avant tout des textes polémiques' (*Jean-Jacques Rousseau: querelles, disputes et controverses au siècle des Lumières*, Leiden,

observations and interpretations of his travels. In the final letter of the *Voyage à l'île de France*, already demonstrating his knowledge of the works of major contemporaries, he declares:

> Il est assez singulier qu'il n'y ait eu aucun voyage publié par ceux de nos écrivains qui se sont rendus les plus célèbres dans la littérature et la philosophie. Il nous manque un modèle dans un genre si intéressant, et il nous manquera longtemps, puisque MM de Voltaire, D'Alembert, de Buffon et Rousseau ne nous l'ont pas donné. (*VIF*, p.851)

He combined his personal reactions with material garnered from the travel accounts of others. Bernardin recognised that the stories of travel were linked to the stories of civilisation(s). He wanted to encourage the confidence of his readers, to win their friendship through his transparent account of his activities, his trials and tribulations. He marketed himself as a brand worthy of trust. His followers could have faith in the implicit or explicit messages of his outputs. He could provide them with a sense of direction in their lives. He strove to enrich their lives through offering advice on establishing harmony within themselves which constituted a prerequisite to the goal of establishing social and political harmony. Their common sensibility had political implications, as there were no restrictions by birth or social hierarchies. In championing the poor to the literate, he was giving a voice to the voiceless.

What did Bernardin perceive to be the major challenges facing his and succeeding generations in France? Evidently he felt that French hegemony was in decline. The defeat at the end of the Seven Years War, the loss of prestige and overseas territories, was hardly conducive to a feel-good factor. Whither or wither France? He repeats that he yearns to be 'utile à ma patrie'. By inclination he is a monarchist, but the monarchy is not working well. It needs to be reformed. Michael Sonenscher has asserted: 'the ideological origins of the French Revolution had as much to do with long-standing visions of royal reform as with opposition to absolute government, since the first were not necessarily seen to be at odds with the second.'[6] The king is not showing leadership; he needs help and advice.

2016, p.48). While Bernardin did not compose autobiographical texts in the manner of Rousseau, personal details in his texts often challenged current ideas and practices.

6   *Sans-culottes: an eighteenth-century emblem in the French Revolution*, p.213.

Despite his predilection for solitude, Bernardin considered humans as sociable. While Rousseau questioned the notion of natural sociability, Bernardin's view was clear-cut at the very time that he was frequenting the Genevan: 'l'homme est né pour la société, hors de laquelle il ne pourrait vivre' (*VIF*, p.856). He became a leader through the power of his pen, through the moral authority of his publications. Attached as he was to what he believed were his innovatory scientific ideas and their potential application to shipping, the bulk of his readership was far more attracted by his other ideas. None more so than by his religious ideas and his celebration of the natural world. He was publishing at a time of paper wars between the so-called *philosophes* and their opponents (the *antiphilosophes*).[7] A watertight definition of the term 'philosophe' is difficult, if not impossible. In spite of scathing criticism of contemporary society, it is problematic to designate Jean-Jacques Rousseau as a *philosophe*. Bernardin's steadfast belief in providence would, for most commentators, preclude his inclusion under this banner.[8] Moreover, he dissociates himself from belonging to their group in a lengthy letter to Mme Necker on 29 January 1780. He begins by emphasising his mistreatment:

> On m'accuse d'avoir changé plusieurs fois d'etat par inconstance, de me plaindre de tout le monde, de m'etre brouillé avec des philosophes qui etoient mes amis, d'etre susceptible, taciturne, méfiant, d'aimer a vivre oisif: on en conclut que je suis très difficile à employer. On ajoutte au surplus, que je suis un fort honnette homme peut etre par une autre espèce d'accusation, car il seroit étonnant que des défauts si communs me fussent nuisibles, et que la qualité d'honnête homme ne me servit à rien.

Later in the same letter he reveals that he has been mistreated by the *philosophes* in his search for employment: 'ils ne me parloient à moi que de m'expatrier, quoique je leur en eus témoigné la plus grande repugnance.' He had been led to believe that Turgot had nominated him for a consulate or that a position would be found for him in

---

7 See for instance Olivier Ferret, *La Fureur de nuire: échanges pamphlétaires entre philosophes et antiphilosophes (1750-1770)*, SVEC 2007:03.
8 For a consideration of his position, see Jean-Michel Racault, 'Philosophie et antiphilosophie dans la crise des Lumières: le cas de Bernardin de Saint-Pierre', in *Les Marges des Lumières françaises (1750-1789)*, ed. Didier Masseau (Geneva, 2004), p.153-76. Bernardin is unequivocally placed in the *antiphilosophe* camp in his entry in the *Dictionnaire des anti-Lumières et des antiphilosophes*, ed. Didier Masseau, 2 vols (Paris, 2017), vol.1, p.198-208.

finance. However, he ended up believing that they were deceiving him. Indeed he declares that he discovered later from 'un homme de bien de leurs amis que le chef des philosophes ne m'avoit pas servi parce que je n'avois pas ses opinions'. Who was the 'homme de bien' who was also reputedly a friend of the *philosophes*? We do not know, but we can exclude Rousseau who was hardly one of their friends although he may well have influenced Bernardin's attitude. Who was the 'chef des philosophes'? Here we can be certain, as he goes on to talk of his confrontation with Merlin the bookseller. He then states 'je racontai mon aventure au chef des philosophes qui m'avoit donné ce libraire.' That could only be D'Alembert. Since he writes 'philosophes', one can plausibly include Condorcet. Yet, the most significant point to be derived from this account is that Bernardin is criticising their behaviour and not their ideas, even if D'Alembert supposedly did not share his opinions. In reality, posts were probably not available and Mme Necker would have been happy to receive negative comments about her husband's enemy, Turgot.

On 17 December 1780, Bernardin reminds Hennin that he had sent a 'Superbe exemplaire' of his *Voyage à l'île de France* to Catherine the Great. He recounts his dealings with her and the context of his gift:

> il y a un endroit ou je fais son éloge. j'etois alors poussé et porté par tout le vent des philosophes qui etaient dans sa faveur. elle m'avoit donné en entrant a son service des marques personelles de distinction, car je lui fus présenté, elle me donna des gratifications, elle me parla et me fit parler en plusieurs occasions. mais elle ne repondit rien á mon present.

There is indeed a reference to the 'grande impératrice' and her 'lois dignes' in letter 26 of that work (p.785). Catherine was in contact with the *philosophes*, particularly Voltaire, Diderot (who visited her in 1773) and D'Alembert. Could it be that D'Alembert suggested that he sent a copy of his work to Catherine? If so, Bernardin could have been blaming him for a fruitless exercise and the costs of a presentation copy.

It is perhaps surprising that Bernardin did not offer a copy of his first work to Voltaire, given the patriarch's close links with D'Alembert and the role of Merlin in the publication of works sympathetic to the philosophic cause. It is likely that Bernardin was more familiar with Voltaire's works than is usually recognised. True, it would appear that he never wrote to him, but much of his familiarity with the giant of English science came from his reading of Voltaire's *Eléments de la philosophie de Newton*.[9] On 15 September 1766 Bernardin made an odd request to Hennin. The latter was now installed as the French *résident* in Geneva and thus a close neighbour of the patriarch. A Saint-Pierre family legend suggested that they were descendants of Eustache de Saint-Pierre, the heroic citizen of Calais at the time of the siege in 1347. Bernardin writes:

> vous ne m'avés point parlé de M.ʳ de Voltaire dont vous etes si voisin. si vous etiés lié avec lui, vous pouriés l'engager à me rendre un service bien important. il a des connaissances si etendües et je lui crois le coeur si bon que peut etre voudroit il perdre en ma faveur un peu de son temps.

One notes that he describes Voltaire as having 'le coeur si bon', and proposes 'je vous prie d'engager M.ʳ de voltaire a faire pour moi quelque demarche' to discover his genealogical roots. Obliging as he normally was, Hennin would not fulfil that request (30 September 1766), although he had known Voltaire since 1758 and their extant correspondence has over 200 letters.

Having published the *Voyage*, Bernardin turned his thoughts to another writing activity. He tells Jean Baptiste Descamps about advice he has received in a letter of 11 May 1773:

> mon ouvrage m'a fait des amis et plusieurs d'entreaux entreautres M.ʳ d'alembert, croyent que si j'entreprenois d'ecrire quelque histoire, je reussirois. il m'a proposé celle de theodoric roi des goths, mais ces temps et les meurs de ces peuples ne me paroissent gueres propres à nous interesser: s'il est vrai comme le veulent mes amis, que jaye un stile et une maniere de peindre qui m'est propre, sil etoit possible qu'en m'exerçant sur un objet moins sterile que lisle de france j'obtins un succès égal à celui de mon livre je serois content. il ne s'agit plus que de determiner le sujet qui me conviendroit. or à vous parler sincerement je crois pouvoir choisir partout. je ne le dis quà vous, mais je ne connois aucun historien francois sans en excepter meme M.ʳ de Voltaire qui, avec des talents bien superieurs aux miens, repand la

---

[9] In his *Essai sur J.-J. Rousseau* Bernardin reports that his friend asked whether he would visit Voltaire: 'Rousseau me demanda un jour si je n'irais pas le voir, comme tous les gens de lettres. Non, lui dis-je, je serais trop embarrassé pour aborder un homme qui, comme un consul romain, a des peuples pour clients et des rois pour flatteurs; je ne suis rien, je ne sais pas même tourner un compliment' (*BSPOC*, vol.2, p.449a).

plaisanterie partout et ne depeind que des heros qui font rire. certainement ce n'est pas la maniere de plutarque et de tacite. d'un autre coté quel est celui de nos historiens qui nous decriront, la nature des lieux, et les batailles modernes, de maniere à les rendre presentes au lecteur. quel est celui qui aye fait parler les passions, comme racine, lorsqu'elles sont tendres, et comme corneille lorsqu'elles sont majestueuses. aucun historien françois ne va au cœur. nous avons sur l'histoire même, des prejugés bien ètranges, nos meilleurs ecrivains ont dit que son stile devoit etre noble et majestueux comme si elle n'en devoit pas changer suivant les circonstances.[10]

His remarks suggest that he is familiar with at least some of Voltaire's historical works, and that he finds them deficient.[11] For him Voltaire and other French historians do not succeed in making 'la nature des lieux, et les batailles modernes [...] presentes au lecteur'. Moreover he proclaims that 'aucun historien françois ne va au cœur.' These criticisms stress once again Bernardin's concern with the impact on readers.[12] He never did compose a historical work, as *L'Arcadie* is a fictional account.[13] Descamps agreed with his assessment, 'Vous avez

---

10 He wonders whether a project relating to Normandy would be suitable: 'la vie du conquerant de l'angleterre me paroit digne de plutarque, mais je ne scais où en trouver les materiaux, car j'avoue que je ne scais rien en histoire par le degoust que m'ont toujours donné les historiens francois; tacite et plutarque m'ont gaté.'

11 Voltaire discusses Corsica in his *Précis du siècle de Louis XV*, a work that Bernardin may have read in formulating his ideas on the island as we saw in chapter 2.

12 History became a topic of new educational interest, as Andrew Jainchill attests: 'As a subject of instruction, history furthermore carried special political symbolism because, before the mid-eighteenth century, the teaching of history in France had been for the education of princes and kings (although ancient history was taught with classical languages and literature). But in the second half of the eighteenth century, as history became the lingua franca of eighteenth-century political debate, there was an upsurge in calls for educational curricula to include history as an elementary subject' (*Reimagining politics after the Terror: the republican origins of French liberalism*, Ithaca, NY, 2008, p.83).

13 History was in his mind as he wrote the same day, 11 May, to Mme Necker: 'Si je pouvois me fier à mes talents, j'employerois mon loisir à écrire quelque histoire, et un des plus beaux sujets à mon avis est celle d'un de vos compatriotes, Guillaume Tell, qui occasionna la révolution de la Suisse. Mais où prendre des matériaux, et surtout des connoissances sur les mœurs et la nature d'un pays où je n'ai jamais été?' The subject of William Tell perhaps underscores Bernardin's admiration for someone who fought for liberty and won against the odds. Antoine-Marin Lemierre's *Guillaume Tell* had enjoyed some theatrical success in 1766.

bien raison de dire que M. de Voltaire meme ne satisfait pas assez au besoin' (May 1773).

In the *Entretiens sur les arbres, les fleurs et les fruits* published with the *Voyage* in 1773, Voltaire is praised in the dialogue between 'la dame' and 'le voyageur'. The 'dame' declares her horror at vivisection: 'J'aime ceux d'aujourd'hui qui recommandent la tolérance, et l'humanité qu'on devrait étendre jusqu'aux animaux. Je sais bon gré à M. de Voltaire d'avoir traité de barbares ceux qui éventrent un chien vivant pour nous montrer les veines lactées.'[14] Familiarity with Voltaire's works and his techniques often inform Bernardin's writings and comments. In a letter penned *c*.1779 (BSP_0410) to Dutailli, then in the Bastille, he states that 'dans le lieu ou vous etes Voltaire fit une partie de la henriade.' He is alarmed at the unfavourable depiction of Joan of Arc, and wishes that 'un homme de génie' in the theatre would 'effacer le ridicule dont on a couvert parmi nous cette fille respectable et infortunée' (*EN*, p.846). This would seem to be a reference to Voltaire's mocking portrayal of the French heroine in *La Pucelle d'Orléans* (begun *c*.1730). Malcolm Cook has argued that Bernardin owed a debt to Voltaire in tone and technique in his two philosophical tales published in the early years of the Revolution, *La Chaumière indienne* (1791) and *Le Café de Surate* (1792).[15] The latter tale resembles a chapter in Voltaire's *Zadig* (1748), 'Le souper'. As in Voltaire's tale, the conversation reveals the prejudices of various participants, particularly on religious matters. The tale's message is a lesson in tolerance, even indulgence in human relations and understanding. A tale not mentioned by Cook is the *Voyage en Silésie*. It was drafted while Bernardin taught at the Ecole normale. He read it aloud in one of his lectures with its message of concord between disputatious travellers (a clear lesson aimed at Revolutionary antagonisms). It was published only in 1807. In the 'Avertissement' Bernardin claims 'Mon but était d'inspirer aux hommes, qui sont les mêmes quant au fond, de la tolérance pour les opinions diverses.'[16]

---

14 P.849. Voltaire had attacked this practice in the article 'Bêtes' (1764) of the *Dictionnaire philosophique*. He talks of 'barbares' seizing a dog which they nail to a table, and 'ils le dissèquent vivant pour te montrer les veines mésaraïques' (*OCV*, vol.35, 1994, p.413). Bernardin, like Voltaire, deplored the cartesian view of animals as machines. In the *Etudes* he laments: 'Des philosophes fameux, infidèles au témoignage de leur raison et de leur conscience, ont osé parler comme de simples machines' (p.107, cf. p.287 and 726).
15 'Bernardin de Saint-Pierre, lecteur de Voltaire', in *Voltaire et ses combats*, ed. Ulla Kölving and Christiane Mervaud, 2 vols (Oxford, 1997), vol.2, p.1079-84.
16 *OCBSP* 2, p.283.

In referring to the *Questions sur l'Encyclopédie*, he describes Voltaire as the 'homme de France [...] qui a eu le plus d'esprit' (*HN*, vol.1, p.354). He has learned of Voltaire's treatment of 'colimaçons' (*HN*, vol.3, p.183-84).[17] Elsewhere, in a manuscript, Bernardin wrote: 'Mr. de Voltaire a remarqué que de tant d'académies pas une n'avait imaginé seulement l'art de faire les epingles.' This proves that he knew *Candide*, where the source of the comment is found in chapter 25.[18] Bernardin had presumably copied this remark to employ as an attack on academies, but does not appear to have used it.

Bernardin drafted a short *Parallèle de Voltaire et de J.-J. Rousseau*, probably after their deaths in 1778. Even if his preference tended towards Rousseau, his comments are generally even-handed. He depicts Voltaire as 'tout occupé de ce qui peut nuire aux hommes': he attacked 'sans cesse le despotisme, le fanatisme, la superstition, l'amour des conquêtes'. He employed 'une armée de pamphlets, de jeux de mots, d'épigrammes, de sarcasmes, de diatribes, et de toutes les troupes légères du ridicule. Il en environne le fanatisme, le harcèle de toutes parts, et enfin le met en fuite' (*BSPOC*, vol.2, p.453b). At the same time Voltaire was 'sensible' since he used his pen, his purse and his credit to defend 'des malheureux': 'il a usé noblement de sa fortune' (p.454b). In short, Bernardin appreciates many of Voltaire's writings and activities, although disliking his sustained contacts in high society.

As I have indicated, Bernardin made an ambiguous use of the term 'philosophe'. Sometimes it referred to thinkers and writers such as D'Alembert, at other times to scientists or simply the sages of antiquity like Plato or Pythagoras. Given his religious convictions, what he dreaded in some trends of the philosophic movement was the spread of atheistic materialism. Anton Matytsin asserts: 'Whereas sixteenth- and seventeenth-century theologians saw atheism merely as a potential and theoretical threat, it became a distinctly real and explicit danger during the middle of the eighteenth century.'[19] Bernardin condemned its advance primarily on moral grounds, but also as a denial of the

---

17   See *Les Colimaçons du révérend père L'Escarbotier*, in *OCV*, vol.65B, 2017, p.101-48.
18   'Ah! voilà quatre-vingt volumes de recueils d'une académie des sciences, s'écria Martin; il se peut qu'il y ait là du bon. – Il y en aurait, dit Pococuranté, si un seul de ces fatras avait inventé seulement l'art de faire des épingles; mais il n'y a dans tous ces livres que de vains systèmes, et pas une seule chose utile' (*Candide*, p.298).
19   'Reason and utility in French religious apologetics', in *God in the Enlightenment*, ed. William J. Bulman and Robert G. Ingram (New York, 2016), p.63-82 (68).

evidence of the workings of nature.[20] He used the *Pierre d'Abraham* as a vehicle for attacking the *Système de la nature*, published anonymously, but by d'Holbach.[21] The writings of d'Holbach provoked a number of counterblasts at the time, including texts from a correspondent of Bernardin, the abbé Bergier.[22] In a letter to Hennin on 25 January 1784, amidst references to his demented brother and the censorship of his manuscript of the *Etudes de la nature*, he feels the need to proclaim: 'Chacune de nos sciences n'est qu'un cul-de-sac, qui mène au matérialisme.' Years later, on 5 August 1798, he told the then minister of the Interior, François de Neufchâteau:[23]

> jamais un bon poëte ne fut athée. Lucrece a chanté les principes du materialisme, mais lorsque son esprit s'égare dans les Atomes d'Epicure son cœur le ramene à l'ordre de la nature et lui fait peindre la sagesse divine sous les traits même de Venus.

One remembers that the wicked aunt in *Paul et Virginie*, towards the end of her life, 'passa plusieurs années, tour à tour athée et superstitieuse, ayant également en horreur la mort et la vie' (*OCBSP* 1, p.311). Bernardin regarded atheism and superstition as being on a par, equally deplorable aberrations for the individual and for social cohesion.

In the final years leading up to the Revolution, Bernardin was not a lone voice complaining at the power of *corps* and academies, bodies interposed between the individual and the *patrie*. His future correspondent Brissot was a similar complainant in his polemical work

---

20 Bernardin attacks the *idéologue* Cabanis in a letter to Robin on 15 May 1800. For Bernardin it is obvious that there is 'une intelligence divine qui aye pu ordonner une machine qui sent, qui se meut, qui veut, qui pense et qui se repose elle meme. l'atheisme j'en suis convaincu est la punition de l'athée.' Bernardin promised that 'nous commencerons à lever un coin du voile dont le matérialisme a couvert les destinées sublimes du genre humain' (*HN*, vol.2, p.416). He attacked the reductionist attitude of materialist thinking: 'le matérialiste s'efforce de ramener toutes les lois de la nature à une attraction aveugle' (*HN*, vol.3, p.96) and 'ce n'est pas un simple mouvement qui est le principe de la vie, comme le disent les matérialistes' (p.142).

21 It is worthwhile noting that this work was also attacked by Voltaire. In 1770 he published *Dieu: réponse au système de la nature* (*OCV*, vol.72, 2011, p.125-63). In the same volume, Gerhardt Stenger asserts: 'l'athéisme, assure Voltaire, est source de désespoir' (p.xxiii).

22 See Mark Curran, *Atheism, religion and Enlightenment in pre-Revolutionary Europe* (London, 2012).

23 Bernardin attended Neufchâteau's salon (Dominique Margairaz, *François de Neufchâteau: biographie intellectuelle*, Paris, 2005, p.363).

of 1782, *De la vérité*. Brissot proclaims that 'Les anciens n'imaginèrent jamais de corps aussi bizarres que nos académies. [...] Les modernes ont introduit dans l'empire des sciences une espece d'aristocratie élective.'[24] On the same page he declares that 'L'empire des sciences ne doit connoître ni despotes, ni aristocrates, ni électeurs. [...] le mérite le plus utile est le seul titre pour y être honoré.' The thrust of these remarks would have found favour with Bernardin, as indeed would those concerning the plight of independent writers: 'Les auteurs isolés doivent donc s'attendre à la persécution, quand ils combattent les opinions reçues dans les académies' and 'Que la persécution soit une partie de l'esprit des corps, c'est ce qu'on ne peut mettre en doute' (p.175).[25] In 1782 Brissot would have been thinking not of Bernardin but rather of Jean-Paul Marat and Jean-Jacques Rousseau. However, the publication of the *Etudes de la nature* in 1784 and the criticism of its scientific ideas by the 'establishment' provided Brissot with a high-profile figure that he could defend in print.

Brissot's pamphlet *Un Mot à l'oreille des académiciens de Paris* is an unflinching attack on privileged authority. Its opening paragraph sets the tone:

> Je viens vous donner une leçon, Messieurs, j'en ai le droit; je suis indépendant, et il n'est aucun de vous qui ne soit esclave: je ne tiens à aucun corps, et vous tenez au vôtre; je ne tiens à aucun préjugé, et vous êtes enchaînés par ceux de vos corps, par ceux de toutes les personnes en place que vous rêverez bassement comme des Idoles, quoique vous les méprisiez en secret.[26]

---

24 *De la vérité, ou Méditations sur les moyens de parvenir à la vérité dans toutes les connaissances humaines* (Neuchâtel, De l'imprimerie de la Société typographique, 1782), p.165. The observation is contained in section 7, which is entitled 'Que l'institution et la multiplicité des académies nuisent à la recherche de la vérité' (p.163-88).

25 Cf. 'Parcourez l'histoire des progrès de l'esprit humain [...]. Ses chefs d'œuvres sont dus à des hommes isolés, souvent persécutés' (p.177).

26 P.1. The pamphlet, which is twenty-four pages in length, was printed without a place of publication or a date. It is generally stated to have appeared in 1784 (see for example Pierre M. Conlon, *Le Siècle des Lumières: bibliographie chronologique*, vol.21, Geneva, 2001, p.94). However, since the *Etudes de la nature* appeared only in December 1784, the references to Bernardin would seem rather implausible in a printing of that year. It was reviewed in the *Correspondance littéraire secrète* on 19 May 1786 as 'vigoureux' and described as a piece which 'n'a pas plu à ces Messieurs [Académiciens]' (no.23, no pagination), and in the *Mémoires secrets* on 18 July 1786 as 'vigoureux, rempli de reproches fondés; il peint à merveille tour à tour et la morgue et la bassesse de ces illustres' (vol.32).

He berates them for persecuting Jean-Jacques Rousseau and also, without naming him, Bernardin. In the fifth paragraph he refers to:

> cet écrivain sensible, l'ami de Rousseau, le compagnon de ses courses, de ses travaux botaniques, auquel il semble avoir légué une partie de son ame, le nouveau Peintre de la Nature. Il a été malheureux, il l'est encore, et son malheur est votre ouvrage. Qui de vous n'a pas dû rougir, en lisant son histoire touchante, consignée à la fin des *Etudes de la Nature*? Si votre Corps étoit ce qu'il annonce, ce qu'il devroit être, l'asile du talent, du génie, qui plus que lui eut droit à un fauteuil? Et vous lui avez discuté sourdement jusqu'à de misérables secours, soutien de son existence et de l'existence d'êtres qui lui sont chers! je ne le connois pas; n'accusez donc pas ici l'intérêt personnel d'avoir dicté ce que j'écris pour lui: nous sommes cependant amis, frères, sans nous connoître, parce que tous deux nous appartenons à cette communion de principes qui se repose sur la base du bien public et de la vérité. (p.2-3)[27]

Bernardin became aware of the text when he received it as a gift accompanied by another of Brissot's works with a letter of 12 May 1787 which has not come down to us.[28] He thanks the latter for his generosity on 13 May 1787:

> j'ai recu Monsieur a 10 heures du matin vos deux ouvrages. je les lirai avec bien du plaisir. <u>votre mot a l'oreille</u> reproche aux academiciens l'intolerance mais jai rencontré l'intolerance partout. c'est un fruit de l'éducation europeenne et surtout de la francoise. jai etè très touché de vos sentiments d'humanité dans ce que j'ai lu dans <u>la france et les etats unis</u>. c'est un livre à etudier par des Ministres. je vous parlerois d'avantage de ce que jai lu de vos ouvrages, si vous n'y aviés pas tant parlé de moi. je les accepte comme une marque de votre estime dont je m'honore.[29]

---

27 Later in the tract he names him as 'le judicieux M. de St Pierre' (p.7).
28 It would appear that Brissot had already sent Bernardin some of his works with a letter of 6 June 1785 (now lost).
29 Bernardin is cited in a footnote of *De la France et des Etats-Unis* by Etienne Clavière and J.-P. Brissot de Warville (London, n.n., 1787), p.119, note 1: 'Le Lord Sheffield soutient dans son ouvrage, que la France n'a pas assez de toiles pour sa consommation. Un dictionnaire de commerce imprimé à Lyon en 1763, assure au contraire que la France en expédie beaucoup pour l'étranger. – Si le compilateur du dictionnaire disoit vrai, on pourroit lui répondre, avec l'auteur des études de la nature: A quoi sert pour un Etat de vêtir les nations étrangeres, quand son peuple va tout nud?' This is a slightly reworded version of Bernardin's

If Bernardin only received the texts at 10 a.m., he would seem to have acquired a rapid idea of their contents as he adds a postscript at midday. In his sign-off to the letter, he informs Brissot: 'je vous donnerai des temoignages quand jaurai comme vous, du fruit nouveau.' Good as his word, he wrote to Brissot on 29 March 1788:

> je prie l'utile et Savant auteur des <u>interests de la france et des Etats unis de l'Amerique</u> d'accepter ce 4ᵉ volume de mes <u>Etudes de la Nature</u> en reconnaissance de ceux de ses ouvrages dont il m'a fait present et comme une preuve particulière de l'estime que je fais de son suffrage.

The third edition of his major work had appeared that month, and the fourth volume contained of course *Paul et Virginie*.[30]

Brissot has been depicted as having a 'self-image as reformer and healer of society's ills',[31] a depiction which could be equally applied to Bernardin. The latter harboured an interest in the events across the Atlantic. As previously recorded, he had written to Benjamin Franklin on 19 August 1777,[32] asking him to pass on a letter to a younger brother who had entered the 'service de votre république' and claiming that they had acquaintances in common:

---

claim: 'A quoi sert à un peuple d'habiller toute l'Europe de ses laines, s'il va tout nu' (*EN*, p.830).

30 Brissot thanked him in a letter of 23 April 1788 (now lost). Brissot worked for the duc d'Orléans. We remember that Bernardin himself received a 'pension' from the duke, as he announced to Hennin in a letter of 25 March 1787.

31 Leonore Loft, *Passion, politics, and philosophie: rediscovering J.-P. Brissot* (Westport, CT, 2002), p.7. Loft's monograph seeks to rehabilitate's Brissot's reputation, almost portraying him in a heroic light. It nonetheless succeeds in nuancing the negative portrait painted by Robert Darnton's influential article 'The Grub Street style of revolution: J.-P. Brissot, police spy', in *The Literary underground of the Old Regime*, p.41-70). Brissot's activities are explored more sympathetically by Simon Burrows, 'The innocence of Jacques-Pierre Brissot', *Historical journal* 46:4 (2003), p.843-71. See also Régis Coursin, 'Brissot et la république en acte', *La Révolution française* 13 (2018), DOI: 10.4000/lrf.1894, http://journals.openedition.org/lrf/1894 (last accessed 10 June 2020). Brissot merits a new, authoritative biography which brings together recent findings and links with contemporaries such as Bernardin.

32 Franklin became a celebrity figure at this time; see Stacy Schiff, *Benjamin Franklin and the birth of America: Franklin's French adventures 1776-1785* (London, 2005). Bette W. Oliver suggests that Franklin's brilliance became 'the living refutation' of those who believed that America was marked by degeneration (*Jacques Pierre Brissot in America and France, 1788-1793: in search of better worlds*, Lanham, MD, 2016, p.5).

il y a longtems, Monsieur que je vous connoissois comme grand physicien, comme grand orateur, et ce qui passe tous les talents par ce qu'il exige touttes les vertus, comme grand patriotte. j'aurois pu aisement dans les relations que vous donnent vos travaux trouver ici des personnes de votre connaissance et de la mienne.

If the new independent country of America proved attractive to Brissot, it was also attractive to others in Brissot's and Bernardin's circle of acquaintances. Bernardin was very taken with the English vegetarian Robert Pigott. The latter had come to see him. In a letter to Hennin on 16 May 1788, he writes: 'parmi les personnes que mon ouvrage m'attire, il m'est venu des hommes très recommendables, [...] un anglois de beaucoup de meritte apellé Mr Pigot qui veut fonder en Amerique une école de Pythagoriciens etc.'[33] Pigott's friend Valady was acquainted with another correspondent of Bernardin, Jean Antoine Gay. The latter wrote to Bernardin on 22 April 1788, noting the fact that 'm. de valady sort de chez moi'. On 18 June 1789 he mentions their common acquaintance again: 'M^r de valady qui loge dans mon hotel et avec lequel je goute souvent le plaisir de nous entretenir de vous'. Bernardin, with his health problems, was attracted to this vegetarian challenge to standard eating practices, although we possess no evidence that he fully adopted this lifestyle. Gay also admired a French-born writer with strong American interests mentioned in the same letter, Michel Jean de Crèvecœur. One recalls that the author of the *Lettres d'un fermier américain*

---

33 In a letter from the marquis de Valady of 30 December 1788 to Bernardin, there is almost certainly a reference to the same man whom he had met in London as 'un Homme profondément versé dans la Philosophie de Platon & Pythagore'. In England he claims to miss 'les charmes de votre société instructive et tant consolante'. He was to write to Bernardin again at an unspecified date between 1790 and 1792: 'Je n'ai pas été vous voir depuis longtems, Monsieur de Saint Pierre, et comme vous m'aimez, je veux vous écrire pour vous en dire la raison. j'ai été vivement blessé de deux bâtons, sur lesquels je m'appuyais fort bien, et qui m'ons crevé dans la main: l'un est Mr Pigott, l'autre, M. de la Fayette.' See note 1 of this letter for further biographical information on this Englishman, including his membership of la Société des amis des noirs. In the *Vœux d'un solitaire* Bernardin states that he has met Pigott's son, whose father told him that he had been raised 'entièrement dans le régime pythagorique' and that he had 'formé le projet d'employer sa fortune [...] à établir dans l'Amérique anglaise une société de pythagoriens occupés à élever, sous le même régime, les enfants des colons américains dans tous les arts qui intéressent l'agriculture' (*BSPOC*, vol.1, p.711a).

is mentioned by Bernardin,[34] with the whole tenor of the work appealing to the imagination and sensibility of a fellow Norman. Despite the lure of the newly established republic across the Atlantic, Bernardin did not appear to have been tempted. Others would have overseas ideas on his behalf.

A temporary French exile thought America an excellent location where Bernardin might resettle and lead a community. Claude-François-Adrien de Lezay-Marnésia (1735-1800) was an aristocrat who resided in the United States between July 1790 and May 1792. He had hoped to find a viable settlement for French expatriates.[35] Upon his return to France, he published the *Lettres écrites des rives de l'Ohio* in 1792. The second of these three letters, and by far the most substantial, is written to Bernardin.[36] Lezay-Marnésia concedes that he is not known by him, but praises his 'magnifiques Etudes de la Nature' (p.13). He pleads:

> Rassemblez, Monsieur, les débris de l'Europe, qui n'est plus; enrichissez en l'Amérique, qui n'est pas encore, et qui se sera peut-être jamais, si cette grande occasion lui échappe; venez, Monsieur, être le chef d'un bon peuple, acquérir des droits nouveaux et plus sacrés encore à l'éternelle reconnoissance des humains, et faire reposer sur vous les regards de la Divinité. (p.37)

Bernardin's task will be continuous:

> Après avoir placé vos colons sur des plantations riches et charmantes; après avoir mis chaque famille au milieu d'un paradis terrestre, votre ouvrage, Monsieur, ne sera pas encore fini. Vous voudrez, par des rapports aussi agréables qu'utiles, entretenir toujours le même esprit, toujours la même intimité dans votre colonie. (p.67)

---

34 *OCBSP* 1, p.58.
35 See Benjamin Hoffmann, 'Bâtir des châteaux en Amérique: utopie et retraite dans les *Lettres écrites des rives de l'Ohio* (1792)', *Dix-huitième siècle* 48 (2016), p.261-74. See the same author's *Posthumous America: literary reinventions of America at the end of the eighteenth century* (University Park, PA, 2018), which treats Lezay-Marnésia as well as Crèvecœur and Chateaubriand. See also Roland-Guy Bonnel, *Ethique et esthétique du retour à la campagne au XVIIIe siècle: l'œuvre littéraire et utopique de Lezay-Marnésia, 1735-1800* (Bern, 1995).
36 The 1792 edition suffered from censorship problems. Our quotations are taken from the 1800 edition (*Lettres écrites des rives de l'Ohio*, Paris, An IX), where the letter to Bernardin appears on p.10-113 while the first letter to the chevalier de Boufflers occupies p.1-10 and the third, to his son, Adrien, p.113-44.

The colony will be administered from a new town to be called Saint-Pierre (p.84), an extraordinary sign of Lezay-Marnésia's esteem.

Another Frenchman seeing leadership qualities in Bernardin is a 'professeur de rhétorique' in Angers who addressed him privately on 7 September 1789. The letter is a remarkable document, some sixteen pages in length. Its author was Jean-Joseph-Marie Mévolhon, who was born in Provence in 1760 and became an *oratorien*. The letter begins:

> je lisais, il y a quelques jours, dans le fragment Servant de préambule á L'arcadie, une anecdote qui fixa toute mon attention. elle touchait dans les harmonies de mes idèes, une corde bien intéressante pour moi.
>
> Vous de mandiez â Rousseau, pour quoi il n'avait point pensé a faîre dans quelque île de la mer du Sud, un ètablissement Semblable â celui que Guillaume Penn a formé dans L'amerique, au milieu des Sauvages.

These words do indeed echo Bernardin's text,[37] to which Rousseau supposedly retorts: 'Quelle différence de siècle! On croyait au temps de Penn; aujourd'hui on ne croit plus à rien.' Mévolhon took a dim view of this reply, but now believes that times have changed. It is Bernardin himself who could put this idea into practice:

> vous qui depuis la mort de votre ami, avez vu S'opêrer des Rêvolutions bien capables de faciliter une pareille entre-prise, vous refuseriez vous au plaisir Si doux pour un vrai philosophe; d'aller planter dans les îles de la mer du Sud, L'etendart de la liberté et du bonheur?

If Penn could achieve so much in founding 'une Société d'hommes libres et puissans' across the Atlantic, what could Bernardin not do 'à la fin du 18ᵉ Siêcle, vous qui aux vertus des philosophes et aux vues du Lêgislateur, rèunissez les talens du Guerrier et les connaissances du Marin?' Having read his 'immortel ouvrage', Mévolhon judged that 'vous vous deviez â vous même, de réaliser dans quelque contrée éloignée, les vues Sages et pleines d'humanité que vous avez dêveloppêes dans vos êtudes.' Bernardin is told that 'les hommes tels que vous, Sont rares, et la nature ne les produit pas en vain.' Here Mévolhon uses his addressee's contention that nature produces nothing

---

37 'Mais pourquoi n'auriez-vous pas fait, avec quelques Européens sans patrie et sans fortune, dans quelque île inhabitée de la mer du Sud, un établissement semblable à celui que Guillaume Penn a formé dans l'Amérique septentrionale, au milieu des sauvages' (*OCBSP* 1, p.544).

in vain, with the implication that providence has designed him with this project in mind. He deems that 'un grand écrivain est infiniment précieux à la Société, Surtout lorsque L'amour du bien public a dirigé Sa plume.' He outlines his proposal, which is geared to 'influer Sur le Sort de tout le genre humain, puisqu'elle doit ouvrir un azile aux malheureux de tous les pays, qu'oppriment la tyrannie des Souverains ou de l'opinion'. Until now the motive for European settlements has been 'L'ambition des Souverains ou la cupidité des particuliers', but the time has come for 'de plus nobles motifs' to 'animer les fondateurs des Colonies' in order to tighten 'ces noeuds de fraternité' with which nature has 'uni tous les peuples'.

He claims that there are some 2 million people in the South Seas who could benefit from the presence of a 'philosophe français' such as Bernardin, who has been 'chargé par la providence'. He accepts that France is in crisis, but believes that this is an appropriate time to conduct such an undertaking where France can show its neighbours 'la sécurité de l'assemblée nationale et de l'administration' and calm the 'effervescence populaire' in its own land. Furthermore such an initiative could inhibit the ambitions of France's neighbour and rival, England. Native peoples would be treated with dignity and would intermarry with the colonisers 'pour ne faire dèsormais avec eux qu'un Seul et même peuple'. He then supplies a host of detailed arrangements for such colonies. He recognises that:

> les principes que je viens d'exposer, Sont peu d'accord, je L'avoue avec Ceux de la politique européenne, qui a toujours èté de tenir les colons dans une dépendance servile de la mêtropole. mais dans le nouvel ordre de choses qui va luire pour nous, nous devons changer de conduite, ainsi que de principes. nous devons regarder la fondation de ces colonies, moins comme un objet de Spêculation et de commerce, que comme un achéminement â la civilisation des australiens.

Towards the end of the letter he asserts: 'ces idées, Monsieur, je les ai puisées dans vos ouvrages; je vous les rends comme un bien qui vous appartient.' However flattering these comments might have been, we have no knowledge of any reply from Bernardin.[38] What we do

---

38 In a letter to Mme de Pompéry, penned in April/May 1790, Bernardin talks about having received a letter from a 'professeur de rhétorique' from Angers. He had asked him to draft 'un plan d'éducation nationale'. The unnamed correspondent must surely have been Mévolhon.

know is that Mévolhon pronounced the constitutional oath in January 1791 and changed his first names to Civique-Penn as a committed Revolutionary.[39] At his instigation, the *Affiches d'Angers* published in its issue 128 on Friday, 23 August 1793 (p.525-26) a petition to the Convention to propose the colonisation of the South Seas. Civique-Penn Mévolhon begins his petition with the remarks: 'Vous avez anéanti la royauté; vous avez donné au peuple franc une constitution vraiment républicaine; et, lorsque vous aurez organisé une éducation nationale, votre mission semblera finie.' He asserts that 'le double despotisme du trône et l'autel' has been removed. Now he proposes colonies in the southern hemisphere:

> La civilisation des Australiens fut dès ma première jeunesse l'objet de mes rêveries les plus chères [...] et je cède au besoin de croire que les îles de la mer du Sud seront un jour peuplées d'hommes libres qui devront aux Français d'Europe leur bonheur et leur liberté![40]

He finishes by inviting those with navigational knowledge to contact him with their thoughts on his proposal.[41]

We saw in the last chapter that Bernardin sought to establish himself as a professional writer in managing the processes involved in producing, advertising and selling his works. His preoccupation with piracy was shared with other writers, for example Louvet de Couvray.[42] The problem was aired at the Comité d'instruction publique on Wednesday, 20 February 1793: 'Le Comité accorde la parole à Chénier pour faire au petit ordre du jour, lundi prochain,

---

39 He was the principal author of the *Calendrier du peuple franc, pour servir à l'instruction publique; rédigé par une société de philanthropes* (Angers, De l'imprimerie de Jahyer et Geslin, 1793), 194 pages. The calendar records the names of those who have worked for humanity, have rooted out superstition, are secular saints, while 'les noms des Héros religieux doivent être rejetés comme dangereux' (p.9). Bernardin is a rare living person to be listed and praised, although he is chided for his refusal to assume a formal role in government (p.159). Mévolhon attended the Ecole normale (Benjamin Bois, *La Vie scolaire et les créations intellectuelles en Anjou pendant la Révolution (1789-1799)*, Paris, 1929, p.46).
40 Celestin Port, *Dictionnaire historique, géographique et biographique de Maine et Loire*, vol.2 (Paris, 1874), p.669.
41 Bernardin appeared as a fictional interlocutor in Louis-Nicolas Benjamin Bablot's *Dialogue entre Cidabot-Méblen et Bernardin de Saint-Pierre, auteur des Etudes de la nature* (Paris, Chez les marchands de nouveautés, 29 frimaire An VI). I thank Malcolm Cook for drawing this text to my attention.
42 Hesse, *Publishing and cultural politics*, p.118.

un rapport sur les contrefaçons.'[43] Despite his ideal of personal independence, Bernardin realised the value of having contacts in government circles. He was thus still ready to accept *pensions* as necessary for his material survival. Whereas, in his early days, he regarded financial recompense from government sources as a justified payment for his services in Poland and the Indian Ocean, he considered the *Voyage à l'île de France* and the *Etudes de la nature* were contributing to the well-being of the nation. His portrait of Mauritius pinpointed the problems of colonisation and a slave economy, as well as the health risks of long-distance navigation.[44] He believed that his explanation of the role of tides would be useful for shipping, and hoped that his reformist ideas for France would receive a welcome on high. He saw himself as a one-man think-tank.

Nevertheless, most of the enthusiastic letters from readers did not praise Bernardin's scientific or social ideas. Most admirers eulogised his moral and religious stance, while often lauding the qualities of his style. For many he was a new species of author, although often envisaged in a line back to Jean-Jacques Rousseau and Fénelon. Here was someone in whom they could confide, from whom they could seek solace and who could act as a guide to direct or rehabilitate their lives. His trajectory as a writer fits in well with Paul Bénichou's formula, 'le sacre de l'écrivain'. Bernardin's reputation put him on a different level compared to someone like Voltaire. While Voltaire could be admired as a champion of religious tolerance, as a commentator on the ills of France, whom countless correspondents wished to contact, he could not be considered as an agony uncle. Willy-nilly, Bernardin assumed that role. Whereas Voltaire often published works anonymously or pseudonymously as a tactical ruse, after the *Voyage à l'île de France*, Bernardin's name was printed on the title page, a concrete example of authenticity. The pilgrimage to the château of Ferney was replaced by a journey to Bernardin's modest house in the rue de la Reine blanche. The generally positive advocate of French civilisation lived in the countryside near Switzerland; its

---

43 Guillaume, *Procès-verbaux*, p.347.
44 Although attracted by aspects of Bougainville's portrayal of the South Seas, he was alarmed by the 'implications philosophiques les plus militantes telles que l'hédonisme sensualiste et le matérialisme antichrétien' (Jean-Michel Racault, 'Bernardin de Saint-Pierre et le mythe de Tahiti', *Wiek Oświecenia* 31 (2015), special issue: *Bernardin de Saint-Pierre i jego koniec wieku*, ed. Marcin Cieński, Anna Grześkowiak-Krwawicz and Teresa Kostkiewiczowa, p.29-51, 31).

frequent detractor resided in the French capital until his move, just outside, to Essonnes in 1793.

Nonetheless, superstar status as a writer had its drawbacks. How could Bernardin possibly live up to such an idealisation? Such a problem is presented in the letters of a would-be disciple, Mme d'Arbaud de Montelet. Nothing certain is known about her, although she could be the wife or relative of the anti-slavery campaigner Arbaud de Montelet, who was a correspondent of Brissot. Mme d'Arbaud de Montelet, writing from the rue Saint-Dominique in Paris, had formed her own picture of Bernardin from reading his works. In what is patently not her first letter, she declares:

> jai cherché, Monsieur, dans l'auteur de paul et virginie, un habitant du monde idéal dont parle j.j. dans son premier dialogue. vos deux reponses que je reçois à la fois, vôtre laconisme, m'anoncent que vous êtes auteur, décidement auteur. Sept à huit cent lettres, et visites par an! je vous plains si vous en êtes réduit là. d'après cette annonce, qu'entendès vous donc, par retraite, et vie solitaire? Surchargé de visites, de lettres, d'ecritures? ha! je n'augmenterai pas cette Surcharge, Si pareilles occupations vous plaisent et Sont de votre choix. Je Suis devenue trop Sauvage, pour pouvoir me montrer dans une retraite si fréquentée. je regrete que vous ne Soyiès, Monsieur, qu'un auteur, et que votre genre de vie, Soit le même, que celui de M^{rs} les gens de lettres, vos confréres. j'ai cru dans la simplicité de mon coeur, j'ai cru que vous étiés un vrai disciple de mon apotre, que vous n'écriviès, que par le besoin irrésistible, qu'ont les ames douces et Sensibles, de s'épancher; mais vous êtes auteur, trés occupé, très affairé, très Surcharge d'écritures et de visites, la mienne vous Seroit trés inutile, et peut être trés désagréable.

In this letter of 1 February 1789 she marked a disappointment that Bernardin was not a different type of person wielding a pen from the 'deux reponses' (now lost) that she had received from him. She craved a radical change in the personality and vocation of writers. She offers a self-portrait:

> ignorante comme une créole, croyant en dieu, à Sa providence et la vertu comme une disciple du bon j.j. que pourrois je dire à un homme de lettres? Ha! rien, rien! j'aurois eû beaucoup à dire au Viellard parein de paul, il me Sembloit fait pour m'entendre. mais vis à vis d'un auteur de proffession je ne sais que fuir ou me taire.

Reminiscences of *Paul et Virginie* underpin her remarks, as the young boy and girl are described as 'ignorants comme des Créoles' (*OCBSP*

1, p.197). She likes to consider herself as uncorrupted by formal education while probably identifying the Vieillard who relates the tale with Bernardin himself. Emotionally attached to Rousseau – 'j'etois nèe pour j.j.' – she is disappointed in Bernardin, yet she may have received the wrong impression. She would be happy to join him in 'une de vos promenades Solitaires'. Her views are forthright the following year. In a letter of 14 February 1790, in response to a lost letter of Bernardin of 6 February, she declares:

> j'ai voué mon estime à paul, et à son parein, je ne me retracte pas; mais je ne veux point de liaison d'amitié surtout, avec celui qui ne penseroit pas réellement ce qu'il écrit et qui auroit des sentimens opposès à ceux qu'il montre dans le petit ouvrage. d'après cette confession jugès moi, jugès vous, et prononcès Monsieur, entre nous, vous croyant tel que se peignent paul et son parein. je vous ai nommé mon ami sans hésiter. vous m'avez écrit être surchargé par une foule de visites. 7 à 8 cent lettres ou visites par an.

She believes that he could conform to her image of him:

> votre bil[let] m'a prouvé que vous saviés revenir sur vos pas, et convenir de vos torts, ce trait caractérise une belle ame montre qu'elle se sert de quoi les réparer, et jamais M^{rs} les auteurs philosophes, ne sauroient en être capables. ils sont tous infaillibles et malheur a qui oseroit en douter.

She hammers home her convictions:

> je vous ai dit, et je vous le repéte, que paul, et son parein, sont des hommes selon mes principes et mon cœur; que les gens de lettres, les auteurs de profession, sont des gens que je fuis, que je mésestime, que je hairois si mon cœur pouvoit haïr. que j'ai en horreur, tous les soi disants philosophes modernes.

She has not received a reply and writes again on 23 February 1790 with the suspicion that her servant has not delivered the letter. She still yearns to see him:

> je désire toujours, Monsieur, connoitre l'auteur de paul et virginie; si les principes et les sentimens qu'il attribue à paul et à son parein, sont les siens, il est certainement un habitant du monde idéal que peint, j.j. dans les premiéres pages de son 1.er dialogue et alors il est mon compatriote, mon frère, et sera surement mon ami.

The absence of a reply prompted another missive around 5 March, where again she raises questions about his integrity: 'la difficulté que vous faites de me répondre, me fait craindre que, celui qui m'écrit, et le parein de paul ne soient très diférens; alors, je ne vous demande plus rien.' Despite that final assertion, she is willing to commit 'une entorse à mes principes' by visiting him at a time of his choosing. Bernardin is envisioned as some form of secular saint, as an incarnation of transparency. Sadly, we possess no follow-up to her entreaties, although Bernardin kept the cited letters.

In the chapter dealing with celebrity, Bernardin's health problems were recorded. Here I shall revisit one aspect, the issue of melancholy. His problems with this condition began before he embarked on his career as a writer. Taubenheim had written to Bernardin as early as 28 December 1765: 'Bannissez, de grâce, Chérissime Ami, toute mélancolie, et fiez-Vous à cette Providence, qui ne laisse pas de rendre à la fin justice à quiconque a eu de la confiance en Elle.' Having talked about the 'melancolie' of her son in August 1771 (BSP_0222), Marion Delaville-Jehannin tells Bernardin on 24 May 1772, 'ne vous livrez pas tant a vôtre melancolie.' In letter 8 of the *Voyage*, he contends that 'On trouve le long des ruisseaux au milieu des bois, des retraites d'une mélancolie profonde' (p.554). Even after the publication of the *Voyage*, Bernardin was still afflicted. On either the 19 or the 26 October 1773, D'Alembert informs him: 'Ce serait bien mal juger de mademoiselle de Lespinasse, monsieur, que de croire qu'elle vous eût fait un tort de votre mélancolie.' Melancholy may be envisaged as a manifestation of sensibility. In the *Voyage à l'île de France*, Bernardin declares: 'Ce sont des gens mélancoliques qui aiment mieux sentir que raisonner' (p.765). He comments on Virgil: 'Ses perspectives, plus variées, ont aussi plus d'étendue, et inspirent, par la magie de leurs couleurs, une mélancolie douce, qui vous plonge dans des méditations ravissantes' (*HN*, vol.1, p.308-309). The Vieillard observes in *Paul et Virginie*: 'Je trouvai dans madame de la Tour, une personne d'une figure intéressante, pleine de noblesse et de mélancolie' (*OCBSP* 1, p.189). Paul and Virginie are endowed with 'une sensibilité extrême, et même celle d'une légère mélancolie' (p.199). Nevertheless, melancholy could have negative connotations in the same work (see p.254, 270 and 297). On 11 October 1786, Mme de Genlis observed in Bernardin the same problem: 'je vous ay trouvé L'air de La bonté de La Sensibilité, je m'attendais à tout cela, mais j'ai cru remarquer en vous un fonds de mélancolie qui m'a beaucoup touchée.' Bernardin had admitted to Hennin on 15 June 1784 that his health 'est souvent dérangée par des affections de melancolie'.[45] There is, of course, the 'pseudo-Aristotelian' notion that regards 'melancholy as the disease of genius', and the 'culture of sensibility' as 'a driver for the desirability of the "nervous" body in all senses of the term'.[46] For some, 'melancholy could be a sign of heightened sensibility, depending on the severity of the symptoms' (p.495). Anne C. Vila contends that a strand of Enlightenment thought 'portrayed intellectuals as peculiarly susceptible to altered states of health as well as psyche',[47] and that *gens de lettres* were considered prone not simply to bodily sickness, but also to reclusiveness' (p.4). Vila's observations are relevant to Bernardin and his self-diagnosed suffering.[48] By disclosing his melancholy and other maladies to a wide variety of correspondents and readers, Bernardin was reinforcing his image as someone of extreme sensibility.[49] Such sensibility was fashionable, and bestowed on him an aura of modernity: he was a trend-setter. This intimacy of his avowals underscored his authenticity and, intentionally or not, promoted his celebrity in this era of change. The recluse could be perceived as a leader.

A leader and teacher of great moral authority was Socrates. It would seem plausible to suggest that Bernardin identified himself with the Greek sage as someone persecuted for his philosophy in his own day. His last published work appeared in extracts in the *Mercure de France* in 1807, and a full version was printed in 1808 – it was entitled

---

45 Bernardin complained regularly about his nerves. He had informed his friend on 19 May 1784 that 'j'ai depuis un mois une douleur dans le bras droit dont le siege est dans le Cubitus pour parler en docteur. mais l'origine est dans les nerfs.' He complains on 3 June 1785 about a 'mal de gorge' and a 'mal de tete', 'à cela se joignent des foiblesses et des mouvements spasmodiques qui se combinent avec touttes mes maladies phisiques et morales. le siege de ceux ci est dans les nerfs' (cf. 2 August 1785, 11 August 1785 and 13 January 1786).
46 Anita O'Connell and Clark Lawlor, 'Fashioning illness in the long eighteenth century', *Journal for eighteenth-century studies* 40:4 (2017), p.491-501 (492).
47 *Suffering scholars: pathologies of the intellectual in Enlightenment France* (Philadelphia, PA, 2018), p.2.
48 Bernardin is not mentioned in her monograph.
49 Rousseau disliked his reputation for melancholy (see Rudy Le Menthéor, 'Melancholy vaporised: self-narration and counter-diagnosis in Rousseau's work', *SVEC* 2013:04, p.107-23). Voltaire frequently talks of his illnesses in his correspondence. However, one cannot imagine Bernardin curing his melancholy in the following fashion: 'J'étais dans une si horrible mélancolie que pour me guérir j'ai fait venir toute la troupe des comédiens de Genêve' (to the comte and comtesse d'Argental, 19 September 1766, D13569).

La Mort de Socrate.[50] Versions of the text may have been drafted many years before.[51] Bernardin mentions the text in a letter (possibly in 1806) to Joseph Bonaparte (BSP_1872). He writes apologetically to Pierre Marie Claude Robin on 17 November 1807:

> Je vous aurais écrit plus tôt, si je ne m'étais trouvé dans l'embarras de collationner avec ma femme les copies des morceaux de ma Mort de Socrate que j'ai fait insérer dans le Mercure; je vous en parle parce qu'il y a quelques motifs de consolation qui pourraient vous distraire.

He sends a printed copy to Joseph Bonaparte in Naples at an unspecified date in 1808 (BSP_1943). He observes that his correspondent had heard it read at his residence in Mortefontaine.

The name of Socrates is not to be found in the surviving letters of Bernardin until a missive to his first bride, Félicité, in September/October 1792. There Socrates is evoked as an example of an older man marrying a young woman: 'Socrate plus vieux que moi épousa une jeune femme.' However, he certainly features in his published writings. His name appears about twenty times in the *Etudes de la nature*. Nevertheless, its appearance in the dialogue between Paul and the Vieillard is probably the most telling, as the sage embodies many of his creator's views.[52] The Vieillard explains the philosopher's unjust fate: 'Socrate, qui en donna aux Athéniens de si aimables leçons, par ses discours et par ses mœurs, fut empoisonné juridiquement par eux' (*OCBSP* 1, p.275). Here is the kernel of *La Mort de Socrate*.

When extracts of the text were published for the first time in 1807, Bernardin was seventy years old. Although he was still working on the *Harmonies de la nature*, it must have crossed his mind that this might be his last opportunity to address his public. What better garb to don than the clothes of an ancient sage who died for his beliefs? In conversation, Socrate reiterates many of Bernardin's beliefs: 'Dieu ne fait rien

---

50 Raymond Trousson writes that, in this work, 'Socrate y est le défenseur de la religion naturelle' (*Socrate devant Voltaire, Diderot et Rousseau*, Paris, 1967, p.26). For an analysis of the generic nature of this and similar texts, see Vincenzo De Santis, 'Trois drames méconnus du tournant des Lumières: notes sur le théâtre de Bernardin de Saint-Pierre', *Dix-huitième siècle* 48 (2016), p.441-59.

51 Fernand Maury proposes between 1773 and 1784 (*Etude sur la vie et les œuvres de Bernardin de Saint-Pierre*, p.509).

52 The satirical thrust of this dialogue can be regarded as not in keeping with the general tone of the work. Such a judgement fails to recognise that Bernardin believed such a seeming discordance contributed to the final harmony of contrasts in the text.

en vain' (*BSPOC*, vol.1, p.649b); 'le matérialisme abrutit et endurcit le cœur. [...] l'athéisme est la plus terrible punition de l'athée'(p.653a); '[le] monde a [...] été fait par une Providence très sage, très puissante et très bonne' (p.654a). Socrate stresses his civic role: 'Je reconnais que j'ai bien mérité de la patrie, et qu'attendu ma pauvreté, elle doit me nourrir jusqu'à la fin de mes jours, que j'ai employés à l'éclairer et à la servir' (p.655b). He accepts his death with dignity, drinks the proffered hemlock and leaves an example of moral virtue for posterity.

Bernardin's leadership credentials were to be recognised publicly, as we have seen, in his appointments as the *intendant* of the Jardin du roi and as the *professeur de morale républicaine* at the Ecole normale. Through his writings, Bernardin became an activist. Readers often responded to his works on an emotional level through their letters. They became concerned with his health, with a search for plants for his garden, even his quest for a wife. They consumed his immense knowledge of flowers, plants, forests, animals, fish with inner satisfaction. Bernardin displayed for them the wonders of creation. Moreover, his was a reassuring voice who proclaimed that there was a purpose in the world. Clarence J. Glacken writes:

> Proof of the existence of divine purpose involved consideration of the assumed orderliness of nature, and if this orderliness were granted, the way was open for a conception of nature as a balance and harmony to which all life was adapted.[53]

Bernardin was concerned at the human interference with nature, for instance deforestation. It would be difficult to read the Book of Nature if words, phrases and sentences were missing.[54] Such fears were born from his travels, particularly to the Indian Ocean.[55] For Bernardin, the countryside conveyed a sense of belonging rather than an idea of ownership. It would nevertheless be going too far to label him an

---

53 *Traces on the Rhodian shore: nature and culture in western thought from ancient times to the end of the eighteenth century* (Berkeley, CA, 1973), p.36. It can be argued nevertheless that the view of nature can change: 'l'idée que nous faisons de la nature est une construction historique spécifique' (Michel Blaye, *Dieu, la nature et l'homme: l'originalité de l'Occident*, Paris, 2013, p.11).
54 To appreciate fully the Book of Nature, one needs the help of others: 'l'homme, quoique ému à la vue du grand livre de la nature, ne peut y lire qu'à l'aide de ses semblables' (*HN*, vol.2, p.187).
55 Patrick Matagne notes the importance of voyages of exploration for the origin of 'idées écologistes' (*Comprendre l'écologie et son histoire*, Paris, 2002, p.14).

ecologist.[56] Despite occasional remarks, his disquiet came predominantly from physico-theological notions rather than scientific observation. Bernardin still held to a view that the world contained mysteries.[57] People should be made aware that they cannot know everything: 'Il est très essentiel d'accoutumer les hommes à penser qu'il y a, dans la nature, des causes et des effets qui échappent à leur vue, et même à tous leurs sens' (*HN*, vol.1, p.356).[58] One might suggest that he had an inkling of the impact of human activity that would now be termed the Anthropocene. He was broadly aware that the 'Earth functions as an integrated system of interacting physical, chemical, biological and human components'.[59] He believed that nature was not static, and suggests that 'L'histoire de la nature est un édifice à peine commencé' (*HN*, vol.1, p.132).

As has been emphasised, Bernardin adhered to an interpretation of the world which advocated the key idea of harmony. He provided a concrete proof which his readers could acknowledge: 'Les deux sexes naissent et meurent en nombre égal' (*EN*, p.361), and in the same work: 'cette loi si vulgaire et si admirable, qui fait naître les femmes en nombre égal aux hommes' (p.521).[60] In explaining that there were *convenances* even in contrasting elements, he seduced his readers into sharing a holistic vision. Some might judge this vision to be a fiction. Yuval Noah Harari asserts that 'fiction has enabled us not merely to imagine things, but to do so *collectively*. We can weave common myths.'[61] Bernardin's fan club followed this pattern. Yet not all of his

---

56 The temptation is there, as Bernardin is depicted as 'l'un des pionniers des notions d'écosystème et de chaîne alimentaire' (Françoise Sylvos, 'Le comparatisme religieux dans les *Etudes de la nature*', in *Lumières et océan Indien*, ed. C. Meure and G. Armand, p.213-32, 218).

57 See the perceptive article of Robin Howells, '"J'aime à voir l'univers peuplé": re-enchanting the world in Bernardin de Saint-Pierre', *Modern language review* 112:2 (April 2017), p.341-61.

58 Cf. 'Quoi qu'en disent nos docteurs, nous ne saisissons que des causes finales' (*HN*, vol.2, p.28) and 'Les opérations de la nature nous seront à jamais inconnues, nous ne pouvons en entrevoir que les résultats: la connaissance des causes premières n'appartient qu'à celui qui en est le moteur; mais celle des causes finales est à la portée de l'homme, qui en a la jouissance' (p.88).

59 Simon L. Lewis and Mark A. Maslin, *The Human planet: how we created the Anthropocene* (London, 2018), p.20. Bernardin did not, however, see the impact of the Industrial Revolution.

60 Cf. 'La politique a trouvé que les hommes et les femmes naissent communément en nombre égal' (*HN*, vol.3, p.245).

61 *Sapiens: a brief history of humankind* (London, 2014), p.27.

contemporaries subscribed to his worldview. The mystic Louis-Claude de Saint-Martin was one:

> S‍ᵗ-Pierre, de l'Institut me paroit un excellent homme. Nous avons dîné ensemble chez nos bonnes amies Maison-Neuve. Il est toujours persuadé de la perfection de la nature, et il travaille à en peindre les harmonies. Je voudrois bien savoir comment il s'y prendra pour nous peindre les harmonies de la colique, du buhon-upas, du serpent-sonnette, et de tous les insectes malfaisants.[62]

Some may have sympathised with Saint-Martin's objections, but Bernardin would have responded that this was distorting the big picture by focusing on minor details out of context.

Bernardin judged that individuals who could be convinced of his doctrine of harmony could achieve it in themselves, and then play a part in achieving it in social and political terms. Mauritius had no native population, and thus all its inhabitants were incomers, be they from Europe, India or Africa. For the fictional funeral of Virginie, against all historical plausibility, Bernardin brings them together. The procession is led by soldiers with their rifles lowered followed by eight 'jeunes demoiselles des plus considérables de l'île', a choir of young children, distinguished people, the authorities and the governor 'suivi de la foule du peuple'. This was the plan. However, all of a sudden:

> On vit accourir [...] des troupes de jeunes filles des habitations voisines, pour faire toucher au cercueil de Virginie, des mouchoirs, des chapelets et des couronnes de fleurs, en l'invoquant comme une sainte. Les mères demandaient à Dieu une fille comme elle; les garçons, des amantes aussi constantes; les pauvres, une amie aussi tendre; les esclaves, une maîtresse aussi bonne. (*OCBSP* 1, p.296)

---

62 *Mon portrait historique et philosophique (1789-1803)*, ed. Robert Amadou (Paris, 1961), no.1007, p.407. Elsewhere Saint-Martin was surely thinking of Bernardin among others when he declared: 'Et véritablement ce que je lis de ces harmonies de la nature, composées de la main des hommes, produit en moi plus de douleur que de plaisir, car je vois que tout ce qu'ils nous donnent en ce genre s'appuie sur une base fausse, en ce qu'ils oublient que la nature est dégradée, et qu'ainsi, en lui prêtant sans cesse ce qu'elle n'a plus, ils ne m'offrent que les fantastiques tableaux d'une imagination égarée' (*Le Ministère de l'homme-esprit par le philosophe inconnu*, Paris, An xi [1802], p.395-96). Likewise in: 'Il faut louer vos intentions, écrivains ingénieux et sensibles, qui nous peignez avec tant de charmes les loix et les harmonies de la nature; mais cette nature désavoue elle-même la plus grande partie de vos délicieux tableaux' (*L'Homme de désir*, Lyon, J. Sulpice Grabit, 1790, p.301).

Virginie is to be universally venerated by young and old, the poor and the slaves. When her body arrives at her grave:

> Des négresses de Madagascar et des Cafres de Mozambique, déposèrent autour d'elle des paniers de fruits, et suspendirent des pièces d'étoffes aux arbres voisins, suivant l'usage de leur pays. Des Indiennes du Bengale et de la côte Malabare, apportèrent des cages pleines d'oiseaux, auxquels elles donnèrent la liberté sur son corps; tant la perte d'un objet aimable intéresse toutes les nations, et tant est grand le pouvoir de la vertu malheureuse, puisqu'elle réunit toutes les religions autour de son tombeau! (p.296-97)

One recalls the reconciliation of differing views in Bernardin's tales, but there is an extra dimension here. We witness the spontaneous response of humanity: irrespective of status and cultures, all recognise supreme virtue. Postcolonial criticism has suggested that these scenes may be read as the awakening of a first, national consciousness on the island. That may be so. Nonetheless, a demonstration of universal humanity is arguably the paramount lesson.

Such a lesson is displayed in the *Vœux d'un solitaire*, published in 1789, the year following the success of *Paul et Virginie*. It is an appeal to France to act as a beacon for those suffering misfortune throughout the world:

> Oh! Qu'il serait digne d'une nation éclairée, riche et généreuse, d'y naturaliser des hommes étrangers, et de voir dans son sein des familles asiatiques, africaines et américaines, se multiplier au milieu des plantes mêmes dont nous leur sommes redevables! Nos princes élèvent dans leurs ménageries, près de leurs châteaux, des tigres, des hyènes, des ours blancs, des lions et des bêtes féroces de toutes les parties du monde, comme des marques de leur grandeur; il leur serait bien plus glorieux d'entretenir autour d'eux des infortunés de toutes les nations, comme des témoignages de leur humanité. (*BSPOC*, vol.1, p.713a)[63]

---

63 Bernardin had already proposed Paris as a 'lieu d'asile' in the *Etudes*: 'Après avoir rendu la capitale très heureuse et très bonne pour les hommes de la nation, j'y inviterais les peuples étrangers de toutes les parties du monde' (p.876). He had expressed a comparable wish in *L'Arcadie*: 'qu'elle [cette ville] réunira dans son sein des hommes de toutes les nations; que l'ignorant viendra chercher les lumières, l'infortuné des consolations, et que les dieux s'y communiqueront aux hommes comme dans l'heureuse Egypte. Mais ces temps sont encore bien éloignés' (*OCBSP* 1, p.616). Caroline Jacot Grapa notes that 'la question du droit d'asile' was not 'à l'ordre du jour' when the *Vœux* was published ('Visions cosmopolites de Bernardin de Saint-Pierre et Anarcharsis Cloots', *Textuel* 44, 2004, p.67-84, 74).

It is a remarkable statement which came out in September, only two months after the storming of the Bastille. It suggests a new role for a regenerated France as a leader of universal humanity. (From a postcolonial perspective, the sentiments could be, of course, censured as being narrowly Eurocentric.)[64] In passing, one notes the jibe at the frivolous use of menageries by princes, perhaps already a hint at what Bernardin would propose as a better use of such collections in 1792. Further on, he waxes lyrical about his vision of the future in what resembles a newly created ecosystem:

> Quel spectacle plus grand, plus aimable et plus touchant, que de voir sur des montagnes et dans des vallées françaises, des arbres de toutes les parties de la terre, des animaux de tous les climats, et des familles malheureuses de toutes les nations, se livrant en liberté à leur goût naturel, et rappelés au bonheur par notre hospitalité! (p.715a)

He depicts representatives of various nationalities living in harmony:

> Un Turc silencieux, échappé au cordon du sérail, fumerait gravement sa pipe; tandis que, dans son voisinage, un Grec de l'Archipel, joyeux de n'être plus sous le bâton des Turcs, cultiverait, en chantant, l'arbrisseau du laudanum. Un Indien du Mexique effeuillerait le coca, sans être forcé par un Espagnol d'aller le boire dans les mines du Pérou; et près de là, l'Espagnol méditant lirait tous les livres propres à l'instruire, sans craindre l'inquisition. Le Paria n'y serait point voué à l'infamie par le Brame, et de son côté le Brame n'y serait point opprimé par l'Européen.

The whole passage is a celebration of potential change: the peoples of the whole world can modify their conduct and dwell side by side in peace. As was the case with the menageries, the reference to the pariah may be a foretaste of the untouchable hero in *La Chaumière indienne*, published just over a year later.

It can be argued that Bernardin was essentially a political writer.[65]

---

64 There was a tension within Bernardin between French patriotism and cosmopolitan ideals. The meaning of 'cosmopolitan' at the time is not clear-cut (see Mary Helen McMurran, 'The new cosmopolitanism and the eighteenth century', *Eighteenth-century studies* 47:1, 2013, p.19-38, and Ingvild Hagen Kjørholt, 'Appropriations of the cosmopolitan in early modern French literature', *Forum for modern language studies* 51:3, 2015, p.287-303).

65 There is only one full-length study of his thinking in this area: Anastase Ngendahimana, *Les Idées politiques et sociales de Bernardin de Saint-Pierre* (Berne, 1999). While this monograph drew welcome attention to this neglected aspect of

His thoughts were derived from a combination of his personal experience and deep-seated religious and moral convictions. In the context of France, a claim can be made that he was an opportunist who moved from being a monarchist to a republican to a supporter of Napoleon. By temperament he was a moderate. He supported a reformed monarchy, shared some of the reformist aims of the Revolution and was probably happy to accept stabilising aspects of the Napoleonic era. As we saw in chapter 3, he advocated changes in the restrictive practices of the academies, demonstrated humanitarian concern against the evils of slavery and the plight of the poor. He was an opponent not of colonisation but rather of the practice of the French government in his own time. He understood the crucial importance of national education for the future of his country, foreshadowing its importance in the Revolution. David Williams contends: 'For Condorcet, educational reform went to the heart of the mission of the Revolution, liberation from ignorance and prejudice being in his view the key to true political freedom in an enlightened Republic of Citizens.'[66] Bernardin endorsed similar sentiments in the *Etudes de la nature* and elsewhere. Whether he and Condorcet exchanged views on the topic when they were acquainted in the 1770s is not known. Bernardin lived through the Revolution physically unscathed, but probably not emotionally.[67] He remained in Paris or its outskirts throughout the 1790s. He refused to belong to any political factions. His renowned friendship with Rousseau may well have been useful.[68]

---

his thought, an investigation based on the new edition of the *Œuvres complètes* and correspondence would be invaluable. Insightful investigations have nevertheless been published by Yannick Bosc and Didier Masseau: 'Liberté, propriété et ordre social chez Bernardin de Saint-Pierre' (p.49-62) and 'Bernardin de Saint-Pierre sous la Révolution: discours politique et représentation de l'écrivain' (p.63-76) respectively, in *Bernardin de Saint-Pierre: idées, réseaux, réception*, ed. S. Anton, L. Macé and G. Thibault.

66 *Condorcet and modernity* (Cambridge, 2007), p.32. Education was likewise important for a correspondent of Bernardin's, Dupont de Nemours (see Manuela Albertone, 'Dupont de Nemours et l'instruction publique pendant la Révolution: de la science économique à la formation du citoyen', *Revue française d'histoire des idées politiques* 20:2, 2004, p.129-47).

67 *L'Amazone* is, in some respects, a novel of emigration.

68 Concerned that the Commission exécutive de l'instruction publique might think that he was building a luxurious house in Essonnes, he stated on 25 June 1794 that it is 'entourée d'un verger, d'un potager et d'une lisiere de prairie, elle est telle enfin par sa simplicité, qu'il convenoit à l'etude de la nature, et que Jean Jacques, mon ancien ami eut aimé à l'habiter'. As evidence of Rousseau's

He nevertheless could not have been unaffected by the execution of friends and acquaintances such as Brissot, Mme Roland, the abbé Fauchet, the marquis de Valady and Olympe de Gouges.[69] It is not unreasonable to suggest that unnamed 'amis' may also have been victims or simply imprisoned like Louis-Sébastien Mercier.[70] One can forget that, financial worries apart, Bernardin was more settled during the Revolutionary period with a wife and children. He could describe himself as a family man whom the regime should support in his straitened circumstances. He would have recourse to the same argument in the Napoleonic period, when he could no longer claim to be an outsider. He was a grand old man of letters who became a member of the Académie française in 1803,[71] its president in 1807 and received the *légion d'honneur* in 1806. He was now an insider.[72]

The focus in this study has been on Bernardin as a witness to a period of transformation. There is no doubt that he felt a deep sense of belonging to France despite his frustrations. He knew that defeat at the end of the Seven Years War, a global conflict, with its loss of

---

prestige in Revolutionary circles at that time, his remains were transferred to the Pantheon on 11 October 1794.

69 Olympe de Gouges wrote a short letter to him on 27 July 1792. It begins: 'L'homme de génie, l'homme éclairé'. She showed her admiration in a pamphlet: 'Sensible auteur de l'intéressante Virginie, peintre brillant de la nature, tu m'as persuadée, dans ta simple et touchante conversation, que j'étais un ange de paix: j'accepte avec transport ce titre glorieux; il me prescrit un nouveau devoir plus digne de mon ame et de mes principes' (*La Fierté de l'innocence, ou le Silence du véritable patriotisme*, Paris, De l'imprimerie nationale, 1792, p.15).

70 He had written to Mercier on 24 January 1791: 'Je suis charmé, Monsieur, de votre suffrage. vous lui donnés comme a tout ce que vous dittes un tour agréable et piquant. ma chaumière indienne n'est qu'un petit ouvrage. ce n'est qu'un petit flacon ou j'ai mis quelques gouttes d'essence de philosophie. quoique je ne suis d'aucun club ni academie, je n'en estime pas moins ceux qui pensent comme vous parce que avant tout ils sont au club du genre humain.'

71 Bernardin did not appear on the first list for members for the relaunch of the Académie française proposed by Lucien Bonaparte in 1800. His subsequent inclusion on the list was opposed by Suard, Saint-Lambert and the abbé Morellet 'parce qu'on savait qu'il parlait sans cesse de l'Académie française avec beaucoup d'amertume' (*Mémoires inédits de l'abbé Morellet, sur le dix-huitième siècle et sur la Révolution*, vol.2, Geneva, 1967, p.89).

72 Bernardin's relationship with the Bonaparte family is yet to be properly assessed. Napoleon wrote to him on 17 December 1797 having just received 'un exemplaire de vos ouvrages', stating that 'Votre plume est un pinceau' and hoping that he will have the time to 'finir votre grand ouvrage' (doubtless the *Harmonies de la nature*).

overseas territories, was a turning-point. France needed to exploit openings in other parts of the world, where he hoped to put in place opportunities for both personal and national gain. The success of the insurgents in North America in freeing themselves from the yoke of Britain showed how the world was changing. People had a sense that they could forge history, an awareness that could lead to a feeling of collective happiness.

I have mentioned that Bernardin had entertained thoughts of becoming a historian. Yet his gifts were not germane to that activity. He needed to employ imagination in the composition of his works, and thereby appeal to the imagination of his readership. The opening sentence of the 'Avant-propos' of *La Chaumière indienne* declares: 'Voici un petit conte indien qui renferme plus de vérités que bien des histoires' (*OCBSP* 1, p.807). As will have been obvious, he did not wish to belong to any group, not even to the *république des lettres*. Over the years, it has been suggested that he became a freemason, but there is no evidence. This is not to say that he did not know freemasons, Brissot being an example, or that he was unfamiliar with their doctrines. As a *solitaire*, he cherished his autonomy. He composed works which often defy generic classification. His first work, the *Voyage à l'île de France*, is not simply a travel account but also a work of polemic. The *Etudes de la nature*, in addition to evocative descriptions of natural environments, is a work attacking the scientific establishment and advocating social reforms. Its fourth volume in 1788, containing *Paul et Virginie*, complements the previous three in a fictional format. The pariah in *La Chaumière indienne* is not a spokesman for Indian religions, which were a fashionable topic in late-eighteenth-century Europe. On the contrary, the outcast embodies a capacity to relate to God in contemplating the universe without the help of books. Bernardin makes plain that ignorance is not the equivalent of error, as the former is natural while the latter is 'l'ouvrage de l'homme' (*OCBSP* 1, p.813). Nevertheless the pariah is not a model for a developed society: Bernardin knows that society cannot go backwards to an imagined state of nature. The pariah is employed as an exemplar of what should be a basic feeling of humans, a belief in God. In highlighting this view, Bernardin is fulfilling the rightful function of the writer, the guide and educator of human beings. For him, it is the justification of his existence which will lead to a posthumous glorification as one of the just. In his own mind, and indeed that of many of his correspondents, he is following in the line of Fénelon and Jean-Jacques Rousseau, as a benefactor of humanity.

Bernardin writes in the 'Préambule' to the 1806 edition of *Paul et Virginie* of the 'bienfaiteurs du genre humain' and lists, amongst others, Confucius, Pythagoras, Socrates and Plato (*OCBSP* 1, p.380). He envisages a place for such exceptional beings in an extraterrestrial existence. In consoling Paul after the death of Virginie, the Vieillard states rhetorically: 'il n'existerait rien pour nous parmi tant d'astres qui roulent sur nos têtes' (p.305). In the *Fragment sur la théorie de la terre*, the pilot is asked:

> vous croyez que le soleil a des habitants? C'est l'opinion du Français dont je vous ai parlé. Il lui paraît probable que Dieu, qui a fait de cet astre un des trésors de ses bienfaits, y a placé aussi des ministres de sa bonté. Il pense qu'il y a même des esprits intelligents qui comprennent le langage télégraphique des planètes, où nos astronomes ne calculent que des ascensions et des descensions. Il suppose qu'ils sont de la nature de la lumière, tantôt invisibles comme elle, voyageant à la faveur de ses rayons, chez des êtres qu'ils fortifient par des inspirations sublimes; tantôt visibles à volonté, revêtus de couleurs irisées, et se manifestant tout à coup à leurs yeux. N'est-ce pas de cet astre éclatant que l'homme a tiré les principaux symboles de sa gloire et de ses religions? Pourquoi Dieu, qui en fait une source de tous biens, n'y aurait-il pas mis les récompenses de la vertu? Nous naissons sur ce petit globe ténébreux, dans une ignorance imbécile, d'où nous ne sortons souvent que pour nous plonger dans des erreurs redoutables, lorsque nous nous écartons de la nature; mais dans cet astre, d'où découle par torrents la lumière, que Pythagore appelait le char des âmes, et Platon, le voile de la divinité, que de merveilles ineffables sont renfermées! (*BSPOC*, vol.2, p.385b)

The 'Français' who upholds this opinion is Bernardin. The sun is thus, perhaps poetically, the final destination of those who have served humanity.[73] He raises this possibility elsewhere.[74] The concluding words of volume 2 of the *Harmonies de la nature* state that those who

---

73 Colas Duflo contends that, for Bernardin, 'l'âme des justes va dans le soleil où, particule de lumière, elle est toute positivité, bonheur sans négation' ('La théodicée hétérodoxe des *Etudes de la nature* et son expression dans *Paul et Virginie*', *Wiek Oświecenia* 31, 2015, special issue, ed. M. Cieński, A. Grześkowiak-Krwawicz and T. Kostkiewiczowa, p.61-71, 68). For a contextual discussion of Bernardin's theodicy, see the same author's *La Finalité dans la nature de Descartes à Kant* (Paris, 1996).
74 The Vieillard in *Paul et Virginie* tells Paul: 'Sans doute il est quelque part un lieu où la vertu reçoit sa récompense. Virginie maintenant est heureuse. Ah! Si du séjour des anges elle pouvait se communiquer à vous' (*OCBSP* 1, p.305).

have acquired 'quelque degré de perfection par la vertu [...] vont, dans le soleil, astre éclatant d'où émane tout ce qu'il y a de plus beau sur la terre' (*HN*, p.501). Futhermore, celestial bodies might be named after the worthiest humans:

> Ne vaudrait-il pas mieux donner aux constellations et à leurs étoiles les noms des bienfaiteurs du genre humain? Ces monumens célestes ne seroient pas exposés à être renversés par l'envie; ils brilleroient aux yeux de toutes les nations, et réveilleroient peut-être dans leur âme les sentimens d'humanité qui devroient les réunir? (*HN*, vol.3, p.363)

Bernardin is envisaging humanity in a cosmic perspective; heaven and earth are equally natural creations of divine will.[75]

Recent decades have seen a substantial and evolving interest in Bernardin de Saint-Pierre.[76] For generations he was perceived as the author of the best-selling and much translated *Paul et Virginie* and little else. The renewed evaluations of his 'espèce de pastorale' doubtless drew attention to the riches of at least some of his other publications. It is now evident that he is one of the most significant figures on the cultural scene in late-eighteenth-century France. Even if he had an eye for posterity, he wrote very much for his own times. Moreover, he was appreciated as an informed commentator on the ills of his own society by a receptive readership. Historians of the French Revolution have neglected the *Vœux d'un solitaire*. Bernardin read extensively. Frustratingly, we do not know the precise sources of all his ideas as he tends not to quote them, particularly where contemporaries are concerned. He received some publications as gifts while borrowing books from friends and acquaintances. He never mentions possessing

---

[75] Bernardin appreciated the poems of Edward Young (1683-1765), published in translation by Letourneur in 1769. P. Van Tieghem states that for Young 'la contemplation des cieux étoilés est la meilleure preuve de Dieu, et l'astronomie est la plus utile servante de la théologie' (*La Poésie de la nuit et des tombeaux en Europe au XVIIIe siècle*, Paris, 1921, p.28). Bernardin would have endorsed those sentiments as well as the following extract from Letourneur's translation: 'La Religion est la fille de l'astronomie: un astronome athée ne peut être qu'un insensé' (*Les Nuits d'Young traduites de l'anglais par M. Le Tourneur* [...] *troisième édition, corrigée & augmentée du Triomphe de la religion*, vol.2, Paris, Chez Lejai, 1769, p.59).

[76] The much quoted monograph of Maurice Souriau still contains valuable information, but his assessments have been overtaken in many regards by modern scholarship (*Bernardin de Saint-Pierre d'après ses manuscrits*, Paris, 1905).

a library,[77] and no catalogue of volumes that he owned has come down to us. He owed a debt to classical authors such as Plato[78] and Plutarch, admired French writers such as Montaigne and La Fontaine, was familiar with the concepts from the physico-theological tradition without ever seemingly naming the abbé Pluche. He appreciated aspects of Voltaire's works but detested the materialistic outputs of d'Holbach. He loathed the followers of the so-called radical Enlightenment, associated with Spinoza and investigated by Jonathan I. Israel.[79] Certainly he admired the 'infortuné Jean-Jacques Rousseau' but it would be erroneous, even simplistic, to categorise him as his uncritical disciple when they diverged on several significant issues such as education and the notion of providence.[80] Could one, for that matter, imagine Rousseau being offered and accepting the posts occupied by Bernardin during the Revolution? Moreover, it is difficult to conceive of Rousseau as the president of the Académie française. Bernardin was his own man, someone who should not be classified either as a *philosophe* or as an *antiphilosophe*. It would be equally inappropriate to enrol him as a member of the so-called Counter-Enlightenment.[81] He

77 During the Directory Bernardin was allocated accommodation in the Louvre. The minister of the Interior, François-Sébastien Letourneux, wrote to him on 3 November 1797: 'Je vous préviens, Citoyen, que j'ai autorisé les Commissaires aux transports militaires, à vous fournir un chariot couvert et attelé, pour effectuer le transport dans votre logement au Louvre, de votre Bibliothèque et de vos papiers.' It would thus appear that he liked to be surrounded by some books.
78 Jean-François Champagne wrote to Bernardin on 24 September 1797: 'Permettés au foible interprète de la politique d'Aristote, de présenter cet ouvrage au platon de notre Siecle. Vous avés scu, comme cet illustre philosophe, allier aux charmes du style, la plus douce morale, et la plus saine philosophie. [...] Vous m'avés formé par la lecture de Vos excellens ouvrages, et je vous déclare que je vous dois beaucoup, et que Vous trouverés toujours un disciple constant dans celui qui a voué une estime aussi Vraie que méritée.' Champagne was the author of *La Politique d'Aristote, ou la Science des gouvernemens: ouvrage traduict du grec*, 2 vols (Paris, Bailleul, An v [1797]).
79 Israel provides an overview of his arguments in his '"Radical Enlightenment": a game-changing concept', in *Reassessing the radical Enlightenment*, ed. Steffen Ducheyne (London and New York, 2017), p.15-47.
80 The claim that appointing Bernardin to the 'chaire de morale' was 'nommer Jean-Jacques à l'Ecole normale' is highly dubious given their views on education (Julia *et al.*, *Une Institution révolutionnaire et ses élèves*, p.133). A comprehensive investigation of the convergence and divergence of their ideas remains to be conducted.
81 For an evaluation of the notion of the Counter-Enlightenment, see the

was a reformist who maintained an unshakeable faith in God and sought to influence others to effect changes in his society, but not to overthrow it.

Yet, in visionary moments, he looked forward to a better world. This was not to be in the form of ideal communities in America or the South Seas proposed by Lezay-Marnésia and Mévolhon, or again in the pantisocracy dreamed up by Coleridge and Southey or the Welsh settlement of Beulah in Pennsylvania associated with Morgan John Rhys in the 1790s. In an untitled manuscript published by Aimé-Martin as *Fragment sur la théorie de l'univers*, the pilot of a ship entrances a passenger with his vision.[82] He talks of the ocean preparing 'ce globe dès son origine pour les besoins futurs du genre humain', and how it has receded and the earth has changed (*BSPOC*, vol.2, p.401b). One day nature will join England and its islands to France. Let us not be nostalgic for antiquity which was 'l'âge de fer', as 'l'âge d'or est devant nous' (p.402a). He waxes lyrical about a future life, as 'qui sait si cette vie mortelle n'est pas pour chacun de nous en particulier un apprentissage d'une vie divine qui doit la suivre?'. He begs his interlocutor to keep his ideas to himself, as their originator (implicitly Bernardin), like 'tant d'autres bienfaiteurs du genre humain', will suffer the same fate as Socrates and Galileo. He adds ruefully that 'Dans les pays où les erreurs sont honorées comme des vérités, les vérités sont persécutées comme des erreurs.'

In sum, Bernardin lived through an era which has had repercussions for the succeeding centuries. He saw his vocation as consciousness-raising in multiple forms and multiple fields. He had steadfast views in some areas but echoes one of his favourite authors: 'comme Michel Montaigne, j'avance mes opinions, non comme vraies, mais comme miennes dans toute espèce de système. On ne doit jamais balancer à avouer ses doutes et même son ignorance' (*HN*, vol.1, p.447). Through his writings, he spoke to comfort and inspire readers. The Vieillard in *Paul et Virginie* is surely his mouthpiece when he declares that it is to appropriate books 'qu'il est réservé particulièrement de donner

---

round-table discussion organised by Jeremy L. Caradonna and published in *Eighteenth-century studies* 49:1 (2015), p.51-88.

82. In the manuscript, the pilot is actually named Duval. This suggests that the manuscript was drafted with a view for insertion in his unfinished fiction, *L'Amazone*, where a character called Duval appears. Despite this connection, I shall be editing the *Fragment*, with due clarification, in the volume of the *Œuvres complètes* containing the *Harmonies de la nature* with which it has clear links.

de l'éclat à la vertu obscure, de consoler les malheureux, d'éclairer les nations, et de dire la vérité même aux rois' (*OCBSP* 1, p.276). He probably saw himself as fulfilling one of his own declarations: 'Nous aimons à nous accoler à un auteur favori: c'est une colonne qui nous soutient contre les tempêtes du monde' (*HN*, vol.1, p.317). He felt that science had become a closed shop with experts who did not tolerate dissent. All knowledge should serve humanity, and he believed the materialist implications of contemporary science and astronomy were a grave danger. He feared that the burgeoning tendency to specialisation undermined a global conception of the world which was founded on interconnections. All was not however explicable.

Bernardin wanted his talents to be recognised, as he favoured meritocratic values. He increasingly envisaged himself as a state-of-the-nation commentator on extraordinary times. Like the vast majority of his contemporaries, it would be misleading to present him as an advocate of democracy. He nevertheless thought that all human beings, irrespective of race, gender or social situations, should be treated with dignity.[83] He foresaw a better future:

> Un jour viendra, et j'en entrevois déjà l'aurore, où les Européens substitueront dans le cœur de leurs enfans, à l'ambition fatale d'être les premiers parmi leurs semblables, celle de les servir, et où ils connoîtront que l'intérêt de chacun d'eux est dans l'intérêt du genre humain. (*HN*, vol.2, p.78)

His life was punctuated by many twists and turns, recalling the adventures of the protagonists in the tales of Voltaire. On 29 December 1771, just over a fortnight before his thirty-fifth birthday, he told Hennin that 'Je vois de temps en temps M. Rousseau et M. d'Alembert', and that 'Je m'occupe à mettre en ordre le Mémoire de mon journal' (material which would be used in the *Voyage à l'île de France*). However, he reassures his friend, 'non pas que je veuille devenir auteur, c'est une carrière trop désagréable et qui ne mène à rien.' How wrong he was.

---

83 Harvey Chisick asserts: 'there was over the eighteenth century a growing recognition of the economic importance of ordinary people as well as with the unfairness with which they were treated. Though it was not thought that much could be done to improve their material condition [...] it could reasonably be claimed that mistreatment or oppression engendered by social relations could and should be mitigated' ('Of radical and moderate Enlightenment', in *Reassessing the radical Enlightenment*, ed. S. Ducheyne, p.61-79, 64).

Bibliography

Archival sources

Bibliothèque Armand Salacrou, Le Havre, LH 82b, f.97 B45; 97c, f.26-29; 122a, f.13; 147b 70 B18-75 B23; 151c, f.4*r*-5*r*; 163, f.9 and 20; 203 f.1-4; 441 (ten *feuillets*).

Bibliothèque municipale de Besançon (Ms Académie 38, no.6, f.550-63).

Primary sources

Audeguy, Stéphane, *Histoire du lion Personne* (Paris, 2016).

Bablot, Louis-Nicolas Benjamin, *Dialogue entre Cidabot-Méblen et Bernardin de Saint-Pierre, auteur des Etudes de la nature* (Paris, Chez les marchands de nouveautés, 29 frimaire An vi).

Beaumarchais, Pierre Augustin Caron de, *Le Mariage de Figaro*, in *Œuvres*, ed. Pierre Larthomas (Paris, 1988), p.351-489.

Bernardin de Saint-Pierre, Jacques Henri, *Correspondance de Bernardin de Saint-Pierre*, ed. Malcolm Cook et al., in *Electronic Enlightenment* (Oxford), http://www.e-enlightenment.com.

–, *Empsaël et Zoraïde*, ed. Roger Little (Exeter, 1995).

–, *Expériences nautiques et observations à proposer au capitaine Baudin dans son voyage autour du monde, présentées par le citoyen Bernardin de Saint-Pierre et adoptées par un arrêté de la classe des sciences morales et politiques*, Décade philosophique, 1er trimestre (1800), p.141-45.

–, *Harmonies de la nature, par Jacques-Bernardin-Henri de Saint-Pierre,* […] *publiées par Louis Aimé-Martin*, 3 vols (Paris, 1815).

–, *Invitation à la concorde pour la fête de la confédération au 14 juillet 1792: la nation, la loi et le roi* (Paris, De l'imprimerie nationale, 1792).

–, *Œuvres complètes*, vol.1: *Romans et contes*, ed. Jean-Michel Racault, Guilhem Armand, Colas Duflo and Chantale Meure (Paris, 2014).

–, *Œuvres complètes*, vol.2: *Voyages*, 2 parts, ed. Philip Robinson, Izabella Zatorska, Angélique Gigan, Vladimir Kapor and Jean-Michel Racault (Paris, 2019).

–, *Œuvres complètes*, vol.3: *Œuvres scientifiques: Etudes de la nature et textes périphériques*, ed. Colas Duflo, with Joël Castonguay-Bélanger and Jean-Michel Racault (Paris, 2019).

–, *Œuvres de Jacques-Henri-Bernardin de Saint-Pierre, mises en ordre par L. Aimé-Martin*, 2 vols (Paris, 1840).

–, *Voyage en Normandie*, ed. Malcolm Cook, MHRA Critical Texts, vol.49 (Cambridge, 2015).

Brissot de Warville, Jean-Pierre, *De la vérité, ou Méditations sur les moyens de parvenir à la vérité dans toutes les connaissances humaines* (Neuchâtel, De l'imprimerie de la Société typographique, 1782).

–, *Un Mot à l'oreille des académiciens de Paris* (n.p., n.n., n.d.).

Chamfort, Sébastien-Roch-Nicolas, *Maximes et pensées* (Paris, 1968).

Champagne, Jean-François, *La Politique d'Aristote, ou la Science des gouvernemens: ouvrage traduict du grec*, 2 vols (Paris, Bailleul, An v [1797]).

Clavière, Etienne, and Jean-Pierre Brissot de Warville, *De la France et des Etats-Unis* (London, n.n., 1787).

Condorcet, Jean-Antoine-Nicolas de Caritat, marquis de, *Œuvres de Condorcet*, ed. A. Condorcet O'Connor and M. F. Arago, vol.7 (Paris, 1847).

–, *Réflexions sur l'esclavage des nègres*, ed. David Williams (Paris, 2003).

Correspondance littéraire secrète, no.23 (1786).

Debry, Jean Antoine, *Essai sur l'éducation nationale* (Laon, impr. de A.-P. Courtois, [1790]).

Dictionnaire de l'Académie française (Paris, Brunet, 1762).

Dupont de Nemours, Pierre Samuel, *Vues sur l'éducation nationale par un cultivateur* (Paris, Chez Du Pont, An II de la République).

Fénelon, François, *Les Aventures de Télémaque* (Paris, 1968).

Fontenelle, Bernard de, *Entretiens sur la pluralité des mondes*, ed. Alexandre Calame (Paris, 1966).

Gouges, Olympe de, *La Fierté de l'innocence, ou le Silence du véritable patriotisme* (Paris, De l'imprimerie nationale, 1792).

Guillaume, M. J. (ed.), *Procès-verbaux du Comité d'instruction publique de la Convention nationale*, vol.1 (Paris, 1891).

La Férandière, marquise de, *Romance de Paul et Virginie par Madame la marquise de La Ferrandière, avec la musique, par Madame la comtesse de Caumont, sa fille* (Paris, P. Fr. Didot, 1789).

Le Joyand, Claude François, *Précis du siècle de Paracelse*, vol.1 (Paris, Impr. de Monsieur, 1786).

Lemierre, Antoine-Marin, *Guillaume Tell* (Yverdon, n.n., 1767).
Lezay-Marnésia, Claude-François-Adrien de, *Lettres écrites des rives de l'Ohio* (Paris, An IX [1800]).

Mémoires secrets, vol.32 (1786).
Mercier, Louis-Sébastien, *Le Déserteur* (Paris, n.n., 1770).
–, *Tableau de Paris*, ed. Jean-Claude Bonnet et al., 2 vols (Paris, 1994).
Mévolhon, Jean-Joseph-Marie, *Calendrier du peuple franc, pour servir à l'instruction publique; rédigé par une société de philanthropes* (Angers, De l'imprimerie de Jahyer et Geslin, 1793).
Mirabeau, Victor de Riqueti, marquis de, *Mémoires biographiques, littéraires et politiques de Mirabeau écrits par lui-même, par son père, son oncle et son fils adoptif*, vol.1 (Paris, 1834).
Monnet, Marie, *Contes orientaux, ou les Récits du sage Caleb, voyageur persan, par Mlle**** (Paris, Mérigot, 1779).
–, *Lettres de Jenny Bleinmore, par Madame MONNET auteur des Contes orientaux* (A Surate et se trouve à Paris chez Regnault, Libraire, rue Saint-Jacques, vis-à-vis celle du Plâtre, 1787).
Montesquieu, Charles de Secondat, baron de, *De l'esprit des lois*, ed. Victor Goldschmidt, 2 vols (Paris, 1979).
Morellet, abbé, *Mémoires inédits de l'abbé Morellet, sur le dix-huitième siècle et sur la Révolution*, vol.2 (Geneva, 1967).

Rousseau, Jean-Jacques, *Considérations sur le gouvernement de Pologne*, ed. Jean Fabre, in *Œuvres complètes de Jean-Jacques Rousseau*, vol.3 (Paris, 1964), p.951-1041.
–, *Correspondance complète de Rousseau*, ed. R. A. Leigh, 52 vols (Geneva, Madison, WI, Banbury and Oxford, 1965-1989).
–, *Emile*, ed. F. and P. Richard (Paris, 1964).

Saint-Martin, Louis-Claude de, *L'Homme de désir* (Lyon, J. Sulpice Grabit, 1790).
–, *Le Ministère de l'homme-esprit par le philosophe inconnu* (Paris, An XI [1802]).
–, *Mon portrait historique et philosophique (1789-1803)*, ed. Robert Amadou (Paris, 1961).

Voltaire, *Contes en vers et en prose*, ed. Sylvain Menant, 2 vols (Paris, 1992).
–, *Correspondence and related documents*, ed. Th. Besterman, in *Œuvres complètes de Voltaire*, vol.85-135 (Oxford, 1968-1977).
–, *Œuvres complètes de Voltaire* (Oxford, 1968-).

Young, Edward, *Les Nuits d'Young traduites de l'anglais par M. Le Tourneur [...] troisième édition, corrigée & augmentée du Triomphe de la religion*, vol.2 (Paris, Chez Lejai, 1769).

Secondary sources

Albertone, Manuela, 'Dupont de Nemours et l'instruction publique pendant la Révolution: de la science économique à la formation du citoyen', *Revue française d'histoire des idées politiques* 20:2 (2004), p.129-47.

Andrews, Elizabeth, 'Between auteurs and abonnés: reading the *Journal de Paris*, 1787-1789', *Journal of the Western Society for French History* 37 (2009), p.135-47.

Anton, Sonia, Laurence Macé and Gabriel Thibault (ed.), *Bernardin de Saint-Pierre: idées, réseaux, réception* (Rouen and Le Havre, 2016).

Anton, Sonia, and Dominique Rouet, 'Bernardin de Saint-Pierre et Le Havre, d'hier à aujourd'hui', in *Bernardin de Saint-Pierre: idées, réseaux, réception*, ed. Sonia Anton, Laurence Macé and Gabriel Thibault (Rouen and Le Havre, 2016), p.219-34.

Armand, Guilhem, *Les Fictions à vocation scientifique de Cyrano de Bergerac à Diderot: vers une poétique hybride* (Pessac, 2013).

Arnold, Whitney, 'Rousseau and reformulating celebrity', *The Eighteenth century* 55:1 (2014), p.39-55.

Astbury, Katherine (ed.), *Bernardin de Saint-Pierre au tournant des Lumières: mélanges en l'honneur de Malcolm Cook* (Louvain, 2012).

Australian journal of French studies 41:2 (May-August 2004), special issue: *The Baudin expedition 1800-1804: texts, contexts and subtexts*.

Baecque, Antoine de, 'L'homme nouveau est arrivé: la "régénération" du Français', *Dix-huitième siècle* 20 (1988), p.193-208.

Bénichou, Paul, *Le Sacre de l'écrivain 1750-1830: essai sur l'avènement d'un pouvoir spirituel laïque dans la France moderne* (Paris, 1973).

Bien, David, 'Aristocracy', in *Interpreting the Ancien Régime*, ed. Rafe Blaufarb, Michael S. Christofferson and Darrin M. McMahon, Oxford University Studies in the Enlightenment (Oxford, Voltaire Foundation, 2014), p.59-73.

Blaye, Michel, *Dieu, la nature et l'homme: l'originalité de l'Occident* (Paris, 2013).

Bois, Benjamin, *La Vie scolaire et les créations intellectuelles en Anjou pendant la Révolution (1789-1799)* (Paris, 1929).

Bonnel, Roland-Guy, *Ethique et esthétique du retour à la campagne au XVIIIe siècle: l'œuvre littéraire et utopique de Lezay-Marnésia, 1735-1800* (Bern, 1995).

Bosc, Yannick, 'Liberté, propriété et ordre social chez Bernardin de Saint-Pierre', in *Bernardin de Saint-Pierre: idées, réseaux, réception*, ed. Sonia Anton, Laurence Macé and Gabriel Thibault (Rouen and Le Havre, 2016), p.49-62.

Burrows, Simon, 'The innocence of Jacques-Pierre Brissot', *Historical journal* 46:4 (2003), p.843-71.

Burstin, Haim, *Une Révolution à l'œuvre: le faubourg Saint-Marcel (1789-1794)* (Seyssel, 2005).

Caradonna, J. L., 'Conservationism *avant la lettre*? Public essay competitions on forestry and deforestation in eighteenth-century France', *SVEC* 2012:08, p.39-54.

– (ed.), 'The Counter-Enlightenment', round-table discussion published in *Eighteenth-century studies* 49:1 (2015), p.51-88.

–, *The Enlightenment in practice: academic prize contests and intellectual culture in France, 1670-1794* (Ithaca, NY, 2012).

Castonguay-Bélanger, Joël, 'Comme un dindon à la broche: la campagne de Louis-Sébastien Mercier contre Newton', in *Bernardin de Saint-Pierre au tournant des Lumières: mélanges en l'honneur de Malcolm Cook*, ed. Katherine Astbury (Louvain, 2012), p.45-61.

–, *Les Ecarts de l'imagination: pratiques et représentation de la science dans le roman au tournant des Lumières* (Montreal, 2008).

–, 'Une icône en procès, à propos de quelques résistances tardives à Newton', in *La Fabrique de la modernité scientifique: discours et récits du progrès sous l'Ancien Régime*, ed. Frédéric Charbonneau, Oxford University Studies in the Enlightenment (Oxford, Voltaire Foundation, 2015), p.111-27.

Célestine, Laurette, 'L'esclavage colonial chez Bernardin de Saint-Pierre: entre esclavage, abolitionnisme et colonialisme', *Espace créole: espaces francophones, revue du GEREC-F* 10 (2000), p.45-55.

Chassot, Fabrice, *Le Dialogue scientifique au XVIII*[e] *siècle: postérité de Fontenelle et vulgarisation des sciences* (Paris, 2013).

Chelebourg, Christian, 'Histoire naturelle et rêveries volcaniques chez Buffon et Bernardin de Saint-Pierre', in *L'Imaginaire du volcan*, ed. Marie-Françoise Bosquet and Françoise Sylvos (Rennes, 2005), p.149-64.

Cheney, Paul, *Revolutionary commerce: globalization and the French monarchy* (Cambridge, MA, 2010).

Chisick, Harvey, *The Limits of reform in the Enlightenment: attitudes toward the education of the lower classes in eighteenth-century France* (Princeton, NJ, 1981).

–, 'Of radical and moderate Enlightenment', in *Reassessing the radical Enlightenment*, ed. Steffen Ducheyne (London and New York, 2017), p.61-79.

Conlon, Pierre M., *Le Siècle des Lumières: bibliographie chronologique*, vol.21 (Geneva, 2001).

Cook, Malcolm, *Bernardin de Saint-Pierre: a life of culture* (London, 2006).

–, 'Bernardin de Saint-Pierre and Girodet: illustrating the "luxury" edition of "Paul et Virginie"', *Modern language review* 102:4 (2007), p.975-89.

–, 'Bernardin de Saint-Pierre et la culture du Jardin national pendant la Révolution', in *Eglise, éducation, lumières: histoires culturelles de la France, 1500-1830: en l'honneur de Jean Quéniart*, ed. Alain Croix, André Lespagnol and Georges Provost (Rennes, 1999), p.443-49.

–, 'Bernardin de Saint-Pierre, lecteur de Voltaire', in *Voltaire et ses combats*, ed. Ulla Kölving and Christiane Mervaud, 2 vols (Oxford, 1997), vol.2, p.1079-84.

–, 'Bernardin de Saint-Pierre: *Observations sur la Finlande*', in *L'Invitation au voyage: studies in honour of Peter France*, ed. John Renwick (Oxford, 2000), p.119-39.

Cornand, Suzanne, 'Le corps exhibé: les propos sur la santé dans la correspondance de Mme de Graffigny', *SVEC* 362 (1998), p.93-107.

Corvisier, André, *L'Armée française de la fin du XVIIe siècle au ministère de Choiseul: le soldat*, 2 vols (Paris, 1964).

Coursin, Régis, 'Brissot et la république en acte', *La Révolution française* 13 (2018), DOI: 10.4000/lrf.1894, http://journals.openedition.org/lrf/1894 (last accessed 10 June 2020).

Crowe, Michael J., *The Extraterrestrial life debate 1750-1900* (Cambridge, 1986).

Curran, Mark, *Atheism, religion and Enlightenment in pre-Revolutionary Europe* (London, 2012).

Cussac, Hélène, 'Bernardin de Saint-Pierre lecteur de récits de voyages, ou la circulation de quelques savoirs sur l'Afrique du 17e au 18e siècle', *Dix-huitième siècle* 44 (2012), p.201-19.

Danon, Rachel, *Les Voix du marronnage dans la littérature française du XVIIIe siècle* (Paris, 2015).

Darnton, Robert, 'The Grub Street style of revolution: J.-P. Brissot, police spy', in *The Literary underground of the Old Regime* (Cambridge, MA, 1982), p.41-70.

–, 'The high Enlightenment and the low-life of literature', in *The Literary underground of the Old Regime* (Cambridge, MA, 1982), p.1-40.

–, 'Readers respond to Rousseau: the fabrication of romantic sensitivity', in *The Great cat massacre* (1984; New York, 2009), p.215-56.

Davies, Simon, 'Bernardin de Saint-Pierre et le monde anglophone: panorama', in *Bernardin de Saint-Pierre: idées, réseaux, réception*, ed. Sonia Anton, Laurence Macé and Gabriel Thibault (Rouen and Le Havre, 2016), p.149-68.

–, '*Etat présent*: Bernardin de Saint-Pierre', *French studies* 69:2 (April 2015), p.220-27.

–, 'Letters pertinent and impertinent: the early career of Bernardin de Saint-Pierre', *Nottingham French studies* 54:2 (2015), special issue: *Bernardin de Saint-Pierre and his networks*, ed. Rebecca Ford, p.140-53.

–, 'Pierre-Michel Hennin, le correspondant le plus fidèle de Bernardin', in *Autour de Bernardin de Saint-Pierre: les écrits et les hommes des Lumières à l'Empire*, ed. Catriona Seth and Eric Wauters (Rouen and Le Havre, 2010), p.13-19.

–, 'Pierre-Michel Hennin romancier', in *Bernardin de Saint-Pierre au tournant des Lumières: mélanges en l'honneur de Malcolm Cook*, ed. Katherine Astbury (Louvain, 2012), p.27-33.

Davis, David Brion, *The Problem of slavery in western culture* (New York, 1966).

Davis, Diana K., 'Deserts and drylands before the age of desertification', in *The End of desertification: disputing environmental change in the drylands*, ed. Roy Behnke and Michael Mortimore (New York, 2016), p.203-24.

Delon, Michel, 'Le bonheur négatif selon Bernardin de Saint-Pierre', *Revue d'histoire littéraire de la France* 5 (September/October 1989), p.791-801.

Désirat, Claude, 'Les récits d'une fondation: la loi et la pédagogie', *Langages* 45 (1977), p.9-41.

Dhombres, Jean, and Béatrice Didier (ed.), *L'Ecole normale de l'An III*, vol.4: *Leçons d'analyse de l'entendement, art de la parole, littérature, morale: Garat – Sicard – La Harpe – Bernardin de Saint-Pierre* (Paris, 2008), https://books.openedition.org/editionsulm/1445?lang=en (last accessed 5 June 2020).

Dick, Steven J., *Plurality of worlds: the origin of the extraterrestrial life debate from Democritus to Kant* (Cambridge, 1982).

Diop, David, 'L'intertextualité dans la "Lettre XII. Sur les noirs" du *Voyage à l'île de France* (1773) de Bernardin de Saint-Pierre', in *Bernardin de Saint-Pierre et l'océan Indien*, ed. Jean-Michel Racault, Chantale Meure and Angélique Gigan (Paris, 2011), p.87-102.

Dorigny, Marcel, and Bernard Gainot, *La Société des amis des noirs 1788-1799* (Paris, 1998).

Doyle, William, *Aristocracy and its enemies in the age of revolution* (Oxford, 2009).

–, *Venality: the sale of offices in eighteenth-century France* (Oxford, 1996).

Drouin, Jean-Marc, *L'Ecologie et son histoire: réinventer la nature* (Paris, 1993).

Duchesneau, François, preface to Roselyne Rey, *Naissance et développement du vitalisme en France de la deuxième moitié du XVIIIe siècle à la fin du Premier Empire*, *SVEC* 381 (2000).

Duflo, Colas, *La Finalité dans la nature de Descartes à Kant* (Paris, 1996).

–, 'Les habitants des autres planètes dans *Les Harmonies de la nature* de Bernardin de Saint-Pierre', *Archives de philosophie* 60 (1997), p.47-57.

–, 'La théodicée hétérodoxe des *Etudes de la nature* et son expression dans *Paul et Virginie*', *Wiek Oświecenia* 31 (2015), special issue: *Bernardin de Saint-Pierre i jego koniec wieku*, ed. Marcin Cieński, Anna Grześkowiak-Krwawicz and Teresa Kostkiewiczowa, p.61-71.

Dziembowski, Edmond, *Un Nouveau Patriotisme français, 1750-1770: la France face à la puissance anglaise à l'époque de la guerre de Sept Ans*, *SVEC* 365 (1998).

Echeverria, Durand, *The Maupeou Revolution: a study in the history of libertarianism, France, 1770-1774* (Baton Rouge, LA, 1985).

Ehrard, Jean, *Lumières et esclavage, l'esclavage colonial et l'opinion publique en France au XVIIIe siècle* (Brussels, 2008).

Farber, Paul Lawrence, *The Emergence of ornithology as a scientific discipline: 1760-1850* (Dordrecht, 1982).

Favre, Robert, 'La Révolution: mort et régénération, ou la France "phénix"', *Dix-huitième siècle* 23 (1991), p.331-44.

Ferret, Olivier, *La Fureur de nuire: échanges pamphlétaires entre philosophes et antiphilosophes (1750-1770)*, SVEC 2007:03.

Fiszer, Stanislaw, *L'Image de la Pologne dans l'œuvre de Voltaire*, SVEC 2001:05.

Ford, Rebecca (ed.), *Nottingham French studies* 54:2 (2015), special issue: *Bernardin de Saint-Pierre and his networks*.

Foury, B., *Maudave et la colonisation de Madagascar* (Paris, 1956).

Gastinne, Jean-Baptiste, *Le Havre 1517-1789: histoire d'une identité urbaine* (Mont-Saint-Aignan, 2016).

Gaukroger, Stephen, *The Collapse of mechanism and the rise of sensibility: science and the shaping of modernity, 1680-1760* (Oxford, 2010).

Gevrey, Françoise, Julie Boch and Jean-Louis Haquette (ed.), *Ecrire la nature au XVIIIe siècle: autour de l'abbé Pluche* (Paris, 2006).

Gillespie, Charles Coulston, *Science and polity in France at the end of the Old Regime* (Princeton, NJ, 1980).

–, *Science and polity in France: the Revolution and the Napoleonic years* (Princeton, NJ, 2004).

Glacken, Clarence J., *Traces on the Rhodian shore: nature and culture in western thought from ancient times to the end of the eighteenth century* (Berkeley, CA, 1973).

Grandière, Marcel, *L'Idéal pédagogique en France au dix-huitième siècle*, SVEC 361 (1998).

Grapa, Caroline Jacot, 'Visions cosmopolites de Bernardin de Saint-Pierre et Anarcharsis Cloots', *Textuel* 44 (2004), p.67-84.

Grove, Richard H., *Green imperialism: colonial expansion, tropical island Edens and the origins of environmentalism, 1600-1860* (Cambridge, 1995).

Guyot, Alain, 'Raymond de Carbonnières observateur de la nature: un prototype du poète romantique?', *Revue d'histoire littéraire de la France* 115:3 (2015), p.517-30.

Haguet, Lucile, and Catherine Hofmann (ed.), *Une Carrière de géographe au siècle des Lumières: Jean-Baptiste d'Anville*, Oxford University Studies in the Enlightenment (Oxford, Voltaire Foundation, 2018).

Hahn, Roger, *The Anatomy of a scientific institution: the Paris Academy of Sciences, 1666-1803* (Berkeley, CA, 1971).

Harari, Yuval Noah, *Sapiens: a brief history of humankind* (London, 2014).

Hatzenberger, Antoine, 'Correspondance diplomatique de Jean-Jacques Rousseau: l'initiation à l'art politique dans les *Dépêches de Venise*', *Archives de philosophie* 78:2 (2015), p.323-42.

Hesse, Carla, *Publishing and cultural politics in Revolutionary Paris, 1789-1810* (Berkeley, CA, 1991).

Hoffmann, Benjamin, 'Bâtir des châteaux en Amérique: utopie et retraite dans les *Lettres écrites des rives de l'Ohio* (1792)', *Dix-huitième siècle* 48 (2016), p.261-74.

–, *Posthumous America: literary reinventions of America at the end of the eighteenth century* (University Park, PA, 2018).

Howells, Robin, 'Bernardin et le peuple', in *Bernardin de Saint-Pierre au tournant des Lumières: mélanges en l'honneur de Malcolm Cook*, ed. Katherine Astbury (Louvain, 2012), p.77-90.

–, '"J'aime à voir l'univers peuplé": re-enchanting the world in Bernardin de Saint-Pierre', *Modern language review* 112:2 (April 2017), p.341-61.

Hufton, Olwen H., *The Poor of eighteenth-century France, 1750-1789* (Oxford, 1974).

Israel, Jonathan I., '"Radical Enlightenment": a game-changing concept', in *Reassessing the radical Enlightenment*, ed. Steffen Ducheyne (London and New York, 2017), p.15-47.

Jaffré-Cook, Odile, 'The Bastille or the "Enfer de Dutailli de Saint-Pierre"', *SVEC* 2013:10, p.161-75.

–, 'Bernardin de Saint-Pierre après Paul et Virginie: une étude des journaux et de la correspondance sur ses publications au début de la Révolution (1789-1792)', doctoral dissertation, University of Exeter, 2009.

–, 'Bernardin et les réseaux sociaux: Bernardin s'affiche', *Nottingham French studies* 54:2 (2015), special issue: *Bernardin de Saint-Pierre and his networks*, ed. Rebecca Ford, p.194-209.

Jainchill, Andrew, *Reimagining politics after the Terror: the republican origins of French liberalism* (Ithaca, NY, 2008).

Julia, Dominique, 'L'Ecole normale de l'An III et "l'art d'enseigner": les séances de débats', *La Révolution française* 4 (2013), DOI: 10.4000/lrf.814, http://journals.openedition.org/lrf/814 (last accessed 5 June 2020).

–, *Les Trois Couleurs du tableau noir: la Révolution* (Paris, 1981).

–, *et al.*, *Une Institution révolutionnaire et ses élèves: introduction historique à l'édition des Leçons* (Paris, 2016).

Kapor, Vladimir, 'Reading the image, reviewing the text: on the reception of Bernardin de Saint-Pierre's *Voyage à l'île de France* (1773)', *Word and image* 28:3 (2012), p.302-16.

Kawa, Catherine, 'Les ronds-de-cuir républicains de 1792 à 1800', in *En hommage à Claude Mazauric: pour la Révolution française*, ed. Christine Le Bozec and Eric Wauters (Rouen, 1998), p.183-88.

Kjørholt, Ingvild Hagen, 'Appropriations of the cosmopolitan in early modern French literature', *Forum for modern language studies* 51:3 (2015), p.287-303.

Labrosse, Claude, *Lire au XVIIIe siècle: La Nouvelle Héloïse et ses lecteurs* (Lyon, 1985).

Le Bozec, Christine, *La Normandie au XVIIIe siècle: croissance, lumières, et révolution* (Rennes, 2002).

Le Menthéor, Rudy, 'Melancholy vaporised: self-narration and counter-diagnosis in Rousseau's work', *SVEC* 2013:04, p.107-23.

Lewis, Simon L., and Mark A. Maslin, *The Human planet: how we created the Anthropocene* (London, 2018).

Lilti, Antoine, *Figures publiques: l'invention de la célébrité 1750-1850* (Paris, 2014).

Linton, Marisa, *Choosing Terror: virtue, friendship, and authenticity in the French Revolution* (Oxford, 2013).

–, *The Politics of virtue in Enlightenment France* (Basingstoke, 2001).

Livingstone, David N., *Adam's ancestors: race, religion, and the politics of human origins* (Baltimore, MD, 2008).

Loft, Leonore, *Passion, politics, and philosophie: rediscovering J.-P. Brissot* (Westport, CT, 2002).

Lynn, Michael L., *Public science and public opinion in eighteenth-century France* (Manchester, 2006).

McCallam, David, *Volcanoes in eighteenth-century Europe: an essay in environmental humanities*, Oxford University Studies in the Enlightenment (Liverpool, Liverpool University Press / Voltaire Foundation, 2019).

McMurran, Mary Helen, 'The new cosmopolitanism and the eighteenth century', *Eighteenth-century studies* 47:1 (2013), p.19-38.

Margairaz, Dominique, *François de Neufchâteau: biographie intellectuelle* (Paris, 2005).

Marsh, Kate, *India in the French imagination: peripheral voices, 1754-1815* (London, 2009).

Marty, Michel, *Voyageurs français en Pologne durant la seconde moitié du 18e siècle: écriture, Lumières et altérité* (Paris, 2004).

Masseau, Didier, 'Bernardin de Saint-Pierre sous la Révolution: discours politique et représentation de l'écrivain', in *Bernardin de Saint-Pierre: idées, réseaux, réception*, ed. Sonia Anton, Laurence Macé and Gabriel Thibault (Rouen and Le Havre, 2016), p.63-76.

– (ed.), *Dictionnaire des anti-Lumières et des antiphilosophes*, 2 vols (Paris, 2017).

Matagne, Patrick, *Comprendre l'écologie et son histoire* (Paris, 2002).

Mathiez, Albert, *La Théophilanthropie et le culte décadaire 1796-1801* (Paris, 1903).

Matytsin, Anton, 'Reason and utility in French religious apologetics', in *God in the Enlightenment*, ed. William J. Bulman and Robert G. Ingram (New York, 2016), p.63-82.

Maury, Fernand, *Etude sur la vie et les œuvres de Bernardin de Saint-Pierre* (1892; Geneva, 1971).

Maza, Sarah, *Private lives and public affairs: the causes célèbres of prerevolutionary France* (Berkeley, CA, 1993).

Mehrbrey, Sophia, 'Bernardin, les Russes et la Russie', in *Bernardin de Saint-Pierre: idées, réseaux, réception*, ed. Sonia Anton, Laurence Macé and Gabriel Thibault (Rouen and Le Havre, 2016), p.33-48.

Mellot, Jean-Dominique, and Elisabeth Queval, with Antoine Monaque, *Répertoires d'imprimeurs/libraires (vers 1500-vers 1810)* (Paris, 2004).

Menin, Marco, 'De l'expérience indianocéanique au drame africain: *Empsaël et Zoraïde* entre le *Voyage à l'île de France* et les *Etudes de la nature*', in *Lumières et océan Indien: Bernardin de Saint-Pierre, Evariste Parny, Antoine de Bertin*, ed. Chantale Meure and Guilhem Armand (Paris, 2017), p.177-92.

–, 'La morale des étoiles: pluralités des mondes et providentialisme anthropocentrique dans la pensée de Bernardin de Saint-Pierre', *Revue des sciences philosophiques et théologiques* 98:4 (2014), p.705-31.

Métayer, Guillaume (ed.), *Les Aventures de l'harmonie: Bernardin de Saint-Pierre entre lettres et sciences aux XIXe et XXe* (forthcoming).

Meure, Chantale, 'L'usage de l'Inde dans les fictions de Bernardin de Saint-Pierre', in *Lumières et océan Indien: Bernardin de Saint-Pierre, Evariste Parny, Antoine de Bertin*, ed. Chantale Meure and Guilhem Armand (Paris, 2017), p.193-211.

–, and Guilhem Armand (ed.), *Lumières et océan Indien: Bernardin de Saint-Pierre, Evariste Parny, Antoine de Bertin* (Paris, 2017).

Mézin, Anne, and Vladislav Rjéoutski (ed.), *Les Français en Russie au siècle des Lumières* (Ferney, 2011).

Miller, Christopher L., *The French Atlantic triangle: literature and culture of the slave trade* (Durham, NC, 2008).

Miller, Mary Ashburn, 'Mountain, become a volcano: the image of the volcano in the rhetoric of the French Revolution', *French historical studies* 32:4 (2009), p.555-85.

–, *A Natural history of Revolution: violence and nature in the French Revolutionary imagination, 1789-1794* (Ithaca, NY, 2011).

Moreau-Zanelli, Jocelyne, *Gallipolis: histoire d'un mirage américain au XVIIIe siècle* (Paris, 2000).

Morton, Brian N., and Donald Spinelli, *Beaumarchais and the American Revolution* (Lanham, MD, 2003).

Mostefai, Ourida, *Jean-Jacques Rousseau: querelles, disputes et controverses au siècle des Lumières* (Leiden, 2016).

Moureau, François, 'Bernardin de Saint-Pierre et Baudin à l'île de France et au Muséum: une rencontre improbable', *Etudes sur le 18e siècle* 38 (2010), special issue: *Portés par l'air du temps: les voyages du capitaine Baudin*, ed. Michel Jangoux, p.107-18.

Naudin, Pierre, *L'Expérience et le sentiment de la solitude dans la littérature française de l'aube des Lumières à la Révolution: un modèle de vie à l'épreuve de l'histoire* (Paris, 1995).

–, 'Le solitaire et l'ordre du monde selon Bernardin de Saint-Pierre', *Revue d'histoire littéraire de la France* 5 (September/October 1989), p.802-10.

Ngendahimana, Anastase, 'Flux et reflux du newtonisme dans l'œuvre de Bernardin de Saint-Pierre', in *The Transmission of culture in western Europe, 1750-1850*, ed. David Bickerton and Judith Proud (Bern, 1999), p.159-72.

–, *Les Idées politiques et sociales de Bernardin de Saint-Pierre* (Bern, 1999).

Nouis, Louis, *De l'infini des bibliothèques au livre unique: l'archive épurée au XVIIIe siècle* (Paris, 2013).

O'Connell, Anita, and Clark Lawlor, 'Fashioning illness in the long eighteenth century', *Journal for eighteenth-century studies* 40:4 (2017), p.491-501.

O'Connor, Adrian, 'From the classroom out: educational reform and the state in France, 1762-1771', *French historical studies* 39:3 (August 2016), p.509-34.

–, *In pursuit of politics: education and Revolution in eighteenth-century France* (Manchester, 2017).

Oliver, Bette W., *Jacques Pierre Brissot in America and France, 1788-1793: in search of better worlds* (Lanham, MD, 2016).

Ozouf, Mona, 'Régénération', in *Dictionnaire critique de la Révolution française*, ed. François Furet and Mona Ozouf (Paris, 1988), p.821-31.

Pacini, Giulia, 'At home with their trees: arboreal beings in the eighteenth-century French imaginary', *SVEC* 2012:08, p.103-15.

–, 'Environmental concerns in Bernardin de Saint-Pierre's *Paul et Virginie*', *Interdisciplinary studies in literature and environment* 18:1 (2011), p.87-103.

Palmer, R. R., *The Improvement of humanity: education and the French Revolution* (Princeton, NJ, 1985).

Passeron, Irène, 'Liberté, vérité, pauvreté: Bernardin de Saint-Pierre chez D'Alembert et Mlle de Lespinasse', in *Autour de Bernardin de Saint-Pierre: les écrits et les hommes des Lumières à l'Empire*, ed. Catriona Seth and Eric Wauters (Rouen and Le Havre, 2010), p.31-51.

Perrault, Gilles, *Le Secret du roi* (Paris, 1992).

Port, Celestin, *Dictionnaire historique, géographique et biographique de Maine et Loire*, vol.2 (Paris, 1874).

Pouget de Saint-André, H., *La Colonisation de Madagascar sous Louis XV d'après la correspondance inédite du comte de Maudave* (Paris, 1886).

Py, Gilbert, *Rousseau et les éducateurs: étude sur la fortune des idées pédagogiques de Jean-Jacques Rousseau en France et en Europe au XVIIIe siècle*, *SVEC* 356 (1997).

Racault, Jean-Michel, 'L'amateur de tempêtes: physionomie, métaphysique et esthétique de l'ouragan dans la philosophie de la nature de Bernardin de Saint-Pierre', in *L'Evénément climatique et ses représentations (XVIIe-XIXe siècle)*, ed. E. Le Roy Ladurie, J. Berchtold and J.-P. Sermain (Paris, 2007), p.194-214.

–, 'Bernardin de Saint-Pierre et le mythe de Tahiti', *Wiek Oświecenia* 31 (2015), special issue: *Bernardin de Saint-Pierre i jego koniec wieku*, ed. Marcin Cieński, Anna Grześkowiak-Krwawicz and Teresa Kostkiewiczowa, p.29-51.

–, *Bernardin de Saint-Pierre: pour une biographie intellectuelle* (Paris, 2015).

–, 'L'île et le continent dans l'œuvre de Bernardin de Saint-Pierre: une dialectique de l'un et du multiple', in *Des îles en archipel: flottements autour du thème insulaire, en hommage à Carminella Biondi*, ed. Carmelina Imbroscio, Nadia Minerva and Patrizia Oppici (Bern, 2008), p.271-87.

–, 'Philosophie et antiphilosophie dans la crise des Lumières: le cas de Bernardin de Saint-Pierre', in *Les Marges des Lumières françaises (1750-1789)*, ed. Didier Masseau (Geneva, 2004), p.153-76.

–, Chantale Meure and Angélique Gigan (ed.), *Bernardin de Saint-Pierre et l'océan Indien* (Paris, 2011).

Reill, Peter Hanns, 'The legacy of the "Scientific Revolution": science and the Enlightenment', in *The Cambridge history of science*, vol.4: *Eighteenth-century science*, ed. Roy Porter (Cambridge, 2003), p.23-43.

–, *Vitalizing nature in the Enlightenment* (Berkeley, CA, 2005).

Rey, Roselyne, 'L'animalité dans l'œuvre de Bernardin de Saint-Pierre: convenance, consonance, et contraste', *Revue de synthèse* 3-4 (1992), p.311-31.

–, *Naissance et développement du vitalisme en France de la deuxième moitié du XVIIIe siècle à la fin du Premier Empire*, SVEC 381 (2000).

Reynolds, Siân, *Marriage and Revolution: Monsieur and Madame Roland* (Oxford, 2012).

Riskin, Jessica, *Science in the age of sensibility: the sentimental empiricists of the French Enlightenment* (Chicago, IL, and London, 2002).

Robbins, Louise E., *Elephant slaves and pampered parrots: exotic animals in eighteenth-century Paris* (Baltimore, MD, 2002).

Robinson, Philip, 'Bernardin à la guerre de Sept Ans: l'apprentissage des réseaux et l'épreuve du patriotisme', *Nottingham French studies* 54:2 (2015), special issue: *Bernardin de Saint-Pierre and his networks*, ed. Rebecca Ford, p.131-39.

–, 'Ce que Mme Poivre nous apprend sur Bernardin de Saint-Pierre', in *Bernardin de Saint-Pierre au tournant des Lumières: mélanges en l'honneur de Malcolm Cook*, ed. Katherine Astbury (Louvain, 2012), p.17-25.

–, 'La datation des lettres de Mme Poivre à Bernardin de Saint-Pierre', in *Bernardin de Saint-Pierre et l'océan Indien*, ed. Jean-Michel Racault, Chantale Meure and Angélique Gigan (Paris, 2011), p.103-13.

–, 'Mme Poivre's letters to Bernardin de Saint-Pierre: biography between the lines', in *The Enterprise of Enlightenment*, ed. Terry Pratt and David McCallam (Oxford, 2004), p.115-24.

Roule, Louis, *Bernardin de Saint-Pierre et l'harmonie de la nature* (Paris, 1930).

Santis, Vincenzo De, 'Trois drames méconnus du tournant des Lumières: notes sur le théâtre de Bernardin de Saint-Pierre', *Dix-huitième siècle* 48 (2016), p.441-59.

Schiff, Stacy, *Benjamin Franklin and the birth of America: Franklin's French adventures 1776-1785* (London, 2005).

Schöch, Christof, *La Description double dans le roman français des Lumières (1760-1800)* (Paris, 2011).

Scott, H. M., *The Emergence of the eastern powers, 1756-1775* (Cambridge, 2001).

Seguin, Maria Susana, *Science et religion dans la pensée française du XVIIIe siècle: le mythe du déluge universel* (Paris, 2001).

Serna, Pierre, 'The republican menagerie: animal politics in the French Revolution', *French history* 28:2 (2014), p.188-206.

Seth, Catriona, and Eric Wauters (ed.), *Autour de Bernardin de Saint-Pierre: les écrits et les hommes des Lumières à l'Empire* (Rouen and Le Havre, 2010).

Shank, J. B., *The Newton wars and the beginning of the French Enlightenment* (Chicago, IL, 2008).

Shovlin, John, *Political economy of virtue: luxury, patriotism and the origins of the French Revolution* (Ithaca, NY, 2006).

Sonenscher, Michael, *Sans-culottes: an eighteenth-century emblem in the French Revolution* (Princeton, NJ, 2008).

Souriau, Maurice, *Bernardin de Saint-Pierre d'après ses manuscrits* (Paris, 1905).

Spary, Emma, *Utopia's garden: French natural history from Old Regime to Revolution* (Chicago, IL, 2000).

Spavin, Richard, *Les Climats du pouvoir: rhétorique et politique chez Bodin, Montesquieu et Rousseau*, Oxford University Studies in the Enlightenment (Oxford, Voltaire Foundation, 2018).

Stalnaker, Joanna, *The Unfinished Enlightenment: description in the age of the encyclopedia* (Ithaca, NY, 2010).

Staum, Martin S., 'The Enlightenment transformed: the Institute prize contests', *Eighteenth-century studies* 19 (1985-1986), p.153-79.

–, *Minerva's message: stabilizing the French Revolution* (Montreal, 1996).

Stroev, Alexandre, *Les Aventuriers des Lumières* (Paris, 1997).

Svagelski, Jean, *L'Idée de compensation en France 1750-1850* (Lyon, 1981).

Sylvos, Françoise, 'Le comparatisme religieux dans les *Etudes de la nature*', in *Lumières et océan Indien: Bernardin de Saint-Pierre, Evariste Parny, Antoine de Bertin*, ed. Chantale Meure and Guilhem Armand (Paris, 2017), p.213-32.

Terjanian, Anoush Fraser, *Commerce and its discontents: eighteenth-century French political thought* (Cambridge, 2013).

Thibault, Gabriel-Robert, *Bernardin de Saint-Pierre: genèse et philosophie de l'œuvre* (Paris, 2016).

– (ed.), *Bernardin de Saint-Pierre, ou l'éducation d'un citoyen* (Paris, 2008).

Todericiu, Doru, 'Balthasar-Georges Sage (1740-1824), chimiste et minéralogiste français, fondateur de la première Ecole des mines (1783)', *Revue d'histoire des sciences* 37:1 (1984), p.29-46.

Tricoire, Damien, 'Maudave and the imaginary colonization of Madagascar', in *Enlightened colonialism: civilization narratives and imperial politics in the age of reason*, ed. Damien Tricoire (Basingstoke, 2017), p.49-53.

Trinkle, D., 'Noël-Antoine Pluche's *Le Spectacle de la nature*: an encyclopedic best-seller', *SVEC* 358 (1997), p.93-134.

Trousson, Raymond, *Socrate devant Voltaire, Diderot et Rousseau* (Paris, 1967).

Van Damme, Stéphane, *A toutes voiles vers la vérité: une autre histoire de la philosophie au temps des Lumières* (Paris, 2014).

Van Tieghem, P., *La Poésie de la nuit et des tombeaux en Europe au XVIIIe siècle* (Paris, 1921).

Vasset, Sophie, and Alexandre Wenger (ed.), *Dix-huitième siècle* 47 (2015), special issue: *Raconter la maladie*.

Vaughan, Megan, *Creating the Creole island: slavery in eighteenth-century Mauritius* (Durham, NC, 2005).

Viala, Alain, *Naissance de l'écrivain: sociologie de la littérature* (Paris, 1985).

Vila, Anne C., *Suffering scholars: pathologies of the intellectual in Enlightenment France* (Philadelphia, PA, 2018).

Vuillemin, Nathalie, *Les Beautés de la nature à l'épreuve de l'analyse: programmes scientifiques et tentations esthétiques dans l'histoire naturelle du XVIIIe siècle (1744-1805)* (Paris, 2009).

Waquet, Françoise, 'La Bastille académique', in *La Carmagnole des muses: l'homme de lettres et l'artiste dans la Révolution*, ed. J.-C. Bonnet (Paris, 1988), p.19-36.

Wernet, Valérie, 'De la sacralisation de la nature à la naissance de l'écologie chez Bernardin de Saint-Pierre', in *Nature et progrès: interactions, exclusions, mutations*, ed. Pierre Lagayette (Paris, 2006), p.133-50.

Williams, David, *Condorcet and modernity* (Cambridge, 2007).

Wolff, Larry, *Inventing eastern Europe: the map of civilization on the mind of the Enlightenment* (Stanford, CA, 1994).

Wootton, David, *The Invention of science: a new history of the Scientific Revolution* (London, 2015).

Zatorska, Izabella, *Discours colonial, discours utopique: témoignages français sur la conquête des antipodes XVIIe-XVIIIe siècles* (Warsaw, 2004).

Index

Académie des sciences, 25, 196, 219, 251, 268n
Addison, Joseph, 203
Adélaïde, Mme, daughter of King Louis XV, 205
Affiches d'Angers, 277
agriculture, 2, 47, 68, 101, 122, 151
Aiguillon, Emmanuel-Armand de Vignerot Du Plessis de Richelieu, duc de, 18
Aimé-Martin, Louis, 1n, 24n, 67, 122n, 137, 253n, 295
Albertone, Manuela, 289
Alembert, Jean D', 19, 20, 33, 68, 72, 76, 81n, 178, 195, 216, 217, 262, 264, 265, 268, 281, 296
Alexander, czar of Russia, 249, 251
ambition, 38, 86, 119, 131, 133, 142, 162, 167n
American War of Independence, 2, 3, 57, 67, 83, 85, 91
Andrée, Paul Narcisse Eugène d', 251
Andrews, Elizabeth, 253n
Anglet, L' *fils*, 243
Année littéraire, 230, 231
Annonces, affiches et avis divers ou Journal général de France, 231
Anton, Sonia, 1n, 2n, 6n, 289n
Antraigues, Emmanuel Henri Louis Alexandre de Launay, comte d', 181
Appia, 204
Arbaud de Montelet, Mme d', 279
aristocracy, 38, 111, 112, 113n, 114, 129
Aristotle, 37

Armand, Guilhem, 1n, 33n, 87n, 106n, 285n
Arnauld, abbé, 217
Arnold, Whitney, 174
Assas, Mlle d', 186
Assemblée constituante, 116
Assemblée des notables, 260n, 169
Assemblée nationale, 116, 153
Astbury, Katherine, 1n, 13n, 14n, 92n, 216n
astronomers and astronomy, 2, 24, 30, 32n, 36, 37, 42n, 54, 55, 56, 58, 237, 241, 292, 296
atheism, 100, 120n, 167n, 268, 269
Aubert, d', 204n
Auda, Antoine Anselme, 218
Audeguy, Stéphane, 149n
  Histoire du lion Personne, 149n
Australian journal of French studies, 61n

Bablot, Louis-Nicolas Benjamin, 277n
  Dialogue entre Cidabot-Méblen et Bernardin de Saint-Pierre, Auteur des Etudes de la Nature, 277n
Baecque, Antoine de, 90, 126n
Bailly, Antoine Denis, 155n
Bancal des Issarts, Jean Henri, 38, 182, 201
Banks, Joseph, 74
Barère, Bertrand, 132
Baudoin, 93n, 180n
Beauharnais, Joséphine de, 188n
Beaumarchais, Pierre Augustin Caron de, 91n, 259, 260
  Le Mariage de Figaro, 259

313

Beausobre, Jean Jacques, comte de, 16
Behnke, Roy, 53n
Beljambe, Pierre Guillaume Alexandre, 153
Bellisle (Belleisle), Charles Louis Auguste Fouquet, maréchal de, 4
Bénézech, Pierre, 158
Bénichou, Paul, 261
Berchtold, J., 28n
Bergier, abbé Nicolas Sylvestre, 80, 269
Bernardin de Saint-Pierre, Jacques Henri, passim
 Discours sur l'éducation des femmes, 81n, 137, 190
 Eloge historique et philosophique de mon ami, 39n
 Empsaël et Zoraïde, 106n, 110
 Essai sur J.-J. Rousseau, 131, 174, 239, 265n
 Etudes de la nature, 7n, 23, 28, 29, 31, 34, 35, 38n, 47, 51, 54, 55, 58, 67, 87n, 99n, 100n, 106n, 116, 119n, 120, 121, 125, 127, 135, 138n, 139, 144n, 152, 153, 156n, 162, 169n, 171, 175, 177n, 180, 184, 185, 186, 187, 191, 192, 193, 194, 195, 196, 197, 198, 199, 201, 202, 203, 204, 205, 208, 209, 215, 218, 221, 222, 224, 231, 234, 236, 240, 243, 245, 246, 247n, 250, 252, 253, 254, 255, 256, 259, 269, 270, 271, 272, 274, 277n, 278, 283, 285, 289, 291, 292n
 Expériences nautiques et observations à proposer au capitaine Baudin dans son voyage autour du monde, 61n
 Fragment de l'Amazone, 109n
 Fragment sur la théorie de l'univers, 43n, 46n, 292n, 295
 Harmonies de la nature, 106n, 110n, 119n, 138n, 140n, 159n, 160, 166, 171, 176n, 244, 246, 247, 248, 283, 290n, 292, 295n
 Histoire de l'Indien, 58n
 Invitation à la concorde, 122, 123, 124, 125, 126, 192
 La Chaumière indienne, 23n, 37, 87n, 97, 120, 133n, 134, 135, 168n, 171, 187, 188, 201, 260n, 290n, 267, 288, 291
 L'Amazone, 67n, 109, 289n, 295n
 La Mort de Socrate, 283
 La Pierre d'Abraham, 142, 269
 L'Arcadie, 86, 103n, 111, 112, 114, 139n, 142n, 143, 198, 208, 238, 266, 275, 287n
 Le Café de Surate, 23n, 267
 Le Vieux Paysan polonais, 93
 Mémoire, sur la nécessité de joindre une ménagerie au Jardin des Plantes de Paris, 146
 Observations sur la Finlande, 94n
 Parallèle de Voltaire et de J.-J. Rousseau, 268
 Paul et Virginie, 1, 49, 52n, 53n, 57n, 58, 64, 65, 87n, 90, 99n, 101, 102n, 103, 104, 105, 112, 116, 119n, 120, 122n, 139, 144n, 149n, 160n, 161, 166, 169, 170, 176, 177, 181n, 185, 187, 188, 191, 192, 196, 198, 199, 202, 203, 205, 207, 208, 215, 228n, 233n, 238, 239, 245, 248, 249, 250, 251, 256, 257, 269, 272, 279, 280, 281, 287, 291, 292, 293, 295
 Projet d'une compagnie pour la découverte d'un passage aix Indes par la Russie, 77
 Suite des vœux d'un solitaire, 23n, 38n, 111, 126, 147n, 160n, 222, 224
 Vœux d'un solitaire, 23n, 36, 37, 58, 66, 92, 94, 96, 108, 110, 112, 114n, 116, 118, 126, 131, 150n, 186, 187, 192, 198, 204, 233, 273n, 287, 293
 Voyage à l'Ile de France, 7, 16, 19, 20, 23, 40, 45, 56, 66, 70, 72, 78, 94, 103n, 104, 105, 106n, 107, 108n, 109, 119n, 174, 178, 182, 192, 196, 215, 216, 218, 219, 220, 227, 228, 248, 262, 264, 278, 281, 291, 296
 Voyage en Hollande, 67
 Voyage en Normandie, 95n, 101n, 114
 Voyage en Pologne, 93
 Voyage en Russie, 93
 Voyage en Silésie, 94, 267
 Voyages de Codrus, 108
Bickerton, David, 34n
Bien, David, 111

Bien informé, Le, 56n, 245
Blaufarb, Rafe, 111n
Blaye, Michel, 284n
Blondel de Nouainville, 203
Blouin, Jean-Baptiste, 54n, 231n
Boch, Julie, 29n
Bois, Benjamin, 277
Boisgelin de Cucé, Jean de Dieu-Raymond de, archevêque d'Aix, 204, 206, 207
Boisguilbert, Jean Pierre Adrien Auguste le Pesant de, 251
Boisguilbert, Monique Amélie Guillebon Le Pesant de, 95, 184, 209, 210, 211, 212
Bonaparte, Joseph, 251, 283
Bonaparte, Louis, 204n
Bonaparte, Lucien, 290n
Bonaparte, Napoléon, 188, 290n
Bonnel, Roland-Guy, 274n
Bonnet, Jean-Claude, 39n, 162n
Bori, de, 75
Bosc, Yannick, 289n
Bosquet, Marie-Françoise, 31n
botany and botanists, 2, 13, 35, 40, 41, 42, 43, 51, 166, 168
Bougainville, Louis-Antoine de, 13, 278n
Breteuil, Le Tonnelier, Louis Charles Auguste, baron de, 6, 7, 8n, 10, 13, 15, 18, 229, 236, 237n
Brissot de Warville, Jean-Pierre, 109, 110, 144n, 145, 180n, 233, 238, 256, 269, 270, 271n, 272, 273, 279, 290, 291
  De la Vérité ou méditations sur les moyens de parvenir à la vérité dans toutes les connaissances humaines, 270
  Un mot à l'oreille des académiciens de Paris, 270
Bruno, Giordano, 57
Buffon, George-Louis Leclerc, comte de, 21, 27, 30, 31, 50n, 55, 62, 144n, 145, 184, 203, 205, 230, 240n, 262
  Époques de la nature, 31, 55, 205, 230
Bulman, William J., 268n
Bure, de, 244
Burrows, Simon, 272n
Burstin, Haim, 92
Buschey-Desnoës, Mme, 191
Bysants, abbé de, 204

Calame, Alexandre, 58n
Calas family, 173
Calonne, Charles Alexandre, vicomte de, 229, 236, 237n, 254
Campanella, Tommaso, 58
Caradonna, Jeremy L., 52n, 137n, 295n
Carnot, Lazare, 128, 136, 243
Castonguay-Bélanger, Joël, 27n, 33, 34n
Castries, Charles-Eugène-Gabriel de La Croix, marquis de, 5, 54, 55, 85, 220, 221, 223, 228, 229, 231n, 239
Catherine II, empress of Russia, 6, 7n, 14, 78, 93, 94, 173n, 228, 249, 260, 264
Caumont, comtesse de, 192
Célestine, Laurette, 102n
Chamfort, Sébastien-Roch-Nicolas, 92n, 173
  Maximes et pensées, 92n, 173
Champagne, Jean-François, 294n
Chappell, Lucette, 234
Chaptal, Jean-Antoine Claude, 246
Charbonneau, Frédéric, 34n
Chassot, Fabrice, 27n
Chastenay-Lanty, Louise Marie Victoire de, 250
Chaudet, Antoine Denis, 250
Chaumont, M. de, 82
Chelebourg, Christian, 31n
Cheney, Paul, 118n
China, 71, 78, 86, 101, 128, 134, 212
Chisick, Harvey, 151n, 296n
Choiseul, César Gabriel de, duc de Praslin, 10, 13
Choiseul, Etienne François, duc de, 12, 20, 93
Christofferson, Michael S., 112n
Cieński, Marcin, 278n, 292
Clavière, Etienne, 146, 271n
  and J. P. Brissot de Warville, *De la France et des Etats-Unis*, 271n, 272
Cloots, Anacharsis, 287
Clovis, 20
Coleridge, Samuel Taylor, 295
colonialism, colonies and colonisation, 12, 16, 23, 25, 54, 59, 63, 64, 65, 66, 67, 68, 69, 70n, 71, 73,

74, 79, 82, 83, 84, 86, 88, 105, 108n, 109, 110, 111, 115, 203, 218, 276, 277, 278, 289
Columbus, Christopher, 87
Comité d'instruction publique, 39n, 155, 156, 159, 160, 164n, 277
Compagnie des Indes, 3, 15, 20, 60, 61, 77, 86, 87n, 103, 218
Conda, 126, 207
Condé, Louis Joseph de Bourbon, prince de, 148
Condorcet, Jean-Antoine-Nicolas de Caritat, marquis de, 33, 57, 72, 73, 75, 76, 77, 78, 88, 109, 142n, 217, 264, 289
  Œuvres de Condorcet, vol.7, 142n
  Réflexions sur l'esclavage des nègres, 109
Confucius, 292
Conlon, Pierre M., 270n
Constant, Benjamin, 110
Constant, Rosalie de, 110, 112, 134, 149n, 180n, 183
contrefaçons, pirate editions, 159n, 208, 227, 239, 240, 241, 242, 243, 244, 245, 248, 253, 278
Convention nationale, 38, 39, 121, 122, 144n, 146, 149, 150, 154, 156n, 243, 245, 277
Cook, James, 73, 74
Cook, Malcolm, 1n, 94n, 107n, 147n, 218, 222, 228n, 267, 277n
Copernicus, Nicolaus, 58
Cornand, Suzanne, 209
Corneille, Pierre, 249, 266
corps, 5, 7, 8, 25, 34, 36, 37, 38, 84n, 86, 87, 92, 96, 98, 99, 111, 112, 114, 131, 142, 143, 221, 223, 232, 239, 259, 269, 270, 271
Correspondance littéraire secrète, 270n
Corsica (Corse), 14, 78, 79, 80n, 81, 82, 94, 167, 266
Corvisier, André, 12n
Cottin, Sophie, 194
Cougoureux, Jean-François, 208
Courrier de l'Europe, 230
Coursin, Régis, 272n
Courtois, Alexandre Nicolas, 125, 183, 204
Crémont, Mlle de, 175, 229
Crèvecœur, Michel Jean de, 273, 274n

Croix, Alain, 147n
Croullebois, 244, 247
Crowe, Michael J., 58n
Curran, Mark, 269n
Cussac, Hélène, 68n

Damilaville, Etienne Noël, 216
Dampmartin, Anne Henri Cabet, vicomte de, 204
Dandasne Féré, Mme, 183
Danon, Rachel, 107n
Darnton, Robert, 174n, 254n, 272n
Daubenton, Louis Jean Marie, 50, 51n, 146n, 149n
Davies, Simon, 1n, 7n, 56n, 216n
Davis, David Brion, 106n
Davis, Diana K., 53n
Debry, Jean Antoine, 169n
Décade philosophique, La, 61n, 246
Degars, 204
Delaville-Jehannin, Marion, 95, 281
Delon, Michel, 179n
Descamps, Jean Baptiste, 19, 209, 236, 265, 266
Descartes, René, 24, 27, 267n
Désemet, Sr, 210
Désirat, Claude, 160n
Déterville, Jean François Pierre, 244, 247
Dhombres, Jean, 159n
Dick, Steven J., 57
Diderot, Denis, 21, 173n, 195, 256, 264
Didier, Béatrice, 159n
Didot family, 244, 248
Didot l'aïné, 244, 247
Didot le jeune, 146, 225, 241, 245
Diop, David, 105n
Directory, 127, 136, 294n
Distroff, François Michel Durand de, 12
Dorigny, Marcel, 110n
Doyle, William, 102n, 113n
Drouillet, abbé de, 208
Drouin, Jean-Marc, 46, 51
Dubos, 217n
Duchesneau, François, 28
Ducheyne, Steffen, 294n, 296n
Du Crest, Charles-Louis, marquis, 255
Duflo, Colas, 51, 57n, 292n

Dumas, Jean-Daniel, 70
Dumont, 11
Duplessis, 204
Dupont de Nemours, Pierre Samuel, 13n, 169, 289n
  Vues sur l'éducation nationale par un cultivateur, 169n
Durand, 240
Dutailli, *see* Saint-Pierre, Joseph de
Duval, Louis-David, 8, 13, 18n, 22, 36n, 178, 182, 209, 228, 242
Dziembowski, Edmond, 90n

earth, 24, 29, 30, 31, 32n, 37, 58, 259, 285, 293, 295
Echeverria, Durand, 90n
Ecole normale, 127, 154, 158, 159, 163, 246, 267, 277n, 284
Ehrard, Jean, 103n
England (Angleterre), 15, 30, 71, 92, 109, 111, 128, 231, 273n, 276, 295
Epinay, Louise Florence Pétronville La Live, marquise d', 76
Essonnes, 121, 160, 279, 289
Etats généraux, 95, 111, 116, 152, 260n

Farber, Paul Lawrence, 241n
Fariau de Saint Ange, Ange François, 204n, 233
Fauchet, abbé Claude, 126, 207, 239, 290
Favre, Robert, 90n
Fénelon, François de Salignac de la Mothe, 62, 114n, 136, 184n, 190, 196, 197, 198, 200, 207, 278, 291
  Les Aventures de Télémaque, 114n
Féodorovna, Marie, 249
Ferret, Olivier, 263n
Feuille villageoize, La, 234
Fiszer, Stanislaw, 7n
Fontanes, Jean Pierre Louis de, 204
Fontenelle, Bernard Le Bovier de, 58
  Entretiens sur la pluralité des mondes, 58n
Ford, Rebecca, 1n, 122n
Foury, B., 69n
Franklin, Benjamin, 3, 57, 234n, 272
French Revolution, 2, 3, 23n, 38, 39, 90, 92, 97, 112, 116, 121, 126, 129, 131, 136, 137, 142n, 153, 160, 169, 190, 192, 213, 222, 233n, 243, 245, 246, 248, 250, 260, 262, 267, 269, 289, 293, 294
Fréron, Elie, 230, 231
Furet, François, 90n

Gaillard, 255
Gainot, Bernard, 110n
Galilei, Galileo, 27, 37, 295
Gallitzin, Alexander Mikhailovich, prince, 14
Gallot, Pierre, 21, 22, 124
Garat, Dominique Joseph, 144n, 145, 148, 149, 232, 233, 256
Gassier, 204
Gastinne, Jean-Baptiste, 2
Gaukroger, Stephen, 29
Gavoty, M., 201, 212
Gay, Jean-Antoine, 109n, 127n, 196, 197, 198, 199, 238, 251, 253, 273
Gellée de Prémion, Jean Baptiste, 56n, 195, 209, 211, 212, 236, 241
Genlis, Caroline Stéphanie Félicité, comtesse de, 95, 254, 255, 256, 281
George III, King of England, 15
Gérardin Raseau, Mme de, 188
Gessner, Salomon, 184
Gevrey, Françoise, 29n
Gigan, Angélique, 1n, 13n, 105n
Gillespie, Charles Coulston, 27n, 144
Girault, Claude Joseph, 14, 15, 17, 18, 20, 78, 260
Girault, Mlle, 20, 21
Girodet, Anne Louis, 250
Glacken, Clarence J., 284
Godebout, Pierre, 91, 103
Gouges, Olympe de, 290
  La Fierté de l'innocence ou le silence du véritable patriotisme, 290n
Gouy, Jean-Baptiste de, 199, 200, 253n
Graffigny, Françoise Paule Huguet de, 209n
Grandière, Marcel, 135, 150n, 164n
Grandprey, 202, 203, 204
Grapa, Caroline Jacot, 287n
Grégoire, abbé Henri Jean-Baptiste, 39, 121, 127, 145, 154, 155, 156n, 248n
Grivet, Mme, 234
Grouvelle, 234
Grove, Richard H., 53

Grześkowiak-Krwawicz, Anna, 278n, 292n
Guillabert, Charles, 126, 153, 204n
Guillaume, M. J., 39n, 278n
Guyot, Alain, 252n
Guys, Pierre Augustin, 39, 55, 181, 240, 241, 242

Haguet, Lucile, 7n
Hahn, Roger, 27n
Haquette, Jean-Louis, 29n
Harari, Yuval Noah, 285
Hatzenberger, Antoine, 260n
Helvétius, Claude-Adrien, 203
Hémery, Joseph d', 216
Hennin, Pierre-Michel, 3, 5, 6, 7, 8, 9, 10, 11, 12, 13, 14, 15, 16, 17, 18, 19, 20, 24, 30, 32, 35, 36, 38, 54, 55, 56, 59, 60, 65, 66, 67n, 69, 70, 72, 77, 78, 82, 83, 84, 85, 88, 91, 92, 100, 104, 107, 118, 131, 169, 178, 179, 180, 181, 182, 188n, 204, 205, 206, 208, 209, 210, 211, 215n, 216, 219, 220, 221, 223, 224, 225, 226, 227, 228, 229, 230, 231, 232, 234, 235, 236, 237, 238, 239, 240, 242, 255, 260, 264, 265, 269, 272n, 273, 281, 296
Hérissant, Mme, 224n
Herschel, William, 30, 55, 57n, 58
Hesse, Carla, 245, 277n
Hoffmann, Benjamin, 274n
Hofmann, Catherine, 7n
Hohenzollern, Luise Auguste Wilhelmine von, 250
Holbach, Paul Henri Thiry, baron d', 269
Homer, 177, 269
Horace, 151, 179
Howells, Robin, 92n, 285n
Hufton, Olwen H., 100n
Hume, David, 260
Hupay de Fuveau, Joseph-Alexandre-Victor, 152

Ile de France, *see* Mauritius
Imbroscio, Carmelina, 30n
India (Inde) and Indian Ocean, 2, 13, 15, 18, 59, 63, 65, 67, 68, 69, 72, 78, 87n, 99n, 104n, 105, 107, 118, 134n, 215, 229, 261, 278, 284, 286

Ingram, Robert G., 268n
Institut, 61, 133n, 137n, 194, 244, 246
Israel, Jonathan I., 294

Jaffré-Cook, Odile, 3n, 122n, 233n
Jainchill, Andrew, 266n
Jangoux, Michel, 61n
Jardin des plantes, Jardin du roi, 115n, 122, 125, 126, 127, 144, 145, 146, 148, 154, 164, 191, 246, 284
Jobert, Barthélemy, 158, 159, 161n
Jones, John Paul, 196
Joseph II, emperor of Austria, 17
Journal de Deux Ponts, 233n
Journal de Genève, 233
Journal de la correspondance générale, 231
Journal de littérature française et étrangère, 233n
Journal de Paris, 56n, 200, 205, 230, 231, 232, 252, 253, 254
Journal des sçavans, 37n
Journal encyclopédique, 233n
Journal général de France, 231, 253
Julia, Dominique, 154, 155, 158n, 159n, 294n

Kapor, Vladimir, 227n
Kawa, Catherine, 124n
Kepler, Johannes, 27, 37, 57
Keratry, Auguste-Hilarion, comte de, 187
Kjørholt, Ingvild Hagen, 288n
Kölving, Ulla, 267n
Kostkiewiczowa, Teresa, 278n, 292n
Krüdener, Barbara Juliane, baroness von, 116, 183

La Berlière, Marie Julie de Fumeron de, 56n, 127n, 183, 185, 194, 207, 210, 211, 212, 213
La Bourdonnais, Mahé de, 64, 65, 176
Labrosse, Claude, 174n
La Chalotais, Louis-René de Caradeuc de, 169n
Laclos, Pierre-Ambroise-François Choderlos de, 139
Les Liaisons dangereuses, 139
La Férandière, marquise de, 127n, 192

La Fontaine, Jean de, 184n, 191, 149n, 294
Lakanal, Joseph, 155, 156n, 159, 243n
Lalande, Joseph Jérôme Lefrançois de, 33, 37, 54
Lambert, Claude Guillaume, 201n, 239
Lambert, Joseph, 208
La Pérouse, Jean-François de Galaup, comte, 208
La Révellière-Lépeaux, Louis Marie de, 127, 128
Lawlor, Clark, 282n
Layette, Gilbert Motier, marquis de, 273
Le Bozec, Christine, 2n, 124n
Lécallier, Pierre Félix, 124, 125
Le Couteulx du Molay, Geneviève Sophie, 188
Le Febvre, 255
Lefevre, Cl., 204n, 213
Leibnitz, Godfrey William von, 27
Leigh, R. A., 152n
Le Joyand, Claude François, 32n, 238
Précis du siècle de Paracelse, vol.1, 32n, 238
Le Menthéor, Rudy, 282n
Lemierre, Antoine-Marin, 99, 266n
Guillaume Tell, 266n
La Veuve du Malabar 99
Lenoir, Jean-Charles-Pierre, 228
Leroy, 204n
Le Roy Ladurie, E., 28n
Lespagnol, André, 147n
Lespinasse, Julie-Jeanne-Eléonore de, 19, 66, 72, 73, 75, 76, 77, 217, 281
Letourneur, Pierre, 293n
Letourneux, François-Sébastien, 245, 294n
Le Vaillant, Mme, 188
Lewis, Simon L., 285n
Lezay-Marnésia, Claude-François-Adrien de, 274, 295
Lettres écrites des rives de l'Ohio, 274
Ligne, Charles Joseph, prince de, 2n
Lilti, Antoine, 173n, 174
Linguet, Simon-Nicolas-Henri, 19
Linton, Marisa, 89n
Livingstone, David N., 57n, 58n
Loft, Leonore, 272n

Logographe, Le, 234
Loménie de Brienne, Etienne Charles de, 201, 238
Louis XIV, King of France, 20, 115, 147
Louis XV, King of France, 8, 18, 115, 205
Louis XVI, King of France, 72, 75, 80, 96, 98, 113n, 115, 119, 144n, 148
Lourdet, abbé, 221n, 222, 223n, 227
Louvet de Couvray, Jean-Baptiste, 277
Lucretius, 269
Lynn, Michael L., 27n

McCallam, David, 13n, 31n
Macé, Laurence, 1n, 2n, 6n, 289n
McMahon, Darrin M., 112n
McMurran, Mary Helen, 288n
Madagascar, 13, 68, 69, 70, 71, 77, 104, 133n, 287
Magallon, Ferdinand de, 76
Mailly, maréchale de, 192n
Mallet du Pan, Jacques, 229, 230
Marat, Jean-Paul, 270
Margairaz, Dominique, 269n
Marmontel, Jean-François, 216n
Bélisaire, 216n
Marsh, Kate, 72n, 99n
Martin, *fils aîné*, 247
Marty, Michel, 7n
Maslin, Mark A., 285n
Masseau, Didier, 263n, 289n
Matagne, Patrick, 284n
materialism and materialist, 35, 42n, 54, 268, 269, 296
Mathiez, Albert, 127n
Matytsin, Anton, 268
Maudave (or Modave), Louis Laurent de Féderbe, 68, 69, 70n
Maupeou, René-Nicolas-Charles-Augustin de, 90n
Mauritius (Ile de France), 12n, 13, 14, 16, 18n, 52, 53, 58, 60, 61n, 63, 64, 65, 66, 67, 68, 69, 70n, 79, 80, 82, 85, 88, 91, 95n, 97, 103, 104, 105, 108, 149n, 168, 169, 178, 208, 215, 227n, 260, 278, 286
Maury, Fernand, 112n, 283n
Mayer, 248

Maza, Sarah, 100n
Mehrbrey, Sophia, 6n
melancholy, 190, 193, 281, 282
Mellot, Jean-Dominique, 216n
Mémoires secrets, 270n
Menin, Marco, 30, 106n
Mercier, Louis-Sébastien, 2n, 12n, 34n, 162n, 290
  Le Déserteur, 12n
  Tableau de Paris, 162n
Mercure de France, 177, 229, 230, 231, 232, 233, 248, 256, 282
Mercy-Argenteau, Florimond-Claude, comte de, 6, 8n, 9, 10, 11, 12
Merlin, Joseph, 216, 217, 239, 260, 264
Mervaud, Christiane, 267n
Mesnard de Conichard, François, 81, 123, 186, 195, 202, 204, 211, 223, 224, 228, 229, 235, 241, 254
Mesnard de Conichard, Marie Thérèse, 202, 223n, 224, 229
Métayer, Guillaume, 1n
Meure, Chantale, 1n, 13n, 87n, 99n, 105n, 106n, 285n
Mévolhon, Jean-Joseph-Marie, 169n, 275, 277, 295
  Calendrier du peuple franc, pour servir à l'instruction publique; rédigé par une société de philanthropes, 277n
Mézin, Anne, 6n
Michel, abbé André, 207
Miller, Christopher L., 102
Miller, Mary Ashburn, 28, 31n
Minerva, Nadia, 30n
Mirabeau, Jean-Antoine Riqueti de, known as bailli de, 5, 6
Mirabeau, Victor de Riqueti, marquis de, 5
  Mémoires biographiques, littéraires et politiques de Mirabeau écrits par lui-même, par son père, son oncle et son fils adoptif, vol.I, 5n
Molière, Jean-Baptiste Poquelin known as, 260
Monaque, Antoine, 216n
Monciel, Antoine-Marie-René de Terrier, marquis de, 144
Mondion, M. de, 188n
Moniteur, Le, 234
Monnet, Marie, 192, 193, 194

Contes orientaux, ou les Récits du sage Caleb, voyageur persan, 194
Lettres de Jenny Bleinmore, 194n
Montaigne, Michel de, 144
Montesquieu, Charles de Secondat, baron de, 22, 106n, 119, 157, 200, 203
  L'Esprit des lois, 106n, 157
Monthly review, 236n
Montlaur, de, 199
Montmignon, abbé de, 204
Moreau, Jean-Michel, 227, 228n, 250
Moreau-Zanelli, Jocelyne, 84n
Morellet, abbé André, 290n
  Mémoires inédits de l'abbé Morellet, sur le dix-huitième siècle et sur la Révolution, vol.2, 290n
Mortimore, Michael, 53n
Morton, Brian N., 91n
Mostefai, Ourida, 261n
Moureau, François, 61n
Moussaint, Henri Louis Guion, 162
Mui, M. du, 82n

Naudin, Pierre, 178n
Necker, Jacques, 20, 81, 203
  Mémoire sur la compagnie des Indes, 20
Necker, Suzanne Curchod, Mme, 19, 20, 32, 80, 82, 83, 102n, 178, 179, 185n, 209, 263, 264, 266n
Neufchâteau, François de, 269
Newton, Isaac, 27, 33, 34, 36n
Ngendahimana, Anastase, 34n, 288n
Normandy, Normans, 3, 95, 184, 207, 236, 266n, 274
Nouis, Louis, 97

O'Connell, Anita, 282n
O'Connor, Adrian, 135n
Oliver, Bette W., 272n
Oppici, Patrizia, 30n
Orléans, Louis Philippe Joseph, duc d', 254, 255, 256, 272n
Ozouf, Mona, 90

Pacini, Giulia, 53n
Pahin de la Blancherie, 231
Palissot de Montenoy, Charles, 2n
Palmer, R. R., 158n
Panckoucke, Charles Joseph, 229, 231, 232, 233

Paré, Jules François, 153, 154, 243
Parny, Evariste-Désiré de Forges de, 2n
Passeron, Irène, 19n
Pelleporc, Désirée de, 234n
Penn, William, 275
Perrault, Gilles, 8n, 10n
Perronet, Jean Rodolphe, 3
Petit, 247
Petites annonces, Les, 234
philosophes, 51, 81, 107, 108n, 216, 223, 255, 263, 264, 267n, 275, 280
Pigott, Robert, 59, 109n, 273
Pinabel, Mlle, 189
Plato (Platon), 137, 152, 205, 268, 273n, 292, 294n
Pluche, abbé Noël-Antoine, 29, 294
  Le Spectacle de la nature, 29
Plutarch (Plutarque), 203, 266, 294
Poignatoski, abbé, 9
Poinsot, 242
Poivre, Françoise, 12n, 13n, 104, 215
Poivre, Pierre, 13, 52n, 53n, 105n
Poland, 7, 8, 10, 11, 12, 13, 14, 15, 16, 17, 21, 67n, 93, 94, 113, 122, 123, 260, 278
Pompéry, Anne Marie Audoin de, 38n, 169, 187, 190, 276n
Poniatowski, Stanislaw, King of Poland, 8, 9
Port, Celestin, 277n
Porter, Roy, 27n
Pouget de Saint-André, H., 70n
Pratt, Terry, 13n
Prévost, 247
Prieur, 245
printers and booksellers, 155n, 158n, 213, 216, 225, 236, 244, 245
providence, 29, 30, 33, 40, 86, 108n, 124, 141, 165, 193, 194, 199, 205, 209, 232, 255, 263, 276, 279, 281, 284, 294
Proud, Judith, 34n
Provost, Georges, 147n
Prusse, prince royal de, 206
Py, Gilbert, 169n
Pythagoras, 30, 44, 58, 164, 268, 292

Queval, Elizabeth, 216n

Racault, Jean-Michel, 1n, 13n, 28, 30, 31n, 38n, 45, 105n, 142n, 263n, 278n

Racine, Jean, bookseller, 236, 237
Racine Jean, dramatist, 266
Radziwill, Charles, 10, 11
Ramond de Carbonnières, Louis, 252n
Raynal, Guillaume Thomas, 66
Razuret, 248
Reill, Peter Hanns, 27, 28
Rey, Roselyne, 29n, 50n, 53
Reynolds, Siân, 137n
Rhys, Morgan John, 295
Riccoboni, Marie-Jeanne Laboras de Mézières, Mme, 228
Rilliet, 225
Riskin, Jessica, 29
Robbins, Louise E., 147
Robin, Pierre Marie Claude, 61n, 248, 269n, 283
Robinet, 237n
Robinson, Philip, 4n, 6n
Rochelle, 245
Roland, Jean Marie, vicomte de La Platière, 126, 145n, 148
Roland, Marie Jeanne, vicomtesse de La Platière, 137, 145, 290
Roubeau, abbé, 80n
Rouen, 2, 14, 19, 20, 21, 22n, 95n, 174, 202, 209, 236, 237
Rouet, Dominique, 2n
Roule, Louis, 58
Rousseau, Jean-Jacques (Jean-Jacques), 7n, 19, 22n, 39, 50n, 62, 78, 118n, 131, 135, 137, 138, 150n, 157, 166n, 167, 174, 178, 184n, 190, 194, 195, 196, 197, 198, 199, 200, 203, 206, 207, 260, 261n, 262, 263, 264, 265n, 268, 270, 271, 275, 278, 279, 280, 282n, 289, 291, 294, 296
  Considérations sur le gouvernement de Pologne, 7n
  Contrat social, 199
  Emile, 51n, 131, 135, 137, 150n, 157
  Projet de constitution pour la Corse 78
Rulhière, Claude Carloman de, 19, 57
Russia, 6n, 7, 8, 10, 14, 16, 67n, 77, 80, 128, 249, 251, 260
Rycke, de, 204

Sade, Donatien Alphonse François, marquis de Sade, 2n
Sage, Balthasar-Georges, 35, 219, 220, 221, 222, 223, 226, 227

Saint-Amand, M. de, 204
Saint-Lambert, Jean François, marquis de, 290n
Saint-Martin, Louis-Claude de, 286
  Le Ministère de l'homme-esprit, 286n
  L'Homme de désir, 286n
  Mon Portrait historique et philosophique (1789-1803), 286n
Saint-Pierre, Catherine-Dorothée de, 2n, 61n, 91n, 103, 219
Saint-Pierre, Dominique de, 61, 103
Saint-Pierre, Eustache de, 265
Saint-Pierre, Félicité de (née Didot, first wife of Bernardin), 127, 133n, 155, 164n, 183, 283
Saint-Pierre, Jacques-Henri Bernardin de, see Bernardin
Saint-Pierre, Joseph de, known as Dutailli, 2, 3, 5, 85, 91, 219, 223, 267
Saint-Pierre, Virginie de, 163
Samson, bookseller, 242
Santis, Vincenzo De, 283n
Sartine, Antoine Raymond Jean Gualbert Gabriel de, comte d'Albi, 76, 80, 81, 216, 260
Schiff, Stacy, 272n
Schöch, Christof, 27n
Scott, H. M., 7n
Sefond, Mme de, 228
Seguin, Maria Susana, 31
Senancour, Etienne Jean Baptiste Pierre Ignace Pivert de, 204n
Senonnes, marquis de, 203
Sermain, J.-P., 28n
Serna, Pierre, 147n
Seth, Catriona, 1n, 7n, 19n
Seven Years War, 2, 4, 63, 69, 72, 90, 262, 290
Shank, J. B., 34n
Shovlin, John, 86n
Sillery, Mme de, also known as Mme de Genlis
Siret, 243
slaves and slavery (noirs), 15, 64, 68n, 82, 85, 86, 91, 98, 102, 103, 104, 105, 106, 107, 108, 109, 110, 111, 120, 129, 134, 153, 167, 215, 218, 279, 287, 289
Société des amis des noirs, 103n, 109, 110, 146, 273n

Socrates, 32, 200, 205, 282, 283, 292, 295
Solander, Daniel, 73
Sonenscher, Michael, 252n, 262
Souriau, Maurice, 293n
Southey, Robert, 56n, 295
Sparrman, Andres, 198
Spary, Emma, 144n
Spavin, Richard, 119n
Spinelli, Donald, 91n
Spinoza, Baruch, 294
Stalnaker, Joanna, 29
Staum, Martin S., 39n, 137n
Sterne, Laurence, 196n, 199
Strasnik, princess, 9
Stroev, Alexandre, 6n
Suard, Jean Baptiste Antoine, 290
superstition, 32, 33, 101, 120, 121, 150, 163, 268, 269, 277
Svagelski, Jean, 24n
Sylvos, Françoise, 31n, 285n

Tacitus, 151, 266
Taubenheim, Carl Ludwig Friedrich, 11, 212, 250, 281
Tell, William, 266n
Terjanian, Anoush Fraser, 86n
Terrien, 212
Therresse, 201, 212
Thibault, Gabriel-Robert, 1n, 2n, 3n, 4n, 6n, 160n, 289n
Thiebaut, 242
Thouin, André, 144
Todericiu, Doru, 219
Tolback (Tulbagh Ryk), de, 68
trade and commerce, 2, 15, 25, 52, 63, 65, 66, 67, 68, 74, 75, 77, 81, 83, 86, 87, 96, 97, 101, 103, 104, 117, 118, 119n, 122, 134, 201, 216, 239, 240, 242, 243, 245, 271n, 276
Trassart, 124
Trenqualye, abbé, 154, 207, 208
Tricoire, Damien, 69n
Trinkle, D., 29n
Trousson, Raymond, 283n
Trudaine, Daniel-Charles, 5
Turgot, Anne-Robert-Jacques, 72, 73, 75, 76, 77, 78n, 80, 81, 88, 96, 263, 264
Turlu, 202, 233n

Valady, Jacques Godefroy Charles Sébastien Xavier Jean Joseph Izarn, marquis de, 59, 109, 273, 290
Van Damme, Stéphane, 173n
Van Tieghem, P., 293n
Varon, 204
Vasset, Sophie, 209n
Vaughan, Megan, 104n
vegetarianism, 57n, 58, 59, 109n, 134, 273
Vergennes, Charles Gravier, comte de, 3, 5, 54, 82, 83, 209, 229, 236, 237, 240
Versailles, 5, 9, 10, 65, 88, 92, 145, 146, 147n, 148n, 149, 201n, 220, 234, 236, 242
Viala, Alain, 256n
Victoire, Mme la, 108
Vidaud de la Tour, Jean Jacques, 201, 238, 241, 242, 243
Vigée Lebrun, Elizabeth Louise, 188n
Vigneras, abbé de, 32, 55, 205, 253n
Vila, Anne C., 282
Villebois, Nicolas de, 7
Villedeuil, Laurent de, 219, 239, 240
Virgil, 151, 209, 281
vitalism, 28, 29n
Voltaire, François-Marie Arouet, known as, 12n, 14, 16n, 21, 22, 33, 57, 61n, 68, 69n, 81n, 97n, 106n, 141, 173, 182, 203, 209n, 216, 249, 260, 262, 264, 265, 266, 267, 268, 269n, 278, 282n, 294, 296

Candide, 12n, 106n
Dictionnaire philosophique, 267n
Eléments de la philosophie de Newton, 265
Fragments sur l'Inde, 69n
La Pucelle, 267
Les Colimaçons du révérend père L'Escarbotier, 268n
Lettre sur la prétendue comète, 33
Questions sur l'Encyclopédie, 268
Requête au roi, pour les serfs de Saint-Claude, 97n
Traité sur la tolérance, 216n
Zadig, 267
Vuillemin, Nathalie, 28, 29

Waquet, Françoise, 39n
Wauters, Eric, 1n, 7n, 19n, 124n
Wenger, Alexandre, 209n
Wernet, Valérie, 45n
Wilkes, John, 15
Williams, David, 109n, 289
Wolff, Larry, 7n
Wootton, David, 27n
Wullyamoz, Marie Louise Françoise de Pont, 112, 131, 183
Xatorinsky, Prince, 21

Young, Edward, 293n
Les Nuits d'Young, 293n

Zatorska, Izabella, 70n